DER GROSSE POLYGLOTT

NORWEGEN

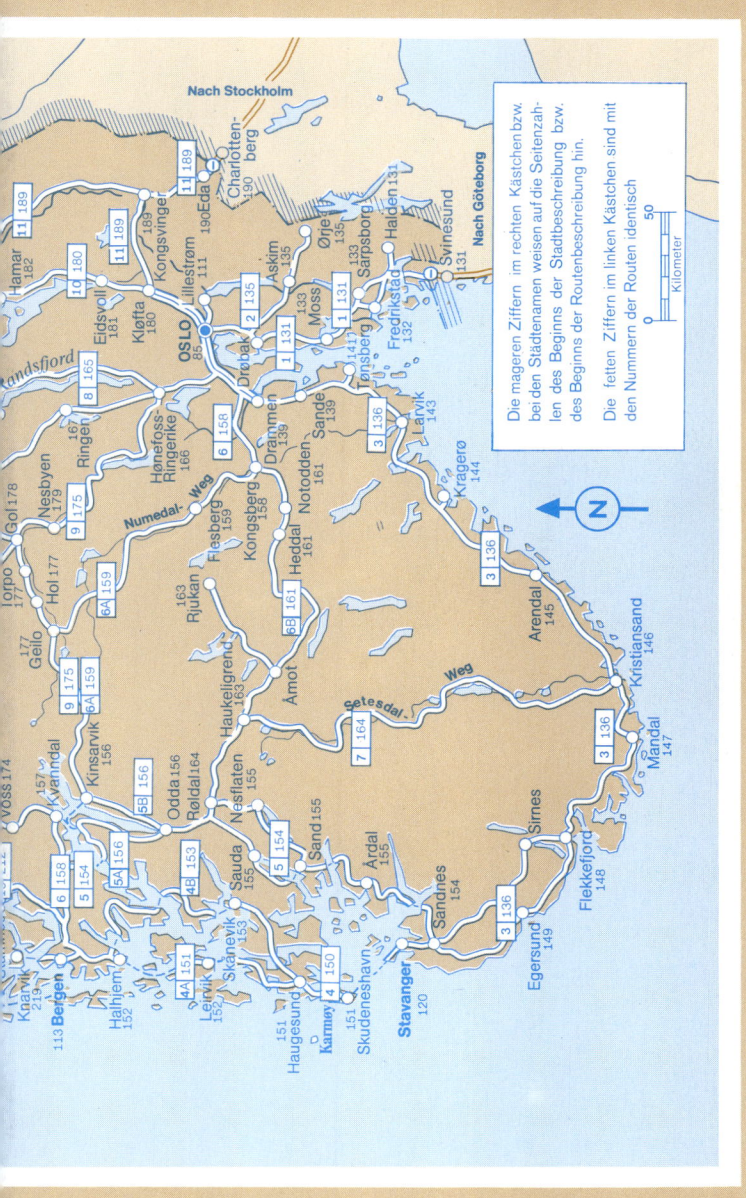

Nach Stockholm

Charlottenberg 190

11 189 Eda 190

11 189

Kongsvinger 189

Lillestrøm 111

OSLO 85

Drøbak

Askim 135
Ørje 135

Moss 133

2 135

1 131

Sarpsborg 133

Halden 131

Svinesund 131

Nach Göteborg

10 180
Hamar 182

11 189

Eidsvoll 181

Kløfta 180

8 165

6 158
Hønefoss-Ringerike 166

Drammen 139

1 131
Tønsberg 141
Sande 139
Fredrikstad 132

Randsfjord

Ringerike 167

9 175
Nesbyen 179

Numedal-Weg

Flesberg 159
Kongsberg 158
Notodden 161
Heddal 161

3 136
Larvik 143

Kragerø 144

Gol 178
Torpo 177

9 175
Hol 177

6A 159

Rjukan 163

8B 161
Åmot

3 136

Arendal 145

Gello 177

Kristiansand 146

Voss 174

Kvanndal 157

Kinsarvik 156

Haukeligrend 163

Setesdal Weg

7 164

3 136
Mandal 147

Knarvik 213

6 158

5 154

5A 156
5B 156

Odda 156
Røldal 164

Nesflaten 155

Sauda 155

5 154
Sand 155

Sirnes

Flekkefjord 148

Bergen 113

Halhjem 152

4B 153

Leirvik 152

Skånevik 153

 Årdal 155

Sandnes 154

3 136

Egersund 149

Haugesund 152

4A 151
Skudeneshavn 151

Karmøy 4 150

Stavanger 120

Die mageren Ziffern im rechten Kästchen bzw. bei den Städtenamen weisen auf die Seitenzahlen des Beginns der Stadtbeschreibung bzw. des Beginns der Routenbeschreibung hin.

Die fetten Ziffern im linken Kästchen sind mit den Nummern der Routen identisch

N

0   50
Kilometer

Polyglott-Reiseführer geben Ihnen klar und übersichtlich alle Informationen, die Sie für Ihre Urlaubsreise brauchen.

Die mehr als 30jährige Erfahrung des Verlags dokumentiert sich in der übersichtlichen Gliederung des Bandes: Praktische Hinweise, Land und Leute, Geschichte, Kultur, Städtebeschreibungen. Der ausgefeilte Routenaufbau bzw. die Besichtigungswege bei Städten erschließen einerseits Unbekanntes, andererseits ist mit Hilfe des umfangreichen Registers der rasche Zugriff zu jeder Sehenswürdigkeit möglich, und das Wissen über bereits Bekanntes kann vertieft werden.

Zahlreiche Tips und Hintergrundinformationen, eine speziell auf die Bedürfnisse des Benutzers ausgerichtete thematische Kartographie, viele Illustrationen und Farbabbildungen tragen bei zur optimalen Information über das Reisegebiet. Ein 3-Sterne-Bewertungssystem der Sehenswürdigkeiten erleichtert die Planung Ihrer Besichtigungstouren. Alles zusammengenommen ergibt das unverwechselbare, praktische, millionenfach bewährte Polyglott-System.

Die eingespielte Polyglott-Redaktion reagiert schnell auf Veränderungen im touristischen Markt; mehr als 70 freie Mitarbeiter weltweit sorgen für gleichbleibende Qualität und ständige Aktualität.

DER GROSSE POLYGLOTT

NORWEGEN

Mit 34 Abbildungen und
14 Karten in Farbe und Schwarzweiß

POLYGLOTT-VERLAG MÜNCHEN

13. Auflage · 1993/94
© 1978 by Polyglott-Verlag Dr. Bolte KG, München, für die
deutsche Ausgabe
© 1974 by Librairie Hachette, Paris, für die französische Ausgabe
Druck: Druckhaus Langenscheidt, Berlin
Printed in Germany / 1/2 + 8/9 H. / 3-7 Z. II. Ec.
ISBN 3-493-60065-8

VORWORT

Nähert sich der Nordland-Reisende der norwegischen Westküste vom Meer her, erscheinen ihm die hohen und düsteren, nackten oder mit dunklen Fichten bewachsenen Berghänge und die hellen Wände der Gletscher wie eine unüberwindliche Mauer. Das Land und seine Bewohner sind aber gar nicht so unzugänglich, wie es diese symbolischen Barrieren glauben machen: Norwegen ist ein Reiseland, das schon auf eine längere Tradition zurückblicken kann, denn Nordlandreisen zu den Fjorden und hinauf bis Spitzbergen gehören bereits seit vielen Jahren zu den klassischen Urlaubsfahrten.

Dieser Reiseführer zeigt den Weg in die großartigen Landschaften der Fjorde, Fjelle und Tundren, zu den Seen und ,,ewig singenden Wäldern", zu den Wasserfällen und den einsamen Inseln in der Mitternachtssonne und unter dem Nordlicht. Das Buch ist übersichtlich aufgebaut: Informationen, die man vor und während der Reise zur Hand haben muß, sind im Kapitel ,,Allgemeine Praktische Hinweise" zusammengestellt. Das Land, seine Menschen und ihre Lebensform lernt der Leser theoretisch in den Kapiteln ,,Landes- und Volkskunde", ,,Geschichte" sowie ,,Kunst und Kultur" kennen. Was Norwegen als Ferienland zu bieten hat, ist in einem eigenen Kapitel dargestellt. Nach der Beschreibung der Städte Oslo, Bergen, Stavanger und Trondheim folgen 26 Reiserouten, die quer durch das Land und hinauf bis zum Nordkap und zur sowjetischen Grenze führen. Ein eigenes Kapitel ist Spitzbergen gewidmet. Die Sehenswürdigkeiten sind in einem System von einem bis drei Sternen gewertet. Stadtpläne und Übersichtskarten vervollständigen diesen Band.

In den ,,Speziellen Praktischen Hinweisen" findet man Verkehrsverbindungen, Unterkunftsmöglichkeiten, nützliche Adressen und Hinweise für die im Hauptteil behandelten Orte. Ein Register leistet beim Nachschlagen gute Dienste, und ein ,,Kleines norwegisches Vokabular" hilft bei der Verständigung im Reiseland.

DIE POLYGLOTT-REDAKTION

Herausgeber:	Die Polyglott-Redaktion in Zusammenarbeit mit Les Guides Bleus (Übersetzer: Beatrice Rath)
Bearbeitung:	Jürgen E. Rohde
Karten und Pläne:	Les Guides Bleus, Franz Huber, Gert Oberländer und Arnulf Milch
Illustrationen:	Vera Solymosi-Thurzó und Ib Withen
Umschlag:	Christa Manner, München
Fotograf:	Bernd Ducke/Superbild
Fotos:	Norwegisches Fremdenverkehrsamt (S. 65, 68 unten, 138 oben, 171, 172 unten, 205, 206 oben), Arnulf Milch (S. 68 oben, 172 oben, 206 unten, 240 oben), Manfred Steinberger (S. 101, 138 unten, 239, 240 unten).
Wir danken:	Dem Norwegischen Fremdenverkehrsamt in Hamburg und Jens-Uwe Kumpsch in Bergen für ihre wertvolle Hilfe.
Zuschriften:	Ergänzende Anregungen, für die wir jederzeit dankbar sind, bitten wir zu richten an: Polyglott-Verlag, Redaktion, Postfach 40 11 20, 8000 München 40. Alle Angaben (ohne Gewähr) vom Stand Oktober 1992.

Wertung der Sehenswürdigkeiten

*** kennzeichnen Sehenswürdigkeiten ersten Ranges. Sie wurden nach einem strengen Maßstab im Vergleich mit gleichzubewertenden Sehenswürdigkeiten Europas ausgewählt. Sie aufzusuchen, ist eine Reise wert.

** kennzeichnen bedeutende Landschaften, Orte, Gebäude oder Kunstwerke. Diese Klassifizierung ist am beschriebenen Gebiet orientiert. **-Sehenswürdigkeiten lohnen gegebenenfalls einen Umweg.

* kennzeichnet sehenswerte Objekte. Diese sind durchaus beachtlich, denn auch die in diesem Buch beschriebenen Orte, Landschaften, Gebäude und Kunstwerke, die nicht mit Sternen gekennzeichnet sind, stellen bereits eine relativ strenge Auswahl dar.

Zeichenerklärung

✈	Flugverbindungen	🏨	Gute Hotels
🚢	Schiffsverbindungen	⌂	Einfache Hotels und Pensionen
🚂	Eisenbahnverbindungen		
🚠	Bergbahnen	⚿	Campingplätze
🏨	Sehr gute Hotels	△	Jugendherbergen

Buchstaben und Ziffern in eckigen Klammern hinter den Namen von Sehenswürdigkeiten entsprechen den Kennzeichnungen der Planquadrate auf den Stadtplänen, in denen die Sehenswürdigkeiten zu finden sind.
Kilometerangaben hinter Ortsnamen zeigen die Entfernung vom Beginn der jeweiligen Route aus an.

INHALTSVERZEICHNIS

Aussprache des Norwegischen

å	wie o in Nord			wie j
æ	wie ä		*o*	häufig fast wie u
d	ist stumm vor *s*, nach *n* und *l*		*ø*	wie ö
	und als Endkonsonant nach *r*		*s*	wie ß in naß
g	vor *i* und *y* wie j, sonst wie g		*sk*	vor *i* und *y* wie sch
gj	wie j		*sj*	und *skj* wie sch
h	ist stumm vor *j* und *v*		*tj*	wie tch
k	vor *i* und *y* wie ch in ich		*u*	wie ü
kj	wie ch in ich		*v*	wie w
j	nach Vokalen wie i, sonst		*y*	wie i

ALLGEMEINE PRAKTISCHE HINWEISE

Es folgt ein alphabetisches Stichwortverzeichnis, in dem verschiedene Punkte direkt erläutert werden; sonst findet man Hinweise auf die entsprechenden Seitenzahlen der anschließenden Abschnitte. Da die Anreise nach Norwegen meist durch Dänemark erfolgt, sind teilweise auch die entsprechenden Angaben für dieses Land aufgenommen.

Angeln siehe Seite 31.

Autofahrer siehe Seite 15 und 18.

Bedienungs- und Trinkgelder

In Norwegen sind sowohl in den Hotels als auch in den Restaurants alle Bedienungsgelder im Rechnungspreis enthalten, so daß nur besondere Leistungen wie Gepäcktransport, Garderobe o. ä. extra zu bezahlen sind.

Bootsfahrten siehe Seite 32.

Camping siehe Seite 28/29.

Devisenvorschriften siehe S. 13.

Diplomatische Vertretungen siehe Seite 13.

Einreise siehe Seite 11.

Feiertage

Zwar werden in allen skandinavischen Ländern die kirchlichen Hauptfeste als Feiertage begangen, aber schon Ostern gibt es insofern Unterschiede, als in Dänemark und in Norwegen auch am Gründonnerstag alle Geschäfte geschlossen sind; der „Buß- und Bettag" wird nur in Dänemark (am vierten Freitag nach Ostern) begangen.

Auch beim „Weltfeiertag der Arbeit", dem 1. Mai, gibt es in Dänemark eine Ausnahme, er ist dort nur halber Feiertag (ab 12 Uhr). Nationale Sonderfeiertage sind der 17. Mai, Jahrestag der Verfassung in Norwegen, und der 5. Juni (ab 12 Uhr), Verfassungstag in Dänemark. Das Mittsommernachtsfest (St. Hans) wird am 23. Juni gefeiert.

Geld siehe Seite 14.

Hotels siehe Seite 26.

Hunde siehe Seite 13.

Informationen siehe Seite 10.

Jugendherbergen siehe Seite 28.

Konsulate siehe Seite 13.

Netzspannung
220 Volt Wechselspannung.

Öffnungszeiten

In Norwegen sind die Läden gewöhnlich von 9 bis 17 (im Sommer 16), donnerstags und freitags bis 20 (im Sommer 18), samstags bis 15 (im Sommer 13) Uhr geöffnet. Die Banken haben montags bis freitags von 8.15 bis 15.30 (im Sommer 15), donnerstags bis 17 Uhr Schalterstunden. – Die Öffnungszeiten von Museen und Kunstsammlungen sind sehr unterschiedlich.

Paß und Visum siehe Seite 11.

Post und Telefon

Das Porto für Brief (bis 20 g) und Postkarte „nach Europa" beträgt bei Redaktionsschluß dieses Bandes 4,20 Kronen. Innerhalb der nordischen Länder gilt der Inlandtarif.

Das *Hauptpostamt* in Oslo, Dronningensgate 15 (Poste restante, Hauptpostlagernd) ist montags bis freitags von 8 bis 17.30 (alle anderen Postämter bis 17) und samstags von 8 bis 13 Uhr geöffnet.

Deutsche Postsparer können bei etwa 260 Postämtern in Norwegen Geld abheben. Die Auszahlung von täglich maximal 1000 DM und höchstens 2000 DM innerhalb 30 Tagen erfolgt nur an den Sparer selbst (Ausweis!).

In allen Städten ist das Telefon automatisiert. Die norwegischen Buchstaben Æ, Ø und Å stehen im Alphabet und damit auch im Telefonbuch an letzter Stelle. In der Telefonzelle beträgt der Einwurf eine oder 5 Kronen.

Vorwahlnummern im internationalen Telefonverkehr: von Norwegen: alte Bundesländer 09549, neue Bundesländer 0953, Österreich 09543, Schweiz 09541; nach Norwegen: 0047.

Das *Telegrafenamt* in Oslo, Kongensgate 21, ist Tag und Nacht geöffnet.

Reisezeit siehe Seiten 11 und 78.

Verkehrsregeln siehe Seite 18.

Währung siehe Seite 14.

Wintersport siehe Seite 33.

Zeit
In Norwegen gilt die mitteleuropäische Zeit (MEZ) bzw. Sommerzeit.

Zoll siehe Seite 12.

Informationen vor der Reise

Auskünfte aller Art über Norwegen-Reisen, Prospekte, Fahrpläne, Hotelverzeichnisse etc. erhält man bei den folgenden norwegischen Stellen in der Bundesrepublik, Österreich, der Schweiz und Frankreich.

Norwegisches Fremdenverkehrsamt, 2000 Hamburg 76, Mundsburger Damm 27, Tel. 040/227108-10. Dieses Amt ist auch für Anfragen aus Österreich zuständig, für die Schweiz das Norwegische Fremdenverkehrsamt (bei der Norwegischen Botschaft) in 3005 Bern, Dufourstr. 29, Tel. 031/441649.

SAS-Büros erteilen in erster Linie naturgemäß Auskünfte über Flugreisen nach Norwegen, geben aber auch sonstige Auskünfte aller Art. SAS-Vertretungen findet man in: 1000 Berlin, Kurfürstendamm 209; 4000 Düsseldorf, Flughafen, Terminal 2; 6000 Frankfurt am Main, Flughafen, Terminal Mitte; 2000 Hamburg, Flughafen Fuhlsbüttel, Gebäude 130; 5100 Hannover, Flughafen; 8000 München, Flughafen; 8500 Nürnberg, Flughafen; 7000 Stuttgart, Flughafen, A-Bau, Abflughalle; 1010 Wien, Weihburggasse 2; 8058 Zürich, Flughafen Kloten.

Ist man bereits im Lande selbst, helfen die örtlichen Auskunftsstellen; die Anschriften der lokalen Informationsbüros *(Inf.)* findet man im Teil „Spezielle Praktische Hinweise" ab Seite

262. Alle größeren Orte sind dort in alphabetischer Reihenfolge aufgeführt.

Der zentrale norwegische Verkehrsverband ist unter der folgenden Anschrift zu erreichen: Norwegian Tourist Board (NORTRA) N-0105 Oslo 1, Havnelageret, Langkaia 1.

Beste Reisezeit

Wegen der immensen Ausdehnung Norwegens in Nord-Süd-Richtung gibt es hier naturgemäß erhebliche klimatische Unterschiede. Man kann also auf die Frage nach der besten Reisezeit keine Einheitsantwort geben, abgesehen davon, daß die beste Zeit für einen Besuch aller skandinavischen Länder natürlich immer in den Sommermonaten liegt.

Für das Durchreiseland Dänemark kann dieser Zeitraum von Mai bis in den September ausgedehnt werden, was in ähnlicher Weise ebenfalls für die südlichen Teile Norwegens gilt. Im übrigen rechnet man für Norwegen den Zeitraum von Anfang Juni bis Ende August als Touristensaison (in dieser Zeit sind auch alle Bergstraßen befahrbar), aber bereits der Mai kann hier als Monat mit länger werdenden Tagen, mit den beginnenden helleren Nächten und häufig schon beständigem Wetter ebenfalls empfohlen werden.

In Lappland sollte man den Beginn der Reisezeit vielleicht erst auf Mitte Juni festlegen; hier ist der Juli der wärmste Monat. Neuerdings rechnet man aber auch sogar noch den September zur Reisezeit, obwohl dann nicht mehr immer alle touristischen Voraussetzungen wie in der Hauptsaison gegeben sind.

Wintersportsaison in Norwegen siehe Seite 33.

Einreisebestimmungen

Paß und Visum

Für Staatsbürger der Bundesrepublik Deutschland, Österreichs und der Schweiz genügt sowohl für die Einreise nach und Ausreise aus Skandinavien als auch für grenzüberschreitendes Reisen innerhalb der skandinavischen Länder der gültige Personalausweis. Paß und Visum sind nicht erforderlich. Auch Kinder benötigen einen Ausweis. Innerhalb Skandinaviens ist die Paß- bzw. Ausweiskontrolle aufgehoben.

Gruppen von wenigstens zehn bis höchstens 50 Personen, die einer Schulklasse, einem Sportklub oder ähnlichem angehören oder Studierende sind, können sich einen Sammelpaß ausstellen lassen, der von der zuständigen norwegischen Konsularbehörde abgestempelt sein muß. Der Leiter der Gruppe muß einen gültigen persönlichen Paß besitzen, und die Gruppe muß gemeinsam ein- beziehungsweise ausreisen. Familienpässe sind gültig, jedoch müssen alle darin eingetragenen Personen gleichzeitig ein- oder ausreisen.

12 Einreise

Reisende können sich bis zu drei Monate lang in Skandinavien aufhalten, ohne die Polizei davon in Kenntnis zu setzen, vorausgesetzt, daß sie keine bezahlte Arbeit übernehmen. Wer Arbeit im Lande annehmen will, muß eine Arbeitsgenehmigung am besten schon beim zuständigen norwegischen Konsulat in seiner Heimat beantragen.

Autofahrer

brauchen keine besonderen Grenzdokumente zur ,,vorübergehenden Einfuhr'' ihres Fahrzeugs neben den üblichen nationalen Papieren und dem ovalen Nationalitätenkennzeichen am Wagen; die ,,Grüne Versicherungskarte'' wird bei der Einreise in die skandinavischen Länder nicht mehr verlangt, ihre Mitnahme ist jedoch nach wie vor empfehlenswert, da sie die Verhandlungen bei einem eventuellen Unfall wesentlich erleichtert.

Wasserfahrzeuge

Dänemark und Norwegen verlangen für Sportboote, die während eines touristischen Aufenthalts in diesen Ländern benutzt werden, keine besonderen Grenzdokumente. Auch die Ein- und Ausfuhr aller dazugehörigen Ausrüstungen ist zollfrei möglich.

Zoll

Die Zollvorschriften sind, was den reinen Touristenverkehr betrifft, weitgehend gelockert; danach gehören zu den ,,Gegenständen des persönlichen Bedarfs'', die bei Ein- und Ausreise unverzollt bleiben, neben Kleidung und Reiseutensilien auch Fahrräder, Sport- und Campingausrüstung, Fotoausrüstung, ein Videogerät für Aufnahme oder Wiedergabe, Fernglas, Reiseschreibmaschine, Kofferradio sowie Bandgerät oder Plattenspieler mit zehn Platten beziehungsweise Bändern für jede erwachsene Person.

Besucher aus europäischen Ländern dürfen bei Aufenthalt von über 24 Stunden unter anderem 200 Zigaretten oder 250 Gramm Tabakwaren in anderer Form, einen Liter Spirituosen und einen Liter Wein oder zwei Liter Wein und zwei Liter Bier mit sich führen, wobei der ,,Erwachsene'' in Skandinavien für Alkohol erst bei 20 und für Tabakwaren bei 16 Jahren beginnt.

Nahrungsmittel dürfen nur eingeführt werden, soweit sie zum ,,persönlichen Verzehr auf der Reise bis zum Zielort'' bestimmt sind (Einfuhrverbot für Kartoffeln, Eier, Milchprodukte, Fleisch- und Wurstwaren). Andere Waren können bis zu einem Gesamtwert von 1200 Kronen eingeführt werden. Bei der Einreise aus EG-Ländern nach Dänemark gelten zum Teil höhere Zollfreigrenzen.

Die zollfreie Ausfuhr von Geschenkartikeln aus den skandinavischen Ländern ist so großzügig geregelt, daß die Richtsätze weit über denen liegen, die den eigenen Zoll dann bei der Einfuhr dieser Gegenstände in das Heimatland frei passieren können; durch den Beitritt von Dänemark zur EG haben sich zum Beispiel für deutsche Reisende ebenso wie bei der Einreise auch unterschiedliche Sätze bei der Rückkehr aus Skandinavien ergeben: Bei Redaktionsschluß dieses Führers konnte man aus den EG-Ländern „Reisemitbringsel" im Wert von 1235 DM (Kinder unter 15 Jahren 300 DM) abgabefrei nach Deutschland einführen, aus anderen Ländern jedoch nur im Wert von 115 DM.

Devisenvorschriften

Banknoten und Münzen aller Währungen dürfen bei der Einreise in die skandinavischen Staaten in unbegrenzter Höhe mitgeführt werden; bei der Ausreise gelten unterschiedliche Bestimmungen. Im allgemeinen können ausländische Währungen auch in beliebiger Menge ausgeführt werden, jedoch empfiehlt sich bei größeren Beträgen eine entsprechende Deklaration bei den Zollbehörden.

Noten und Münzen der Landeswährung dürfen bei der Einreise nach Norwegen in unbeschränkter Höhe, bei der Ausreise bis zum Betrag von 5000 Norwegischen Kronen mitgeführt werden.

Hunde und Katzen

Vor der Einreise ist eine Einfuhrgenehmigung der Veterinärabteilung des norwegischen Landschaftsministeriums in Oslo einzuholen. Das Tier muß aber in jedem Fall vier Monate in eine staatliche Quarantänestation, ist also hier noch vom kurzfristigen Besuch ausgeschlossen.

Diplomatische Vertretungen

Vertretungen der Bundesrepublik Deutschland in Norwegen:
0258 Oslo (Botschaft), Oscarsgate 45, Tel. 55 20 10
6002 Ålesund, Tollbugate 6
5024 Bergen-Nordnes, Strandgaten 221
8000 Bodø, Sjøgaten 19
3000 Drammen, Tollbugaten 105
5500 Haugesund, Smedesundet 93
9900 Kirkenes, Dr. Wesselsgate 8
4630 Kristiansand, Skolebakke 6
6500 Kristiansund, Strandgatan 78
8520 Narvik, Moveien 6
3200 Sandefjord, Søebergtorget
3700 Skien, Hagebyveien 26
4012 Stavanger, Kongsgate 10
9000 Tromsø, Stakkevollvejen 65
7041 Trondheim, Leksvikens gate 2

Österreichische Vertretungen in Norwegen:
0264 Oslo 2, Sophus Lies gate 2
5000 Bergen, Kong Oscars g. 56

Schweizerische Vertretungen in Norwegen:
0286 Oslo 2, Bygdøy Allé 78
5020 Bergen, Lars Hillesgate 20

Norwegische Vertretungen in der Bundesrepublik Deutschland:
O-1080 Berlin, Otto-Grotewohl-Straße 5; Tel. 003 72/2 29 24 89
5300 Bonn 2 (Botschaft), Mittelstraße 43; Tel. 02 28/81 99 70
2800 Bremen 1, Faulenstr. 2/12; Tel. 04 21/3 03 42 90
O-8010 Dresden, St.-Petersburger-Straße 15; Tel. 003 751/4 96 71 16
4000 Düsseldorf 30, Karl-Arnold-Platz 3; Tel. 02 11/4 57 94 49
2970 Emden, Am Borkumkai; Tel. 04 921/über 89 07 22
6000 Frankfurt/M., Hanauer

Landstraße 330; Tel. 069/411040
2000 Hamburg 36, Neuer Jungfernstieg 7/8; Tel. 040/343455
3000 Hannover 21, Herrenhäuserstr. 83; Tel. 0511/7907259
2300 Kiel 1, Lorentzendamm 28; Tel. 0431/5921050
2400 Lübeck 1, Geniner Straße 249; Tel. 0451/5302211
8000 München 2, Promenadeplatz 7; Tel. 089/224170

7000 Stuttgart 1, Nordbahnhofstr. 41; Tel. 0711/über 2568949

Norwegische Vertretung in Österreich:
1030 Wien, Bayerngasse 1; Tel. 0222/723211

Norwegische Vertretung in der Schweiz:
3005 Bern (Botschaft), Dufourstraße 29; Tel. 031/444676

Währung und Umrechnungskurse

Die norwegische Währung ist die Krone, im Lande meist nur als „Kr.", sonst zum Unterschied gegen die dänische = (dkr) oder die schwedische Krone (skr) auch „nkr" abgekürzt.

Eine Krone = 100 Øre.

Norwegische Geldscheine gibt es im Wert von 50, 100, 500 und 1000 Kronen.
Münzen sind im Wert von 10 und 50 Øre sowie 1, 5 und 10 Kronen im Umlauf.
Bei Redaktionsschluß dieser Auflage entsprach 1 nkr etwa 0,26 DM. Nähere Auskünfte erteilen die Banken.

Reisen nach Norwegen

MIT DEM FLUGZEUG

Von allen deutschen, österreichischen und schweizerischen Flughäfen bestehen – zum Teil sogar direkte – Flugverbindungen in die skandinavischen Hauptstädte mit zahlreichen Anschlußmöglichkeiten innerhalb der einzelnen Staaten.

Dänemark, Norwegen und Schweden haben die gemeinsame Fluggesellschaft SAS (Scandinavian Airlines System).

Für den gesamten skandinavischen Flugverkehr stellt der Großflughafen von Kopenhagen (København-Kastrup) die große Drehscheibe dar (Flugverkehr innerhalb Norwegens s. S. 20).

Der Flug nach Oslo in der Economy-Klasse (Stand Herbst 1992) kostet von Berlin aus 795,– DM, von Köln 988,– DM, von München 1202,– DM, von Wien 9300,– Schilling und von Zürich 1212,– Franken.

Auskünfte über die Möglichkeiten verbilligter Flüge erteilen die Büros der SAS (Adressen S. 10).

MIT DER EISENBAHN

Auf dem Schienenweg ist außer den dänischen Städten auf Jütland und Fünen kein skandinavischer Ort direkt zu erreichen. Alle internationalen Züge, welche Mitteleuropa mit den skandinavischen Hauptstädten verbinden, werden deshalb mit einer Eisenbahnfähre übergesetzt, die meisten im Zuge der sogenannten „Vogelfluglinie" vom deutschen Puttgarden auf Fehmarn nach Rødby Færge auf Lolland in Dänemark, einzelne auch über Jütland und über die dänischen Inseln Fünen und Seeland (Fähre Nyborg-Korsør), und dann weiter nach Schweden über den Öresund von Kopenhagen nach Malmö oder von Helsingør nach Helsingborg, um über Schweden nach Norwegen weiterzufahren.

Durch den Nordosten der Bundesrepublik fahrende Züge werden mit der Fähre von Saßnitz auf Rügen nach Trelleborg in Schweden übergesetzt.

Mit den schnellsten Bahnverbindungen benötigt man von Hamburg über Kopenhagen nach Oslo rund 16 sowie von Köln, Frankfurt oder München jeweils rund 24 Stunden. Aus der Schweiz muß man von Bern oder Zürich mit etwa 32, aus Österreich von Wien – immer über Hamburg und Kopenhagen – mit 37 Stunden Fahrzeit rechnen.

Um auf dem Schienenweg nach Norwegen zu gelangen, kann man statt der durchgehenden Expreßzüge auch den kombinierten Schienen-Wasser-(Schienen-) Weg wählen.

Man kann also mit Schnellzügen beispielsweise von Hamburg in acht Stunden nach Frederikshavn oder in neun Stunden nach Hirtshals fahren, dort in eine der Skagerrak-Fähren umsteigen und schließlich je nach norwegischem Fährhafen und eigenem Reiseziel in Norwegen mit dem in Frage kommenden Zug weiterfahren.

Ähnliche kombinierte Möglichkeiten bestehen auch für die Anreise durch Schweden entweder über Frederikshavn (– Göteborg) oder mit dem Zug nach Lübeck-Travemünde, anschließend mit dem Fährschiff nach Trelleborg und von dort mit der schwedischen Bahn weiter nach Norwegen.

Einige Fahrpreise (einfach, 2. Klasse; Stand Herbst 1992):

Von	nach		
	Oslo	Bergen	Trondheim
	DM	DM	DM
Hamburg	234,90	336,30	344,10
Köln	339,90	441,30	449,10
Frankfurt	352,90	454,30	462,10
München	419,90	521,30	529,10

MIT DEM KRAFTFAHRZEUG

Bei der Anreise nach Norwegen mit dem eigenen Wagen gilt es zunächst die Frage zu entscheiden, ob möglichst viele Straßenkilometer gefahren und das Meer nur auf den kürzesten (und damit natürlich auch relativ billigeren) Fährstrecken überquert werden oder ob eine mehrstündige (und entsprechend teurere) „Seereise" anstatt möglicher Landverbindungen eingeplant werden soll.

Die Hauptanfahrtsstraßen mit nur kurzen Überfahrten führen entweder über die dänischen Inseln nach Schweden mit jeweils zwei Fähren oder durch Jütland an die schwedische Westküste; hier kommt man sogar mit der Benutzung einer einzigen Autofähre von Frederikshavn nach

Göteborg aus, die drei Stunden für die Fahrt über das Kattegat benötigt. Sonst addieren sich die reinen Fährzeiten mit rund einer Stunde auf der „Vogelfluglinie" von Fehmarn nach Lolland (Puttgarden–Rødby Færge) oder zwischen den dänischen Inseln Fünen und Seeland (Knudshoved bei Nyborg–Halskov bei Korsør) mit einer halben Stunde auf der Øresund-Fähre zwischen Dänemark und Schweden (Helsingør-Helsingborg) zu etwa eineinhalb Stunden.

MIT DEM SCHIFF

Ob mit der Bahn oder mit dem Auto, fast nie geht es — wie wir bereits gesehen haben — ohne die Benutzung von Schiffs- oder Fährlinien. Zur besseren Übersicht haben wir diese Verbindungen über Nord- und Ostsee nicht in Anreisemöglichkeiten aus Mitteleuropa und innerskandinavische Verbindungen getrennt, sondern den gesamten Schiffsverkehr im gleichnamigen Abschnitt auf den Seiten 20 bis 26 zusammengefaßt.

GRENZÜBERGÄNGE

Die direkte Einreise nach Skandinavien auf dem Landwege ist nur an den deutsch-dänischen Grenzübergängen zwischen Schleswig-Holstein und Jütland möglich. Innerhalb der skandinavischen Staaten sind die Landgrenzen selten und die Abwicklung der Grenzformalitäten in einem Fährhafen ist daher die Norm.

Im grenzüberschreitenden Fährverkehr gibt es manchmal getrennte Durchgänge oder Fahrspuren, wobei „Grün" ohne und „Rot" mit anmeldepflichtigen Waren zu benutzen ist. Meist erhält man dann vorher an Bord des Fährschiffes ein entsprechendes Merkblatt mit Erläuterungen.

Reisen in Norwegen

Es liegt in der Natur der norwegischen Landschaften, daß alle Verkehrswege nach Norden zu immer „dünner" werden. Das betrifft sowohl die Dichte ihrer Netze als auch ihren Zustand, bei den Verkehrsmitteln auch die Frequenz. Außerdem gibt es durch den im hohen Norden länger anhaltenden Winter oft starke Verkehrsbehinderungen, sei es durch gesperrte Straßen oder vereiste Häfen.

MIT DEM KRAFTFAHRZEUG
Die Straßen

In Norwegen ist mittlerweile der größte Teil des Straßennetzes asphaltiert. Viele Streckenabschnitte sind verhältnismäßig schmal und erfordern entsprechend vorsichtiges Fahren. Überall gibt es ein ausreichendes Netz von Tankstellen, jedoch sollte man in Nordnorwegen auf jeden Fall öfter volltanken, da die Tankstellen ziemlich weit auseinanderliegen (Reservekanister mitnehmen).

Auf einigen Gebirgsstraßen ist ein Straßenwachtdienst eingerichtet, der auch für die Touristen da ist. Im allgemeinen muß man bis Mitte Mai und ab Mitte Oktober im Hochgebirge

Entfernungen zwischen den wichtigsten Städten (Straßenkilometer)

	Ålesund	Bergen	Bodø	Fagernes	Hamar	Hammerfest	Kirkenes	Kristiansand	Kristiansund	Lillehammer	Narvik	Oslo	Røros	Skien	Stavanger	Svinesund	Tromsø	Trondheim
Ålesund	–	401	1166	422	450	2002	2431	901	134	388	1336	573	402	712	528	686	1587	428
Bergen	401	–	1420	368	476	2256	2685	398	513	440	1590	484	656	442	149	598	1751	682
Bodø	1166	1420	–	1132	1160	953	1389	1611	930	1098	296	1277	892	1422	1557	1396	556	738
Fagernes	422	368	1132	–	135	1967	2397	477	437	114	1302	186	358	288	436	299	1563	394
Hamar	450	476	1160	135	–	1996	2425	451	465	62	1330	123	278	262	563	236	1611	422
Hammerfest	2002	2256	953	1967	1996	–	497	2447	1766	1934	666	2113	1728	2258	2393	2232	442	1574
Kirkenes	2431	2685	1389	2397	2425	497	–	2876	2195	2363	1093	2541	2157	2687	2822	2661	841	2003
Kristiansand	901	398	1611	477	451	2447	2876	–	916	513	1781	328	729	191	256	296	2042	873
Kristiansund	134	513	930	437	465	1766	2195	916	–	403	1100	588	302	727	662	701	1361	192
Lillehammer	388	440	1098	114	62	1934	2363	513	403	–	1268	185	261	324	542	298	1529	360
Narvik	1336	1590	296	1302	1330	666	1093	1781	1100	1268	–	1447	1062	1592	1727	1566	261	908
Oslo	573	484	1277	186	123	2113	2541	328	588	185	1447	–	401	139	584	113	1708	539
Røros	402	656	892	358	278	1728	2157	729	302	261	1062	401	–	540	804	514	1323	154
Skien	712	442	1422	288	262	2258	2687	191	727	324	1592	139	540	–	447	144	1827	684
Stavanger	528	149	1557	436	563	2393	2822	256	662	542	1727	584	804	447	–	565	1988	819
Svinesund	686	598	1396	299	236	2232	2661	296	701	298	1566	113	514	144	565	–	1827	658
Tromsø	1587	1751	556	1563	1611	442	841	2042	1361	1529	261	1708	1323	1827	1988	1827	–	1169
Trondheim	428	682	738	394	422	1574	2003	873	192	360	908	539	154	684	819	658	1169	–

mit schneebedingten Sperrungen rechnen.

Während die international beschlossenen Änderungen in der Numerierung des Europastraßennetzes in Deutschland und Dänemark bei der Beschilderung schon durchgeführt sind, ist das in Norwegen und Schweden erst im Laufe der neunziger Jahre zu erwarten.

Verkehrsbestimmungen

Die Vorschriften für den Straßenverkehr entsprechen im wesentlichen den in der Bundesrepublik Deutschland, Österreich und der Schweiz geltenden. Auf einige Abweichungen sei hier hingewiesen.

Es gelten schärfere Promille-Regelungen, welche die Alkoholgrenze in Norwegen und Schweden auf 0,5 Promille (in Dänemark auf 0,8) festlegen. Anschnallpflicht auch auf den Rücksitzen, sofern dort Gurte vorhanden sind. Abblendlicht auch am Tage.

In Norwegen haben Straßenbahnen grundsätzlich Vorfahrt. Vorfahrtsberechtigte Hauptstraßen sind mit schwarz-gelben Schildern gekennzeichnet (sonst „rechts vor links"!). Geschwindigkeitsbeschränkungen gelten in Ortschaften generell mit 50 km/h für alle Straßen, die nicht für höhere Geschwindigkeiten ausgeschildert sind.

Vorschriften für Anhänger

Camping- und Wohnwagenanhänger mit eigenen Bremsen dürfen in Norwegen nicht mehr als 90 Prozent des Zugwagens wiegen, Anhänger ohne eigene Bremsen nicht mehr als 50 Pro-

zent. Die Camping-Anhänger müssen außerdem hinten die gleiche Beleuchtungsausstattung wie ein gewöhnliches Auto und vorne weiße und gelbe Reflektoren haben. Ist der Anhänger breiter als 1,80 Meter, muß er vorne auch mit weißen oder gelben Markierungslichtern versehen sein. Für die Kupplung muß der Wagen mit einer Kugel ausgestattet sein, deren Durchmesser mindestens 50 Millimeter groß ist. Ein Anhänger, der keine Bremsen hat, die automatisch zu wirken beginnen, wenn er vom Zugwagen getrennt wird, muß über eine zusätzliche Verbindung (Ketten oder Stahldrahtseile) verfügen.

Die größte erlaubte Breite für Campingwagen und -anhänger beträgt auf norwegischen Straßen 2,30 m; eine Zuglänge von 18,50 m darf nicht überschritten werden. Bei den Höchstgeschwindigkeiten mit Campinganhänger gelten bei gebremsten Anhängern 80, sonst 70 km/h.

Benzinpreise

In Norwegen und den skandinavischen Durchreiseländern kostet Benzin (verbleit/bleifrei) 1991 umgerechnet in DM etwa:

	Norwegen	Dänemark	Schweden
Normalbenzin	–	1,38	–
Super	2,18	1,56	1,90
	2,05	1,47	1,89
Diesel	0,82	1,26	1,41

MIT DER EISENBAHN

Die norwegischen Eisenbahnen NSB (Norges Statsbaner) haben moderne elektrische und Dieselzüge. Die Touristenwagen 2. Klasse mit verstellbaren Liegesesseln gehören zu den besten und bequemsten in Europa. In den Schlafwagen gibt es in der ersten Klasse Einbett-Abteile, in der zweiten Zwei- und Dreibett-Abteile. Für Fernzüge muß man frühzeitig Platzkarten bestellen (Platzkartenpflicht für alle Expreßzüge). Ausgenommen wenige kleine Nebenstrecken, besteht das Bahnnetz vor allem aus folgenden Hauptlinien:

Die *Bergenbahn* (471 km; 200 Tunnel, 300 Brücken, 28 km Schneeschutzüberdachung) verbindet Oslo mit Bergen und erreicht an ihrem höchsten Punkt 1301 Meter ü. d. M. Eine Nebenbahn, die sich nach Flåm am Sognefjord hinunterschlängelt, gehört zu den Wunderwerken des Eisenbahnbaus.

Schön ist auch die Reise mit der *Dovrebahn* (552 km) von Oslo durch das Gudbrandsdal nach Trondheim. Ihre Seitenlinie, die *Raumabahn* von Dombås nach Åndalsnes (114 km), kann sich wegen des Reichtums an Naturschönheiten beinahe mit der Flåmbahn messen.

Parallel zur Dovrebahn führt die *Rørosbahn* (561 km) duch das Østerdal zwischen Oslo und Trondheim, und rund um die norwegische Südküste fährt die *Sørlandbahn* (585 km) von Oslo über Kristiansand nach Stavanger mit Seitenbahnen nach einigen Küstenorten. Die letzte große Bahnstrecke Norwegens ist die *Nordlandbahn* (728 km). Sie geht von Trondheim via Fauske bis Bodø. Von Fauske kann man mit dem Nord-Norge-Bus mehr als 1300 km nordwärts (3 Tage) nach Kirkenes weiterreisen oder von Narvik mit der *Ofotbahn* in Kiruna (37 km) Anschluß an das schwedische Bahnnetz gewinnen. Von Bodø kann man auch mit der „Hurtigrute" (s. S. 26) an der ganzen Nordküste entlangfahren.

Die Bahnpreise Norwegens entsprechen etwa denen in Mitteleuropa. Als verbilligte Tarife werden die „Familienermäßigung" sowie die „Nordische Touristenkarte" („Nordturist") angeboten; sie erlaubt für 377 DM in der 2. und 566 DM in der 1. Klasse 21 Tage lang unbegrenztes Bahnfahren in ganz Skandinavien und bietet Preisermäßigungen bei einigen Fährlinien. Bei Fahrstrecken von mehr als 150 km innerhalb Norwegens gibt es auf den sog. „grønne avgang" Ermäßigungen von etwa 20 %.

Auto im Reisezug

In Norwegen selbst gibt es keine Autoreisezüge. Es besteht aber bei Skandinavienrundfahrten die Möglichkeit für An- oder Abreise nach oder von Nordnorwegen die schwedischen Autoreisezüge zwischen Malmö oder Göteborg und Kiruna oder Luleå zu benutzen. Auch in Finnland verkehren Autoreisezüge zwischen Turku/Abö oder Helsinki und Kolari und Rovaniemi.

MIT DEM AUTOBUS

Busse spielen für den norwegischen Reiseverkehr eine wichtige Rolle. Wo die Eisenbahn nicht weiterführt, werden die Reisenden mit Bussen befördert. Die Fahrer sind vorsichtig, tüchtig und höflich, beherrschen aber selten fremde Sprachen, so daß man nicht damit rechnen kann, unterwegs auf besondere Sehenswürdigkeiten aufmerksam gemacht zu werden.

Die Plätze sind nicht numeriert. Man kann zwar vorausbestellen, bestimmte Plätze werden aber nicht reserviert. Daher empfiehlt es sich unbedingt, frühzeitig an den Busabfahrtsstellen zu sein.

Genannt seien hier die *Haukeliroute,* die von Bø in Telemark in etwa 7 Std. nach Haugesund führt, die täglich verkehrende *Vestlandsroute* zwischen Bergen und Ålesund, die *Schnellbusverbindung von Otta nach Måløy* (ca. 6½ Std.), die *Mørelinie,* welche die Städte Ålesund, Molde und Trondheim in etwa 7½ Std. miteinander verbindet, und natürlich der *Nordnorwegenbus* als Anschluß an die in der Höhe von Bodø endende Bahnstrecke; seine Route beginnt in Fauske und führt in drei Tagesabschnitten bis nach Kirkenes, wobei mehrere Nebenlinien die Verbindungen zu den Hauptküstenorten herstellen.

FLUGVERKEHR

Im skandinavischen Raum besteht ein relativ dichtes Flugnetz, so daß praktisch alle größeren Orte, vor allem natürlich im Anschlußverkehr von der Landeshauptstadt aus, zu erreichen sind.

In Norwegen reicht das inländische Flugnetz von Oslo bis hinauf nach Kirkenes und bedient dabei in der Reihenfolge von Süden nach Norden die nachfolgend genannten, zumeist an der Küste gelegenen Flugplätze: Skien, Sandefjord, Kristiansand, Stavanger, Haugesund, Bergen, Sogndal, Førde, Sandane, Florø, Ørsta-Volda, Ålesund, Molde, Kristiansund, Røros, Trondheim, Værnes, Nam-sos, Rørvik, Brønnøysund, Mosjøen, Sandnessjøen, Mo i Rana, Bodø, Røst, Leknes, Solvær, Stokmarknes, Andenes, Narvik, Evenes, Bardufoss, Tromsø, Sørkjosen, Alta, Hammerfest, Lakselv, Honningsvåg, Mehamm, Berlevåg, Båtsfjord, Vardø, Vadsø, Kirkenes und Svalbard (Spitzbergen)/Longyearbyen.

Besonders beliebt und interessant sind die von SAS, Braathens S.A.F.E. und Widerøe-Ruter durchgeführten Fjord-, Küsten- und Inselflüge.

SCHIFFSVERKEHR

Die Benutzung von Fährschiffen spielt bei jeder Skandinavienreise eine besondere Rolle, da aus Mitteleuropa ja nur ein Teil von Dänemark, die Halbinsel Jütland, auf dem echten Landweg zu erreichen ist.

Wegen der Vielfältigkeit der Reisemöglichkeiten nach Norwegen haben wir die nachfolgend aufgeführten in Frage kommenden Fährverbindungen der besseren Übersichtlichkeit halber in drei Gruppen eingeteilt:

1. Direkte Schiffsfähren nach Norwegen.

2. Fährverkehr zwischen Dänemark und Norwegen für die Anreise über Jütland.

3. Schiffsfähren nach Deutschland direkt, von Dänemark, England und Polen nach Schweden für die Anreise entlang der schwedischen Küste.

Im Anschluß daran steht eine Zusammenstellung der wichtigsten Autofähren in Norwegen selbst, wo häufig die Straßen durch Fjorde unterbrochen sind und so ebenfalls dem Schiffsverkehr fast in allen Landesteilen große Bedeutung zukommt, sowie danach noch einen Abschnitt über die Schnelldampferlinie (Hurtigrute) vor der norwegischen Westküste. Alle Angaben sind vom Stand Sommer 1992.

Die Fahrpläne unterliegen ebenso wie die Fahrpreis laufend Veränderungen; man betrachte diese Angaben deshalb nur als Richtpreise und erkundige sich vor Reiseantritt nach den jeweils gültigen Fahrplänen und Fahrpreisen. Die Häufigkeit der Routenbedienung bezieht sich auf die „normale" Reisezeit für eine Skandinavientour, also auf die Sommermonate.

Es sind hier, wenn nicht ausdrücklich anders erwähnt, nur die reinen Beförderungspreise angegeben, also ohne zusätzliche Kosten für höhere Klassen, Schlafsessel, Kabinenbetten, Mahlzeiten an Bord oder ähnliches, aber auch ohne mögliche Ermäßigungen.

Bei Personenwagen ist jeweils der Maximalpreis für die längenmäßige Grundklasse angegeben. Dieser Preis verringert sich bei einigen Linien zum Teil mit zunehmender Zahl von Mitreisenden, die zu einem Fahrzeug gehören.

1. Direkte Schiffsfähren nach Norwegen

Newcastle – Stavanger – Bergen (Color Line): 25 Std. / dreimal wöchentlich.

Kiel – Oslo (Color Line): 19 Std. 30 Min. / einmal täglich / ab 198 (Hauptsaison 218) / Pkw 140 DM.

Rostock – Oslo (Color Line): Die Einrichtung dieser Fährverbindung zwischen der Bundesrepublik Deutschland und Norwegen ist geplant.

2. Schiffsfähren zwischen Dänemark und Norwegen

Hirtshals – Kristiansand (Color Line): 4 Std. 30 Min. / viermal täglich / Autopaket 210 DM.

Hirtshals – Oslo (Color Line): 9 Std. 30 Min. / siebenmal wöchentlich / Autopaket 240 DM.

Frederikshavn – Larvik (Larvik Line): 6 Std. / ein- bis zweimal täglich / 52–82 DM / Pkw 80–100 DM.

Frederikshavn – Oslo (Stena Line): 8 Std. 45 Min. / einmal täglich / 45−90 DM / Pkw 180−290 DM.

Frederikshavn – Moss (Stena Line): 7 Std. / einmal täglich / 45−90 DM / Pkw 130−210 DM.

Kopenhagen – Helsingborg – Oslo (Scandinavian Seaways): 16 Std. / einmal täglich / ab 113 DM / Pkw 56 DM einschließlich Fahrer.

3. Schiffsfähren zur schwedischen West- und Ostküste

Kiel – Göteborg (Stena Line): 14 Std. / einmal täglich / 100–160 DM (Hauptsaison) / Pkw 240−430 DM (einschließlich 6 Personen).

Frederikshavn – Göteborg (Stena Line): 3 Std. 15 Min. / sechsbis achtmal täglich / 44 DM / Pkw 67 DM.

Amsterdam – Göteborg (Scandinavian Seaways): 24 Std. / zweimal wöchentlich / 790−2930 nkr / Pkw 500 nkr.

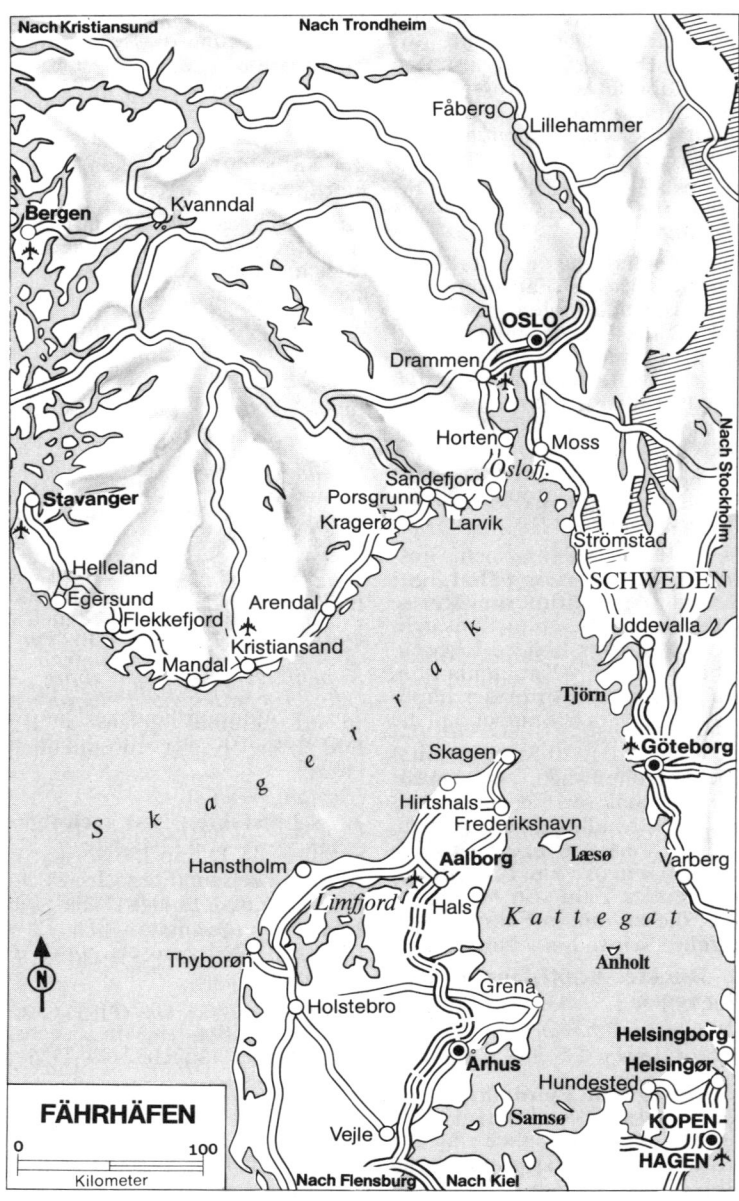

Harwich – Göteborg (Scandinavian Seaways): 24 Std. / ca. zweimal wöchentlich / 1690–3490 nkr (Rabatte bei Hin- u. Rückfahrt) / Pkw 500 nkr.

Helsingør – Helsingborg (DSB / SJ / LB): 20 Min. / fünfundzwanzig- bis siebzigmal täglich/ 5 DM / Pkw 71 DM einschließlich 5 Personen.

Dragør (b. Kopenhagen) – Limhamn (b. Malmö) (Scandinavian Ferry Lines) 55 Min. / zwanzigmal täglich / 10 DM / Pkw 100 DM.

Lübeck – Travemünde – Trelleborg (TT-Line): 7 Std. / zwei- bis sechsmal täglich / 98 DM / Pkw 59 DM.

Saßnitz – Trelleborg (Schwedische Staatsbahnen): 4 Std. / fünfmal täglich / 48–68 DM / Pkw 110–155 DM.

Rostock – Trelleborg (TR-Line): nähere Auskünfte im Reisebüro.

Gdánsk/Danzig – Ystad (Pol-Line AB): 16 Std. / einmal wöchentlich / 270 skr / Pkw 270 skr.

Gdánsk/Danzig – Oxelösund (Pol Line AB): 20 Std. / dreimal wöchentlich / 270 skr / Pkw 450–900 skr.

Świnoujście/Swinemünde – Ystad (Pol Line AB): 7 Std. 30 Min. / täglich / 230 skr / Pkw 230–460 skr.

4. Fähre Schweden – Norwegen

Strömstad – Sandefjord (Scandi Line): 4 Std. / zwei- bis dreimal täglich / 75–90 nkr / Pkw 120–180 nkr.

5. Norwegische Fjordfähren

Oslofjord

Moss – Horten (Bastøfergen): 35 Min. / 20mal täglich.

Drøbak – Storsand (AS Bilferjen Drøbak – Hurum): 12 Min. / 23mal täglich.

Svelvik – Verket (Bilferjen Drøbak – Hurum): 5 Min. / 32mal täglich.

Fjorde um Stavanger

Rennesøy (ca. 30 km nördlich von Stavanger) – *Skudeneshavn* (Stavangerske Dampskipsselskap): 40 Min. / mehrmals täglich.

Rennesøy – Bokn (SDS): 20 Min. / mehrmals täglich.

Randaberg (11 km nordwestlich von Stavanger) – *Kvitsøy* (SDS): 45 Min. / achtmal täglich.

Stavanger – Tau (SDS): 40 Min. / 17mal täglich.

Hjelmeland – Nesvik (SDS): 10 Min. / 25mal täglich.

Sand – Ropeid (SDS): 10 Min. / 10mal täglich.

Lauvvik – Oanes – Forsand (SDS): 10 Min. / 13mal täglich.

Valevåg – Skjærsholmane (Hardanger-Sunnhordlandske Dampskipsselskap): 20 Min. / 18mal täglich.

Hardangergebiet

Utboja – Skjersholmane (Hard. Sunnhordl. Dampskibsselskab): 35 Min. / zehnmal täglich.

Leirvik – Sunde (HSD): 1 Std. 20 Min. / siebenmal täglich.

Halhjem – Våge (HSD): 40 Min. / elfmal täglich.

Flatråker – Jektevik (HSD): 20 Min. / elfmal täglich.

Skånevik (– Matre) – Utåker (HSD): 25 bzw. 15 Min. / 13- bzw. viermal täglich.

Løfallstrand – Gjermundshamn (HSD): 25 Min. / achtmal täglich.

Jondal – Tørvikbygd (HSD): 25 Min. / 8mal täglich.

Venjaneset – Hatvik (HSD): zehn Min. / 19mal täglich.

Kinsarvik – Utne – Kvanndal (Hard. Sunnhordl. Dampskibsselskab): 40 Min. / zehnmal täglich; Kvanndal-Utne 20 Min. / 26mal täglich.

Bruravik – Brimnes (Hard. Sunnhordl. Dampskibsselskab): 10 Min. / 33mal täglich.

Nordhordland / Sognefjord

Steinestø – Knarvik (Bergen-Nordhordland Rutelag): 10 Min. / 56mal täglich.

Masfjordnes – Duesund (BNR): 10 min. / 20mal täglich.

Oppdal – Lavik (Fylkesbaatane i Sogn og Fjordane): 20 Min. / 16mal täglich.

Breistein – Valestrandsfossen (Bergen Nordhordland Rutelag): 10 Min. / 26–30mal täglich.

Garnes – Haus (Bergen Nordhordland Rutelag): 8 Min. / 25- bis 30mal täglich.

Tyssebotn – Vikanes (Bergen Nordhordland Rutelag): 35 Min. / sechs- bis siebenmal täglich.

Flåm – Aurland (Fylkesbaatane i S. o. F.): 30 Min. / zwei- bis dreimal täglich (nur im Sommer).

Hella – Dragsvik (Fylkesbaatane i S. o. F.): 10 Min. / 30mal täglich.

Hella – Vangsnes (Fylkesbaatane i S. o. F.): 15 Min. / 20mal täglich.

Dragsvik – Vangsnes (Fylkes-

baatane i S. o. F.): 25 Min. / 16mal täglich.

Lote – Anda (Fylkesbaatane i S. o. F.): 10 Min. / 31mal täglich.

Gudvangen – Årdalstangen [über Revsnes und Kaupanger] (Fylkesbaatane i S. o. F.): 4mal täglich / Gudvangen – Revsnes 2 Std. 5 Min., Gudvangen-Kaupanger 2 Std. 30 Min., Revsnes–Årdalstangen 2 Std., Kaupanger – Årdalstangen 1 Std. 40 Min. (nur im Sommer).

Revsnes – Kaupanger (Fylkesbaatane i S. o. F.): 15 Min. / 18–20mal täglich.

Fjorde von Møre und Romsdal

Volda – Folkestad (Møre og Romsdal Fylkesbåtar): 15 Min. / 25mal täglich.

Årvik – Koparnes (M. o. R. Fylkesbåtar): 15 Min. / 26mal täglich.

Eiksund – Rjånes (M. o. R. Fylkesbåtar): 15 Min. / 23mal täglich.

Hareid – Sulesund (M. o. R. Fylkesbåtar); 30 Min. / mehrmals täglich.

Festøy – Solevågen (M. o. R. Fylkesbåtar); 20 Min. / 38mal täglich.

Aursnes – Magerholm (M. o. R. Fylkesbåtar): 15 Min. / 50mal täglich.

Geiranger – Hellesylt (M. o. R. Fylkesbåtar): 1 Std. 10 Min. / vier- bis fünfmal täglich.

Stranda – Liabygda (M. o. R.

Fylkesbåtar): 15 Min. / 20mal täglich.

Eidsdal – Linge (M. o. R. Fylkesbåtar): 10 Min. / 39mal täglich.

Mordalvågen – Solholmen (M. o. R. Fylkesbåtar): 15 Min. / 25mal täglich.

Hollingsholm – Aukra (M. o. R. Fylkesbåtar): 15 Min. / 26mal täglich.

Molde – Vestnes (M. o. R. Fylkesbåtar): 35 Min. / 27mal täglich.

Molde – Vikebukt (M. o. R. Fylkesbåtar): 45 Min. / zwölfmal täglich.

Åfarnes – Sølsnes (M. o. R. Fylkesbåtar): 15 Min. / 30mal täglich.

Kristiansund – Bremsnes (M. o. R. Fylkesbåtar): 20 Min. / 20mal täglich.

Halsa – Kanestraum (M. o. R. Fylkesbåtar): 20 Min. / 19mal täglich.

Kvanne – Røkkum (M. o. R. Fylkesbåtar): 10 Min. / 30mal täglich.

Süd-Trøndelag

Flakk – Rørvik (Fosen Trafikklag): 24 Min. / 28mal täglich.

Valset – Brekstad (Fosen Trafikklag): 20 Min. / 15mal täglich.

Nordnorwegen

Holm – Vendesund (A/S Torghatten Trafikkselskap): 15 Min. / 15mal täglich.

Horn – Anndalsvåg (A/S Torghatten Trafikkselskap): 20 Min. / 10mal täglich.

Horn – Igerøy (– Tjøtta) (A/S Torghatten Trafikkselskap): 45 Min. / sechsmal täglich (dreimal wöchentlich).

Forvik – Tjøtta (Helgeland Trafikkselskap): 1 Std. / siebenmal täglich.

Fiskebøl – Melbu (Vesterålens Trafikklag): 30 Min. / acht- bis zehnmal täglich.

Bognes – Lødingen (Ofoten og Vesteraalen Dampskipsselskap): 1 Std. 5 Min. / siebenmal täglich.

Bognes – Skarberget (OVDS): 25 Min. / 13mal täglich.

Skutvik – Svolvær (OVDS): 2 Std. / siebenmal täglich.

Lyngseidet – Olderdalen (Bjørklids Ferjerederi): 45 Min. / 11mal täglich.

Breivikeidet – Svensby (Bjørklids Ferjerederi): 25 Min. / mehrmals täglich.

Øksfjord – Hasvik (Finnmark Fylkesrederi o. R.): 1 Std. 25 Min. / 3–5mal täglich.

Nyvoll – Korsfjord (Finnmark Fylkesrederi o. R.): 15 Min. / fünf- bis achtmal täglich.

Kåfjord – Honningsvåg (Finnmark Fylkesrederi o. R.): 40 Min. / 11mal täglich.

6. Küstenlinie Bergen – Nordkap – Kirkenes (Hurtigrute)

Die berühmte Elf-Tage-Reise Bergen – Kirkenes – Bergen gehört zu den großen Attraktionen des Landes.

Der Nachfrage kann daher der zur Verfügung stehende Kajütraum an Bord der acht ziemlich alten 2100- bis 2600-Tonnen-Schiffe und der drei 1982 in Dienst gestellten größeren neueren Fahrzeuge (4200 Tonnen) der Schnelldampferlinie nur knapp gerecht werden.

Diese Dampferlinie bildet ganzjährig das wichtigste tägliche Verkehrsmittel der norwegischen Küste. Im Sommer wird zwar eine Anzahl Kabinen 1. Klasse für Rundreisepassagiere reserviert, aber sie sind oft schon ein Jahr im voraus bestellt. Der Rundreisefahrschein einschließlich Mahlzeiten, aber ohne Landausflüge, kostet je nach Jahreszeit und Kabine zwischen 4600 und 16 500 nkr.

Die alten Schiffe befördern Kraftfahrzeuge auf der Hurtigrute nur in sehr beschränktem Umfang (4 Autos an Deck) und man kann daher in der Regel nicht damit rechnen, seinen Wagen auf diesen Schiffen mitnehmen zu können.

Auf den neuen Schiffen ist dagegen Platz für je 40 Fahrzeuge unter Deck vorhanden, so daß man den Fahrplan auch nach dem Schiffstyp studieren muß, wenn man seinen Wagen mit an Bord nehmen will.

Im Frühling oder Herbst, im Frühsommer oder Spätsommer werden für Reisen mit dem Schnelldampfer beträchtliche Rabatte, besonders für Senioren über 67 Jahre, gewährt.

Sehr interessante und abwechslungsreiche ein- oder mehrtägige Schiffsreisen kann man in Norwegen auch auf den größeren Fjorden sowie von Bodø, Narvik oder Hammerfest aus mitmachen. Hauptziele sind von dort aus die Lofoten-Inseln und Spitzbergen.

Unterkunft und Verpflegung

HOTELS

Der Standard der norwegischen Hotels ist relativ hoch. Ihr Betrieb ist seit vielen Jahren staatlich geregelt, und das Gesetz stellt an die Betriebsführung und an die Ausstattung hohe Anforderungen. Der Hotelbesitzer muß ein Hotelfachdiplom haben, das er erst nach fünfjähriger Praxis und bestandenem Examen erhalten kann. Die Bezeichnung ,,Hotel'' gibt also die Gewähr, daß ein Unternehmen bezüglich Komfort und Bedienung gewisse Mindestansprüche befriedigt. Doch gibt es natürlich große Unterschiede zwischen erstklassigen Hotels und einfachen Häusern.

Um die Unterschiede hervorzuheben, führte das Hotelgesetz für bestimmte bessere Hotelarten außerhalb der Städte die Bezeichnung ,,Høyfjellshoteller'' und „Turisthoteller" ein, Hochgebirgs- und Touristenhotels.

Hochgebirgshotels müssen mindestens 700 bis 800 Meter hoch liegen. An die Betriebe mit diesen Namen werden bezüglich Ausstattung und Komfort besonders hohe Anforderungen gestellt. Unter anderem muß eine Anzahl von Gastzimmern eigene Dusche oder Bad und WC haben, die Gesellschaftsräume sollen eine bestimmte Mindestgröße aufweisen, und die Einrichtung muß erstklassig sein.

„Sommerhotels" sind ein in allen nordischen Staaten bekannter Begriff. Es sind Häuser in den Universitätsstädten, die während der übrigen Jahreszeit als Studentenwohnheime dienen und nur in der Sommersaison als Hotels betrieben werden. Sie bieten also einen relativ hohen Standard zu günstigen Preisen.

GASTHÖFE UND PENSIONEN

Unterkünfte, die nicht das Recht zur Bezeichnung „Hotel" haben, können verschiedene Namen führen und sich *pensjonat* (Pension), *hospits* (Hospiz), *fjellstue* (Gebirgshütte), *gjestgiveri* (Gasthof), *gård* (Hof) oder *seter* (Almhütte) nennen. So liegt in der gewählten Bezeichnung bereits eine deutliche Kennzeichnung der Unterkunftsart. Auch diese Betriebe sind zumeist gut eingerichtet. In der Regel haben sie elektrisches Licht, WC und Dusche oder Bad sowie warmes und kaltes Wasser in den Gastzimmern. Die Verpflegung ist vielleicht etwas einfacher, aber auch reichlich und gut zubereitet.

Wegen des Nachweises privater Unterkunftsmöglichkeiten wendet man sich an das zuständige Touristenbüro.

FERIENHÄUSER UND -HÜTTEN

Sommerhäuser, die meistens vier bis acht Schlafplätze enthalten und die sowohl einzeln als auch in Feriendorf-Siedlungen stehen, gibt es in allen touristisch interessanten Gebieten Norwegens (im Bergland als Hütten); sie werden als Ferienhäuser durch verschiedene zentrale Organisationen vermietet, über welche die Fremdenverkehrsämter Auskunft geben. Diese versenden auch ausführliche Kataloge, die genaue Angaben über jedes einzelne Objekt enthalten. Da diese Wohnmöglichkeit auch von den Einheimischen gerne und viel benutzt wird, muß man sich rechtzeitig um eine Reservierung bemühen.

Unterkunftspreise

Die Hotelpreise sind recht verschieden. Ein Einzelzimmer kann in einfachen Hotels noch unter 200 Kronen kosten, in den größeren und städtischen Hotels aber auch schon bis zu 350 Kronen, ebenso schwankt der Preis in den sehr guten Häusern zwischen 500 und 800 Kronen. Die Preise der Pensionen und Gasthöfe liegen natürlich niedriger, aber auch sie hängen von Ausstattung und Komfort ab.

Die meisten nichtstädtischen Hotels und Pensionen sowie die Touristen- und Hochgebirgshotels gewähren einen Pensionspreis (wie auch zum Teil die Hotels in kleineren Städten) bei mindestens fünftägigem Aufenthalt. In diesem Fall schließt der Preis das Zimmer und drei Mahlzeiten am Tage ein (Preisermäßigung für Kinder unter zwölf Jahren). Außerdem wird in der Vor- und Nachsaison meistens ein Rabatt eingeräumt.

Eine staatliche Hotelabgabe ist in allen norwegischen Hotels in den Preisen inbegriffen. Gesondert bezahlt werden muß jedoch der Portier für Dienste wie den Gepäcktransport, falls diese Leistungen nicht in der Rechnung aufgeführt sind. Alle sonstige Bedienung ist jedoch im Zimmerpreis eingeschlossen. – Eine erhebliche Verbilligung der Hotelpreise bringt der Erwerb eines „Fjord-Passes". Auskünfte bei den einschlägigen Reisebüros, u. a. beim Reisebüro Norden, Ost-West-Str. 70, 2000 Hamburg 11.

Zimmerbestellung

Es ist in jedem Falle angebracht, die Unterkunft im voraus zu bestellen. Autofahrer können sich meistens durch Telefonanruf unterwegs von Ort zu Ort nach einem Hotelzimmer erkundigen. Touristen- und Hochgebirgshotels, die oft nur wenige Kilometer abseits der Hauptstraße liegen, haben in der Regel mehr Platz zur Verfügung, als die Durchgangs-Hotels an einer vielbefahrenen Reichsstraße. Auch bieten sie meist größeren Komfort und mehr Erholungsmöglichkeiten.

JUGENDHERBERGEN

In Norwegen gibt es mehr als 85 Jugendherbergen; einige wurden direkt als Jugendherbergen errichtet, andere befinden sich in für diesen Zweck umgebauten Gebäuden. Sie sind über das ganze Land verteilt und gehören zu den bestausgestatteten in Europa. Eine Reihe von ihnen sind auch in Bauernhöfen, Privathäusern oder geeigneten Schulgebäuden untergebracht und nur im Sommer geöffnet. In den meisten der Jugendherbergen sind schon Familienräume eingerichtet, wo Eltern auch mit ihren Kindern zusammen schlafen können.

Die Übernachtung kostet umgerechnet pro Bett zwischen 70 und 140 nkr inklusive Wolldecken, nicht aber mit Lakenbezug, der obligatorisch und gegen eine Gebühr erhältlich ist. In den meisten Herbergen kann man sich das Essen selbst zubereiten, aber oft gibt es auch fertige Mahlzeiten.

Reist man in Gruppen zu viert oder mehr, ist es ratsam, Platz im voraus zu bestellen.

Mitglieder von nationalen Jugendherbergsvereinen können mit ihrem Ausweis auch norwegische Herbergen besuchen (sie erhalten 15 % Ermäßigung), andere können sich als internationale Mitglieder des Norwegischen Jugendherbergsvereins (NUH) einschreiben lassen.

Eine Altersgrenze gibt es in den Herbergen nicht. Der Aufenthalt über drei Tage hinaus muß vom Herbergsvater genehmigt werden.

CAMPINGPLÄTZE

Das Camping hat in Norwegen einen enormen Aufschwung genommen; es gibt über 1400 anerkannte Anlagen mit Platz für insgesamt über 200 000 Gäste. An den Straßen liegen in erster Linie natürlich die Campingplätze der Autoorganisationen, die besonders gut ausgestattet sind und gute Ein- und Ausfahrtsmöglichkeiten haben. Wie überall in Europa sind die Campingplätze auch hier nach dem Sternsystem eingeteilt. Norwegen hat nur wenige Plätze mit drei Sternen, aber eine beträchtliche Anzahl von solchen mit zwei Sternen, so daß heute etwa die Hälfte moderne Sanitäranlagen hat. Die besten Campingplätze haben eigene Wasch- und Duschräume, Lebensmittel-Verkauf und eine Wache, eine Reihe von Plätzen haben auch Bootsverleih und gute Angelmöglichkeiten. Die Campingplätze an der Südküste sind oft im Anschluß an Badestrände errichtet.

Ein besonderer Vorteil der meisten norwegischen Campingplätze ist, daß sie auch über eine große Anzahl von Campinghütten verfügen, das sind einfache Übernachtungshäuschen mit Schlafkojen und Matratzen. In solchen Hütten kann man zwischen 25 und 50 Kronen pro Person übernachten. Sonst liegen die Platzgebühren zwischen 15 und 25 nkr pro Person und Nacht.

RESTAURANTS

Auf dem Lande wird man die Mahlzeiten meistens im Hotel einnehmen. In dichter besiedelten Gebieten und kleineren Städten sind in den letzten Jahren aber auch recht gute Cafés (Cafeterien) entstanden; die typisch kontinentalen Wirtshäuser gibt es in Norwegen in dieser Art nicht.

Das Essen in Norwegen braucht keinen internationalen Vergleich zu scheuen, es ist wohlschmeckend und nahrhaft. Die Portionen in den Hotels und Restaurants sind reichlich, und entsprechend der norwegischen Gastlichkeit wird dem Gast oft auf Wunsch nachgereicht.

DIE MAHLZEITEN

Sie beginnen in Norwegen mit einem großen Frühstück (*norsk frokost*), in den Hotels meistens zwischen 7 und 10 Uhr, bestehend aus kalten Fleischgerichten, Fischen, Salaten, Käse, Marmelade, Haferbrei, Cornflakes usw. Milch bekommt man dazu soviel man will, außerdem Kaffee oder Tee. In den Restaurants ist das Frühstück natürlich etwas weniger reichlich, und hier wie in den städtischen Hotels kann man auch ein „kontinentales Frühstück" bekommen, „Kaffee complet" oder „Tee complet" genannt, also Brot mit Butter und Marmelade, häufig auch etwas Aufschnitt.

Das Mittagessen ist in vielen Häusern die Hauptmahlzeit des Tages und wird im allgemeinen zwischen 12 und 14 Uhr eingenommen. Das übliche norwegische Mittagessen besteht aus Suppe, einem warmen Gericht und einer Nachspeise. In den Touristen- und Hochgebirgshotels pflegt man zu dieser Zeit den Lunch zu servieren, wobei das kalte Buffet des Frühstücks mit neuen Gerichten ergänzt wird; außerdem gibt es kleine warme Gerichte und Desserts dazu. Die Abendmahlzeit in kleineren Hotels oder Pensionen besteht aus kaltem Aufschnitt und einem oder mehreren warmen Gerichten.

In den großen Hotels wird das „Mittagessen" am Abend zwischen 17 und 20 Uhr gereicht, und zwar meistens mit drei bis vier Gängen: Suppe, Fisch, Fleisch und Nachspeise. In norwegischen Restaurants ist Bestellung à la carte häufiger als ein festes Menü. Die Gerichte sind reichlich und zu den Fleischgerichten fehlt es nicht an Gemüse.

Die Preise der Mahlzeiten sind natürlich recht verschieden: In den guten und sehr guten Hotels kostet das große Frühstück etwa 40 bis 70 Kronen, ein Mittagessen 90 bis 175 und das Abendessen auch 100 bis 250 Kronen.

Viele Restaurants bieten auch ein preisgünstiges Tagesgericht („Dagenz rett") an.

Warme Mahlzeiten und Erfrischungen sind auch in einer großen Anzahl von Cafeterien und anderen Gaststätten zu haben. Die Preise für ein warmes Gericht liegen hier ab 40 Kronen. In Restaurants und Gasthäusern sind Bedienungszuschlag und Mehrwertsteuer stets in der Rechnung inbegriffen.

Spezialitäten

In Norwegen gibt es natürlich vor allem ausgezeichnete Fischgerichte. Im Sommer werden oft Lachs, See- und Bachforellen, Hummer und Garnelen serviert. Im Spätsommer bekommt man hier und dort auch frisch gekochte Krebse, eine auserlesene Delikatesse. Geräucherter Lachs gilt als eine der feinsten norwegischen Spezialitäten. Auch vom Wild gibt es manche typische norwegische Gerichte, wie etwa Schneehuhn in Rahmsoße oder Rentierbraten. Auf einer Gebirgswanderung muß man unbedingt den norwegischen sauren Rahm (*rømmekolle*) probieren und am besten auch den Rahmbrei (*rømmegrøt*) mit sprödem „flatbrød" dazu.

Getränke

Restaurants und Hotels in den größeren Städten sowie Touristen- und Gebirgshotels besitzen in Norwegen, wo der Alkoholverkauf staatlich reglementiert ist, meist unbeschränktes Schankrecht. Alkoholische Getränke werden dort wochentags jedoch nur zwischen 13 und 23.45 Uhr ausgeschenkt, an Sonn- und Feiertagen aber lediglich Bier und Wein.

Die meisten Hotels und Restaurants haben Schankrecht für Wein und Bier, Pensionen und kleinere Lokale allerdings oft nur für Bier. Das norwegische Bier ist gutschmeckend; helles (Pilsener) und dunkles (Bayer) enthalten 4,75 Prozent Alkohol, Exportbier und Bockbier 7 Prozent. Brigg, das leichteste Bier, enthält nur 2 Prozent Alkohol.

In den Verkaufsstellen des staatlichen Weinmonopols (*Vinmonopolet*), die es in allen größeren Städten gibt, kann man alkoholische Getränke in jeder Menge kaufen; sie sind montags bis donnerstags von 10 bis 17, freitags von 9 bis 17 und samstags von 9 bis 13 Uhr geöffnet. Die Preise für Alkohol aller Art sind in Norwegen allerdings sehr hoch.

Sport in Norwegen

Von den vielseitigen Sportmöglichkeiten Norwegens sollen hier vor allem die Sportfischerei, die Jagd, das Wandern und Radfahren sowie Bade-, Tauch- und Bootssport erwähnt werden. Tennis, Golf und Reiten ergänzen das Angebot sportlicher Betätigung für die Besucher des Landes ebenso wie der Wintersport.

SPORTFISCHEREI

Immer noch ist Norwegen ein Paradies für Sportfischer, aber die günstigsten Möglichkeiten zum Fischen liegen nicht an den großen Straßen. Die besten Lachsflüsse werden für längere Perioden vermietet, und es ist nicht leicht, als Tourist dort zum Zuge zu kommen. Es gibt aber viele Hotels und Pensionen, die eigene Lachsrechte haben und diese ihren Gästen zur Verfügung stellen.

Die Forellenfischerei ergibt die größten Erträge an oder über der Baumgrenze. Fischen läßt es sich zwar auch gut im südnorwegischen Gebirge, besser aber in Nord-Trøndelag und Nordnorwegen. In Südnorwegen sollte man vor dem 15. Juni nicht in Gewässern über 500 Meter Höhe fischen; in Gewässern über 800 Meter ist die beste Fischzeit zwischen dem 15. Juli und 30. August. In Nord-Trøndelag kann man mit der Angelfliege nicht vor dem 1. Juli auf Erfolg rechnen, in Nordnorwegen oft nicht vor dem 5. Juli, während in Finnmark der August der beste Angelmonat ist.

Personen über 16 Jahre, die Lachse, Seeforellen, Bergsalm und Süßwasserfische angeln wollen, müssen eine Fischereikarte für das betreffende Jahr lösen. Die Karte, die in allen Postämtern zu haben ist, kostet 180 Kronen. Außer dieser Karte müssen auch lokale Angelerlaubnisscheine erworben werden. Die Touristenbüros erteilen Auskunft darüber, wo Angelerlaubnisscheine gekauft werden können. Mitgebrachtes Angelgerät muß vor der Benutzung desinfiziert werden!

Die Seefischerei an der Küste und das Fischen in den Fjorden sind kostenfrei.

JAGD

In Norwegen können Elche, Rentiere, Hirsche, Rehe, Hasen und verschiedene Vogelarten gejagt werden. Hierfür ist eine Jagdlizenz und teilweise eine norwegische Einladung erforderlich. Gesuche um eine Einfuhrerlaubnis für Jagdwaffen müssen an die Polizei des betreffenden Distrikts gerichtet werden.

WANDERUNGEN

Im Gebirge, wie etwa in Jotunheimen, auf der Hardangervidda, dem Gebiet von Finse, im Bergland von Rogaland und Setesdal, in den Gebieten von Dovre, Rondane, Trollheimen, Sylene und Femund hat die große Zahl von Touristenhütten zu einer bemerkenswerten Entwicklung der Wanderungen geführt. Die Wege von Hütte zu Hütte sind deutlich markiert, so daß hier auch ungeübte Bergwanderer sicher gehen können. Auf die Gletscher sollte man sich allerdings nicht ohne Führung wagen.

Die Hütten werden meistens vor Ende Juni geöffnet und sind bis Anfang September offen. Am stärksten belegt sind sie zwischen dem 15. Juli und 15. August, als günstigste Zeit kann dagegen die nach dem 15. August betrachtet werden. Fast alle Hütten haben Bedienung, nur wenige auf seltener begangenen Strecken nicht. Dann herrscht dort das Prinzip der Selbstbedienung, denn Proviant liegt bereit, man nimmt, was man braucht und bezahlt nach angeschlagenem Tarif.

Nähere Auskünfte durch „Den Norske Turistforening", 0161 Oslo 1, Stortingsgaten 28. Die Mitgliedschaft in diesem Verein kann jedermann erwerben.

RADFAHREN

Die Rolle des einstigen Radlers ist jetzt überwiegend von Mopedfahrern übernommen worden, aber auch das Zweirad alter Art hat noch seine Freunde. Das Netz der Jugendherbergen ist unter Berücksichtigung der Bedürfnisse auch der Radler angelegt und erstreckt sich über das gesamte Land mit einem Abstand von 80 bis 100 Kilometern zwischen den Herbergen. Die Mitnahme eines Rades über die Grenze, motorisiert oder nicht, ist mit keinerlei Formalitäten verbunden. Leihfahrräder erhält man in Hotels und Fremdenverkehrsbüros.

BADE- UND TAUCHSPORT

Es ist eine erstaunliche Tatsache, daß am Oslofjord und an der norwegischen Südküste das Meerwasser wärmer ist als zum Beispiel im Ärmelkanal; daher beginnt die Badesaison in Oslo früher als etwa in Lübeck-Trave-

münde. Das Strandleben am Oslofjord dauert von Mitte Juni bis September. Die Temperatur des klaren, salzigen Wassers beträgt während der Badesaison 18 bis 20 Grad Celsius.

Bekannte Badeorte sind am Oslofjord Larkollen, Hankø, Tjøme und Stavern sowie im Sørland Mandal.

Auch an der Westküste und in den Fjorden herrscht Strandleben bei Stavanger, in Godøysund und in Os bei Bergen.

In Norwegen besteht die Möglichkeit zum Nacktbaden u. a. in zwei FKK-Gebieten mit Unterkünften und Campingplatz. Nähere Auskünfte erhält man durch „Norsk Naturturistforbund", Oslo 1, Boks 189 (Antwortschein beifügen).

Eine Reihe der großen Hotels im Binnenland verfügt über eigene Schwimmbäder.

In Ulvik (Hardanger) und Balestrand (Sogn) wird Wasserskisport angesichts der schneebedeckten Berge betrieben. Tauchsportmöglichkeiten gibt es an der gesamten norwegischen Küste; es ist auch erlaubt, Fische zu harpunieren.

BOOTSSPORT

Es gibt nicht viele Länder in Europa, die sich so vorzüglich für den Bootssport eignen wie die norwegische Südküste, wo die ganze Strecke von Oslo bis Mandal im Schutz der Schären liegt, überall mit genügend Wasser unterm Kiel, mit gut markiertem Fahrwasser und ohne spürbaren Unterschied zwischen Ebbe und Flut. Dazu gibt es überall natürliche Ankerplätze und kleine gemütliche Häfen. Es weht ein zuverlässiger Sonnenumdrehungswind (Solgangs-vind), also ein berechenbar sicherer Wind, der sich entsprechend der Sonnenumdrehung wendet.

Das Fahrwasser ist auch vorzüglich geeignet für Kajakpaddler. Andere freilich ziehen das Paddeln in den tiefen Fjorden im Westen vor, nur sollte man sich dabei an eine Uferseite halten.

Für den Kanusport dagegen eignen sich nur die wenigsten norwegischen Flüsse. Eine Ausnahme machen höchstens der große Tanafluß in Finnmark und die kanalisierten Wasserläufe in Telemark, wo eine Kanufahrt sehr lohnend ist.

Sportfahrzeuge und ihre Ausstattung können zollfrei ein- und ausgeführt werden.

Motor-, Ruder- und Segelboote werden u. a. an folgenden Orten vermietet: Åfjord, Ålesund, Arendal, Aurland, Balestrand, Bergen, Bodø, Fagernes, Geilo, Gjøvik, Harstad, Haugesund, Hemnesberget, Hvalstad (bei Oslo), Kristiansand, Kristiansund, Larvik, Mandal, Mo i Rana, Molde, Mosjøen, Narvik, Nesna, Odda, Olden, Oslo, Sandefjord, Sogndal, Stavanger, Insel Stord, Tromsø und Ulvik. Eine Reihe von Hotels stellt ihren Gästen Ruderboote auch kostenlos zur Verfügung.

TENNIS UND GOLF

Die meisten großen Hotels haben Tennisplätze für ihre Gäste. An einigen Orten wie in Nevra im Gudbrandsdal finden alljährlich Tennisturniere statt.

Schöne Golfplätze liegen bei Oslo, Bergen, Frederikstad, Kristiansand, Sarpsborg, Stavanger und Trondheim. Der Trondheimer Golfplatz, der nördlichste der Welt, stellt ein „Mitternachtsgolf-Diplom" aus.

REITEN

Von den folgenden Orten aus werden kürzere und auch längere Reittouren mit Führer veranstaltet: Dovrefjell, Lillehammer (Sjusjøen), Oppdal, Tydal und Oslo (Krokskogen).

Und an diesen Plätzen gibt es Hotels, die eigene Reitpferde haben: Asker, Beitostølen, Espedalen, Fagernes, Geilo, Gol, Hovden, Lakselv, Lillehammer, Nesbyen, Nordfjordeid, Rauland und Tynset. Reitschulen findet man in Lykkja, Rjukan und Skåbu.

WINTERSPORT

ist in Norwegen von Januar bis Mitte März im südlichen Landesteil und von Mitte oder Ende Februar bis Anfang Mai in den Hochgebirgsgegenden möglich.

Für den Sommerskilauf hat Norwegen einige Gebiete erschlossen. Eines davon liegt in Telemark in Südnorwegen, das Dyrskar Skisenter bei Haukelifjell. Dort gibt es auf Gletscherflächen von 1000 bis 1600 Meter Höhe Langlaufloipen und Skilifts. Ein anderer sommerlicher Skigletscher, der Strynsfjellet, liegt unweit des westnorwegischen Küstenortes Ålesund, und das Galdhøppigen Sommerskisenter Jyvashytta mit 1500 m langem Silift und 350 m Höhenunterschied im Jotunheimen. Sommerskisaison: Mitte Juni bis Mitte September.

LANDES- UND VOLKSKUNDE

Mit knapp 324 000 Quadratkilometern Landfläche ist Norwegen nach der Sowjetunion (europäischer Teil), Frankreich, Spanien, Schweden und Finnland das sechstgrößte Land Europas. Außer der Sowjetunion hat jedoch kein anderes europäisches Land innerhalb seiner Grenzen eine so große Ausdehnung in einer Richtung: von Norden nach Süden ist Norwegen etwa 1750 Kilometer lang. Fast drei Viertel des Landes bestehen aus Hochgebirge, Gletschern und Seen. Außerdem sind 23 Prozent des Bodens bewaldet. Das bestellbare Land macht somit nicht mehr als rund drei Prozent des Territoriums aus.

Dem Golfstrom, der in den tropischen Gewässern des Golfs von Mexiko seinen Ursprung hat, verdankt Norwegen ein sehr viel milderes Küstenklima als Länder vergleichbarer Breiten. Natürlich ist der Winter im Landesinneren sehr hart, aber selbst nördlich des Polarkreises sind die Häfen meist eisfrei – unerläßliche Vorbedingung zur Aufrechterhaltung der Schiffahrt während der kalten Jahreszeit. Trotz des günstigen Einflusses, den das Meer ausübt, ist das nördlichste Land Europas den geringsten Launen der Natur schutzlos ausgeliefert: Ein leichtes Sinken der Sommertemperatur von ein bis zwei Grad reicht zum Beispiel aus, um die Ernten zu gefährden. Wie sehr meteorologische Einflüsse den Fischfang, der eine der wichtigsten Einnahmquellen Norwegens darstellt, beeinträchtigen können, liegt zudem auf der Hand.

Mit 13,6 Einwohnern je Quadratkilometer ist Norwegen nach Island das Land mit der geringsten Bevölkerungsdichte Europas. Man kann sich vorstellen, welch immense Arbeit die Norweger zur Nutzbarmachung ihres Landes leisten müssen. Allein für den Straßenbau und zur Aufrechterhaltung des Eisenbahnnetzes in diesem Land mit den höchsten Erhebungen Skandinaviens müssen jährlich enorme Summen investiert werden.

Hinzu kommen die Aufwendungen, die erforderlich sind, um Norwegen mit einem modernen Gesundheitswesen auszustatten und alle sozialen und kulturellen Aufgaben in einer Nation zu verwirklichen, die will, daß ihre Kinder auf allen Gebieten gleiche Rechte und gleiche Möglichkeiten haben.

Die Landschaften und Menschen Norwegens

Die Lage und Beschaffenheit des Landes bringen Lebensbedingungen hervor, auf deren Härte Gesellschaft und Staat in Norwegen eine besondere Antwort finden mußten und immer wieder neu finden müssen. Am sichtbarsten werden Norwegens

Probleme in seinen nördlichsten Landesteilen.

Nordnorwegen

Die Finnmark ist gleichzeitig die nördlichste, die ausgedehnteste und die am wenigsten bevölkerte Provinz (*fylke*) des Landes. Sie erstreckt sich über etwa 50 000 Quadratkilometer, ist etwas größer als Dänemark, hat aber nur knapp 80 000 Einwohner, die vorwiegend in den Städten und Siedlungen an der Küste leben. Hier wohnen eigentliche Norweger, Kvener (finnische Einwanderer) sowie die Lappen oder Samen.

Abgesehen von der Küste besteht die Finnmark aus einem riesigen moos- und heidebewachsenen Plateau. In dieser wilden und armen Landschaft, die unendlich erscheint, herrscht eine außergewöhnliche Stille. Lediglich Rentierherden, die hier ihre aus Moos und Flechten bestehende Nahrung finden, und Lappen in ihrer originellen und pittoresken Kleidung beleben gelegentlich das Bild.

Im Winter wüten in der Finnmark Schneestürme von beispielloser Heftigkeit, die Erde ist gefroren, denn die Temperaturen sinken bis zu 50 Grad unter Null, und trotz des flackernden Nordlichts, das plötzlich die Winternacht erhellt, dämmern düstere Tage in unendlicher Melancholie dahin. Im Sommer scheinen eine nicht untergehende Sonne und ein fast blaues Licht geheimnisvoll unter der Grenzenlosigkeit des Himmels. Es weht ein sanfter, gleichmäßiger Wind. Aber es gibt auch eine Plage: Mückenschwärme, die an der Küste unbekannt sind. Das Innere der Finnmark, dieser Landschaft scharfer Kontraste, scheint seinen wenigen Bewohnern eine ständige Herausforderung zu sein. Um ihre Kräfte an dieser Natur zu messen, die sie nie in Ruhe läßt, leben sie in der Stille und Isolation intensiver als gewöhnliche Sterbliche.

Verläßt man das Plateau der Finnmark, um in eines der drei Täler hinabzusteigen, durch die die größten Flüsse der Provinz Troms fließen, nämlich Reisa, Malselv und Barduelv, glaubt man in ein völlig anderes Land zu gelangen, so überwältigend ist hier der Kontrast. Im Vergleich zu der wilden und Herbe der Finnmark verleihen Birken, Fichten, Weiden und Ebereschen dieser Landschaft einen Hauch von Fülle und Überfluß. Der Frühling bricht hier über Nacht herein. Im stechenden Licht der Frühjahrssonne sprießen die Knospen innerhalb weniger Stunden, und unter den ungläubigen Augen des Besuchers vollzieht sich das Wunder des Grünens und Blühens. Die Heftigkeit des Frühlingseinbruchs drückt sich nicht nur in der Natur aus; nach der langen Winternacht lassen auch die Menschen ihrer Freude und ihren Leidenschaften freien Lauf.

Fährt man jedoch im Schiff die Küste entlang, bemerkt man den Unterschied zwischen den Provinzen Finnmark und Troms kaum, denn der Küstencharakter ist überall gleich: ein schmaler Küstenstreifen, dem wie ein Schutzwall gegen das oft entfesselt tobende Meer eine lange, aus Tausenden von Gliedern bestehende Kette kleiner felsiger

Inseln vorgelagert ist. An dieser Küste verschwistern und vereinen sich Wasser und Land, hier haben die Menschen sich seit undenklichen Zeiten niedergelassen, um dem Meer seinen „silbernen Schatz" zu entreißen, der ihre Existenzgrundlage ist: den Fisch. Im Laufe der Zeit sind aus den Fischerdörfern Städte geworden, ja sogar Handelszentren. Tromsø, die Hauptstadt der Provinz Troms und ihr Mittelpunkt für Verwaltung, Kultur und Wirtschaft, ist eine Stadt, die während der schönen Jahreszeit niemals in Schlaf versinkt. In den hellen Sommernächten lebt diese nordische Stadt, Ausgangspunkt zahlreicher Polarexpeditionen, mit großer Intensität. Die Menschen laden sich gegenseitig ein, treffen sich in den Cafés, reden über Geschäfte, Mode oder Sport, diskutieren über die Zukunft und beschwören die Vergangenheit herauf.

In Nordland, der dritten und letzten Provinz Nordnorwegens, liegt die berühmte Inselkette der Lofoten, die aus der Ferne wie eine steil aus dem Meer aufragende Mauer aussieht. Der Eindruck ist so überwältigend, daß sich dem Betrachter das Gefühl aufdrängt, es handle sich um eine Kulisse, bei der alles zu dramatisch, zu phantastisch ausgefallen ist, als daß man glauben könnte, sie sei echt. Niemand wird sich der Schönheit des Schauspiels entziehen können, das sich entfaltet, wenn dieser mächtige Felswall in das bunte, glänzende und grelle Licht der Mitternachtssonne getaucht wird. Die aus 80 bewohnten Inseln bestehenden Lofoten erstrecken sich nördlich von Bodø und westlich von Narvik über eine Länge von 190 Kilometern. Sie sind die Heimat der Kabeljaufischer und die Kulisse für den großen Lofotenfischfang, der von Mitte Februar bis Anfang April den Alltag der Menschen auf den Lofoten bestimmt. Dieses Dasein, in dem der Zufall über viele Dinge entscheidet, prägt auch die Seele des Fischers, der ohne Übergang von blühendem Optimismus in schwärzesten Pessimismus verfallen kann. Der norwegische Fischer gibt sich oft seinen Träumen hin, und um das Schicksal zu zwingen, ist er bereit „ta et skippertak", das heißt sich einen tüchtigen Ruck zu geben, um dann wieder in seine Träumereien zu versinken. Diese Träumereien enden, wenn die an die Küste ziehenden Fischschwärme die Menschen herausfordern.

In seinem Buch „Der letzte Wikinger" hat der norwegische Schriftsteller Johan Bojer mit bemerkenswerter Beobachtungsgabe das harte und bewegte Leben der Fischer in dieser Gegend beschrieben.

Ziel der meisten Norwegentouristen sind die Magerøy-Insel und das Nordkap, wo von Mitte Mai bis Ende Juli die Sonne um Mitternacht scheint. Die große rotglühende Kugel, die die gesamte Landschaft in ein unwirkliches Licht hüllt, scheint direkt aus dem Meer zu steigen. Wenn sie dann am Himmel immer höher klettert, geht in der gesamten Natur eine Verwandlung vor: Die fernen Horizonte scheinen nähergerückt, obwohl all das, was nahe oder vertraut ist, plötzlich Abstand gewinnt, ein unvergeßliches Schauspiel.

In den nördlichsten Gegenden Europas lebt eine kleine Volksgruppe, der nur etwa 30000 bis 40000 Menschen angehören: die Samen (früher auch Lappen genannt), von denen rund zwei Drittel in Nordnorwegen zu Hause sind. Hier bilden sie drei Gruppen: Meersamen, Flußsamen und Bergsamen. Die Meersamen stellen die bedeutendste Gruppe dar. Sie wohnen an den Ufern der Fjorde von Varanger bis Tysfjord. Als Fischer und Bauern unterscheiden sie sich sehr wenig von der eigentlichen norwegischen Bevölkerung. Die Flußsamen leben an den Flußläufen im Inneren der Finnmark und ernähren sich dort vom Fischfang, vom Ackerbau und von der Jagd. Die Bergsamen sind die am weitesten verstreut lebenden Samen, denn man trifft sie zwischen dem 71. und 62. Breitengrad an. Zahlenmäßig stellen sie jedoch eine sehr kleine Gruppe dar, nämlich nur neun Prozent der norwegischen Samen. Ihr Reichtum besteht hauptsächlich in der Rentierzucht, die ihnen Fleisch und Milch liefert. Aus den Rentierhäuten fertigen sie Kleidungsstücke und Zeltwände, und unter ihren geschickten Händen verwandeln sich Geweihe und Knochen in Gebrauchsgegenstände. Kultur und Sprache der Lappländer haben sich bei den Bergsamen am besten erhalten.

Alljährlich im Frühjahr verlassen die Rentiere ihre Weideplätze in den Bergen, auf denen das Moos im Sommer austrocknet, und folgen den jahrtausendealten Pfaden hinunter zum Meer. Dann schwimmt die Herde hinüber zu den Inseln, wo fette Weiden auf sie warten. Die Bergsamen begleiten ihre Herden auf diesen jährlichen Wanderungen.

Die Samen sprechen eine finnisch-ugrische Sprache. Die Halbnomaden, Fischer und Jäger sind mehrere Jahrhunderte vor unserer Zeitrechnung aus den weiten Ebenen Nordrußlands nach Nordskandinavien gewandert. Solange sie von der modernen Zivilisation nicht berührt wurden, haben sie ihre Kultur bewahren können. Sie hatten ihre eigene Sozialstruktur, genaue Regeln für die Arbeitsteilung zwischen Mann und Frau, eine sehr komplizierte Familienstruktur, die aus einem System von Altersgruppen bestand, und sehr strenge Heiratsbräuche. Ihre religiösen Vorstellungen beruhten auf dem Glauben an die Eigenständigkeit der Seele, auf der Ehrfurcht vor den Vorfahren und auf dem Glauben an die zerstörenden und belebenden Kräfte der Natur. Im 18. Jahrhundert wurden sie vor allem durch den „Apostel der Lappländer", Thomas von Westen, zum Christentum bekehrt.

Polarkreissäule

Angesichts der modernen Technik, die das Leben leichter, aber auch gleichförmiger gestaltet, laufen die alten lappländischen Traditionen Gefahr zu verschwinden.

Die norwegischen Behörden versuchen, gegen diese langsame „Entnationalisierung" vorzugehen. So sieht zum Beispiel der Stundenplan in den Volksschulen einige Stunden Unterricht in Samisch vor. In Karasjok können die Gymnasiasten samische Sprache und Geschichte als Unterrichtsfach wählen. Auch strahlt der norwegische Rundfunk regelmäßig Sendungen in Samisch aus.

Um ihre Sprache und Kultur vor dem drohenden Untergang zu bewahren, haben die Samen 1956 in Karasjok den „Nordischen Rat der Samen" gegründet, der alle drei Jahre zusammentritt und dem die Samen Norwegens, Schwedens und Finnlands angehören. Dieser Rat wacht darüber, daß die kulturellen und wirtschaftlichen Interessen der Samen gewahrt werden.

Die Samen sind künstlerisch sehr begabt. Das beweisen Gebrauchsgegenstände und kunsthandwerkliche Erzeugnisse aus Geweihen, Holz und Rentierhaut sowie ihre farbenfrohen Trachten.

Der samische Künstler John Savio hat es meisterhaft verstanden, das materielle und geistige Leben seines Volkes in seinen eindrucksvollen Holzschnitten festzuhalten.

Den Samen ist auch das Kapitel „Die Samen und ihre Kultur" auf den Seiten 55 bis 59 gewidmet.

Nordnorwegen wurde lange Zeit als eine Region ohne große Entwicklungsmöglichkeiten angesehen, denn lediglich der Fischfang schien eine Zukunft zu haben; man sah die Hauptaufgabe Nordnorwegens darin, das restliche Land mit immer neuen Arbeitskräften zu versorgen. Von den Deutschen während des Weltkriegs vertrieben, kehrten die Bewohner nach Kriegsende in die verwüsteten Gebiete zurück und begannen mit starkem und unerschütterlichen Willen mit dem Wiederaufbau.

Nach Kriegsende hat Nordnorwegen eine außergewöhnliche Aufwärtsentwicklung mitgemacht. Abgesehen davon, daß das Fischereiwesen mit den neuesten Fang- und Fischverarbeitungstechniken sowie mit Hilfe neuer Geräte und größerer Kutter modernisiert wurde, haben die Mechanisierung und stärkere Spezialisierung der Agrarwirtschaft sowie die Entwicklung neuer Industrieproduktionen zu einem beispiellosen Aufschwung dieser Region beigetragen. Die Folgen davon waren der Ausbau des Straßennetzes, die Inbetriebnahme schnellerer Schiffe zur Aufrechterhaltung der Seeverbindungen mit dem Rest des Landes, die Verlängerung der Eisenbahnlinie bis Bodø und schließlich die Einrichtung einer täglichen Luftverbindung mit dem Süden des Landes. Hieraus resultierte ein stärkeres Engagement auf dem Gebiet des Schul- und Bildungswesens: Es entstanden neue Schulen, und 1968 wurde in Tromsø eine Universität gegründet.

All das wäre ohne die vom norwegischen Parlament (Storting) kurz nach dem Krieg verabschiedete „Raumplanung für Nordnorwegen" nicht realisierbar gewesen. Dieser Plan sah Sonderkredite, Steuererleichterungen und die Einrichtung eines Entwicklungsfonds „Nordnorwegen" mit einem Kapital von 200 Millionen Kronen vor.

Er wurde 1960 abgeschlossen; ein regionaler Entwicklungsfonds ermöglichte jedoch eine Fortführung dieser Maßnahmen.

Schlackenhalde in Røros

Einige Zahlen genügen, um das Ausmaß der während der ersten zwanzig Nachkriegsjahre erzielten Ergebnisse zu veranschaulichen. Der Anteil Nordnorwegens am Bruttosozialprodukt ist während dieser Zeit von 6,2 auf fast 10 Prozent gestiegen.

1950 betrug das Durchschnittseinkommen eines steuerpflichtigen Nordnorwegers nur 72 Prozent des nationalen Durchschnittseinkommens. 1966 lag es bei 88 Prozent. 1947 wurden 43 Prozent der Bevölkerung mit Elektrizität versorgt; 1968 waren es 99,6 Prozent.

In Nordnorwegen dominierten lange Zeit Fischereiwesen und Agrarwirtschaft. Aber auch hier mußte man die gleiche Tendenz feststellen wie in den meisten europäischen Ländern. Die Arbeitsplätze auf dem Primärsektor der Wirtschaft wie Landwirtschaft, Fischfang, Bergbau usw. nehmen deutlich ab, steigen nur schwach auf dem Sekundärsektor, dem verarbeitenden.

Der Teritärsektor, der Dienstleistungsbereich der Wirtschaft und der öffentlichen Hand befinden sich jedoch in vollem Aufschwung. Die Anpassung an diese Entwicklung erfordert eine gewisse Übergangszeit, vor allem in einer Region, in der es an qualifizierten und geschulten Arbeitskräften sowie an Führungskräften mangelt.

Somit ist in Nordnorwegen die Zahl der Arbeitsplätze gesunken, obwohl sie im übrigen Land eine steigende Tendenz aufweist. Die Rationalisierung des Fischfangs und der Landwirtschaft hat wesentlich zu dieser Entwicklung beigetragen.

Eine Schwächung des Primärsektors hat eine Bevölkerungskonzentration zur Folge. In einigen Gegenden ist die Landflucht beängstigend groß: Einige Küsteninseln sind vollständig verlassen. Diese Entwicklung hat zwar nicht erst in jüngster Zeit begonnen, aber die Norweger sind entschlossen, wirksame Maßnahmen zu ergreifen, damit eine bestimmte Grenze nicht überschritten wird: Kein Teil des Landes darf entvölkert werden.

Eine andere Hauptsorge der nordnorwegischen Bevölkerung ist die hemmungslose Ausbeutung der Fischgründe außerhalb der norwegischen Hoheitsgewässer. Die wichtigste Einnahmequelle in dieser Gegend, nämlich der Fischfang, scheint über kurz oder lang ernsthaft bedroht. Die norwegische Regierung, die sich des Ernstes dieser Situation voll bewußt ist, hat einen Minister ernannt, dessen einzige Aufgabe darin besteht, mit den beteiligten Ländern zu verhandeln und eine Lösung dieses Problems herbeizuführen.

Inzwischen hat das Parlament 1973 einen neuen Entwicklungsplan für Nordnorwegen verabschiedet, und die jährlichen Haushaltspläne beweisen, daß man diesen Plan vorrangig verwirklichen will.

Erhaltung der derzeitigen Siedlungsgebiete, Unterstützung der Arbeiten auf lokaler Ebene, Schutz der ethnischen und kulturellen Minderheiten, Durchführung einer Dezentralisierungspolitik zugunsten der einzelnen Regionen des Landes – dies sind einige der Aufgaben, die die norwegischen Behörden im Norden des Landes zu bewältigen haben.

Die Zurückhaltung, die viele Norweger im Zusammenhang mit der Frage des Beitritts zur Europäischen Gemeinschaft gezeigt haben, könnte darauf zurückzuführen sein, daß man zu Recht oder Unrecht argwöhnt, die nationalen Probleme könnten in den Hintergrund gedrängt werden und daß es an ausreichendem Verständnis für die besondere Situation Norwegens fehle.

Norwegens Westen und Osten

Vor etwas mehr als hundert Jahren hat der norwegische Schriftsteller Kristian Elster der Ältere anläßlich der Tausendjahrfeier der Vereinigung des norwegischen Reiches durch Harald Schönhaar ein Essay mit dem Titel: „Der Gegensatz zwischen West- und Ostnorwegen" veröffentlicht.

Eine Betrachtung dieser beiden Regionen im Anschluß an die Beschreibung Nordnorwegens vermittelt dem Leser einen umfassenden Eindruck von diesem Land.

Laut Elster bestand diese durch Harald Schönhaar herbeigeführte Vereinigung lediglich in der „Gleichschaltung" des größten Teils Norwegens zu einem vollkommen heterogenen Staat. Die Unterschiede wurden kaum sichtbar, denn das Land versank in einen Dornröschenschlaf; das Volk hatte nicht das Gefühl, einer lebendigen und aktiven Gemeinschaft anzugehören, weil die Kultur, das Erbgut einer fremden Elite, nicht in den Traditionen des Volkes verankert war.

Aber zu Beginn des 19. Jahrhunderts, schrieb Elster, erwachte die Nation und erlebte eine Wiedergeburt der Volkskultur. Nun wurden die Unterschiede erneut sichtbar. Die wirkliche Vereinigung konnte beginnen. Sie müsse durch Achtung vor den Eigenheiten jeder Region, durch freien Gedankenaustausch und durch gegenseitige Anpassung zu einer Synthese führen. Erst dann wäre nach Elsters Meinung ein vereintes nationales Norwegen möglich.

Daß Elster recht hatte, zeigt sich, wenn man die beiden gegensätzlichen Landschaften Norwegens betrachtet, die Fjordlandschaft des Westens und den von der Natur bevorzugten Osten. Hier werden auch die Gegensätzlichkeiten der Bewohner des Westens und des Ostens deutlich.

Die lange Küste, die von Trondheim im Norden bis Stavanger im Süden reicht, ist das Land der Fjorde, für den Touristen das faszinierendste der norwegischen Landschaft.

Dieser „Vestlandet" genannte Teil Norwegens macht zunächst keinen sehr einladenden Eindruck: eine graue Kette niedriger Riffe, schrille Möwenschreie, Wellen, die sich an den Felsen brechen und darüber, wie ein unüberwindliches Hindernis, die Küste. Dazu kommt, daß auf weite Strecken jegliche menschliche Behausung fehlt.

Dann kommt plötzlich an der sonst so verlassen erscheinenden Küste ein kleiner Hafen in Sicht. Flüchtig nimmt das Auge einige weiße Häuschen und Lagerschuppen am Ufer des Wassers, einige verankerte Schiffe und Kähne wahr, und schon entzieht ein Vorgebirge dies alles wieder dem Blick. Einige auf den umliegenden Inseln weidende Schafe sind die einzigen Lebewesen weit und breit.

Dann besteht die Umgebung nur noch aus vom Meer glattgewaschenen Felsen und heidebewachsenen Abhängen.

Wenn man in einen der zahlreichen die Küste zerklüftenden Fjorde fährt, ist es, als schlösse sich hinter dem Schiff eine Tür; das Meer ist plötzlich verschwunden, und vor dem Reisenden erheben sich riesige, drohende Felswände. Doch dann treten die Felsen plötzlich auseinander und machen lieblichen, grünenden Ufern Platz: Kirchen, weiße Häuschen, grüne Birken, die sich im Wasser spiegeln, kleine schäumende Wasserfälle strahlen Lebensfreude und Harmonie aus.

Schließlich ändert sich die Landschaft noch einmal, und man steht vor unzähligen majestätischen Berggipfeln, die von Schnee oder blauschimmernden Gletschern bedeckt sind. Sie beherrschen die Landschaft und scheinen dem Besucher überall hin zu folgen. Auf einem unbezwingbar erscheinenden Abhang entdeckt man hier und dort ein kleines Gehöft, einsam zwischen Himmel und Erde gelegen. Hier leben wirklich Menschen, die mit zäher Kraft dem ärmlichen Boden ihren Lebensunterhalt abringen. Am Ende des Fjords erscheint die Landschaft weiträumiger, die Häuser werden zahlreicher und der Wald üppiger. Dringt man jedoch hinter dieser idyllischen Landschaft tiefer in das Tal ein, dann belastet einen das Gefühl des Alleinseins stärker als zuvor. Man betritt das Reich der Berggeister, der Gnome, der Irrlichter und der Trolle des nordischen Volksglaubens.

Doch selbst hierher gelangt der Mensch. Im ständigen Kampf mit der Natur pflanzt er Getreide und Obst an, obwohl in diesem feuchten Klima mit seinen milden Wintern am besten nur Gras gedeiht. Auf den Weiden, die zu den besten des Landes gehören, wird Viehzucht betrieben — eine bedeutende Einnahmequelle des „Vestlandet". Auf dem Primärsektor dominiert der Fischfang, der die Existenz von mehr als 15000 Fischern absichert.

Elster ist der Meinung, daß diese machtvolle und strenge Natur dem täglichen Leben und der Mentalität der Menschen, die sich mit ihr auseinanderzusetzen haben, ein unauslöschliches Siegel aufdrückt. Vor ihr fühlt der Mensch sich schwach und allein gelassen. Dieses Gefühl äußert sich je nach Individuum auf unterschiedliche Weise: Die einen

Halden mit Festung Frederiksten

geben den Kampf sofort auf und finden Gefallen an einer düsteren Melancholie, andere, fest davon überzeugt, daß sie ihrem Schicksal nicht entrinnen können, werden verbittert und wieder andere, mit zu viel Phantasie ausgestattet, erliegen dem Aberglauben. Diese Natur bewirkt jedoch auch eine Hinwendung des Menschen zur Religion, zu einer Religion, in der sich der wilde und unerbittliche Charakter der Landschaft spiegelt. Hier steht nicht das Evangelium der Nächstenliebe im Vordergrund, sondern ein inhumaner Fanatismus, dessen Auswirkun-

gen Ibsen in seinem Drama „Brand" beschrieben hat.

Die Natur des „Vestlandet" kann sich auch von ihrer frohen, großzügigen und belebenden Seite zeigen, wenn sie im Frühjahr ihr schönstes Kleid anzieht. Der Frühling braucht länger als im Süden des Landes, doch der Winter ist hier auch nicht so hartnäckig wie im Osten. Die Vorboten der schönen Jahreszeit begegnen dem Beobachter auf Schritt und Tritt: Schneeschmelze tritt ein, die unter dem Eis erstarrten Flüsse erwachen zu neuem Leben, vom Meer weht eine sanfte Brise, die Luft ist voller Duft, und die Natur beginnt zu grünen.

All dies spiegelt sich in der Mentalität der Bewohner wider. Der Beweis hierfür ist eine Literatur, in der Lyrik, Schlagfertigkeit und ausgelassener Humor die ansonsten von Melancholie gefärbten Werke auflockern.

Die Mentalität einer Bevölkerung wird nicht allein durch die Natur geprägt. Die Geschichte eines Volkes, seine Aufgeschlossenheit, seine Kontakte mit den großen kulturellen Strömungen des Auslands beeinflussen seine Entwicklung ebenso entscheidend. 1872 hat Elster einigen Bewohnern des „Vestlandet" Egozentrik, Festhalten an altüberlieferten Traditionen verbunden mit einem angeborenen Mißtrauen allem Neuen gegenüber vorgeworfen. Zweifellos hatte man hier viele norwegische Bräuche von unleugbarem Wert gepflegt, zweifellos beruhten viele Traditionen auf jahrhundertealten Erfahrungen, die man nicht außer Acht lassen kann, doch man hatte sich bereichernden Einflüssen von außen verschlossen. Hieraus resultierte ein gewisser Mangel an Großzügigkeit und Solidarität, der in Krisenzeiten zwar in den Hintergrund gedrängt wurde, dafür aber im täglichen Leben unaufhörlich zutage trat. „Es ist unsere Pflicht, die Ursachen hierfür auszurotten", folgerte Elster.

Dieses Zitat unterstreicht die ungeheure Leistung, die im Laufe eines Jahrhunderts beim Ausbau der Kommunikationsmittel vollbracht wurde. Heute lebt das „Vestlandet" nicht mehr in der Isolation: Ein großes Straßenund Eisenbahnnetz sowie gute Luft- und Seeverbindungen halten den Kontakt mit den übrigen Teilen des Landes aufrecht und ermöglichen so einen fruchtbaren Austausch von Kultur und Wirtschaft.

Doch an der Westküste beobachtet man auch heute noch einen sehr strengen Puritanismus, der in Religion und einem leidenschaftlichen nationalen Konservatismus verwurzelt ist. Hier haben die verschiedenen protestantischen Sekten den größten Zulauf, hier sind die Anhänger des Neunorwegischen, „der ursprünglichen Sprache", am zahlreichsten, hier leben die überzeugtesten Anhänger der Liga der Alkoholgegner, und schließlich verfügt hier die christliche Volkspartei über ihre treuesten Stammwähler. Was die kulturelle Expansion und die Öffnung nach außen betrifft, steht das „Vestlandet" heute dem Rest des Landes in nichts nach, und sein Solidaritätsgefühl hat es während des letzten

Krieges in bewunderungswürdiger Weise unter Beweis gestellt.

Zu Recht wird der Osten − er ist auch am dichtesten bevölkert − als das eigentliche Zentrum des Landes bezeichnet, denn hier liegt die Hauptstadt Oslo, die mehr Einwohner hat als der gesamte Norden Norwegens. 31 Prozent der Bevölkerung leben hier auf auf vier Prozent des Territoriums. Landwirtschaft, Industrie und Handel, kurz das gesamte Wirtschaftsleben ist hier von größerer Bedeutung als in allen übrigen Teilen des Landes. Obwohl die Behörden bestrebt sind, regionale Abweichungen des nationalen Durchschnittseinkommens zu vermeiden, tritt der Wohlstand hier zweifellos stärker zutage als anderswo. Ob man Oslo auf dem See- oder Landweg erreicht, der Eindruck ist derselbe: Hier fehlt das charakteristische Merkmal einer Berglandschaft, der Besucher findet keine wilden und schroffen Hänge vor − nur ein meist von Fichten bestandenes, waldiges Hügelland, in dessen Innerem große fruchtbare Ebenen liegen. Der Kontrast zum „Vestlandet" ist auffallend. Hier strahlt alles Reichtum und Überfluß aus. Man sieht stattliche Gehöfte, fruchtbare Felder und weite Wälder und hat den Eindruck, daß das Leben hier in sehr ruhigen Bahnen verläuft, voller Selbstvertrauen, aber auch voll herzlicher Gastfreundschaft.

Dieses Land der weiten Horizonte scheint aufnahmebereit für alle von außen kommenden Impulse. Hier sind alle Kulturströmungen willkommen.

Vielleicht ist dieser ruhige Verlauf des Lebens eine Gefahr, denn die Natur fordert diese Menschen, die dazu neigen, in gleichgültiges Wohlbehagen zu versinken, nicht heraus. Man betont auch gerne, daß die Pioniere, die Großen dieses Landes, meistens aus dem „Vestlandet", der alten Heimat der Wikinger, kamen. „Wenn der Ostnorweger den Kulturströmungen des Kontinents aufgeschlossen gegenübersteht", sagt Elster, „dann tendiert er dazu, nur die oberflächlichen Aspekte festzuhalten, da jede wirkliche Kultur eine Synthese von nationalem Erbgut und fremdem Zutun ist." Was diesen Punkt betrifft, kann der Ostnorweger, mag er auch noch so reich sein, sehr viel von seinem Landsmann aus dem „Vestlandet" lernen. Anstelle eines Schlußwortes drückt Elster in seinem Essay die Hoffnung auf eine Zusammenarbeit zwischen diesen beiden so gegensätzlichen und sich so ergänzenden Regionen aus. Diese Hoffnung ist heute Wirklichkeit, was die engen Bindungen zwischen Bergen, der Hauptstadt des „Vestlandet", und Oslo beweisen.

Mit seinen 210000 Einwohnern ist Bergen die zweitgrößte Stadt Norwegens, doch zweifelsohne ist sie kosmopolitischer und intellektueller als Oslo. Die Bergener sind um eine Antwort nie verlegen, und ihr Akzent ist unverkennbar. Sie sind sehr stolz auf ihre Stadt, die bis 1840 die größte in Norwegen war. Doch aufgrund seiner Gebirgslage fehlte es Bergen an Hinterland, so daß es allmählich von Oslo überrundet wurde. Bergen ist der Schmelztiegel, wo sich die überzeugten Nationalisten aus dem „Vestlandet" und die Angehöri-

gen der großen Familien, die im Laufe der Jahrhunderte vom Kontinent herüberkamen, vermischten. Es ist eine lebhafte Stadt voller Initiative, deren moderne Architektur mit den Bauten der Vergangenheit einen glücklichen Einklang bildet.

Die 450000 Bewohner von Oslo bilden sich etwas darauf ein, in der ältesten Hauptstadt Skandinaviens zu leben, deren 900-Jahrfeier 1950 stattgefunden hat. Dieser Stadt mit ihren zahlreichen modernen Bauten, von denen die funktionelle Silhouette des Rathauses wohl die markanteste ist, und ihren wenigen Zeugen der Vergangenheit haftet etwas Unvollendetes an, und sie erscheint viel jünger als die anderen Hauptstädte Skandinaviens. Sie ist Treffpunkt der Menschen aus allen Teilen Norwegens, doch im Gegensatz zu Bergen nicht Gegenstand leidenschaftlicher Verehrung ihrer Bewohner. Trotzdem kann man dem Charme Oslos und seiner Umgebung nicht entgehen.Wenn der Besucher die interessanten Museen der Stadt besichtigt hat, sollte er an einem Juni- oder Juliabend bei Kerzenschein in einem oberhalb der Stadt gelegenen Restaurant speisen. Man wird dann weder das Lichternetz dieser Hauptstadt noch den Blick über den dunkelgrünen Oslofjord vergessen.

Wir wollen in diesem Überblick nicht alle norwegischen Landschaften beschreiben. Die Südprovinz „Sørlandet" darf hier jedoch nicht unerwähnt bleiben. Entlang dieser Küstenlandschaft kann man auf den zahllosen vorgelagerten Inseln alle Freuden des Sommers genießen — vom Segeln bis zum Sonnenbaden auf einer einsamen Insel oder in einer entlegenen Bucht. Zu der Schönheit einer oft noch unberührten Natur gesellt sich das Vergnügen, dem leicht singenden Akzent einer heiteren und ausgeglichenen Bevölkerung zuzuhören, einer Bevölkerung, die in den pittoresken kleinen Städten der Küste ein friedliches Leben führt.

Geographischer Überblick

Norwegen liegt zwischen 58° und 71°11′ nördlicher Breite und zwischen 5° und 31° östlicher Länge. Im Norden grenzt es an das Eismeer, im Westen an den Atlantik und die Nordsee und im Süden an das Skagerrak. Auf der Landseite stößt es an Schweden, Finnland und die Sowjetunion. Vom Nordkap bis Kap Lindesnes mißt Norwegen 1760 Kilometer, die größte Breite beträgt 430 Kilometer.

Dem Atlantik näher als der Ostsee liegt das skandinavische Hochgebirge, das zu Beginn des Paläozoikums durch die kaledonische Faltung entstand. Durch Wasser- und Gletschererosion ausgewaschene Schiefer und Granite ragen steil in das Nordmeer und den Atlantik und gehen im Süden des Landes ostwärts in eine Hügellandschaft über.

Die für die norwegische Küstenlandschaft charakteristischen Fjorde sind durch eiszeitliche Gletscher und Wassererosion ausgewaschene Gebirgstäler, die nach der Eiszeit vom Meer überflutet wurden. Bis zu einer Länge von fast 200 Kilometern schneiden sie in das Landesinnere ein, ihre Tiefe erreicht bisweilen 1350 Meter.

Durch die Tiefenerosion und das Ansteigen des Meeresspiegels entstand außerdem eine Vielzahl von Inseln und Inselchen (mehr als 200000), die der At- lantikküste vorgelagert sind. Es gibt auf der ganzen Welt keine Küste, die wilder und zerklüfteter wäre. Würde man die Ufer der Fjorde und der großen Inseln aneinanderreihen, erhielte man eine mehr als 20000 Kilometer lange Küste, also so lang wie die Hälfte des Erdumfangs.

Die Gletscher, die Zeugen der Eiszeit, sind nicht vollständig verschwunden. Enorme Eismassen wie Jostedalsbreen, Folgefonn, Svartisen, Frostisen usw. haben diese Zeit überdauert — sie sind ein unerschöpfliches Reservoir zahlloser Wasserfälle. Die Flüsse Norwegens, die sich einen recht eigenwilligen Weg durch das Land gebahnt haben, sind nicht schiffbar, befördern jedoch unzählige Baumstämme bis hinunter in die Versandhäfen. Zahlreiche Wasserfälle werden für die Gewinnung elektrischer Energie genutzt.

Klima und Mitternachtssonne

Trotz seiner Lage hat Norwegen ein relativ mildes Klima. Eigentlich muß man zwischen zwei Klimazonen unterscheiden: dem Küstenklima und dem Binnenlandklima.

Laue Südostwinde und der Golfstrom bescheren den norwegischen Küsten ein ozeanisches Klima, das sich durch verhältnismäßig milde Winter auszeichnet: Die Januartemperatur

Durchschnittliche Lufttemperatur in Celsiusgraden

	Oslo	Bergen	Trondheim	Bodø	Tromsø	Vardø
Januar	—4,7	1,5	—3,1	—2,1	—3,5	—4,3
Februar	—4,0	1,3	—2,6	—2,4	—4,0	—5,2
März	—0,5	3,1	—0,4	—1,0	—2,7	—4,0
April	4,8	5,8	3,5	2,2	0,3	—0,8
Mai	10,8	10,2	8,2	6,2	4,1	2,6
Juni	14,7	12,6	11,6	9,9	8,8	6,2
Juli	17,3	15,0	14,7	13,6	12,4	9,1
August	15,9	14,7	13,6	12,7	11,0	9,7
September	11,3	12,0	9,8	9,4	7,2	6,8
Oktober	5,9	8,3	5,4	5,1	3,0	2,5
November	1,1	5,5	1,8	1,9	—0,1	—0,5
Dezember	—2,0	3,3	—0,7	0,1	—1,9	—2,7
Jahr	5,9	7,8	5,2	4,6	2,9	1,6

Niederschlagsmenge in Millimetern

	Oslo	Bergen	Trondheim	Bodø	Tromsø	Vardø
Januar	49	179	68	90	96	45
Februar	35	139	67	72	79	46
März	26	109	67	80	91	47
April	44	140	60	54	65	36
Mai	44	83	48	49	61	36
Juni	71	126	66	69	59	37
Juli	84	141	70	70	56	41
August	95	167	78	97	80	52
September	83	228	92	125	109	63
Oktober	76	236	98	132	115	56
November	69	207	67	100	88	43
Dezember	63	203	76	104	95	43
Jahr	740	1958	857	1042	994	545

Länge der Tage (Stunden und Minuten)

	Oslo	Trondheim	Tromsø
1. Januar	6^h 4′	4^h 45′	—
1. Februar	7^h 59′	7^h 16′	5^h 4′
1. März	10^h 27′	10^h 11′	9^h 21′
1. April	13^h 16′	13^h 28′	13^h 58′
1. Mai	15^h 57′	16^h 39′	18^h 42′
1. Juni	18^h 16′	19^h 41′	24^h
1. Juli	18^h 42′	20^h 23′	24^h
1. August	16^h 52′	17^h 47′	21^h 1′
1. September	14^h 12′	14^h 22′	17^h 29′
1. Oktober	11^h 30′	11^h 26′	11^h 13′
1. November	8^h 46′	8^h 12′	6^h 38′
1. Dezember	6^h 31′	5^h 22′	—

Dauer der Mitternachtssonne und Periode der Dunkelheit

	Breitengrad	Mittern.-Sonne	Dunkelheit
Longyearbyen	78° 10′	21. 4.—22. 8.	26. 10.—16. 2.
Nordkap	71° 10′ 10″	14. 5.—29. 7.	18. 11.—24. 1.
Hammerfest	70° 39′ 48″	16. 5.—27. 7.	21. 11.—22. 1.
Tromsø	69° 39′ 10″	20. 5.—23. 7.	27. 11.—15. 1.
Bodø	67° 17′ 15″	7. 6.— 8. 7.	15. 12.—29. 12.

beträgt in Bergen und Ålesund 1,2 und 2,3 Grad, die Februartemperatur in Svolvaer − 2,3 Grad. Auf den Lofoten weiden die Schafe praktisch während des ganzen Jahres. In Troms und in der Finnmark hingegen können die Temperaturen auf minus 50 Grad abfallen, und in Vardø steigt das Thermometer im Sommer selten auf 15 Grad an.

Das Phänomen der Mitternachtssonne ist auf die Nähe des Nordpols zurückzuführen. Wegen der hohen geographischen Breite sinkt die Sonne im Sommer nicht hinter den Horizont: am Nordkap ist dieses Naturereignis zweieinhalb Monate lang zu sehen, und selbst wenn man weiter in Richtung Süden fährt, sind an einigen Tagen Morgen- und Abenddämmerung so lang, daß die Helligkeit 24 Stunden anhält.

Flora und Fauna

In Norwegen ist etwa ein Viertel des Landes von Wäldern bedeckt, deren Baumarten − gut 70 Prozent sind Tannen und Föhren − uns ebensowenig unbekannt sind wie die Mehrzahl der hier wachsenden Pflanzen; nur eine kleine Zahl von Gebirgspflanzen ist typisch für die norwegische Flora. Die Baumgrenze verläuft im Süden von Norwegen noch in einer Höhe von etwa 1000 Metern, sinkt dann aber nach Norden zu bis auf 300 Meter ab; Zwergbirken und Wacholderbüsche sind hier der letzte baumartige Bewuchs. In den Wäldern findet man neben Brombeeren, Multbeeren, Heidelbeeren und Preiselbeeren auch zahlreiche Pilze. Die baumlosen Regionen nehmen stellenweise das Bild einer steppenartigen Hochgebirgstundra (norw. vidda) an.

Während die südnorwegische Tierwelt − vom Elch abgesehen − weitgehend der mitteleuropäischen entspricht, macht sich bei der Fauna in Mittel- und Nordnorwegen bereits der arktische Einfluß mehr und mehr bemerkbar. Neben einigen Vogelarten, die sonst nur in Rußland vorkommen, leben in der Finnmark, also im äußersten Norden des Landes, Rentiere (allerdings fast nur noch in zahmen Herden), Polarhasen und Polarfüchse.

Auf dem Dovrefjell wurden vor einigen Jahrzehnten Moschusochsen aus Grönland ausgesetzt. In einigen Fjorden kann man gelegentlich Seehunde antreffen.

Bevölkerung, Wirtschaft und Gesellschaft

Norwegen hat etwa 4,2 Millionen Einwohner, die sich recht unregelmäßig auf das Land verteilen, da der Großteil der Bevölkerung an den Küsten und im Süden des Landes wohnt. In den Bergen und im Norden gibt es weite, unbewohnte Landstriche.

Die Hauptstadt Oslo hat 461000 Einwohner, und rechnet man die gesamten Einwohner der drei nächstgrößten Stadtgebiete zusammen, kommt man fast auf die gleiche Zahl: Bergen (212000), Trondheim (60000), Stavanger (98000).

Land- und Forstwirtschaft

Zwei Drittel der Gesamtoberfläche Norwegens sind unfruchtbar, und ein großer Teil des restlichen Landes ist bewaldet. Die bebaubare Fläche beträgt lediglich 970 000 Hektar, und nur ein Zehntel der Bevölkerung wohnt auf dem Lande. Dieses Zehntel arbeitet in 50 000 landwirtschaftlichen Haupt- und 100 000 Nebenerwerbsbetrieben. Wer Landwirtschaft im Nebenerwerb betreibt, geht meist zusätzlich dem Fischfang oder einer Beschäftigung in der Forstwirtschaft nach.

Viehzucht und Futtermittelproduktion sind die Hauptzweige der norwegischen Landwirtschaft: Weiden machen zwei Drittel des landwirtschaftlich genutzten Landes aus. Angebaut werden in erster Linie Gerste, Hafer und Kartoffeln. Da Arbeitskräfte – in den meisten Fällen sind es Saisonarbeiter – immer seltener werden, wurde die Landwirtschaft weitgehend mechanisiert. Außerdem haben die Landwirte ihre eigenen Einkaufs-, Verkaufs- und Verarbeitungsgenossenschaften.

Die Pelztierzucht stellt eine weitere Einnahmequelle dar, die jedoch von den Schwankungen der Weltmärkte abhängig ist.

Die norwegischen Wälder, die zu den nördlichsten der Erde gehören, bedecken etwa ein Viertel der Gesamtoberfläche. Fast 80 Prozent des Nutzwaldes ist Nadelholz. Zwei Drittel der Forstflächen sind in Privatbesitz, das restliche Drittel gehört dem Staat.

Das Holz wird im allgemeinen von Ende November bis Anfang April gefällt und abtransportiert. Früher wurden die gefällten Baumstämme im Frühjahr auf den Flüssen in die Versandhäfen oder Verarbeitungsstätten befördert. Doch beobachtet man seit langem einen Rückgang der Flößerei, die Jahrhunderte hindurch das einzige Transportmittel über weite Strecken im Binnenland darstellte. Heute hat der Transport auf der Straße die Flöße fast ganz verdrängt – nur noch auf dem Trysil-Fluß an der schwedischen Grenze hält man an dieser Tradition fest.

Norwegen betreibt ein großes Wiederaufforstungs- und Walderweiterungsprogramm: Alljährlich werden 24 000 bis 28 000 Hektar mit Bäumen bepflanzt, die in 50 bis 100 Jahren gefällt werden können.

Holz dient als Baumaterial und findet im Möbelbau sowie in der Zellulose-, Holzschliff- und Papierproduktion Verwendung. Es ist vor allem ein wichtiger Exportfaktor. So wurden in einem Jahr für ungefähr 60 Millionen Kronen Holz, für etwa 750 Millionen Kronen Holzschliff und für ca. 1,3 Millionen Kronen Papier und Kartonage-Waren exportiert. Unter den holz- und holzwerkstoffexportierenden Ländern Europas steht Norwegen an erster Stelle.

Fischfang

Das älteste Gewerbe der Norweger ist der Fischfang, und er ist und bleibt eine der wichtigsten Einnahmequellen des Landes. In einem Jahr haben die norwegischen Fischer 2,4 Millionen Tonnen Fisch im Wert von 2,2 Milliarden Kronen geliefert; rund 90 Prozent des Fischfangs werden exportiert, etwa 40 Prozent an den europäischen Markt. Fast 40 Prozent der Fänge stammten aus Nordnorwegen. Diese Region deckt ebenfalls ein Viertel der nationalen Produktion an Fischmehl und Tran in Höhe von 150 000 bis 200 000 Tonnen. Dieses hohe Produktionsniveau ist im wesentlichen nur durch systematische Erforschung und Ausbeutung der Fischbänke, die nacheinander ausgefischt werden, haltbar. Als weiterer Schutz für den Fischfang gelten die erweiterte Küstenzone, in deren Bereich keine Ausländer Fischfang betreiben dürfen, sowie die Aufrechterhaltung kleiner Fischereibetriebe. Die Verarbeitungsindustrie beschäftigt sich in der Hauptsache mit dem Ein- und Tiefgefrieren des Fischs. Dieser Industriezweig ist weiterhin in Norwegen in vollem Aufschwung begriffen. Ebenfalls explosionsartig gewachsen ist die Aufzucht von Lachs, Forellen und Dorschen entlang der Küste. Nachdem 1989 immerhin 130 000 Tonnen Lachs für den amerikanischen und europäischen Markt produziert wurden, ist die Produktion und die Zahl der Arbeitsplätze in dieser Nachfolgeindustrie des Fischfangs in den letzten Jahren etwas zurückgegangen.

Noch nicht verschwunden, doch stark rückläufig sind Robbenjagd und Walfischfang. Die Anzahl der Robbenjäger nimmt von Jahr zu Jahr ab, und 1967 befuhr die Walfangflotte mit ihren schwimmenden Verarbeitungsfabriken zum letzten Mal unter norwegischer Flagge die antarktischen Küsten. Walfanghäfen wie Sandefjord, Larvik, Tønsberg, Moss und Fredrikstad mußten ihre Tätigkeit umstellen.

Industrie und Bodenschätze

Erst nach dem Zweiten Welt-
krieg hat die norwegische Industrie einen wirklichen Aufschwung erlebt. Sie stützt sich vor allem auf Wasserkraft, Bodenschätze, chemische und metallverarbeitende Industrie, Holz und Fisch. In Norwegen sind die Bedingungen für eine elektrochemische und elektrometallurgische Industrie ausgesprochen günstig, und seit 1965 haben sich diese beiden Sektoren enorm entwickelt. Große Aluminiumwerke, die der „Norsk Aluminium Company" gehören, wurden z. B. in Husnes, Sunndalsøra und Glomfjord errichtet; die Gruppe „Aurdal og Sunndals Verk" ist der größte Aluminiumproduzent des Nordens. 530 000 Tonnen Rohaluminium, von denen 90 Prozent exportiert werden, machen Norwegen zum größten Aluminiumlieferanten Europas. Auf dem Gebiet der Elektrochemie dominiert die „Norsk Hydro", der größte Stickstoffexporteur Europas.

Bergbauindustrie

30 Prozent aller Arbeiter Norwegens sind im Eisenbergbau und in der Eisenindustrie beschäftigt. Das aus den Minen gewonnene Erz wird in sechs Werken – die bedeutendsten sind Sydvaranger in Kirkenes-Bjørnevatn und Mo i Rana – verarbeitet. Derzeit sind sechs Pyritwerke in Betrieb, und dank seiner Kupfer-, Molybdän- und Zinkvorkommen ist Norwegen der größte Exporteur von Eisenlegierungen.

Erdöl

Der norwegische Festlandsockel ist reich an Erdölvorkommen. Im südlichen Teil wurde in erster Linie Gas gefunden, und zwar im mittleren Teil des Festlandssockels. Der bisher ergiebigste Fund wurde im sogenannten Statfjord-Feld gemacht, wo man 400 Millionen Tonnen Öl und 100 Milliarden Kubikmeter Gas vermutet. Weiter im Süden, bei Ekofisk, liegen schätzungsweise 250 Millionen Tonnen Öl. Zur Jahrtausendwende werden von den drei größten Gasfeldern des norwegischen Sockels jährlich etwa 40 Millionen Kubikmeter Gas nach Europa fließen.

Verfassung und Verwaltung

Norwegen ist auf Grund seiner 1814 verkündeten Verfassung, die später nur geringfügig geändert wurde, eine konstitutionelle Erbmonarchie. Die gesetzgebende Gewalt liegt beim Parlament (Storting), die ausübende Gewalt beim König, der die Minister mit Zustimmung des Parlaments ernennt, das aus 155 für vier Jahre gewählten Abgeordneten besteht.

Verwaltungsmäßig ist Norwegen in folgende 20 Provinzen (norw. fylke; in Klammern jeweils der Hauptort), einschließlich der selbständigen Stadtbezirke von Oslo und Bergen, eingeteilt:

Oslo, Stadtbezirk;

Østfold, zwischen Oslofjord und schwedischer Grenze (Moss);

Akershus, Umgebung der Hauptstadt (Oslo);

Hedmark, ostnorwegisches Grenzgebiet (Hamar);

Oppland, Zentralgebiet von Südnorwegen (Lillehammer);

Buskerud, westlich der Hauptstadt (Drammen);

Vestfold, Westseite des Oslofjords (Tønsberg);

Telemark, am Skagerrak (Skien);

Aust-Agder, am Skagerrak (Arendal);

Vest-Agder, am Skagerrak (Kristiansand);

Rogaland, Westnorwegen (Stavanger);

Bergen, Stadtbezirk;

Hordaland, Westnorw. (Bergen);

Sogn og Fjordane, Westnorwegen (Hermansverk);

Møre og Romsdal, Westnorwegen (Molde);

Sør-Trøndelag, südliches Mittelnorwegen (Trondheim);

Nord-Trøndelag, Mittelnorwegen (Steinkjer);

Nordland, nördliches Mittelnorwegen (Bodø);

Troms, Nordnorw. (Tromsø);

Finnmark, Nordnorw. (Alta).

Die norwegische Sprache

Norwegisch gehört zur Gruppe der skandinavischen bzw. nordgermanischen Sprachen. Man fand zwar auf norwegischem Boden eine Reihe von alten Sprachdenkmälern, so den Stein von Eggjum (vermutlich Anfang des 8. Jh.), doch in ganz Norwegen gibt es nur 350 erhaltene Runeninschriften, von denen die meisten erst nach dem Jahr 1000 entstanden sind. Die Zahl der zu Beginn des Mittelalters in Norwegisch verfaßten literarischen Dokumente ist ebenfalls gering. Die Anfänge der altnordischen, d. h. der norwegisch-isländischen Literatur sind in Island zu finden. Es ist jedoch anhand von Übersetzungen sowie juristischen, religiösen und politischen Texten möglich, sich eine Vorstellung von der um 1200 in Norwegen gesprochenen Sprache zu machen. Das lateinische Alphabet muß im Laufe des 11. Jahrhunderts eingeführt worden sein. In dieser Zeit entfaltete sich auch die mittelalterliche norwegische Literatur. (Vorher schrieb man mit Runenzeichen.)

Die verschiedenen Dialekte sind bereits sehr früh nachweisbar. Da die beiden Städte Nidaros (Trondheim) und Bergen dem Land nacheinander als Hauptstadt dienten, haben die Dialekte des Trøndelag (Umgebung von Trondheim) und des Vestlandet (die Westprovinzen, von denen die Besiedler Islands auszogen) die Schriftsprache und vor allem die Kanzleisprache entscheidend beeinflußt. In der Amtssprache blieben die alten vier Fälle und das gesamte komplizierte Konjugationssystem lange Zeit erhalten. In manchen Regionen entwickelte sich die Umgangssprache recht schnell weiter. Die Verbalformen wurden vereinfacht, und die immer häufigere Verwendung von Präpositionen machte eine Unterscheidung der einzelnen Fälle des Nomens entbehrlich, die Deklinationen verkümmerten.

Hinzu kam, daß das Zentrum des Landes verlagert wurde. Oslo trat an die Stelle von Bergen, und die Vorherrschaft fiel dem Südosten zu. Die Dialekte des Südostens waren jedoch ein wenig mit dem Schwedischen verwandt. Hier entstanden auch Kontakte mit den dänischen Südprovinzen der Halbinsel Schonen (heute schwedisches Gebiet). Verschiedene religiöse Faktoren (z. B. der wachsende Einfluß des Brigittinerordens) und vor allem politische Faktoren (Bildung der Kalmarer Union) haben insbesondere nach 1370 zu einer beachtlichen Sprachenvermischung geführt. Zunächst gewöhnte man sich in Norwegen daran, schwedisch zu lesen. Auf norwegischem Boden wurden Schriften in schwedischer Sprache verfaßt. Dann wurde Dänisch als Amtssprache und im 16. Jahrhundert auch als Kirchensprache eingeführt, da Norwegen, nunmehr eine dänische Provinz, von Dänemark zum Übertritt in die lutherische Kirche veranlaßt worden war.

Es gab aber noch andere fremde Einflüsse auf die Sprache: In Norwegen wie auch in den anderen skandinavischen Ländern des Kontinents hatten sich zahlreiche deutsche Händler in den Städten, vor allem in den Hafenstädten (Einfluß der Hanse), niedergelassen, so daß im ausgehenden Mittelalter die Sprache in den Städten durch deutsche und vor allem niederdeutsche Lehnwörter bereichert wurde.

Dänisch als herrschende Sprache

Von der Mitte des 16. Jahrhunderts bis etwa 1850 mußten die Bewohner der norwegischen Städte mit Eintritt des Schulalters Dänisch schreiben und lesen lernen. Auf dem Land setzte man aber der Verbreitung der dänischen Sprache viel Widerstand entgegen. Die Bevölkerung der einzelnen Täler fuhr fort, ihre Dialekte zu sprechen, und brachte einer Sprache, die von den Beamten des fremden Monarchen und den Pastoren einer zunächst sehr kühl aufgenommenen Religion gesprochen wurde, wenig Sympathien entgegen.

Allerdings schafften es auch die Städter nicht, dänisch wie in Kopenhagen zu sprechen. In den norwegischen Städten entwickelte sich eine ganz besondere Aussprache, und der Wortschatz wurde um einige spezifisch norwegische Ausdrücke erweitert. So wurde das in Norwegen gesprochene Dänisch sehr rasch verändert. Da jedoch die dänischen Orthographieregeln befolgt wurden, unterschied sich die Umgangssprache von der Schriftsprache, die praktisch dem Dänischen gleichkam.

Dieses Dilemma war auch in der Literatur sichtbar am Beispiel des Dichters und Humoristen Johan Herman Wessel (1742–1785) und des Lustspieldichters Ludwig Holberg (1684–1754). Beide wurden in Norwegen geboren und beide schrieben dänisch. Dennoch kann den Werken Holbergs nicht der dänische, den Werken Wessels nicht der norwegische Charakter abgesprochen werden. Im übrigen beanspruchen sowohl die Dänen als auch die Norweger Holberg für sich.

Trotz der Personalunion mit Schweden war Norwegen 1814, als es seine staatliche Unabhängigkeit zurückgewann, schon weit auf dem Weg seiner nationalen Identitätsfindung fortgeschritten. Die Nation ließ sich von der Strömung der Romantik erfassen, die fast überall in Europa nationales Bewußtsein schuf und Volkstraditionen wieder aufleben ließ. Um 1830 verwendete der Dichter Wergeland in seinen Werken eine große Anzahl rein norwegischer Ausdrücke. Man dachte daran, ein Nationaltheater zu gründen. Bislang hatte man dänische oder ausländische, ins Dänische übersetzte und von dänischen Schauspielern vorgeführte Stücke gezeigt. Wie die Gebrüder Grimm sammelten und veröffentlichten die beiden Gelehrten Asbjørnsen und Moe norwegische Volksmärchen (1842). Sehr auf das Volkskolorit dieser Märchen bedacht, verwenden sie dabei Dialektausdrücke, die sie so wiedergaben, wie sie von den Bauern erzählt wurden. Dies war der Beginn des „fornorsking", der Norwegisierung, der Wiedereroberung der nationalen Sprache.

Dabei gab es jedoch ein Hindernis: Die Dialekte Norwegens unterscheiden sich stark voneinander, was im übrigen in diesem berg- und meerzerfurchten Land verständlich ist. Ein Autodidakt, Ivar Aasen, bemühte sich um den Wiederaufbau einer gemeinsamen nationalen Sprache, indem er die in den verschiedenen Tälern gesprochenen Dialekte mit den Regeln der alten Sprache, wie sie in den Dokumenten des Mittelalters erhalten sind, in Einklang brachte. Er hielt sich dabei an die Vestlandmundarten, die er für die „unverfälschten" hielt. 1848 veröffentlichte er eine Grammatik und anschließend ein Wörterbuch der norwegischen Sprache (1850). Die Sprache, die sich auf dem Land erhalten hat, nennt Aasen „Landsmål" (Landsprache), im Gegensatz zur offiziellen und administrativen Sprache der Städte, dem „Riksmål" (Reichssprache). Später findet man den Terminus landsmål unpassend, denn er beschränke sich auf ein bestimmtes Gebiet und könne bei den Städtern auf Unwillen stoßen. Deshalb spricht man nun vom „Nynorsk" (Neunorwegisch). Vor dem Hintergrund des Strebens nach nationaler Selbständigkeit gegenüber Dänemark weisen die Verfechter des Nynorsk darauf hin, daß das Riksmål nur von einer kleinen Elite in Oslo gesprochen und als Schriftsprache benutzt wurde.

Von den großen norwegischen Schriftstellern schrieben viele Riksmål, zum Beispiel Ibsen und Bjørnson (deren Stücke heute noch, ohne einer Übersetzung zu bedürfen, auch in Kopenhagen aufgeführt werden), Kielland und Jonas Lie. Dichter (Vinje, Olav Dunn), Romanciers (Garborg) und Historiker (H. Koht) bedienten sich jedoch der vokalreichen und sehr melodischen neunorwegischen Sprache, die sich für lyrische Texte besonders gut eignet.

Ein Land mit zwei Sprachen

Mit ihrer Arbeit verfolgten Ivar Aasen und seine Anhänger zweifellos das Ziel, dem Land eine wirklich norwegische Sprache zu geben. Das Ergebnis war jedoch weniger erfreulich: Norwegen verfügte sehr bald über zwei offizielle Sprachen. Die Bauernbewegung, die in der modernen norwegischen Geschichte eine so große Rolle spielt, sah im Landsmål die Erfüllung einer ihrer größten Hoffnungen. Bald war es nicht mehr möglich, das Sprachproblem aus dem politischen Zusammenhang zu lösen. 1878 entschied schließlich das Storting, daß die Kinder in der Sprache, die sie sprechen, zu unterrichten sind.

1885 wurde die Regierung vom Storting ersucht, die norwegische Volkssprache (det norske folkesprog) als offizielle Sprache der Schriftsprache (vort almindelige skrift og bogsprog) gleichzusetzen. 1892 wurde beschlossen, daß der Schulrat jeder Schule über die für den Unterricht, die schriftlichen Hausaufgaben und die Schulbücher zu wählende Sprache zu entscheiden hatte. Somit wurden auch die Eltern in die Diskussion über dieses Thema eingeschaltet.

Viele Schulbücher schienen in zwei Ausgaben, in Neunorwegisch und in Riksmål. Norwegen hatte also zwei Schulsprachen. In den Prüfungen mußten die Schüler zwei Aufsätze abliefern. Der eine sollte die Beherrschung der Sprache, für die sich der Schulrat entschieden hatte, und der andere Kenntnisse in der zweiten norwegischen Sprache nachweisen. Heute besuchen zwei Drittel der Kinder Schulen, an denen Bokmål die Hauptunterrichtssprache ist; nur ein Viertel absolviert die Schulzeit in Nynorsk.

Um aus dem Dilemma der Zweisprachigkeit herauszukommen, bemühte man sich nun, eine Sprache zu schaffen, die einen Kompromiß zwischen Landsmål (Neunorwegisch) und Riskmål (Bokmål) darstellt. Dieser Kompromiß sollte das „Samnorsk", das gemeinsame Norwegisch sein. Zunächst veränderte man das Schriftbild der Stadtsprache und vor allem des Osloer Norwegischen – das Riksmål wurde norwegisiert. Es entfernte sich damit immer mehr vom Dänischen. So wurde g in der Wortmitte oder am Wortende zu k, was auch der eigentlichen Aussprache entsprach; d am Wortende wurde zu t: pige schreibt man jetzt „pike" (Mädchen), bog „bok" (Buch), ud wurde zu ut (außerhalb). Nach 1917 wurden sehr viele orthographische Änderungen eingeführt, die auch das Aussehen der Schriftsprache stark verändert haben.

Man versuchte auch, Elemente der städtischen Umgangssprache offiziell in der Schriftsprache zu verankern. Das ging schließlich so weit, daß man zwischen „gemäßigten Formen" (d. h. traditionellen und fast dänischen) Formen und „radikalen" Formen (d. h. volkstümlicheren, norwegischeren) innerhalb des Riksmål unterschied. Man hoffte, das Riksmål, das seit 1929 Bokmål heißt, auf diese Weise so sehr mit „radikalen" Formen anreichern zu können, daß es den Verfechtern des Nynorsk genügen würde. Das würde eine Vereinigung erleichtern. Unter diesem Gesichtspunkt wurde 1938 eine große Rechtschreibreform durchgeführt.

Seitdem scheint man keine großen Fortschritte zu einer Vereinigung hin erzielt zu haben. Die offizielle Sprachpolitik geht heute von Bokmål und Nynorsk als zwei schriftlichen Varianten der norwegischen Sprache aus, und niemand darf gezwungen werden, seine Sprachvariante zu wechseln. Die Anhänger des Nynorsk verfügen zwar über einige stichhaltige historische Argumente, aber das Bokmål ist nun einmal die Sprache der Hauptstadt, und der Einfluß Oslos ist nach wie vor sehr groß. Was dem Nynorsk schaden

könnte, ist, daß es sich auf die Dialekte stützt: wegen der großen Verschiedenheiten der Mundarten gibt es auch sehr viele Arten von Nynorsk. Im Wesentlichen stützt man sich auf die Dialekte des Vestlandet.

Nynorsk und Bokmål

Wie das Dänische und Schwedische kennt das Bokmål nur zwei Geschlechter: Neutrum und Nichtneutrum (Utrum). Die Dialekte und das Nynorsk jedoch besitzen drei Geschlechter. Die letzten offiziellen Reformen tendieren mehr oder weniger zaghaft dazu, das Bokmål wieder mit einer weiblichen Form, deren Substantiva anstelle von -en auf -a enden sollen, auszustatten. Das Nynorsk verwendet dort Doppellaute (au, ei, oy), wo das Bokmål sich mit einfachen Vokalen begnügt.

Weiterhin hat das Nynorsk (wie auch die Dialekte und das Schwedische) oft dunkle Vokale an den Substantiv- und Verbendungen (Infinitiv auf -a, Pluralendung der Substantive auf -ar und -or), wohingegen das Riksmål nur auf -e endende Infinitive kennt, die Pluralendungen der Substantiva werden alle mit einem neutralen e gebildet (-er).

Die Formenlehre des Nynorsk weicht merklich von der des Bokmål ab. Außerdem ist Nynorsk sehr puristisch und läßt nur wenige Fremdwörter zu. Es verwendet vor allem keine Prä- oder Suffixe deutschen oder dänischen Ursprungs: an-, be-, er-, for-, else-, het- usw. Außerdem betont es seine Herkunft aus dem Volk duch den nur widerwilligen Gebrauch des „angelsächsischen" Genitivs oder sogar des Genitivs auf -s; lieber verwendet es hier eine präpositionale Umschreibung.

Die Entwicklung des Nynorsk und deren Auswirkungen auf die Entwickung des Bokmål unterstützt nicht die Anstrengungen jener, die gerne eine Annäherung aller nordischen Sprachen sähen und vor einer gemeinsamen skandinavischen Sprache träumen. Das Nynorsk bringt nämlich wegen seiner historischen und mundartlichen Entwicklung, die weit in die Vergangenheit zurückreicht (Wiedereinführung der drei Geschlechter), eine spezifisch norwegische Ausdrucksweise zu Ehren. Dieser Umstand wird oft bedauert, denn viele sind der Meinung, daß das Norwegische, wie es in Oslo gesprochen wird, für die Schweden leicht zu verstehen und für die Dänen, die alle oder fast alle Wörter wiedererkennen, leicht erlernbar ist.

Das Vokabular des Bokmål hat sehr viel mit dem Dänischen gemeinsam, und auch die Formenlehre ist mit der des Dänischen noch eng verbunden. In der Phonetik erinnert diese Sprache jedoch eher an das Schwedische.

Es hat nämlich ebenfalls zwei verschiedene Akzente: einen steigenden haben insbesondere einsilbige Wörter und Fremdwörter; der zweite Akzent ist zusammengesetzt und melodisch wie der schwedische zweite Akzent, der sich über zwei Silben erstreckt. Dieser zweite Akzent liegt nur auf einigen norwegischen Wörtern, die zwei oder mehr Silben aufweisen.

Die Melodik des norwegischen Satzes ist charakteristisch und unterscheidet sich deutlich von der Melodik eines schwedischen Satzes. Oft wird die Stimme am Ende eines Aussagesatzes angehoben, so daß für den Fremden der Eindruck entsteht, als schwünge eine Spur von Frage oder Ironie mit.

Im Gegensatz zum Nynorsk, das Wörter ausländischer Herkunft nach Möglichkeit nicht verwendet, enthält das Bokmål sehr viele deutsche (forakte – verachten, betale – bezahlen, angripe – angreifen, anmelde – anzeigen usw.) und französische Lehnwörter, die erst in jüngerer Zeit übernommen wurden (etasje – Etage, nasjon – Nation, sjokolade – Schokolade; sjåfør – Chauffeur). (Siehe auch S. 285.)

Die Samen und ihre Kultur

Das Wohngebiet der Samen liegt im äußersten Norden Europas, an der Polarmeerküste, dem letzten Festland vor Spitzbergen und den sibirischen Inseln. Wegen dieser sehr nördlichen Lage, der Nähe der weiten russischen Ebene und wegen der Wirkung eines Golfstromarmes, der sich in der Barentssee verliert, sind die Temperaturen an der Küste höher als im Binnenland.

Die Zahl der Samen wird auf rund 50000 geschätzt. Davon leben 27500 in Norwegen und zwar in erster Linie in den beiden Provinzen Troms und Finnmark. Das lappländische Volk nennt sich selbst Samen. In

Schweden verwendet man ohne Unterschied die beiden Begriffe Lappen und Samen, wohingegen in Norwegen meistens von Finnen oder Samen die Rede ist. Die Volksgruppe selbst empfindet den Begriff „Lappe" als diskriminierend und bezeichnet sich als Samen.

Die Samen wurden zum erstenmal im ersten Jahrhundert n. Chr. von Tacitus erwähnt, der sie Fenni (nicht mit Finnen zu verwechseln) nennt. Sie gehören dem arktischen Kulturkreis an, doch im Gegensatz zu anderen arktischen Völkern haben sie sehr früh mit südlicheren Völkern Kontakt aufgenommen und sich mit diesen vermischt.

Der norwegische Forscher Konrad Nielsen hat die Meinung vertreten, die Samen seien Abkömmlinge der Samojeden. Einige physische Merkmale und die Anzahl gemeinsamer Wörter, die in keiner anderen als der samojedischen und der samischen Sprache zu finden sind, untermauern diese These. Das in Nordnorwegen, Nordschweden, Nordfinnland und an der russischen Grenze wohnende Volk der Samen wird in vier Gruppen eingeteilt: Die Bergsamen leben in den Bergen und Tälern der zwischen Norwegen und Schweden liegenden Hochgebirgskette; die Waldsamen Schwedens, Nordfinnlands und der in Rußland liegenden Halbinsel Kola (hier werden sie als Skolten bezeichnet und sind zahlenmäßig sehr gering); die See- und Flußsamen, die man vor allem im Innern der norwegischen Finnmark, im Jämtland und in den großen Flußtälern Schwedens antrifft; die Küstensamen, die vor allem in Norwegen le-

ben. Diese Bezeichnungen stammen aus den geographischen Bedingungen und aus dem Lebensstil der Bewohner.

Die allgemeine Vorstellung über Samen geht dahin, daß es sich um seit jeher nomadisierende Menschen in fremdartiger Kleidung handelt. Doch das erst seit relativ kurzer Zeit praktizierte Nomadentum ist heute im Verschwinden begriffen. Ursprünglich waren Fischfang, Jagd und eine kleine Rentierzucht die Existenzgrundlage. Der Zusammenschluß dieser stark strukturierten Gruppe erfolgte auf freiwilliger Basis. Von Dezember bis April lebten die Familien an zentral gelegenen Sammelplätzen, den Winterdörfern. Hier wurden im 17. Jahrhundert die ersten Lappenkirchen erbaut. Dann kam der Zeitpunkt, zu dem das Rentier, Fortbewegungsmittel und Zugtier zugleich, zum wichtigsten Wirtschaftsfaktor wurde.

Infolge der Industrialisierung ist das Rentier heute nur noch als Schlachtvieh von Interesse. Die Besitzer weiden ihre Tiere auf den in der Nähe von Nadelwäldern gelegenen Herbst- und Frühjahrsweiden. Die Industrialisierung – Eisenbahn- und Flughafenbau, Flößereiwesen, Eisenerzabbau in Kiruna, Gällivare (Schweden) und Kirkenes-Bjørnvatn (Norwegen), Bau von Wasserkraftwerken im Tal des Kemijoki (Finnland) und des Alta-Flusses (Norwegen) – hat die Weideflächen für die Rentiere dezimiert und andere Erwerbsmöglichkeiten geschaffen. Die Rentierherdenbesitzer sind weniger zahlreich, aber reicher als früher.

Sprache und Dialekte

Die dem Finnischen verwandte samische Sprache gehört zu der neun Sprachen umfassenden finnisch-urgischen Sprachgruppe. Es gibt sieben samische Dialektgruppen, die in keinem Zusammenhang mit den nationalen Grenzen stehen: Kola-Samisch wird im äußersten Osten gesprochen, Finnisch- oder Inari-Samisch in der Umgebung des Inari-Sees (Finnland), Zentral- oder Nordsamisch zwischen dem Ofotfjord (Norwegen), Utskjoki (Finnland) und Torne (Schweden). Zu den südlichen Dialekten gehören: Lule-Samisch, Pite-Samisch, Ume-Samisch und Südsamisch. Die Dialektgrenze ist der schwedische Fluß Kalix. Die nördlich dieses Flusses gesprochenen Dialekte sind miteinander verwandt, unterscheiden sich jedoch deutlich von den im Süden gesprochenen Dialekten.

Literatur und Kunst der Samen

Obwohl das Samische seit dem 17. Jahrhundert Schriftsprache ist, hat es erst in den letzten Jahren im Zuge der Emanzipation dieser Volksgruppe und des gestiegenen Interesses für die samischen Traditionen Anerkennung erfahren. Die wichtigsten literarischen Werke der letzten 250 Jahre sind religiöser Natur. Das neue Testament wurde 1755 und die gesamte Bibel 1811 übersetzt. Erst zu Beginn des 20. Jahrhunderts haben sich die samischen Schriftsteller ihrer eigenen Sprache bedient.

1910 veröffentlichte Johan Turi „Muittalus samid birra" (Erzählungen über die Lappen), die in mehreren Sprachen übersetzt wurden, und „Erzählungen aus den Bergen" in Torne-Samisch. Der den schwedischen und norwegischen Samen gemeinsamen Schriftsprache liegt im übrigen das Torne-Samisch zugrunde. 1937 erschien ein pite-samisches Buch: „Jahtee saamee viessom" (Das Leben der lappländischen Nomaden). Nils Nilsson Skum veröffentlichte 1938 unter dem Titel „Same süda" (Das lappländische Dorf) einige graphische Werke, deren Begleittexte in schwedischer und torne-samischer Sprache abgefaßt sind.

Skum ist Lyriker. Seine Rentier- oder Rentierherdendarstellungen und seine „Prosagedichte" lassen ein Verständnis und ein Gefühl für Rhythmus erkennen, das nicht aus einer Schulbildung, sondern vielmehr aus der engen Vertrautheit des Autors mit der Welt der Samen resultiert. Der Multikünstler Nils Aslak Valkeapää aus dem norwegischen Teil Lapplands erhielt 1990 den Literaturpreis des Nordischen Rates – ein Beweis für das gestiegene Selbstbewußtsein dieser Volksgruppe und die Anerkennung in Skandinavien. Valkeapää ist nicht nur ein hervorragender Lyriker, sondern wie viele samische Künstler an der mündlichen Überlieferung sehr interessiert. Das „jojk", das Gesang und Gedicht miteinander vereint, ist eine besondere Form samischen Liedgutes. Man könnte sagen, daß das Jojk, das aus seinen weit zurückliegenden Ursprüngen eine gewisse magische Bedeutung bis in unsere Zeit herübergerettet hat, so viele Formen aufweist, wie es Jojk-Sänger gibt – und jeder Same ist ein Jojk-Sänger. Der Rhythmus ist das wesentliche Element des

Jojk, denn die Melodie ist eher monoton; außerdem gibt es Jojk auch ohne Texte.

Die Samen sind künstlerisch sehr begabt und zeigen sehr viel Geschick und Geschmack beim Entwurf ihrer originellen Kleidungsstücke und bei der Herstellung von Silberwaren; die „lapska troll-trummor" (magische Trommeln) tragen sehr schöne Muster. Das Kunsthandwerk, das zu einer zusätzlichen Einnahmequelle geworden ist, spielt in den verschiedenen Bezirken Norwegens, Schwedens und Finnlands eine bedeutende Rolle, doch man sollte sich vor an Straßen und in Hotels feilgebotenen „Souvenirs", die nur eine entfernte Ähnlichkeit mit der wirklichen samischen Kunst aufweisen, hüten.

Politische und kulturelle Organisation

Von Natur sind die Samen Individualisten, doch es ist ihnen im Laufe der letzten 50 Jahre gelungen, eine Vereinigung für die Wahrung ihrer Interessen und ihrer Kultur zu gründen. Diese zuerst in Schweden entstandene Vereinigung hat eine Art samisches Parlament gegründet, das von den samischen Fonds der beteiligten Länder unterhalten wird. 1944 wurde „Same Åtnam" (Zukunft der samischen Kultur) zu rein kulturellen Zwecken gegründet.

In Zusammenarbeit mit dem finnischen Verband „Lappin Sivistysseura" und dem norwegischen Verband „Sami Saervi" versammelte Same Åtnam 1953 die Samen der drei beteiligten Länder zu einer gemeinsamen Konferenz in Jokkmokk. Anläß-

lich einer ähnlichen Konferenz in Karasjok (Norwegen) wurde 1956 der „Nordische Rat der Samen" gegründet, dessen Aufgabe darin besteht, „die wirtschaftlichen, sozialen und kulturellen Interessen der Samen in einer mit deren staatsbürgerlichen Pflichten zu vereinbarenden Weise zu verteidigen".

Weitere internordische Konferenzen fanden z.B. 1968 in Hetta (Finnland) und 1975 in Kautokeino (Norwegen) statt. Im Rahmen der internordischen Zusammenarbeit wurde in Kirkenes (Norwegen) eine Zellulosefabrik errichtet, in der Holz aus Inari (Finnland) verarbeitet wird; außerdem wurde zwischen Finnland und Schweden ein Abkommen über den Austausch von elektrischer Energie in den nördlich des bottnischen Meerbusens gelegenen Gegenden geschlossen, und in nicht allzu ferner Zeit wird eine gemeinsame Elektrizitätsversorgung der norwegischen, schwedischen und finnischen Grenzgebiete Wirklichkeit sein.

Abschließend sei gesagt, daß diese kleine samische Gemeinschaft mit den gleichen Problemen konfrontiert wird wie jede andere kulturelle Minderheit, die zwar von einem modernen Wirtschaftssystem profitieren, ihre Eigenständigkeit jedoch nicht verlieren will.

Die norwegischen Samen

An den Ufern der Fjorde von Finnmark, Troms und einem Teil von Nordland leben vor allem Küstensamen. Ihre Vorfahren waren Bergsamen, die die Viehzucht aufgaben und hinunter an die Küsten zogen.

Sie arbeiten hauptsächlich als Fischer und in der Forstwirtschaft, jedoch wandern immer mehr in die metallverarbeitende Industrie, die seit 15 Jahren das Bild Nordnorwegens prägt, ab.

1953 wurde ein „Samischer Rat für Finnmark", der später in den „Norwegischen samischen Rat" umgewandelt wurde, damit beauftragt, die Interessen der Samen in der sich formierenden neuen Gesellschaft zu wahren. Wie bereits erwähnt, werden die allgemeinen Probleme über den „Nordischen Rat der Samen" abgewickelt.

Wie in den anderen nordischen Ländern verwischen sich auch im norwegischen Teil Lapplands die ethnischen Unterschiede in dem Maß, in dem Lebens- und Wohnbedingungen Veränderungen erfahren. Das bedeutet, daß in Norwegen die Kultur der Küstensamen, die mehr und mehr in die Industriegesellschaft integriert werden, stärker bedroht ist als die Kultur der in den Bergen zwischen Schweden und Norwegen oder auf dem Kvænangen-Plateau nomadisierenden Rentierzüchter.

Da man davon ausging, daß die Sprache eine wesentliche Rolle innerhalb der samischen Kulturgemeinschaft spielt, setzt der Norwegisch-Samische Rat alles daran, dieses Erbe zu bewahren. Um die Tätigkeit der von den norwegischen samischen Delegationen ins Leben gerufenen Samisk Folkehøyskole (Samische Volkshochschule) zu ergänzen, wurde 1969 in Karasjok ein Staatsgymnasium gegründet, in dem samische Sprache und Kultur als Haupt- und nicht mehr als Wahlfächer unterrichtet werden. Auf der Sitzung des Nordischen Rates der Samen 1975 in Kautokeino wurde die Gründung eines samischen Instituts in Kautokeino beschlossen. Seit 1989 gibt es auch eine eigene samische Hochschule in Kautokeino und ein Parlament (Sameting) in Karasjok.

GESCHICHTE

Man weiß nicht, woher die ersten Norweger stammten, die vor ungefähr 8000 Jahren nach dem Rückzug der Eiszeitgletscher ins Land kamen. Da es sich jedoch um zwei verschiedene Rassen der indogermanischen Völkerfamilie gehandelt haben muß, nimmt man an, daß ein Teil der Einwanderer von der Halbinsel Kola, der andere entlang der großen Flüsse Zentraleuropas hierhergekommen ist. Die Besiedlung und die Entwicklung der einzelnen Kulturen in diesem lebensfeindlichen Land ging sehr langsam vor sich. Als die Bewohner des Südens die Bronze entdeckten (500 v. Chr.), Sonnenräder und Schiffe, Ochsen und Pflüge in die Felsen meißelten, also bereits Ackerbau und Fischfang trieben, lebten die Nomadenvölker des Nordens noch in der Steinzeit, und auf ihren Felszeichnungen stellten sie Wölfe, Luchse und Rentiere dar – sie lebten noch vorwiegend von der Jagd.

Die skandinavische Eisenzeit zwischen 500 vor Christus und der Zeitenwende liegt noch im Dunkel. Der zweite Abschnitt der Eisenzeit, bis zum Jahre 400 n. Chr., konnte von der Wissenschaft etwas besser erhellt werden. So weiß man einiges über die Verbindungen zwischen den Völkern des Ostseeraumes. Als das römische Reich unter dem Ansturm der Germanen zerbrach, setzte in Mittel- und Nordeuropa die Völkerwanderung ein. Aus der Tiefe der Steppen wälzte sich eine Völkerlawine heran, deren Ungestüm erst vom Atlantik aufgehalten wurde. Auch die skandinavischen Völker gerieten in Bewegung.

Die schwedischen Wikinger bevorzugten bei ihren Zügen die Bernsteinroute, die den langen russischen Flüssen folgte, Rußland, das geheimnisvolle „Gardarike", durchquerte und über Nowgorod, Kiew und den Dnjepr nach Konstantinopel führte. Die Westwikinger der skandinavischen Halbinsel, insbesondere des Vestlandet, das zu jener Zeit übervölkert und sehr arm war, befuhren jedoch die Nordsee. Sie faßten auf den Färöern Fuß (7. Jh.), fielen in Schottland ein (Ende des 8. Jh.), und der blutige Überfall auf das Kloster Lindisfarne (793) nahe der Küste von Northumberland war der Beginn einer Zeit des Schreckens und der Überfälle – der Beginn der Wikingerzeit. Bis spät in das 16. Jahrhundert hinein betete man noch in den Kirchen von Paris: A furore Normannorum libera nos Domine – von den rasenden Normannen erlöse uns, o Herr. Die Normannenhorden kamen auf ihren Streifzügen nach Frankreich (wo sie das Herzogtum Normandie gründeten), England, Irland, Portugal, Spanien, Sizilien, Venedig und Konstantinopel, wo sie die kaiserliche Leibgarde stellten.

Die Wikinger waren ausgezeichnete Organisatoren und verstanden es erstaunlich gut, sich in hochzivilisierte Länder wie Deutschland, England, Frankreich einzugliedern, sie bewiesen aber eine ebenso erstaunliche Kreativität in den Ländern, die noch der Zivilisation bedurften – auf den Färöern, in Island und Grönland.

Der Weg zur Einheit

Zu dieser Zeit schlossen sich die norwegischen Stämme zu Königreichen zusammen. An ihrer Spitze stand jeweils ein König (kong); die Grafen (jarl) und Barone (herr) verwalteten ihre Gebiete für den König. Die geographische Einheit, die diesem weiten Land einen Namen gegeben hatte – Nordvegr hieß Nordweg – ließ eine politische Einheit entstehen. Harald Hårfagre (Harald Schönhaar; etwa 890–940) gründete um das Jahr 900 das Großkönigreich Norwegen. Er hatte die mächtigen Grafen von Lade in den Bergen von Dovre und in Trøndelag besiegt. Dann erweiterte er sein Reich um die Shetland- und Orkneyinseln. Die Einheit war jedoch nicht von langer Dauer: Während des gesamten 10. Jahrhunderts war Norwegen Schauplatz harter Kämpfe zwischen den Nachkommen Haralds und den Grafen von Lade, die sich wechselweise mit den Schweden und den Dänen verbündeten.

Im Jahr 995 traf ein Wikingerprinz, der Urenkel Harald Schönhaars, Olav Tryggvason, in Norwegen ein. Er wurde König Olav I. von Norwegen. Seine Kindheit hatte er in Gardarike, seine Jugend zunächst auf See und dann in England verbracht, der Bischof von Winchester hatte ihn getauft. Entschlossen, seine Rechte auf die norwegische Krone geltend zu machen und die neue Religion zu verbreiten, ging er nach Norwegen. Seine Pläne ließen sich nicht ohne Schwierigkeiten verwirklichen. Er starb im Jahre 1000 in der Schlacht von Svolder.

Dieser kurzen Zeit des Aufbaus folgte eine chaotische Zeit, die bis 1015 andauerte, als ein anderer Nachkomme von Harald Hårfagre nach Norwegen kam: Olav Haraldson wurde König Olav II. von Norwegen (1015). Unter dem Namen Olav der Heilige ging er in die Geschichte ein.

Olav Haraldson kam mit 20 Jahren nach Norwegen und hatte zuvor ein rechtes Wikingerleben geführt. Er war in Gardarike aufgewachsen, wo seine Schwägerin den Großfürsten Jaroslaw von Nowgorod geheiratet hatte. Er hatte die Meere durchkreuzt, gebrandschatzt, geplündert und vergewaltigt, hatte es jedoch nicht vergessen, sich in der Normandie taufen zu lassen. Er wollte in Norwegen als christlicher König regieren. Auf den Gebieten der Außen- und Innenpolitik sowie des Religionswesens führte er das von Olav Tryggvason begonnene Werk fort. Allerdings übertraf sein politischer Eifer den religiösen bei weitem; die Heiligkeit wurde ihm erst nach seinem Tode zugesprochen. Er regierte autoritär, manchmal sogar mit brutaler Gewalt. Eine Kirchenverordnung, die er erließ, enthielt das damalige Recht für Klerus

und Kirche, die seinerzeit dem
Erzbischof von Bremen unter-
stellt war. Die Bischöfe ernannte
er jedoch selbst. Außerdem ver-
schärfte Olav die alte Rechtsprechung.

1028 vertrieb ihn der Dänenkönig Knud aus dem Land. Olav
ging zu seinem Schwager, dem
Großfürsten Jaroslaw, ins Exil
nach Gardarike. Nachdem er
wieder eine kleine Schar von
Anhängern um sich gesammelt
hatte, kehrte er zurück, um den
Kampf mit den übermächtigen
Feudalherren wieder aufzuneh-
men; er stieß jedoch mit seinen
Leuten in der Nähe des Guts-
hofs Stiklesstad, nördlich von
Trondheim, auf seine Feinde
und fiel dort am 29. Juli 1030.
Sein Leichnam wurde heimlich
an den Ufern des Nidelv bei
Trondheim begraben.

Sein Tod brachte ihm posthumen
Sieg: Gerüchte über eine wunder-
same Heilung machten den König
zum Märtyrer und zum Symbol
der nationalen Freiheit und Einheit. Nur wenige Jahre nach dem
Tod dieses Königs wurden in vielen Orten Europas und selbst in
Konstantinopel Kirchen nach
ihm benannt. Eine der bemer-
kenswertesten war die nur wenige Jahrzehnte nach seinem
Tod erbaute Kirche von Nowgorod (das damals in Skandinavien Holmgård hieß). Diese
Kirche barg die Reliquien des
Heiligen und gehörte während
des gesamten germanischen und
nordischen Mittelalters zu den
bedeutendsten Wallfahrtsorten.
So groß ihr Einfluß auch war, gegen die Verehrung eines ganzen
Volkes für seinen toten König
waren die Grafen von Lade
machtlos.

Das feudalistische Norwegen

Die kurze Herrschaft Olavs des
Heiligen war ein Meilenstein in
der Geschichte Norwegens: Das
Königreich rückte näher an
Westeuropa, das Feudalsystem,
das die Macht auf Krone, Klerus
und Adel verteilte, wurde eingeführt, und zu Norwegen gehörten damals die Färöer-, Shet-
land- und Orkney-Inseln, die
Hebriden und die Isle of Man.
1159 wurde in Trondheim ein
Erzbistum errichtet. Um das
nach dem Tode Olavs entstandene Chaos zu beenden, holte
man aus Nowgorod den jungen
Sohn des Königs, der unter dem
Namen Magnus der Gute von
1035 bis 1047 regierte.

Auf Magnus den Guten folgte
Harald Sigurdsson (1047–1066),
der unter dem Namen Harald
Hårdråde, der Strenge, in die
Geschichte einging. Durch die
Mutter ein Halbbruder Olavs des
Heiligen, hatte er lange Zeit der
Garde des byzantinischen Kaisers Michael Katalektes vorge-
standen. Dann heiratete er eine
Großfürstin aus Nowgorod. In
Stiklestad kämpfte er an der
Seite Olavs. Er regierte sein
kompliziertes Königreich mit
starker Hand, gründete Oslo,
kämpfte in England an der Seite
des Anführers Tostigs gegen
König Harold und fand 1066
auf dem Schlachtfeld von Stam-
ford Bridge den Tod. Harold
wurde im selben Jahr von dem
Normannenherzog Wilhelm ge-
schlagen, er verlor Königreich
und Leben.

Dem kriegerischen König Harald Hårdråde folgte, nach der
kurzen Herrschaft seines Sohnes
Magnus, Olav Kyrre, Olav der

Friedfertige, der seinem Land fast 25 Jahre Frieden schenkte (1069–1093). Er baute die Kirchen von Bergen und Trondheim, die nach englischem Brauch Christus geweiht wurden, festigte das Christentum und entwickelte den Handel sowie die Stockfisch-Produktion, die den Reichtum des norwegischen Westens ausmachte.

Da die Königswürde sowohl vererbt als auch durch Wahl bestimmt wurde – der Sohn des Königs durfte nur regieren, wenn er die Zustimmung der Lagtinger genannten Wahlversammlung erhielt – wurde das 12. Jahrhundert von blutigen Kämpfen zwischen königlichen Abkömmlingen, die nicht von den Lagtinger anerkannt wurden, bestimmt. Doch dann erscheint auf der Bühne dieses politischen Chaos eine merkwürdige Gestalt, einer der besten Könige des Mittelalters, von dem man niemals erfahren wird, ob er nicht nur ein Abenteurer und Usurpator war: Sverre Sigurdsson, der sich mit Hilfe seiner Birkebeiner (Birkenbeiner) durchsetzte: Diese Männer wurden so genannt, weil sie ihre Beine mit Birkenrinde schützten. Sverres Enkel Haakon Haakonsson führte dann endgültig die Erbmonarchie ein.

Im 13. Jahrhundert umfaßte das norwegische Reich auch die heute und bereits seit langer Zeit zu Schweden zählenden Provinzen Jämtland, Härjedal und Bohuslän sowie die großen Nordmeerinseln Island und Grönland. Die Finnmark war Niemandsland, das allen offenstand und in dem die Lappen lebten. Die Lappen leisteten zwar Abgaben an den König von Norwegen und an den Großfürsten von Nowgorod, blieben aber ansonsten unbehelligt.

Magnus Lagabøter, der Gesetzgeber, der von 1263 bis 1280 regierte, stattete Norwegen mit einem Rechtssystem aus, das seiner Zeit weit voraus war. Seine größte Leistung war die der Vereinheitlichung der gesamten norwegischen Rechtsprechung. Sein Sohn, der als Haakon V. (1299–1319) regierte, ging als gerechter und strenger Herrscher in die Geschichtsbücher ein.

Obwohl diese beiden letzten Könige Norwegen politisch, wirtschaftlich und kulturell stark gemacht hatten, trat mit dem Tode Haakons V. das Ende der nationalen Unabhängigkeit ein. Seine Tochter hatte nämlich einen schwedischen Prinzen geheiratet, der diesen fernen Besitz vernachlässigte. Ihr gemeinsamer Sohn, Haakon VI., der Norwegen von 1355 bis 1380 regierte, war der letzte König eines unabhängigen Norwegens. Er heiratete die legendäre, buntschillernde und ein wenig furchterregende Margarete von Dänemark, die die drei skandinavischen Länder unter ihrem Zepter vereinigte (1397–1410). Beider Sohn Olav VI. regierte von 1380 bis 1387 in Oslo. Nach seinem Tod wurde Norwegen eine dänische Provinz, was es bis 1814 bleiben sollte.

Unter dänischer Herrschaft

Die von Margarete und ihrem Neffen und Nachfolger Erich dem Pommern angestrebte skandinavische Union hielt nicht lange. Die Schweden scherten bald aus, doch Norwegen blieb unter dänischer Herrschaft.

Die erste Ursache für die Schwäche Norwegens war das schreckliche Unheil, das in der Mitte des 14. Jahrhunderts über das Land hereinbrach: Die Pest rottete mehr als die Hälfte der Bevölkerung aus und entvölkerte ganze Landstriche für die Dauer von Generationen. Weil der Wert der Ländereien sank, wurden die großen Adelsfamilien ruiniert. Ihre Töchter konnten nur noch ins Ausland, insbesondere nach Dänemark, heiraten, so daß 1530 dem Kronrat, dem einzigen Überbleibsel norwegischer Autonomie, lediglich zwei Mitglieder angehörten, die wirklich Norweger waren.

Die andere Ursache war die Vorherrschaft der Ausländer in gehobenen Positionen: Die Festungen wurden von dänischen Offizieren kommandiert, die Prälaten waren Ausländer − meist Engländer −, und die in den Häfen und Städten des Südens niedergelassenen deutschen Händler der Hanse erhielten dank der dänischen Herrscher aus dem Hause Oldenburg ständig neue Privilegien.

Als dann die Zeit der Reformation anbrach, versuchte der Erzbischof von Trondheim vergeblich, sich gegen die Lehre Luthers zu stellen. Der Mangel an Solidarität und Nationalbewußtsein und die Vorherrschaft des dänischen Adels im Kronrat zwangen den Erzbischof, der zwar die Unterstützung des fernen Kaisers Karl V. besaß, in die Niederlande zu fliehen. Das dänische Norwegen trat zur lutherischen Kirche über.

Im Laufe dieses dunklen 16. Jahrhunderts wurde in den Werften entlang der Süd- und Westküste Norwegens ein neuer Schiffstyp gebaut. Seit jeher bildete der Fischfang die Basis der norwegischen Wirtschaft; als jedoch um 1500 die wassergetriebene Gattersäge erfunden wurde, mit der man die riesigen Baumstämme in Bohlen und Bretter sägen und dann nach Großbritannien und in die Niederlande exportieren konnte, nahm der Holzhandel den zweiten Platz in der norwegischen Wirtschaft ein.

Seit dem 17. Jahrhundert, unter der Regierung von Christian III. und Christian IV., wurden Bodenschätze industriell abgebaut. In diesem Zusammenhang sei erwähnt, daß der Traum vom Gold nie in Erfüllung gegangen ist. Statt dessen mußte man sich mit Silber, Kupfer und Nickel begnügen, die jedoch reichlich vorhanden waren. Dank ihrer Hartnäckigkeit gelang es schließlich den norwegischen Kaufleuten, der Hanse die Handelsprivilegien abzujagen.

Die dänisch-schwedischen Kriege jener Zeit ließen die Norweger kalt: Das Ziel der Dänen, die Union mit Schweden wiederherzustellen, war ihnen ebenso fremd wie das Bestreben der Schweden, sich natürliche Grenzen zu sichern. Erst als Dänemark eine aus Norwegern bestehende Armee aufstellte, wurden diese in die Wirren hineingezogen: Die norwegischen Trup-

Einer der engsten und eindrucksvollsten Fjorde Norwegens ist der Geirangerfjord. Von seinen Felswänden stürzen Wasserfälle herunter.

Mittelpunkt der alten Hansestadt Bergen ist das Hafenbecken Vågen, wo früher die Handelsschiffe der mächtigen Kaufleute anlegten.

Reich an Fjorden und Seen ist auch Vest-Agder im südlichen Norwegen. Anders als weiter im Norden findet man hier überall Grün.

pen konnten sich dem Heer des Schwedenkönigs Karl XII. widersetzen.

Als Handel und Seefahrt einen neuen Aufschwung nahmen, entwickelte sich bei den Norwegern ein neues nationales Bewußtsein. Sie suchten in ihrer Geschichte nach dem Beweis dafür, daß das Land in der Lage war, sein Schicksal selbst in die Hand zu nehmen. Eine Historikerschule entstand, die das Studium und die Erforschung einer glorreichen Vergangenheit wieder aufleben ließ. Zwar hat Norwegen im 16. und 17. Jahrhundert eine Besatzungsmacht ertragen, im 18. und 19. Jahrhundert aber schuf es die Bedingungen dafür, daß es die nationale Unabhängigkeit erlangen konnte. Diese Vorbereitungen gingen allerdings langsam vonstatten, nach nordischer Art – ohne Aufsehen und ohne Säbelgerassel.

Die Trennung von Dänemark

Als Norwegen sich 1813/14 von Dänemark trennte, geschah dies nicht unter dem nationalen Druck Norwegens, sondern es war eine Folgeerscheinung der Außenpolitik der europäischen Großmächte. Da Dänemark sich mit Napoleon verbündet hatte, mußte es sich unter dem Druck der Franzosen an der Kontinentalsperre beteiligen und wurde dann 1814 von den Verbündeten gezwungen, Norwegen an Schweden abzutreten (Kieler Vertrag 1814), behielt jedoch die norwegischen Besitzungen Island, Grönland und die Färöer.

Nun hatte Norwegen die Gelegenheit zu zeigen, daß es politisch existent war: Es war nicht damit einverstanden, sich stillschweigend an Schweden abtreten zu lassen. Der Gouverneur von Norwegen, Prinz Christian Friedrich, Vetter des dänischen Königs, stellte sich an die Spitze des Widerstands gegen den Vertrag von Kiel. Er ernannte sich zum Regenten von Norwegen und regte in dieser Eigenschaft die Bildung einer verfassunggebenden Versammlung an, deren erste Sitzung am 10. April 1814 stattfand. Aufgabe dieser Versammlung sollte die Ausarbeitung einer eigenen norwegischen Verfassung sein. Es war die Verfassung von Eidsvoll.

Diese Verfassung erklärte Norwegen zum unabhängigen Königreich mit Erbmonarchie, deren Befugnisse durch das Storting eingeschränkt wurden. Prinz Christian Friedrich wurde zum König von Norwegen proklamiert. Da Schweden und die unterzeichneten Mächte des Kieler Vertrags die Verfassung von Eidsvoll nicht anerkannten und die Anwendung des Vertrags forderten (obwohl dieser vorsah, dem legitimen Streben des norwegischen Volkes Rechnung zu tragen), wurde ein Kompromiß geschlossen. Norwegen durfte seine Verfassung behalten, doch der schwedische König sollte gleichzeitig auch König von Norwegen sein. König Christian Friedrich dankte sofort ab. Norwegen war jedoch nicht damit einverstanden, daß die Festungen, die seine Grenzen bewachten, in schwedischer Hand blieben. Es kam zu einem 14 Tage dauernden Krieg, der zugunsten Schwedens ausging; doch am Vorabend des Wiener Kongresses wollte Carl Johan Bernadotte sich weder seine republikanische

Jugend noch eine neue autokratische Politik vorwerfen lassen. Er gab deshalb in einem anderen Punkt nach: Die Union mit Schweden unter der Herrschaft eines einzigen Königs sollte nicht auf dem Kieler Vertrag, sondern auf dem Willen des norwegischen Volkes basieren.

Bald zeigte sich, daß Carl Johan das Außenministerium, das drei Jahrhunderte lang vom dänischen König und dann von Christian Friedrich gelenkt wurde, nicht aus der Hand geben wollte; diese Weigerung sollte ein knappes Jahrhundert später zum Bruch der Union führen.

Die norwegische Geschichte des 19. Jahrhunderts ist die Geschichte der Entwicklung und Stärkung des Nationalgefühls. Dies war das Werk der Literaten Wergeland, Ibsen, Bjørnson, der Sprachforscher Asbjørnsen, Moe, Aasen und der Politiker, von denen in erster Linie Johan Sverdrup, Vorsitzender der liberalen Partei, zu nennen ist. Er setzte sich dafür ein, daß die Verbindungen zu Schweden auf ein Mindestmaß beschränkt wurden und forderte ein allgemeines Wahlrecht. Dieses wurde 1887 eingeführt.

Infolge einer schweren Krise, die durch den Wunsch der Norweger nach eigenen Auslandsvertretungen ausgelöst worden war, wurde die Union 1905 durch das Storting aufgelöst. Diese Auflösung wurde mit überwältigender Mehrheit durch einen Volksentscheid bestätigt. Im November 1905 wurde in einer erneuten Volksbefragung über die Staatsform entschieden: Republik oder Monarchie. Die Verfechter der Monarchie trugen den Sieg davon, und die Krone wurde dem Prinzen Carl von Dänemark, der eine Tochter des englischen Königs Eduard VII. geheiratet hatte, angetragen. Er regierte unter dem Namen Haakon VII. 525 Jahre nach dem Tod des letzten Herrschers eines unabhängigen Norwegens traf der neue König am 25. November 1905 in Oslo ein. Für das Land ging eine entscheidende Epoche zu Ende. Bis 1940 erlebte es die Freuden und Leiden einer mit der industriellen Expansion kämpfenden parlamentarischen Monarchie inmitten einer vom Ersten Weltkrieg erschütterten Welt.

Da Norwegen seine Sympathien für die Alliierten nicht verhehlt hatte, wurde ihm im Versailler Vertrag die Inselgruppe Spitzbergen (norwegisch Svalbard) zuerkannt. Es annektierte mehrere arktische Inseln und einen Teil des antarktischen Kontinents, das Königin-Maud-Land. Es war dies die Zeit der großen Polarforscher Roald Amundsen und Fridtjof Nansen, der gleichermaßen Polarforscher, Zoologe, Ozeanograph, Diplomat und respektierter Vertreter seines Landes im Völkerbund war.

Besatzungs- und Nachkriegszeit

Zu Beginn des Zweiten Weltkriegs, 1939, bekundete Norwegen seinen Willen zur Neutralität. Bereits 1938 hatte es eine entsprechende Erklärung unterzeichnet. Doch der finnisch-sowjetische Krieg und die wiederholten Bitten der Alliierten, die durch die Errichtung einer Militärbasis in Narvik die schwedischen Eisentransporte nach

Deutschland stoppen wollten, stellten diesen Willen auf eine harte Probe. In der Nacht vom 8. zum 9. April 1940 wurde Norwegen von deutschen Truppen besetzt. Die Bestürzung der norwegischen Bevölkerung über dieses Vorgehen machte unmittelbar einem unbändigen Zorn und dem Willen Platz, sich von der Besatzungsmacht nicht zugrunde richten zu lassen. Der König und seine Familie, die Regierung und das Storting flüchteten nach Elverum, wo sie sich im Verlauf einer dramatischen Begegnung weigerten, die Regierung Quisling und die deutsche Besatzung anzuerkennen. Diesem Nein von Elverum, folgten fünf harte Jahre, in denen Deutschland und der Kollaborateurs-Regierung Quisling erbitterter Widerstand geleistet wurde. Die Universität wurde wiederholt besetzt. Studenten und Professoren, Beamte, Offiziere und Widerstandskämpfer wurden zu Tausenden nach Deutschland deportiert. Mehr als tausend Lehrer wurden in das Lager Kirkenes geschickt. Als Deutschland am 8. Mai 1945 kapitulierte, hatte Norwegen 10 262 Staatsbürger verloren. König Haakon und seine Familie kamen nach fünf Jahren englischen Exils am 7. Juni 1945 nach Norwegen zurück.

Die ersten Jahre, die dem Krieg folgten, waren sehr schwierig, denn zugleich mit dem Wiederaufbau sollte Norwegens Wirtschaft ausgebaut, die sozialen Probleme gemeistert und die Stellung unter den Ländern des Westens gehalten werden, obwohl man auf außenpolitischer Ebene eine strikte Politik der Nichteinmischung verfolgte. Diese unparteiische Haltung trug einem der bedeutendsten Staatsmänner Norwegens, Trygve Lie, 1946 den Posten des UNO-Generalsekretärs ein. Seit 1949 ist Norwegen Mitglied der NATO und ist sowohl der OECD als auch der EFTA beigetreten.

Seitdem sieht Norwegen sich vor rechte komplexe Probleme gestellt, bei denen sein Wille zur Neutralität in Konflikt mit der öffentlichen Meinung und seinen Wirtschaftsinteressen gerät. Die entscheidendste Frage der letzten Jahre betraf den Beitritt zur EG. Die Volksabstimmung von 1972 war Gegenstand heißer Debatten, doch zum allgemeinen Erstaunen hat die Furcht vor europäischen Querelen 54 Prozent der Norweger veranlaßt, gegen den Beitritt in die EG zu stimmen.

Außerdem werfen die Erdölvorkommen, mit deren industriellem Abbau man seit 1974 begonnen hat und deren Ausmaß nur erahnt werden kann, schwerwiegende Probleme auf, selbst wenn dabei zahlreiche wirtschaftliche Vorteile sichtbar werden. Durch seinen Erdölexport kann Norwegen de facto heute zu den OPEC-Ländern gezählt werden.

Norwegen ist Mitglied des 1952 gegründeten Nordischen Rates, dem auch Dänemark, Schweden, Finnland und Island angehören. Er sollte den ersten Schritt in Richtung einer skandinavischen Einheit darstellen.

Seit 1981 hat das Land abwechselnd sozialdemokratische und konservative Regierungen mit verschiedenen Koalitionen.

KUNST UND KULTUR

Architektur

Von etwa 1300 Stabkirchen (s. S. 74), den ursprünglichsten Zeugen mittelalterlicher Baukunst in Norwegen, sind heute nur noch wenige erhalten. Einzelne Steinkirchen des Mittelalters sieht man noch in Oslo, Bergen, Stavanger und Trondheim. Das bedeutendste profane Bauwerk dieser Zeit ist die Håkons-Halle in Bergen, um die Mitte des 13. Jahrhunderts als Krönungssaal und Festhalle im Rahmen der Festung Bergenhus errichtet (1957–1961 restauriert). Hier steht auch der Rosenkrantzturm, der ebenso wie die Schlösser Austrat und Rosendal aus der Renaissance stammt.

Im 19. Jahrhundert entstanden die wichtigsten Gebäude der Hauptstadt Oslo, wie das Königliche Schloß, das Parlament und die Universität. Das Osloer Rathaus dagegen ist ein neuzeitliches Bauwerk (1931–1950).

Plastik

In der Plastik trat vor allem Gustav Vigeland (1869–1943) hervor, dessen naturalistische und oft skurrile Skulpturen durch die Aufstellung im Frognerpark von Oslo eine in dieser Art wohl einmalige Anerkennung gefunden haben.

Malerei

Vorzeitliche Steinzeichnungen von Tieren und Jagdszenen sind die ersten Zeugnisse auf dem weiten Gebiet der darstellenden Kunst in Norwegen; Kirchenmalerei seit dem 13. Jahrhundert (später viel von fremden Künstlern durchgeführt; Lübecker Kirchenmaler) und die bäuerliche "Rosenmalerei" im 14. Jahrhundert sind weitere Stufen auf dem Wege zur eigenständigen norwegischen Malkunst, die sich erst im 19. Jahrhundert — und auch hier zuerst noch mit deutlichem deutschen Einfluß — entwickelte.

Um nur einige Namen dieser Zeit zu nennen: Johan Dahl, der erste große Landschaftsmaler Norwegens, der jedoch viel im Ausland lebte und u. a. als Professor an der Dresdner Akademie lehrte; Adolph Tidemand, Darsteller norwegischen Volkstums; Hans Gude, der seine Arbeit wieder in erster Linie der Landschaftsmalerei widmete; und schließlich Edvard Munch (s. S. 96), der sich später auch mehrfach der Monumentalmalerei zuwandte.

Literatur

Das altnorwegische Schrifttum steht in engem Zusammenhang mit dem altisländischen. Eddalieder, Königsspiegel (um 1250) sowie die in Sagaform erzählten Ritterepen entstanden im 12. und 13. Jahrhundert.

Eine eigene norwegische Literatur erscheint dann nach der langen dänisch-norwegischen Zeit erst wieder im 19. Jahrhundert. Mit Henrik Ibsen (1828–1906) und Björnson (1832–1910) wird sie dann allerdings schnell auch weit über die Grenzen des Landes hinaus bekannt. Wie Ibsen die dramatische Literatur weltweit beeinflußte, so war es einige Jahrzehnte später Knut Hamsun (1859–1952), der ebensolche Maßstäbe für die Epik setzte und dafür 1920 den Nobelpreis erhielt.

Musik

Eine bodenständige Volksmusik läßt sich in Norwegen bis ins frühe Mittelalter zurück verfolgen; eine selbständige Kunstmusik auf ihrer Grundlage hat sich aber erst im 19. Jahrhundert entwickelt. Edvard Grieg (1843 bis 1907) hat als bedeutendster norwegischer Komponist internationale Anerkennung erlangt.

Berühmte Persönlichkeiten aus Kunst und Wissenschaft

Amundsen, Roald (1872–1928), Polarforscher; 1911 Entdeckung des Südpols, 1926 mit Luftschiff „Norge" über dem Nordpol, 1928 verschollen.

Björnson, Björnstjerne (1832 bis 1910). Dichter („Bauerngeschichten"); erhielt 1903 den Literaturnobelpreis.

Bull, Ole Bornemann (1810 bis 1880). Violinvirtuose; Anreger des nationalnorwegischen Musiklebens.

Duun, Olav (1876–1939), Erzähler nordischen Natur- und Bauernlebens (Ragnhild-Trilogie, Geschlechtersaga).

Grieg, Edvard (1843–1907), Komponist („Peer Gynt", Klavierkonzerte, Geigensonaten).

Gulbranssen, Trygve (1894 bis 1962), Erzähler („Und ewig singen die Wälder", „Das Erbe von Björndal").

Gulbransson, Olaf (1873–1958), Zeichner und Maler („Simplicissimus").

Hamsun, Knut (1859–1952), Erzähler, erhielt 1920 Literaturnobelpreis für den Roman „Segen der Erde".

Ibsen, Henrik (1828–1906), Dichter; 1857 Leiter des Nationaltheaters in Oslo, bahnbrechend für den Naturalismus („Peer Gynt", „Nora", „Wildente").

Munch, Edvard (1863–1944), Maler und Grafiker, gehörte zu den Begründern des Expressionismus.

Nansen, Frithjof (1861–1930), Polarforscher, Nordpolfahrten auf der „Fram", regte die Schaffung eines Ausweises („Nansenpaß") für staatenlose Flüchtlinge an; 1922 Friedensnobelpreis.

Sinding, Christian (1856–1941), Musiker, spätromantische Kompositionen („Der Heilige Berg", „Frühlingsrauschen").

Undset, Sigrid (1882–1949), Schriftstellerin, erhielt 1928 Literaturnobelpreis für die Romantrilogie „Kristin Lavransdatter".

Vigeland, Gustav (1869–1943), Bildhauer, naturalistische Plastiken; Monumentalwirkung mit Skulpturanlage im Osloer Frognerpark.

Die Holzkirchen des Mittelalters

Es gibt in Europa keine Holzbauten, die mit den mittelalterlichen Stabkirchen Norwegens vergleichbar wären. Bis zum 19. Jahrhundert wurde dieser Reichtum fast vollständig vernachlässigt, und man wurde erst darauf aufmerksam, als der norwegische Maler J.-C. Dahl, Professor an der Kunstakademie Dresden, nach 1826 ein Buch über diese seltsamen Kirchen herausgab. Leider wurde durch Unwissenheit und Gleichgültigkeit ein großer Teil der 1300 Kirchen zerstört. Heute gibt es noch etwa dreißig, von denen einige restauriert wurden. Die ältesten Stabkirchen stammen aus dem 11. Jahrhundert.

Ausgrabungen in Mittel- und Nordeuropa haben ergeben, daß ursprünglich aus Holz errichtete Kirchen in den meisten Fällen sehr schnell durch Steinbauten ersetzt wurden. Diese Entwicklung vollzog sich in Dänemark im 12. und 13. Jahrhundert; in Norwegen jedoch kam im gleichen Zeitraum der Stabkirchenbau zur vollen Entfaltung. Als man in Dänemark mit dem Bau schlichter, schmuckloser und weiß getünchter kleiner Kirchen begann, fuhr man in Norwegen fort, mit Hilfe immer ausgefeilterer Techniken die mit reichen Portalschnitzereien verzierten Stabkirchen zu bauen. Die Drachenköpfe an den Giebeln der Gotteshäuser übernahm man vom Bugschmuck der Wikingerschiffe.

Das wichtigste und namengebende Bauelement der Stabkirchenkonstruktion ist der ,,stav'', der hölzerne Pfosten. Wie in der 1050 gebauten Urneskirche (s. S. 200) bestanden die Wände der ältesten Stabkirchen aus nebeneinander in die Erde gerammten Bohlen. Die Kirchen hatten ein einziges Schiff, das durch einen rechteckigen, niedrigeren und kleineren Altarraum verlängert wurde. Später errichtete man zum Schutz gegen Feuchtigkeit auf einem Steinsockel einen Rahmen, in den die Stabreihen eingelassen wurden. Vier fest verankerte und untereinander durch Querbalken verbundene Eckpfosten waren Gewähr für die Stabilität dieser Kirchen. Auch hier schloß sich im Osten an das Kirchenschiff ein rechteckiger, kleiner und niedriger, doch in der gleichen Weise erbauter Chor an.

Der dritte Typ ist der für Norwegen charakteristische Säulentyp, der hier zur Vollendung reifte. Diese Bauart verbreitete sich, insbesondere in den Zentralregionen, um die Mitte des 12. Jahrhunderts. Diese Blütezeit wurde zweifelsohne durch das von Sigurd Jorsalfar 1152 eingeführte Zehntsystem begünstigt. Seinen Höhepunkt erreicht der Stabkirchenbau wohl unter der Herrschaft von Magnus Barfot (Magnus Barfuß) in der zweiten Hälfte des 12. Jahrhunderts. Es ist sehr viel über das befremdende, ungewöhnlich und östlich anmutende Äußere der Stabkirchen geschrieben worden. In Wirklichkeit ist diese absonderliche Bauweise jedoch die logische Konsequenz des sehr überlegten Innenausbaus der Kirche. Der Innenraum ist dreischiffig angelegt, mit Hauptschiff, Seitenschiffen und äußerem Bogengang. Es schließt sich ein rechteckiger Chor mit Umgang an.

Das vielstufige Dach, das von außen so merkwürdig erscheint, kommt durch die getrennte Abdeckung der einzelnen Kirchenschiffe zustande; die niedrigste befindet sich über dem Bogengang, der als „vapenhus" (hier wurden die Waffen abgelegt) und zusätzlich als Schutz diente. Die darüber liegende Dachstufe befindet sich über den Seitenschiffen, und die beiden höchsten Dächer decken Hauptschiff und Chor ab. Zwischen den Seiten- und Hauptschiffdächern wird der obere Teil der Hauptschiffwand sichtbar. Beim Bau dieser Kirchen wurden hier nur enge, kleine Luken ausgespart, die den Innenraum erhellten. Die Fenster, die der Besucher heute in den Stabkirchen vorfindet, wurden später eingebaut.

Wie aus dem Grundriß zu ersehen ist, ruht auf dem Boden ein Rechteck aus vier großen Balken. Auf diesen Balken stehen die Pfosten, die zusammen mit vier Eckpfosten das Hauptschiff der Kirche begrenzen. Die Enden der sich überkreuzenden Fundamentbalken tragen die Pfosten der Seitenschiffwände. Die innere Säulenreihe kann unterschiedlich gegliedert sein: so verläuft zuweilen ein Triforium zwischen einer unteren und einer oberen Bogenstellung.

Der Ursprung der Säulenstabkirchen ist immer noch nicht ganz geklärt. Einige Autoren sehen in der befremdlich anmutenden Bauweise Reminiszenzen an heidnische Tempel. Es steht fest, daß die Stabkirche sich auf der Grundlage nationaler und heidnischer Traditionen entwickelt hat; zwischen dem Glauben an die vielen vertrauten Götter, deren Sprache man praktisch sprach, und der offiziellen Religion, die die Existenz eines einzigen, aber fremden Gottes predigte, liegen knapp zwei Jahrhunderte. Man weiß, wie oft der Hammer des Thor zusammen mit dem Kreuz Christi dargestellt wurde, und man weiß auch, daß zahlreiche Stabkirchen an die Stelle früherer heidnischer Tempel (hov oder hof) gebaut wurden. Eine Vorstellung von diesen Tempeln kann man sich jedoch nur anhand literarischer Quellen machen, die allerdings unzuverlässig sind. Außerdem tendiert man eher dazu, einen Bezug zwischen Stab- und Steinkirchen herzustellen, und einige sehen in den

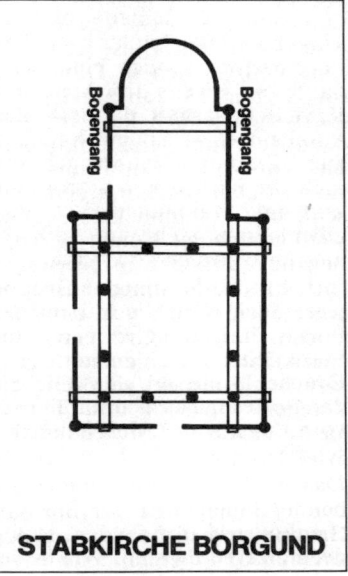

STABKIRCHE BORGUND

Säulenstabkirchen mit ihren Seitenschiffen, dem Chorumgang, der Bogenstellung und dem Triforium lediglich „holzgewordene" Steinkirchen.

Man kann die Stabkirchen nach Konstruktionsart und Stil in vier Gruppen einteilen. Die Kirchen der Gruppe von Sogn og Fjordane können wohl als die vollendetsten angesehen werden (mit Ausnahme der Kirche von Heddal). Sie sind Säulenkirchen. So sieht man in Urnes und in Hopperstad 16 Säulen. Mit ihren 20 Säulen sieht die Kirche von Kaupanger sehr groß aus. In Borgund sind die zwölf Säulen nicht über die Länge des Schiffs verteilt, sondern an den vier Eckpunkten in Dreiergruppen angeordnet.

Die Kirchen der Gudbrandsdal-Gruppe ähneln denen der ersten Gruppe, sie sind in den meisten Fällen ebenfalls Säulenkirchen. In Lom (20 Säulen) und in Ringebu (10 Säulen) haben die einzelnen Säulen einen Abstand von jeweils drei Metern — die Kirche erhält dadurch den Anschein einer ungewöhnlichen Tiefe. Zu dieser Gruppe gehören auch die Kirche von Garno, die jetzt im Maihaugen-Park von Lillehammer steht, und die restaurierte Kirche von Vågå.

Der Stil der Hallingdal-Gruppe unterscheidet sich von dem der beiden ersten Gruppen nur durch ihre verschiedene Ornamentik. Hierher gehören die Kirchen von Gol und Torpo, die heute auf der Museumshalbinsel Bygdøy in Oslo zu sehen sind.

Die Kirchen der Numedal-Gruppe sind nicht nur von den anderen Gruppen unterschieden, sondern auch von einander. In der Kirche von Nore trägt eine einzige Mittelsäule von beträchtlichem Ausmaß die gesamte Deckenkonstruktion; in Uvdal schaffen zwei auf der Mittelachse angebrachte Säulen sowie eine Vielzahl von Trägern und Deckenbalken, die das Schiff in allen Richtungen queren, ein verwirrendes Bild, das anderen Stabkirchen fremd ist. Schließlich sei noch die Kirche von Heddal erwähnt, die mit ihren zwölf Säulen im Schiff und sechs im Chor als Kathedrale unter den Stabkirchen bezeichnet wird.

Mit dieser wohldurchdachten Konstruktionsweise ging eine Erneuerung der Ornamentik an Portalen und Kapitellen einher. Im Mittelalter unterlag Skandinavien vielen kulturellen Einflüssen, und die skandinavische Kunst verband geschickt einheimische Traditionen mit fremden Gedanken, Mitbringsel ausgedehnter Reisen: byzantinische Motive, die über Kiew, Nowgorod und die Bernsteinstraße nach Skandinavien gelangten, und lateinisches Kulturgut, das aus Frankreich und England importiert wurde. Bereits zur Zeit der Völkerwanderung waren Tierornamentik — die sich parallel zur angelsächsischen Kunst entwickelte — und Filigrantechnik sehr hoch entwickelt. Als im Mittelalter das restliche Europa bereits christianisiert war, waren die nordischen Völker immer noch heidnisch. In ihrer Kunst verzierten sie die ihnen vertrauten Motive mit reichen Linienmustern. Diese Wikingerkunst brachte die Darstellung dynamischer und verschnörkelter Wesen zur höchsten Entfaltung.

Diese Motive wurden bereits in der Latène-Zeit von den Steppenvölkern verwendet; die Ursprünge der Flechtwerkkunst liegen in Kleinasien. Bei Tierdarstellungen gingen die nordischen Künstler in der Stilisierung so weit, daß es manchmal schwierig ist, das Motiv noch zu erkennen.

Dieser Stil blieb in Norwegen bis ins 12. und 13. Jahrhundert erhalten, und man findet ihn auf den Portalen der Stabkirchen wieder: Schlangen, fauchende Drachen und langbeinige, feingliedrige Hirschkühe, den Kampf der Schlange mit dem Löwen als Sinnbild des Guten und des Bösen und zugleich Wahrzeichen des Drachentöters Sigurd. Diese Fabelwelt reicht in die dunklen und fernen Ursprünge einer geheimnisvollen Welt, der Welt Odins, Thors und Freyjas (Frö) zurück. Auf den Portalen christlicher Kirchen sind das Auge Odins und der Hammer Thors keine Seltenheit. So, als ob sie die bösen Geister fernhalten wollten, züngeln von den Dachfirsten Drachenköpfe, die jahrhundertelang den Bug der Wikingerschiffe auf allen Weltmeeren schmückten. Man sieht, wie eng die Menschen des Nordens selbst nach ihrer Taufe dieser heidnischen Welt verbunden waren.

Man findet diese mehrstufig holzschindelgedeckten Kirchen mit ihren schlanken Glockentürmen an einer Wegbiegung, am Saum eines Waldes, an den einsamen Ufern eines Sees oder auf einem Gebirgsvorsprung.

FERIEN IN NORWEGEN

Norwegen kann sich heute rühmen, eines der größten westeuropäischen Erholungsgebiete zu sein, weil man in seinen — oft scheinbar endlosen — unberührten Landschaften wirklich fast überall noch jeden gewünschten Grad an Ruhe und Entspannung finden kann.

Reisezeit

Die günstigste Zeit für eine Reise nach Norwegen ist von Anfang Juni bis Ende August, weil in dieser Zeit alle Bergstraßen befahrbar sind. Für Südnorwegen gehörten aber auch die Monate Mai und September dazu.

Im Frühling, der im Mai beginnt, gerät das ganze Land von den Inseln bis ins Hinterland, in den Bergen und entlang der 22 000 Kilometer langen Küste in einen Freudentaumel.

Der Sommer, der von Anfang Juni bis Mitte August dauert, kann genauso warm wie in Deutschland sein, und an den langen Tagen, an denen es kaum Nacht wird, hat der Besucher viel Zeit für seine Entdeckungen im Lande. Im allgemeinen gilt der Juni als der Monat mit den beständigsten Witterungsverhältnissen. Zu den großen Erlebnissen einer Norwegenfahrt gehört auch ein Sommer auf den Lofoten.

Der Herbst, also der Monat September, ist in Norwegen wie in allen nordischen Ländern von besonderer Pracht. Wer jedoch Land und Leute ganz verstehen will, muß Norwegen auch im Winter besuchen und die langen Winternächte kennenlernen. Der Winter hat in ganz Norwegen seinen Reiz, sogar in der Hauptstadt Oslo, die wegen ihrer günstigen Lage genügend Möglichkeiten zum Wintersport bietet. Je weiter der Tourist nach dem Norden kommt, um so erhabener, aber auch um so strenger wird die Schönheit der winterlichen Natur.

Sehenswürdigkeiten in Norwegen

Norwegen ist reich an interessanten Städten, kulturgeschichtlich bedeutsamen Baudenkmälern, reich ausgestatteten Museen und vor allem an Naturschönheiten.

Die wichtigsten Städte sind:

Bergen (s. S. 113), die zweitgrößte Stadt Norwegens, hat schöne alte Viertel und einen lebhaften Hafen; es besitzt einige Museen (darunter das Seefahrtsmuseum und das Kunstgewerbemuseum); im Mai und Juni finden Musikfestspiele statt.

Bodø (s. S. 229) ist Sitz der Bezirksverwaltung von Nordland. Es liegt am Rande der einsamsten Landstriche Norwegens und ist Ausgangspunkt für Fahrten auf die Lofoten.

Fredrikstad (s. S. 132) ist eine alte Stadt mit einem gut erhaltenen Handwerkerviertel.

Grimstad (s. S. 146), die kleine,

zwischen Meer und Bergen eingezwängte Stadt an der Südküste, besitzt ein Ibsen-Museum.

Kirkenes (s. S. 250) liegt auf einer Landzunge im Bøkfjord in der Nähe der russischen Grenze.

Lillehammer (s. S. 183) ist eine kleine Stadt mit großer Bedeutung für den Tourismus, denn es liegt am Eingang zum Gudbrandsdal. Hier verbrachte die Schriftstellerin Sigrid Undset ihre letzten Lebensjahre. Das Maihaugen-Museum ist neben dem Bygdøy-Museum in Oslo das berühmteste Freilichtmuseum Norwegens.

Molde (s. S. 210) wird „Rosenstadt" genannt, weil es für norwegische Verhältnisse ein sehr mildes Klima hat.

Narvik (s. S. 232), die Stadt im hohen Norden, ist vor allem wegen seines Hafens bekannt, von dem aus das schwedische Eisenerz verschifft wird.

Oslo (s. S. 85) ist Norwegens Hauptstadt, an einem freundlichen Fjord und inmitten von Hügeln gelegen. Hier sind zwei der wichtigsten Museen Skandinaviens, das Munch-Museum und das Henie-Onstadt-Museum für zeitgenössische Kunst zu finden. Zu den vielen Sehenswürdigkeiten Oslos gehört auch die Museumshalbinsel Bygdøy.

Stavanger (s. S. 120) hat einen großen Hafen und eine ehrwürdige Kathedrale. Die alten Viertel der Stadt sind reich an Erinnerungen an den Schriftsteller Alexander Kielland.

Trondheim (s. S. 122) hat als alte Hauptstadt des Landes viel geschichtlich Interessantes zu bieten: den gotischen Nidaros-Dom und reichhaltige Museen, darunter das Musikmuseum.

Eine spezifisch norwegische Architekturform sind die Stabkirchen (s. S. 74). Es lohnt sich, die wichtigsten dieser hölzernen Gotteshäuser aufzusuchen: Borgund (s. S. 173), Grindaheim (s. S. 170), Hedal (s. S. 168), Heddal (s. S. 161), Hegge (s. S. 197), Lom (s. S. 198), Lomen (s. S. 169), Reinli (s. S. 168), Ringebu (s. S. 185), Rollag (s. S. 159), Røldal (s. S. 164), Rødven (s. S. 214), Torpo (s. S. 177), Urnes (s. S. 200), Uvdal (s. S. 160) und die Kirche von Gol, die jetzt auf der Museumshalbinsel Bygdøy (s. S. 99) in Oslo steht.

An erster Stelle der Naturschönheiten Norwegens stehen natürlich die berühmten Fjorde, in deren grünem Wasser sich schneebedeckte Gipfel spiegeln: Nærøyfjord (s. S. 173), Hardangerfjord (s. S. 156), Nordfjord (s. S. 203), Sognefjord (s. S. 201), Geirangerfjord (s. S. 215) und Romsdalsfjord (s. S. 99).

Sehenswürdigkeiten ersten Ranges sind auch Gebirgsmassive und Gletscher, wie die mittelnorwegischen Gebirge Jotunheim und Rondane, sowie die dunklen Wälder im Osten, wo der Elch zu Hause ist. Zu diesen Natursehenswürdigkeiten gehören aber auch die einsame Inselgruppe der Lofoten und das Nordkap.

Reiserouten

Wenn man bedenkt, daß die Entfernung zwischen Oslo im Süden

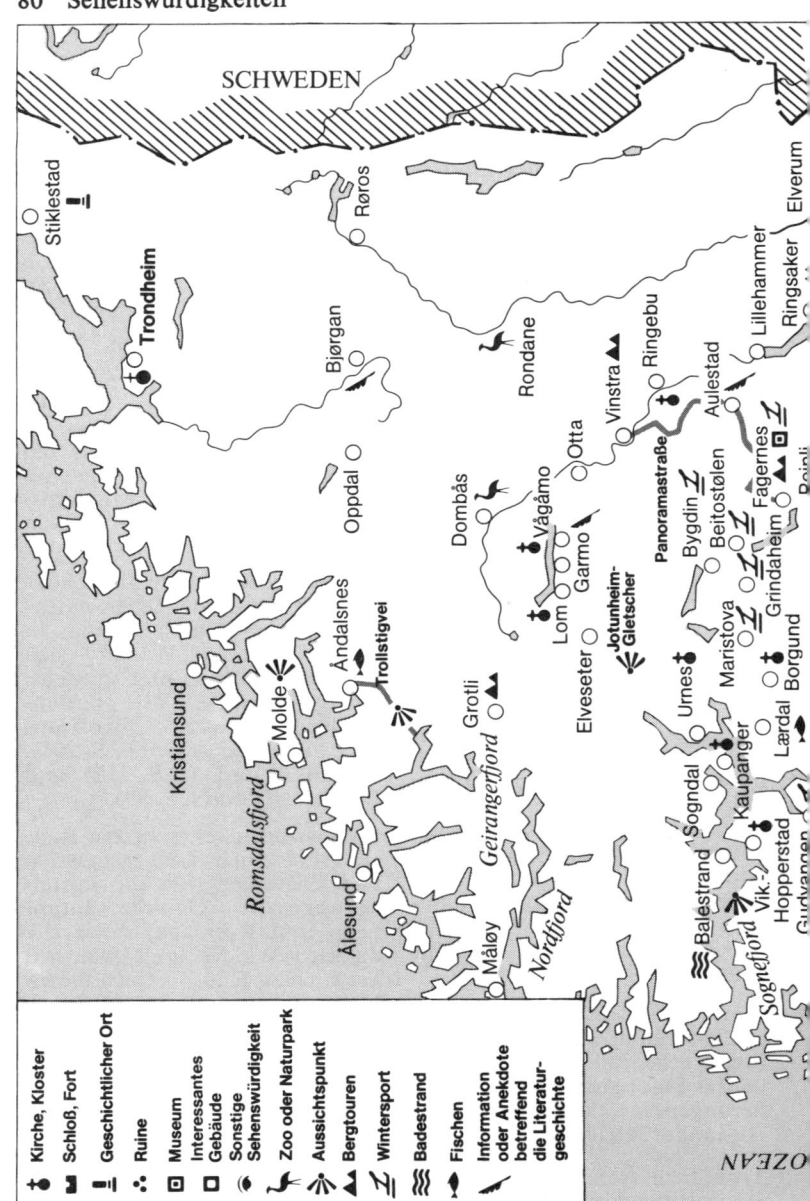

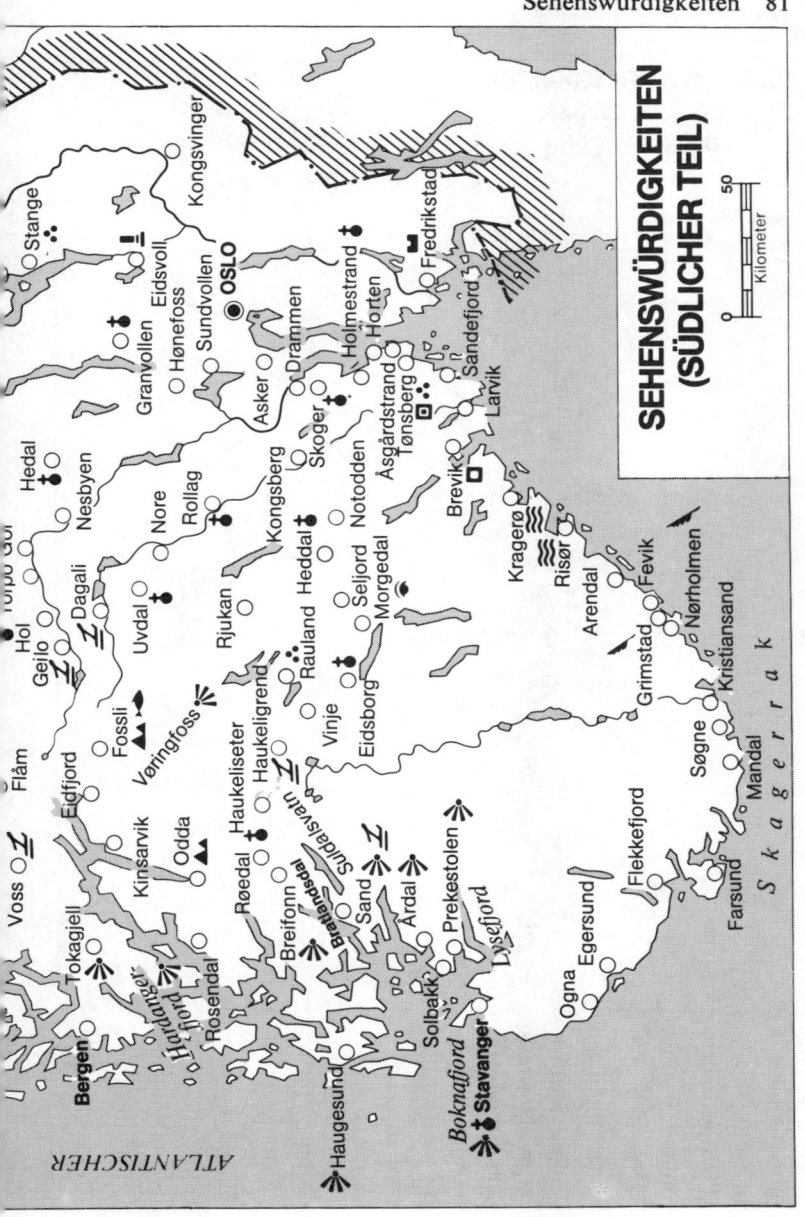

SEHENSWÜRDIGKEITEN (SÜDLICHER TEIL)

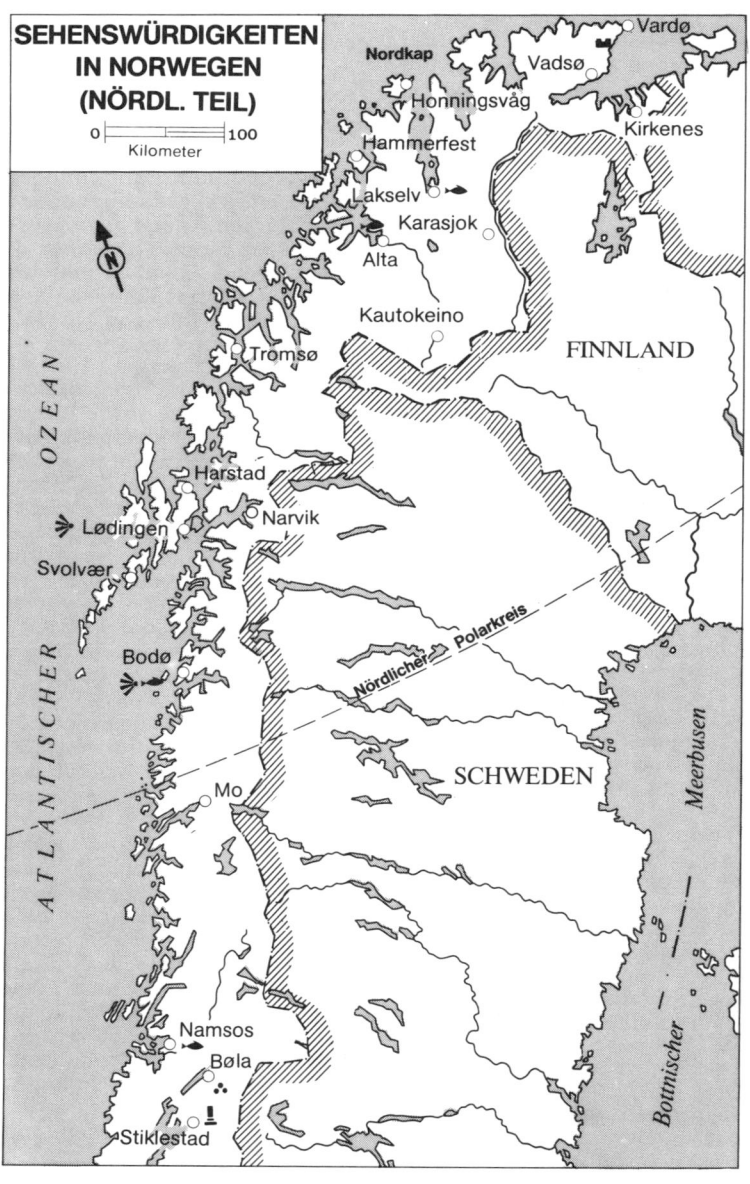

**SEHENSWÜRDIGKEITEN
IN NORWEGEN
(NÖRDL. TEIL)**

0 |———————| 100
Kilometer

Vardø
Nordkap   Vadsø
Honningsvåg   Kirkenes
Hammerfest
Lakselv
Karasjok
Alta
Kautokeino
FINNLAND
Tromsø

Harstad
Lødingen   Narvik
Svolvær

Bodø

Nördlicher Polarkreis

SCHWEDEN
Mo

O Z E A N

A T L A N T I S C H E R

Meerbusen

Bottnischer

Namsos
Bøla
Stiklestad

und Kirkenes im Norden der Strecke von Berlin nach Neapel entspricht oder die Hälfte der Strecke von New York nach Los Angeles ausmacht, wenn man die Bodengestalt berücksichtigt, bei der für den Autofahrer eine Strecke von 300 Kilometern als Tagesdurchschnitt gilt, wenn man der Landschaft etwas mehr Beachtung schenken will als dem Lenkrad, kann man das Nordkap nicht „machen", ohne über einen ganzen Monat Zeit zu verfügen.

Wer nur zwei Wochen erübrigen kann und nicht vorhat, mit dem Flugzeug bis Lappland zu fliegen, kann dieses Land auch auf den verschiedenen Routen durch Süd- und Mittelnorwegen wirklich kennenlernen. So kann man Trondheim durch das Gudbrandsdal (Route 10) oder über die Täler im Osten (Route 11) erreichen und dann entlang der Fjorde wieder nach Süden fahren (Route 19).

Der Reisende kann sich auch auf Mittelnorwegen „beschränken" – denn das ist nicht gerade wenig –, indem er über die Südküste und Stavanger nach Bergen fährt und dabei Abstecher in das Numedal und das Setesdal, wo doch viele Traditionen aus der bäuerlichen Kultur lebendig sind, sowie in das wunderschöne Rogaland macht. Wenn man dann von Bergen nach Oslo fährt, durchquert man Norwegen an seiner breitesten Stelle (s. die Routen 6, 8 und 9).

Die Routen 12 bis 18 bieten die Möglichkeit, die lange E 6, die Oslo mit Kirkenes an der sowjetischen Grenze verbindet, jederzeit in Richtung Küste zu ver-lassen. Außerdem sind alle nach Süden führenden Straßen angegeben.

Gesellschaftsreisen

Abgesehen von Nordland-Kreuzfahrten organisieren viele Reiseveranstalter Fahrten oder Flüge nach den skandinavischen Hauptstädten, nach Nordnorwegen, dem Nordkap, Lappland usw. Darüber hinaus gibt es Reisen, die dem Touristen ein umfassenderes Bild von Norwegen vermitteln. Die auf Nordeuropa spezialisierten Firmen bieten Aufenthalte in Oslo, Stavanger und Bergen sowie Rundreisen durch die Fjordlandschaften an. Andere Angebote schließen den Flug bis Oslo, die Eisenbahn- und Busfahrt nach Fauske, Hammerfest oder Honningsvåg–Ausgangspunkt für Nordkapfahrten – ein, oft auch eine Schiffsreise nach Trondheim oder Bergen. Auf diesen Rundreisen werden fast alle norwegischen Landschaften gestreift: Hochgebirge und Täler, Wälder und Fjorde, die faszinierende Welt des Nordens aus Wasser, Eis und Fels. Auch Spitzbergen ist Ziel von Schiffs- und Flugreisen.

Man braucht jedoch nicht nach Spitzbergen zu fahren, um ähnlich grandiose, allerdings weniger einsame, Landschaften zu entdecken. Hier bietet sich zum Beispiel das zwischen Gudbrandsdal, Valdres und den Fjorden gelegene Jontunheim-Massiv an, das fast 250 schneebedeckte Gipfel hat. Von diesen Bergen geht die Fahrt hinunter an die grünen Wasser der Fjorde. Derartige Reisen werden mit Bahn und Bus durchgeführt.

Die Hafenstädte des Nordens bieten reichhaltige Ausflugsprogramme an: Der Verkehrsverein Hammerfest organisiert Photosafaris, bei denen kleine Linienschiffe die Touristen in die Dörfer entlang der Küste transportieren. In Kirkenes führen die Ausflüge bis in die Nähe der russischen Grenze. In Narvik kann man im Sommer am täglich stattfindenden Fischfang auf dem Meer teilnehmen oder auch an ein- oder mehrtägigen Bergtouren, die von ortskundigen Führern geleitet werden.

Veranstaltungen

Während der Saison am Holmenkollen finden im Osloer Henie-Onstad-Museum für zeitgenössische Kunst mindestens zweimal wöchentlich Abendveranstaltungen statt. Nationalfeiertag ist der 17. Mai, und am Ende des Schuljahres werden unzählige Studentenfeste abgehalten.

In Bergen finden im Mai Musikfestspiele und Grieg-Tage statt. Auf der Freilichtbühne Stiklestad in Trøndelag (im Sommer, keine festen Zeiten) wird das Mysterienspiel vom Tode des heiligen Königs Olav aufgeführt. Im Juli (kein festes Datum) sind die Lofoten Schauplatz des Fischerfestes. Die Theaterfestspiele in Harstad sind im Juni und Juli. In Stavanger gibt es das Fischfangfest Anfang August, in Kautokeino lappländische Ostern mit Rentierrennen, in Molde ein Jazzfestival in der ersten Augustwoche.

Die wichtigste und im Ausland bekannteste Sportveranstaltung ist die Skimeisterschaft am Holmenkollen im Februar und März. In Vinstra (Gudbrandsdal) werden Golfmeisterschaften abgehalten.

**OSLO

Die Hauptstadt des Königreichs Norwegen hat 461000, mit Vororten über 700000 Einwohner. Sie ist protestantischer wie katholischer Bischofssitz und hat eine Universität. Oslo ist die ausgedehnteste und älteste nordische Hauptstadt. Ein Blick in die Geschichte genügt, um festzustellen, daß ihre politische, wirtschaftliche und kulturelle Entwicklung großen Schwankungen unterlag.

Heute genügt ein Aufenthalt von einigen Tagen, um zu erkennen, daß Oslo derzeit in einer Phase des Aufbruchs begriffen ist. Im Laufe weniger Jahrzehnte ist es aus seinem Provinzschlaf erwacht und hat sich zu einer europäischen Großstadt gemausert.

In den letzten Jahren haben Bulldozer und Bagger die relativ alten Viertel rings um das Rathaus, den Holbergplatz und den Ostbahnhof aufgerissen. Heute umrahmen hier hohe Paläste aus Glas und Aluminium die Statue des Königs Haakon VII. und die wenigen übriggebliebenen alten Gebäude.

Die wichtigsten Industriezweige Oslos sind Elektrochemie und Elektromechanik, Tabakindustrie und Nahrungsmittel. Der Hafen, der zu den größten Häfen Skandinaviens gehört, hat mehr als 13 Kilometer Kais, die Ein- und Ausfuhr beläuft sich insgesamt auf mehr als fünf Millionen Tonnen.

GESCHICHTE

Seit etwa 7000 Jahren leben Menschen an den Ufern des Oslofjord. Die ersten Bewohner des Gebiets ernährten sich von der Jagd und vom Fischfang. Im Laufe der Jahrhunderte entwickelte sich ein geschützter und günstig gelegener Handelsplatz, der mit den nördlich gelegenen Umschlagplätzen des römischen Imperiums in Verbindung stand. Bereits in der Wikingerzeit gab es in diesem Teil des Landes eine religiöse, soziale und wirtschaftliche Struktur: der alte Name Aker weist auf eine bedeutende, Thor und Ull geweihte Kultstätte hin. Über die Herkunft des Namens Oslo sind sich die Gelehrten nicht ganz einig. Einige sind der Ansicht, ,,os'' oder ,,ass'' bedeute im Altnorwegischen Gott und ,,lo'' stehe für ,,lund'', der Hain (vgl. deutsch ,,Lohe''), der Stadtname bedeute also ,,Götterhain''.

Was man heute über die Zeit des frühen nordischen Mittelalters weiß, verdankt man im wesentlichen dem isländischen Gelehrten und Dichter Snorri Sturlusson (um 1178–1241). Er schreibt, Oslo sei 1048 (einige behaupten 1047) von Harald Sigurdson, der unter dem Namen Harald Hårdråde, das heißt der Strenge, in die Geschichte einging, gegründet worden. Dieser Harald, mit dem wohl kein leichtes Auskommen war, hatte es satt, auf der Suche nach Reichtümern in der Welt umherzureisen und war in sein kleines Königreich zurückgekehrt, dem er nun seine ganze Kraft zur Verfügung stellen wollte. Zu diesem Zeitpunkt regierte der Sohn des heiligen Olav, Magnus, über einen großen Teil von Norwegen und Dänemark. Als dieser starb, hielt Harald Hårdråde sich für den geeigneten Nachfolger und unternahm alles, um dies auch zu werden.

Am Fuß des Ekeberg-Hügels gründete er eine Stadt, das heutige Gamleby. Von dieser Stelle aus konnte er das Kommen und Gehen der Dänen überwachen. Er baute Oslo zum größten Hafen des norwegischen Südens aus, den eine durch dichte Wälder führende Straße mit dem christlichen Heiligtum Nidaros (Trondheim) verband.

Im heute noch bestehenden Gamleby ließ Harald Hårdråde eine Steinkirche, die Marienkirche, bauen. Hier wurden die Gebeine des heiligen Hallvard, des Patrons Ostnorwegens, mit dem er über seine Mutter verwandt war, aufbewahrt. Ein Jahrhundert später wurde die St.-Hallvard-Kathedrale gebaut. In dieser Kirche, die nicht weniger als 23 Altäre zählte, und deren Grundmauern heute noch in Gamleby zu sehen sind, befanden sich auch die Königsgräber.

Oslo zählte 3000 Einwohner, als Haakon V. (1280–1319), der als kluger, starker und von der Macht der Gesetze überzeugter König galt, Oslo zu seiner Residenz machte. Bis zu diesem Zeitpunkt hatten die Könige in Bergen residiert. Zum Schutz dieser neuen Hauptstadt ließ Haakon

V. die dem Meer gegenübergelegene Festung Akershus bauen. Unter seiner geschickten Führung erlebte das mittelalterliche Oslo seine Blütezeit. Es gibt in der Geschichte wenig Könige, die so viel für eine Stadt geleistet haben. Hier wurde er 1299 feierlich gekrönt. Nach seinem Tod trat der Sohn seiner Tochter, die einen schwedischen Prinzen geheiratet hatte, seine Nachfolge an.

Der beherrschende Einfluß der Hanse, die das Wirtschaftsleben aller südskandinavischen Städte bestimmte, die Tatsache, daß die offizielle und wirkliche Hauptstadt zunächst Stockholm, dann Kopenhagen und dann wieder Stockholm war, haben die Entwicklung Oslos, der wichtigsten Stadt Norwegens, nicht gerade begünstigt. Die Reformation hatte die Zerstörung der Kirchen zur Folge, Feuersbrünste vernichteten ganze Wohnviertel. Doch die Stadt erholte sich nach jedem Schlag aufs Neue: Nach dem Brand von 1624 ließ Christian IV. von Dänemark dicht bei der Festung Akershus eine neue Stadt errichten. Diese Stadt, deren einziges Überbleibsel der Rådmannsgård in der Rådhusgate 19 ist, wurde Christiania genannt.

Mehrmals zerstört, wieder aufgebaut und erweitert, war Christiania in erster Linie eine Stadt der Händler und Reeder und Umschlagplatz für den Warenaustausch zwischen Nordeuropa und dem zentralen Kontinent. Das politische und intellektuelle Leben spielte sich in Stockholm und Kopenhagen ab.

Dann kam die Trennung von Dänemark und die Union mit

Schweden. Das Verhältnis der beiden Länder zueinander änderte sich. Schwedens König Karl-Johan XIV. (J. B. Bernadotte, ehemaliger Marschall Napoleons) brachte diesem von ihm regierten schwierigen und fesselnden Land ein gewisses Interesse entgegen. Die Bevölkerungszahl Christianias stieg von 8000 Einwohnern im Jahre 1800 auf 20000 im Jahre 1840. Öffentliche Gebäude und Prunkbauten wurden erstellt: das Schloß, dessen Fertigstellung der König nicht mehr erlebte, Storting (Parlament), Universität, Bahnhofsplatz, Museen, die Viertel rings um die lange Karl-Johansgate. Christiania wurde fast eine Großstadt. Später, nach der Inbetriebnahme einiger Eisenbahnstrecken und der Straßenbahnen, wurde die Holmenkollenlinie von Majorstua nach Besserud eingeweiht, die erste elektrifizierte Strecke des Nordens (1898).

Mit der Entwicklung der Universität, der Presse und der kulturellen Institutionen erwachte neues intellektuelles Leben: Es war die Zeit Ibsens. Der Gedanke an die Unabhängigkeit schob sich mehr und mehr in den Vordergrund. 1905 wurde die Union in Karlstad ohne großes Aufheben gelöst. Christiania wurde wieder Hauptstadt des unabhängigen Königreichs Norwegen. Es folgte eine weitere Zeit des Ausbaus, der jedoch weniger vom Gedanken an die Verschönerung der Stadt als vielmehr von der Zweckmäßigkeit bestimmt wurde. Es entstanden Schulen, Banken, ein „Haus des Volkes", Bibliotheken und ein historisches Museum. 1909 wurde die Eisenbahnlinie von Oslo nach Bergen gebaut, und die Seeverbindungen zu fernen Ländern wurden intensiviert.

Christiania, aus dem 1877 Kristiania geworden war, nahm anläßlich des 300. Jahrestages seiner Gründung durch Christian IV. 1925 seinen alten Namen Oslo wieder an.

Nach dem Zweiten Weltkrieg mit fünf Besatzungsjahren hat Oslo ein neues Gesicht erhalten: die neue Universität in Blindern, Forschungsinstitute, große Hotels, Gebäude der Industriegesellschaften und der kombinierte Baukomplex Post/Zentralbahnhof recken ihre Silhouetten in den Himmel oder verschmelzen mit dem Grün eines nahegelegenen Parks. Zwei Osloer Museen gehören, was die moderne Kunst betrifft, zu den wichtigsten des Nordens.

SEHENSWÜRDIGKEITEN

Wenn man nur einen Tag für die Besichtigung Oslos zur Verfügung hat, kann man die Stadt auf einer Bus-Rundfahrt flüchtig kennenlernen. Die Rundfahrt schließt eine rasche, oberflächliche Besichtigung der **Bygdøy-Museen und des **Munch-Museums ein. Man sollte sich aber außerdem noch die Zeit nehmen, den *Tryvann-Turm zu „besteigen" (Fahrstuhl; die Öffnungszeiten sind in den verschiedenen Jahreszeiten unterschiedlich), dessen Blickweite einen optischen Horizont von rund 30000 Quadratkilometern umfaßt, und schließlich noch das **Henie-Onstad-Museum für moderne Kunst in Høvikodden (s. S. 108) zu besuchen.

Wenn man zwei Tage lang Zeit hat, kann man sich länger in den *Bygdøy-Museen aufhalten (s. S. 98). Für das **Munch-Museum (s. S. 96) braucht man etwas mehr Zeit. Man hat noch die Möglichkeit, die *Nationalgalerie (s. S. 90), in der u. a. auch Ikonen und Werke norwegischer Landschaftsmaler ausgestellt sind, zu besuchen. Im Historischen Museum (s. S. 92) kann man die Kunstschätze der Wikinger oder im Grensen-Viertel die Auslagen der Juwelierläden betrachten.

Bei einem dreitägigen oder längeren Aufenthalt in Oslo kann man auf den Bus zur ,,schnellen"

Stadtbesichtigung verzichten und sich Zeit lassen. Man kann ganz nach Lust und Laune die neun in diesem Band vorgeschlagenen Rundgänge, die jeweils etwa einen halben Tag in Anspruch nehmen, miteinander kombinieren und durch Einzelbesuche ergänzen.

Eine 1984 geschaffene ,,Oslo-Karte", die man für einen, zwei oder drei Tage erwerben kann, hilft dem Besucher, die Stadt relativ preiswert zu erforschen, denn sie selbst bietet freien Eintritt in alle Museen sowie zahlreiche Ermäßigungen, u. a. bei Boots- und Rundfahrten, aber auch beim Mieten von Autos, Fahrrädern und Surfbrettern.

Weg 1: Die *Karl-Johansgate

Der Osloer nennt sie einfach die ,,Karl-Johan". Hier fühlt man den Pulsschlag der Hauptstadt, und man hat den Eindruck, als würde jeder Bewohner Oslos größten Wert darauf legen, wenigstens einmal am Tag über die Karl-Johan zu promenieren. Sie beginnt am Zentralbahnhof, dem früheren Ostbahnhof, und führt an der Kathedrale sowie am Storting vorbei. Die Karl-Johan endet im Park des königlichen Schlosses. Im Frühjahr wirkt sie heiter, im Herbst melancholisch, doch liebenswert ist sie zu jeder Jahreszeit.

*

Die Karl-Johansgate beginnt wie schon gesagt, am *Zentralbahnhof* (*Sentralstasjonen*) [E 3] und führt am *Stortorget* (Großer Platz)

und der *Kathedrale* [D 2] vorbei. Die

Kathedrale *(Domkirche)*, auch *Vâr Frelsers Kirke* (Liebfrauenkirche) genannt, wurde 1664 bis 1697 nach Plänen von Alexis de Chateauneuf erbaut und zunächst im 19. Jahrhundert, dann 1950 vollständig restauriert. Die 1938 von Dagfin Werenskiold geschaffenen Bronzetüren zeigen Szenen aus der Bergpredigt. Altarwand und Kanzel mit reichem Blattschmuck wurden im 17. Jahrhundert von einem holländischen Meister im Barockstil geschaffen. Das Orgelgehäuse (18. Jh.) ist das Werk eines dänischen Orgelbauers. Die Orgel ist eine der größten des Landes. Die Fresken zeigen Szenen aus dem Neuen und dem Alten Testament.

Storting [D2]. Das imposant und nüchtern wirkende Parlamentsgebäude wurde in den Jahren 1857 bis 1866 erbaut, nach dem Kriege erweitert und zuletzt 1965 restauriert. Der Eingang ist am Løvebakken. Die Innendekoration besteht aus modernen Wandteppichen. In der *Eidsvoll-Galerie* hängen die Porträts der Staatsmänner, die 1814 die Verfassung von Eidsvoll (s. S. 69 u. 181) unterzeichneten. Im *Historischen Saal* befinden sich Dokumente über die Geschichte des Landes von Eidsvoll bis Elverum (9. April 1940; s. S. 71).

Einige Meter von der Karl-Johan entfernt liegt die Fußgängerzone des Grensen- und Lille-Grensen-Viertels mit seinen Straßencafés.

Zwischen Parlament und Schloßpark (s. S. 94), in der Stortingsgate und in der Karl-Johan, die voneinander durch den baumbestandenen *Studenterlund* getrennt sind, reihen sich Restaurants, Cafés, Hotels und Kaufhäuser aneinander. Das

Nationaltheater (*Nationalteatret*) [C 2] führt seit fast einem Jahrhundert die großen internationalen Klassiker in seinem Repertoire: Shakespeare, Ibsen, Bjørnson, Hauptmann, Molière, Lope de Vega usw. Auf dem Spielplan des in einem Neubau an der Kristian IV. Gate 8 spielenden

Norwegischen Theaters (*Norske Teatret*) [C/D 2] stehen ausschließlich Stücke in Nynorsk (s. S. 54). In Höhe des Nationaltheaters, jedoch auf der anderen Seite der Karl-Johan, liegt die

Universität (*Universitetet*) [C 2]. Diese älteste und bedeutendste

Universität Norwegens wurde 1811 gegründet; für die heute dort eingeschriebenen mehr als 20000 Studenten ist sie natürlich längst zu klein geworden; die neuen Universitäts- und Forschungsgebäude befinden sich im Vorort Blindern.

Vor dem Bau des neuen Konzerthauses am Munkedamsvei diente die von Edvard Munch zwischen 1910 und 1916 mit elf Fresken ausgeschmückte Aula

Das Königliche Schloß (s. S. 94)

(die größten Fresken behandeln die Themen Sonne, Geschichte und Alma Mater) auch als Rahmen für internationale Konzerte und offizielle Empfänge.

In einem Archivschrank der Universität wurde 1974 durch Zufall das in französischer Sprache abgefaßte Originalmanuskript des „Plädoyer eines Irren" („En dåres försvarstal"), das August Strindberg 1887/88 in Paris schrieb, gefunden. Dieses Manuskript unterscheidet sich stark von den 1893 in Deutschland und 1895 in Frankreich veröffentlichten Ausgaben. Es hat jedoch den Anschein, als sei dieses Manuskript nicht zufällig in den Aktenschrank gelangt: Ein ehemaliger Anatomieprofessor war eng mit Munch befreundet und dieser wiederum mit Strindberg.

Hinter der Universität liegen zwei wichtige Museen: die *Nationalgalerie* und das *Historische Museum*. Die

*NATIONALGALERIE

(*Nasjonalgalleriet*) [C 1–2] enthält in erster Linie Werke norwegischer und nordischer Künstler, jedoch auch eine sehr schöne Ikonensammlung, ein berühmtes Gemälde von El Greco und einige sehr gute Werke von Impressionisten. – Die nach 1945 geschaffenen Werke sind in das 1990 eröffnete *Museum für Zeitgenössische Kunst (Museet for samtidskunst)* am Bankplassen [D3] übernommen worden.

Norwegische Malerei: Von der Bewegung der Romantik am Ausgang des 18. Jahrhunderts inspiriert, haben die norwegischen Maler ihre Motive in der Natur ihres Landes gesucht. Der bekannteste unter ihnen ist Johan Christian Dahl (1788–1857), dessen Bilder wilde und bewegte Landschaften darstellen. Bäuerliche und volkstümliche Szenerien malte Adolph Tideman. Sehr subtile Landschaftsbilder, u. a. auch von Amsterdam, Venedig und der Île de France, schuf Thomas Fearnley (1802 bis 1842). Peder Balke (1804–1887), Schüler Dahls, malte während seines Parisaufenthalts im Auftrag des Königs Louis-Philippe einige Salons im Schloß von Versailles aus. Die Revolution 1848 zwang ihn, nach Norwegen zurückzukehren.

Christian Krogh (1852–1925) ist die bedeutendste Persönlichkeit in den Künstlerkreisen der achtziger Jahre des 19. Jahrhunderts. Seine sozialkritischen Gemälde stellen die Verbindung zu Ibsen her; er ist der typische Vertreter der naturalistischen nordischen Schule, der auch Erik Werenskiold (1855–1938) angehörte und dessen schönes Ibsen-Porträt hier in der Nationalgalerie hängt.

Von Eduard Munch (s. auch S. 96) hängen in der Nationalgalerie folgende Bilder: „Krankes Kind", „Mutter und Tochter", „Der Tod im Zimmer des Kranken", „Personen auf einer Brükke". Die „Morgentoilette" steht unter dem deutlichen Einfluß von Degas, wohingegen die „Kniende Frau" (1931) dem Fauvismus zuzuordnen ist.

Das Museum besitzt viele norwegische und französische Landschaften von Frits Thaulow (1847–1906), der den größten Teil seines Lebens in Frankreich verbrachte, in Dieppe, Amiens und Paris. Wenn er auch die Technik der Impressionisten nicht ganz übernommen hat, so hat er doch deren Themen behandelt, das Wasser, die Reflexe der Sonne und des Wassers, die Vergänglichkeit des Augenblicks, den Schnee, den Himmel des Nordens, der Normandie und Hollands. Seine kleinen Bilder sind farblich fein abgestimmt und ausdrucksvoll.

Ähnliche Bilder gibt es hier von Harriet Backer (1845–1932) sowie verschiedene Landschaften, die mehr oder weniger glücklich vom Impressionismus beeinflußt wurden, aber eigentlich recht akademisch wirken. Sehr interessant sind dagegen Bilder von Per Krohg (1889), Ludvig Karsten und Oluf Wold-Torne (1867 bis 1919) sowie kubistische Werke von Axel Revold (1887–1962). Der bekannteste zeitgenössische norwegische Maler ist Jacob Weideman, der Landschaften und Bäume stark abstrahiert.

Ikonensammlung: Hier findet man eine sehr schöne, dem Staat vermachte Sammlung von Ikonen der Nowgoroder Schule aus dem 15. und 16. Jahrhundert. Besonders erwähnenswert sind die Darstellungen des Christus Pantokrator, die in Anlehnung an die Wladimir-Madonna entstandenen „Jungfrauen", die „Heiligen Frauen am Grab", die Heiligen Nikolaus und Johannes der Täufer, der Großfürst Wladimir von Kiew mit seinen beiden Söhnen Boris und Gleb, die Türen einer Ikonostas. Die aus dem 17. Jahrhundert stammenden Ikonen wirken sehr viel weltlicher.

Flämische, deutsche und holländische Malerei: Lucas Cranach d. Ä., „ *Das goldene Zeitalter", „Christus und die Ehebrecherin", „Liegende Quellnymphe" (1550; hier tritt der Einfluß der „Ruhenden Venus" von Giorgione klar zutage).

Stilleben von David de Heem und Melchior de Hondecoeter, Landschaftsbilder von Paul Bril und Roelant Saverij, Porträts wie „*Der Mann mit dem Glas Rheinwein" von B. van der Helst.

Italienischer und französischer Barock: Besonders zu erwähnen sind „Judith und Holophernes" von Orazio Gentileschi und ein sehr schönes⁽⁾ **Porträt von Claude Lorrain, das Valentin de Boulogne malte.

Französische Malerei: Die französischen Maler sind reichlich vertreten, vom Romantiker Delacroix über den Naturalisten Courbet bis hin zu den Impressionisten Monet und Manet. Werke von Manet: *„Madame Manet", „Weltausstellung", „Die Errettung Moses" (fast abstrakte Skizze eines Bildes, das nie vollendet wurde).

Claude Monets *„Die Seine bei Argenteuil im Frühling". *„Regen in Etretat" (1886) wurde von der Nationalgalerie anläßlich der Osloer Herbstausstellung im Jahre 1890 angekauft. Es war das erste Bild, das ein offizielles ausländisches Museum von Monet erwarb. Der Maler folgte daraufhin einer Einladung seines Freundes Thaulow, sagte seine geplante Reise nach Venedig ab und fuhr nach Oslo, wo er sehr herzlich empfangen wurde. Es war Winter, und Monet war begeistert von der Schönheit der verschneiten Landschaft. Er verbrachte einige Zeit in Sandvika am Rande des Oslofjords, wo er mehrere Bilder malte.

Paul Cézanne **„Le jas de Bouffan", *„Provençalische Landschaft", *„Porträt eines sitzenden Mannes", *„Stilleben". Diese Bilder lassen die neue Ausdrucksweise des Künstlers erkennen. Diese Art, die Dinge zu sehen, hat die Malerei des 20. Jahrhunderts deutlich beeinflußt.

Vincent van Gogh *„Selbstporträt" (die vorherrschende Farbe ist Grün; angeblich das letzte des Künstlers).

Gauguin *„Wohnung des Künstlers in der Rue Carcel in Paris" (1881), *„Mette Gauguin", *„Blumenkorb", *„An der bretonischen Küste". Ber-

the Morisot „Am Seineufer", Außerdem sind hier Werke von Bonnard sowie der Fauvisten Vlaminck und Othon Friesz, dessen von Matisse gemaltes *Porträt ebenfalls hier hängt, dazu Landschaftsbilder von Albert Marquet zu finden.

Die kleine Sammlung von Werken der Pariser Schule ist recht bemerkenswert: In den meisten Fällen sind es abstrakte Bilder, die jedoch alle drei gleiche Merkmale aufweisen: Strenge, Schmucklosigkeit und Eleganz. Jean Bazaine *„Juninacht", Alfred Manessier „Winter", „Der Bach", „Frühlingssehnsucht", „Ungestüm des Frühlings" (die beiden letzten sind figürliche Darstellungen), Maurice Estève „Friselune" (1958), Gustav Singuier „Nächtliche Straße", Maria-Elena Vieira da Silva *„Das rote Haus", Pablo Picasso **„Mann und Frau" (aus der blauen Periode); außerdem besitzt das Museum einige kubistische Stilleben von Picasso sowie Werke von Braque, Léger, Gromaire.

Zwischen 1951 und 1959 entstandene **Kompositionen von Roger Bissière (1888–1964); die strengen Werke dieses Künstlers strahlen eine gewisse Kraft, aber auch etwas Geheimnisvolles aus.

Corneille „Fruchtbares Tal", „Steilküste" (beide abstrakt). Bilder von Kumi Sugai, Vasarely und Jesu Rafael Soto. „Bild C 2" von Antonio Tapies, eine dick aufgetragene abstrakte Komposition in Braun und Schwarz; Werke, die die feste und klare Handschrift Poliakoffs verraten. Der Sohn Alberts, gemalt von dem amerikanischen neo-realistischen Künstler Andrew Wyeth.

Langaard-Sammlung: Sie besteht aus spanischen und holländischen Meistern des 16. und 17. Jahrhunderts. Das Prunkstück dieser Sammlung und überhaupt des ganzen Museums ist **„Der reumütige Petrus" von El Greco. Francisco Goya: „Bildnis eines Picadors", „Inquisitionsszene", „Die Nacht". José de Ribera: *„Jüngling mit Blumenschale"; hier wird der Einfluß von Caravaggio deutlich (dieses Bildnis, das zu dem 1637 entstandenen Zyklus „Die fünf Sinne" gehört, stellt den Geruchssinn dar). Zu den holländischen Werken dieser Sammlung gehören zwei Bilder von Rembrandt: *„Landschaft mit Reiter" und **„Porträt eines Mannes", das wahrscheinlich den Bruder des Künstlers darstellt. Genrebilder von Dirck Hals, Judith Leyster, der besten Schülerin von Frans Hals, Gerard ter Borch; Wirtshausszenen von Jan Steen und David Teniers, die Porträts von Pieter Pourbus und Thomas de Keyser, zahlreiche *Landschaften von Aert van der Neer, Jan van Goyen, Averkamp, Salomon von Ruysdael und zwei norwegische Landschaften von A. van Everdingen und Jacob van Ruisdael.

In der 2. Etage der Nationalgalerie hängen Bilder der nordischen Maler des ausgehenden 19. Jahrhunderts und der ersten Hälfte des 20. Jahrhunderts: die Schweden E. Josephson, Anders Zorn, Nils von Dardel, Siri Deckert, Rune Jansson sowie die Dänen Jens Juel, Niels Larsen Stevns, Joachim und Niels Skovgaard und J. F. Willumsen (dessen Stiche interessanter sind). Mehrere Ausstellungsräume sind den norwegischen Malern der jungen Generation vorbehalten.

Skulpturen: Im Erdgeschoß befindet sich eine kleine Sammlung antiker Statuen. Die Werke der Bildhauer Rodin, Maillol und Matisse sind über die einzelnen Räume des Museums verteilt.

Historisches Museum (*Historisk Museum*) [C1]. Ebenfalls hinter der Universität, gegenüber der Nationalgalerie, liegt das aus drei Abteilungen bestehende Historische Museum: die Altertumssammlung der Universität, das Münzkabinett der Universität und das Ethnographische Universitätsmuseum. Wer an der Vorgeschichte Norwegens oder an der Geschichte der Wikinger interessiert ist, sollte das erste der genannten Museen besichtigen.

In der Eingangshalle des Museums stehen vier große Runensteine.

Altertumssammlung der Universität (*Universitetets Oldsaksamling*): Zwei Säle vermitteln einen Eindruck von dem enormen Reichtum der Wikingerkunst und der Ursprünglichkeit religiöser romanischer Kunst in Norwegen. Sie enthalten in Gräbern und Wikingerschiffen gefundene Gegenstände sowie Zeugnisse mittelalterlicher Kunst.

Funde aus Gräbern und Wikingerschiffen: Vor allem in der *Schatzkammer* (*Skattesal*) findet der Besucher alte Münzen, Bernstein-, Bronze- und Goldschmuck. Der *Schatz von Kaupang besteht aus einer großen Anzahl von Schmuckstücken mit Tierornamentik, einige Goldketten sind von einzigartiger Schönheit. Andere Gegenstände legen Zeugnis ab von der Handelstätigkeit der Wikinger entlang der Küsten des Kontinents; des weiteren Gebrauchsgegenstände, die den Verstorbenen für das Leben im Jenseits ins Grab gegeben wurden, Töpferwaren, Äxte, Speere und Schwerter.

Auch die Beschäftigungen, denen die Wikinger nachgingen, werden erläutert: Gewinnung und Verarbeitung des Eisens, Organisation des Handels, Jagd, Fischfang, Schiffe und Schiffsbau, Streifzüge nach Irland, Island, Grönland und in das ferne Vinland, wo Leif Ericson, genannt der Glückliche, den später Amerika genannten Kontinent entdeckte.

Mittelalterliche Kunst: Mehrere an ihrem Standort von Baufälligkeit bedrohte Kirchen wurden in das Museum gebracht, dort ganz oder teilweise restauriert und wieder aufgebaut. So findet man hier z. B. das reich geschnitzte Portal der Stabkirche von Al i Hallingdal (s. S. 177); von dieser Kirche sind auch die bemalte Decke sowie der Taufstein erhalten. Das Museum birgt weitere guterhaltene Stabkirchenportale mit seltsamen

Schnitzereien voll surrealistischer Symbolik; das Thema ,,Sigurd der Drachentöter" taucht sehr oft auf.

Münzkabinett der Universität (Universitetets Myntkabinett): Die Sammlung enthält Siegel, Medaillen, nordische und andere Münzen sowie Orden, darunter die Fridtjof Nansen und Roald Amundsen verliehenen Auszeichnungen.

Ethnographisches Universitätsmuseum (Universitetets Etnografisk museum): Kunst der Mayas, indianische Jägerstämme, Waldindianer, indianische Gebrauchsgegenstände, Riten, Masken, Jagdkostüme, Kultur der ostsibirischen Eskimostämme, der nordkanadischen Stämme, der grönländischen und an der Hudson-Bai lebenden Stämme, ihre Behausungen, Knochenverarbeitung; Amundsen-Sammlung.

Völkerkundliche Sammlungen aus Asien, Polynesien, Neuseeland, Australien. In der afrikanische Sammlung ist vor allem die Kongoabteilung bedeutend.

Das die Museen umgebende Viertel ändert sein Gesicht täglich. Die alten Häuser müssen Hochhäusern Platz machen. Hier steht auch das Hotel ,,Scandinavia", das in dieser Umgebung sehr modern wirkt. Zwischen der Kristian-Augustsgate und der Christian IV's gate hat jedoch ein kleines, von blauweiß gestrichenen Holzhäuschen umstandenes Plätzchen seinen ursprünglichen Charme bewahrt.

Will man alle in der Innenstadt gelegenen Museen besichtigen, darf man das

Kunstgewerbemuseum (*Kunstindustrimuseet*) **[D 1]** nicht vergessen. Man gelangt dorthin, wenn man die lange und etwas düstere *St. Olavsgate* **[CD 1]** ganz hinuntergeht.

Das Museum wurde in den letzten Jahren völlig neu aufgebaut und renoviert; an bestimmten Abenden finden dort Konzerte statt, und außerdem ist das Kunstindustriemuseum Schauplatz sehr vieler Sonderausstellungen. Auf den Fensterbänken findet der Besucher die nötigen Erklärungen.

Prunkstück des Museums ist der berühmte *Wandteppich von Baldishol, der zwar nicht vor 1180, aber auch mit Sicherheit nicht später als 1190 entstanden ist, und der durch die Frische seiner Farben überrascht. Auf der ganzen Welt gibt es nicht mehr als vier oder fünf Wandteppiche aus dieser Zeit. Er wurde in der Stabkirche von Baldishol in der Nähe von Nes in der Hedmark gefunden; die Entstehung dieses Teppichs ist nicht geklärt, und die Experten wissen immer noch nicht, ob er in Norwegen oder einem anderen nordischen Land hergestellt wurde.

Im übrigen sind die Räume mit sehr viel Geschmack und Sorgfalt eingerichtet; in jedem Raum werden ein bestimmter Zeitabschnitt und der entsprechende Stil behandelt: Barocksaal, Renaissancesaal, Queen-Anne-Saal, Tudor-Saal, Directoire-Saal usw. Auch die gedämpfte Lautsprechermusik entspricht der jeweiligen Stilepoche. Der Besucher findet hier bemalte Möbel aus dem Setesdal, regionale Stickereien, Emailarbeiten und Schmuckgegenstände. Außerdem gibt es Ausstellungsräume für religiöse Kunst und einen Saal für zeitgenössische Wandteppiche.

Im vierten Stockwerk wurde ein kleines Trachtenmuseum eingerichtet. Es enthält regionale

Trachten und Gewänder aus verschiedenen Stilepochen, Stickereien, Fächer, Kleidungsstücke von König Haakon VII. (1872–1957) und seiner Frau Königin Maud (die Kleider wurden dem Museum von König Olav V. überlassen).
Wenn man genügend Zeit hat, kann man von hier aus einen kleinen Abstecher zur *Alten Akerskirche* (s. S. 107) machen.

Weg 2: Am Hafen

Die Museen und die Universität sind durch den *Studenterlunden* und den *Schloßpark* (*Slottsparken*) [B 1], der weder durch ein Gitter noch durch eine Wache von der Öffentlichkeit abgeschirmt wird und den jeder auf dem Weg zur Arbeit oder als Spaziergänger durchqueren kann, vom Hafenviertel getrennt. Diesen im Herbst prachtvollen und im Frühjahr lieblichen Park schmücken mehrere Statuen von Gustav Vigeland (s. S. 105). Am Ende des Parks liegt das Schloß der königlichen Familie.

Man verläßt den Park an der Stelle, wo östlich des neuen Tunnelbahnhofs *Nationalteatret* die *Stortingsgate* und der *Drammensvei* aufeinander stoßen.

Der Drammensvei ist in diesem innenstädtischen Teil eine große Prachtstraße mit einigen Luxusläden, vielen Botschaftsgebäuden – die Botschaft der Vereinigten Staaten von Amerika hebt sich durch ihre Architektur deutlich von den anderen Gebäuden ab – und vornehmen Privathäusern. Hier befinden sich das *Nobelinstitut* [A 2], in dem jährlich der Friedensnobelpreis überreicht wird, und die *Universitätsbibliothek* [A 2].

Vor einiger Zeit wurde anläßlich des Umbaus dieses Viertels an der Stelle, an der die Geschäftsstraße und die vornehme Wohnstraße aufeinander treffen, der *7 Juni Plass*, der Platz des 7. Juni, angelegt. Auf diesem Platz, von dem mehrere Straßen (davon einige als Treppen) fächerförmig abzweigen, befindet sich das Denkmal des verstorbenen Königs Haakon VII. Der 7. Juni ist der Tag, an dem der König 1945 nach fünf Jahren des Exils in sein Land zurückkehrte. Die elegante, aus Glas und Aluminium bestehende Fassade des rechts in Richtung Meer gelegenen Gebäudes gehört dem *Außenministerium*.
Der *Munkedamsvei* führt von hier in ein terrassenförmig angelegtes Viertel mit eleganten Boutiquen und Geschäften.

Vom Platz des 7. Juni führen große Treppenstufen zur *Roald Amundsensgate* [B/C 2], in der Banken, Verwaltungsgebäude von Industriegesellschaften und Restaurants einander abwechseln und die auf den von Blumenbeeten, Brunnen und Statuen geschmückten *Rathausplatz* (*Rådhusplassen*), der sich bis zum Hafen zieht, mündet.

Rathaus (*Rådhuset*) [C 2].

Obwohl man mit dem Bau bereits 1931 begonnen hatte, wurde das Gebäude erst 1950 eingeweiht, da der Krieg alle Pläne durchkreuzt hatte. Es ist ein sehr imposantes, von zwei massiven Türmen flankiertes Bauwerk mit strenger Linienführung. Die Türme sind unterschiedlich hoch. Innen ist das Rathaus reich mit Skulpturen, Reliefs, Holzschnitzereien, Fresken und Wandbehängen geschmückt. An diesen Arbeiten waren 28 Maler und Bildhauer beteiligt. Die Motive wurden der norwegischen Frühgeschichte entnommen. Ein großes Gemälde von Henrik Sørensen in der Halle stellt das Volk, seine Tätigkeit und seine Feste dar; auch die Themen der Fresken und Reliefs sind der nordischen Mythologie entnommen.

Vor der Westseite steht das Reiterstandbild Harald Hårdrådes, des Gründers der Stadt und vor der Südseite der Stadtpatron St. Hallvard. Ein Glockenspiel mit 38 Glocken spielt jede volle Stunde eine norwegische Weise. Die Rathausuhr ist nachts vom Fjord aus zu sehen.

Hinter dem Rathaus befindet sich der runde *Fridtjof Nansens-Plass* [C 2], der von Restaurants und Büros der Fluggesellschaften gesäumt wird. Die abzweigenden kleinen Straßen laden zu Spaziergängen ein, auf denen man Souvenirläden, Briefmarkengeschäfte und interessante Buchläden entdecken kann. In einer dieser Straßen, der *Rosenkrantzgate* (jedoch nördlich der Karl-Johansgate), stellt die „Galerie Forum" laufend kunsthandwerkliche Gegenstände aus.

Vom *Rathausplatz* (*Rådhusplassen*) erblickt man über den Masten und Schornsteinen der Schiffe die gewaltige Festung *Akershus*. Um zur Festung zu gelangen, folgt man der *Rådhusgata* (s. S. 107) und biegt hinter dem Platz *Christiania Torg* nach rechts ab.

**Festung und Schloß Akershus (*Akershusfestning og Slott*) [C 4] wurde um 1300 von Haakon V. als Residenz erbaut. Vorher hatte der König in der Haakonshalle in Bergen residiert.

Reste dieses alten, von vier massiven Türmen flankierten Gebäudes sind am Nord- und Westflügel zu erkennen. Das heutige Aussehen der Festung wurde jedoch nach dem Brand von 1527 durch Christian IV.,

Rathaus in Oslo

König von Dänemark und Norwegen, geprägt. Er ließ die Festung erweitern und die dunkle mittelalterliche Burg in ein nordisches Renaissanceschloß umbauen. Seit dem Ende des 18. Jahrhunderts wurde es nicht mehr von den Königen bewohnt, und nach 1815 stand es leer. Nach dem Krieg waren umfangreiche Restaurationsarbeiten erforderlich. Die schönsten Säle werden bei offiziellen Empfängen der Stadt benutzt. Im Arsenalgebäude auf dem unteren Akershusgelände wurde 1979 ein *Norwegisches Verteidigungsmuseum* eröffnet. In einem anderen Festungsgebäude, in der Nähe des Denkmals für die Widerstandskämpfer, befindet sich auch ein *Widerstandsmuseum.* Hier findet der Besucher Fotos, Untergrundzeitungen, Flugblätter, Waffen und andere Gegenstände, die die Erinnerung an die Besatzungszeit in Norwegen und an den Widerstand der Bevölkerung wachrufen. Unter anderem sieht man eine Darstellung des Partisanenangriffs auf die Schwerwasser-Fabrik von Rjukan (s. S. 163).

In der *Königskapelle* von Akershus sind König Haakon, Königin Maud und Prinzessin Märta beigesetzt.

Weg 3: Oslos Osten und das **Munchmuseum

Die östlichen Stadtviertel, der Botanische Garten, die naturwissenschaftlichen Museen und das Munchmuseum liegen etwas weiter von der Stadtmitte entfernt. Man fährt am besten mit dem Bus oder mit der U-Bahn dorthin, und zwar vom *Jernbanetorget* (Bahnhofsplatz, vor dem Zentralbahnhof) nach *Tøyen.*

Der *Botanische Garten* (*Botanisk have;* täglich von 7 bzw. sonntags von 10 Uhr bis zum Eintritt der Dämmerung geöffnet) wurde rings um die Treibhäuser (außer montags und samstags von 12–15 Uhr geöffnet) sowie um die

Naturhistorischen Museen der Universität (*Universitetes naturhistoriske museer*) angelegt. Sie umfassen die folgenden drei Abteilungen:

Mineralogische und geologische Abteilung: Ein riesiger Saal enthält Ausstellungsstücke, die sowohl einen allgemeinen Überblick über den geologischen Aufbau Norwegens vermitteln, als auch geologische Vorgänge wie Vulkanausbrüche, Erdbeben usw. erklären. Es gibt eine sehr bedeutende Gesteinssammlung, z. B. Gold aus Telemark, Silber aus Kongsberg und Uran. Dioramen zeigen den norwegischen Bergbau. Die

Paläontologische Abteilung enthält eine Sammlung prähistorischer Pflanzen und Tiere und zeigt die Stammbäume verschiedener Tiergattungen. Beide und die *Zoologische Abteilung* sind täglich außer montags von 12–15 Uhr zu besichtigen.

**MUNCHMUSEUM
(Tøyengate 53)

Das von der Stadt Oslo errichtete Munchmuseum enthält 1100 Gemälde, 4500 Zeichnungen, 18 000 Graphiken und die sechs Skulpturen, die Edvard Munch der Stadt vermacht hat. Dieses Vermächtnis, das noch eine große Anzahl von Notizbüchern, Zeitungsausschnitten, Briefen und Fotografien umfaßt, ist später durch die Schenkung von Inger Munch, der Schwester des Künstlers, erweitert worden. Diese Schenkung bestand aus Briefen, Bildern und Zeichnungen.

Mit dem Bau des Museums, der zunächst durch wirtschaftliche Nachkriegsschwierigkeiten verzögert wurde, begann man erst 1960 unter der Leitung der Architekten Gunnar Fougner und Einar Myklebust. Das Gebäude wurde am 29. März 1963 eingeweiht. Den Innenhof schmückt eine Skulptur von Naum Gabo, „Konstruktion". Die Ausstellungsfläche beträgt rund 1500 Quadratmeter. Das Museum enthält einen Sitzungssaal, eine Bibliothek, eine Buchhandlung, eine große Restaurierungsabteilung, Forschungsräume und ein Restaurant. Wegen der Vielfältigkeit dieser Sammlung wechseln die Ausstellungsobjekte ständig, doch über den Konservator ist es jederzeit möglich, Zugang zu den im Augenblick nicht ausgestellten Werken zu erhalten.

Das Museum soll das Werk Munchs konservieren und vor allem der Öffentlichkeit zugänglich machen. Seine Aufgabe ist im wesentlichen didaktischer Natur: Zahlreiche Schüler und Studenten kommen hierher, um die Werke des Künstlers zu studieren. Außerdem nimmt das Museum an vielen Ausstellungen sowohl in Norwegen als auch im Ausland teil.

Edvard Munch (1863–1944) stammt aus einer alten norwegischen Familie, die im Laufe der Jahrhunderte mehrere Wissenschaftler und Künstler hervorgebracht hat; er war der berühmteste. Kunstgeschichtlich ist Edvard Munch nicht genau einzuordnen, denn er war sowohl Vorläufer als auch Anhänger einiger Stilrichtungen. Seine Kindheit und Jugend verbrachte er in einer Umgebung, die den künstlerischen Neigungen des Kindes und des jungen Mannes entgegenkam. Diese Jahre wurden jedoch zutiefst durch die Krankheit und den Tod seiner Mutter sowie seiner Schwester Sophie überschattet. Man kann sagen, daß Munch sich in seinen Werken – mit Ausnahme der Arbeiten seiner letzten Jahre – niemals ganz von diesen Erlebnissen hat lösen können.

Ganz gleich, welches norwegische Museum man besucht, überall wird ein Bild, eine Zeichnung oder ein Stich mit dem Motiv „Das kranke Kind" zu finden sein.

Sein erster Lehrer war der berühmteste naturalistische Maler seiner Zeit in Norwegen, Christian Krohg. Mit 22 Jahren kam Munch 1885 zum erstenmal nach Paris. Er blieb nur einige Wochen, kam jedoch 1889 mit einem Stipendium zurück. Sein Aufenthalt, der durch Reisen nach Holland und Italien unterbrochen wurde, dauerte drei Jahre. Er gibt ein kurzes Gastspiel im Atelier von Bonnet, wo er sich jedoch langweilt. Den stärksten Anstoß erhält er von Gauguin, was das Gemälde „Frühling in der Karl-Johan" aus dem Jahre 1891 (es hängt heute in Bergen) beweist. Munch lernt Gauguin 1890 kennen. Bei seinem bekannten Gemälde „Melancholie" aus den Jahren 1892/93 arbeitet Munch wie Gauguin mit großen, von dunklen Konturen umrahmten Flächen.

Der letzte Pariser Aufenthalt (1896 bis 1898) fällt in die Zeit des mit künstlerischen Ereignissen und Manifestationen angefüllten Symbolismus. Munch stellt in der Galerie Nouveau aus, die so berühmt ist, daß sie einer Stilrichtung und auch den Unabhängigen ihren Namen gegeben hat. In den Werken dieser Zeit klingen auch die Nabis an, vor allem im „Akt auf rotem Grund" (Privatsammlung, Oslo).

Zwischen seinen beiden Pariser Aufenthalten hat Munch das Berliner Künstlermilieu kennengelernt. Diese Begegnung war entscheidend für seine intellektuelle und geistige Entwicklung. Er wird vom Verein Berliner Künstler nach Berlin eingeladen und findet Zugang zu den Philosophen- und Künstlerkreisen, die unter dem Einfluß Nietzsches, Strindbergs und des polnischen Dichters Stanisław Przybyszewski standen. Zeitlich ist man zwar noch weit von dem entfernt, was man später als Expressionismus bezeichnen wird – eine kurze Kunstepoche, der ein kleiner Kreis von Künstlern angehörte – doch Munch gehört zusammen mit Cézanne, van Gogh, Hodler und Gauguin zu den Begründern dieser Richtung.

Ein typisches Beispiel für den Expressionismus ist Munchs Bild „Der Schrei" von 1893: Hier befreit sich ein Mensch von seinen Ängsten. Als Munch das Bild malte, war man noch weit von der Bewegung des Expressionismus, die sich im wesentlichen auf die deutschsprachigen und nordischen Länder beschränkte, entfernt. Sie begann erst um 1910, also zu einem Zeitpunkt, als die expressionistische Periode Munchs längst zu Ende war.

In Berlin schuf Munch seine ersten Lithographien, Stiche, Radierungen und Holzschnitte. In diesen Techniken entwickelte er eine große Meisterschaft. Die Themen seiner Graphiken waren stets die seiner Gemälde. Als er wieder nach Paris kommt, bietet man ihm Aufträge an, und er malt Porträts. Bemerkenswert sind die beiden Porträts des Dichters Mallarmé.

Tragisches Lebensgefühl, Furcht vor dem Todeskampf, dem Tod, dem Altern, der Einsamkeit und der Eifersucht sind Themen, die er immer wieder in seinen in den deutschsprachigen Ländern und in Mitteleuropa sehr viel Anerkennung findenden Bildern und Graphiken zum Ausdruck bringt. Er übte einen entscheidenden Einfluß auf die tschechische Malerei zu Beginn dieses Jahrhunderts aus. Um das Jahr 1910 vollzieht sich eine Wandlung: Er wendet sich mehr dem französischen Fauvismus zu. Die Heftigkeit seines Ausdrucks bleibt, doch die Farben werden sehr viel lebhafter und heller.

Wieder in Norwegen, versucht er zu Beginn des Jahrhunderts neue Ausdrucksformen zu finden, bleibt jedoch infolge der besonderen Veranlagung seines schwierigen Charakters und der psychischen Unruhe, die sein Leben bestimmt haben, seinen alten Themen treu. Erst in der letzten Periode beruhigen sich seine Leidenschaften, und sein Blick wird klarer und heiterer: Er malt Porträts, Stilleben und Landschaften, die seinen Willen zur Synthese moderner Formen und das Streben nach symbolischem Ausdruck zeigen, z. B. die dunkelblauen, dichten Landschaften und Bäume, die sich mit urwüchsiger Kraft gegen den weißen Schnee abheben.

Er hat zahlreiche dekorative Arbeiten ausgeführt: Nach dem fauvistischen „Lebensfries", der 1897 bei den Unabhängigen ausgestellt wurde, arbeitete er für deutsche und skandinavische Mäzene, doch sein Hauptwerk bleibt die Ausschmückung der Aula in der Osloer Universität. Munch starb 1944 in Ekely am Rand des Oslofjords.

Da die ausgestellten Bilder immer wieder gewechselt werden, kann hier kein Rundgang durch das Museum beschrieben werden. Man kann nur die immer wiederkehrende Thematik seines Werkes aufzählen: Tod, physischer Verfall, Eifersucht, die Frau als unreine, vampirhafte Feindin, als alles Verschlingende, Melancholie, Angst vor dem Nichts, Schrei der Geburt und des Todes.

Weg 4: Die Halbinsel **Bygdøy und ihre Museen

Bygdøy ist die große Halbinsel, die sich im Westen der Hauptstadt auf der anderen Seite der Bucht Frognerkilen erstreckt. Dort befinden sich in einer herrlichen Umgebung inmitten eines Villenviertels mehrere Museen mit Sammlungen zur Geschichte und Volkskunde, darunter die berühmten Wikingerschiffe. Hier gibt es mehrere Restaurants, das des Norsk Folkemuseum eingeschlossen (nur im Sommer), die in einer typisch norwegischen Umgebung gelegen sind.

Mit dem Auto fährt man auf den Ausfallstraßen Drammensveien oder Dokkveien westwärts zur Museumshalbinsel. Nach Bygdøy verkehrt auch eine Buslinie ab Stortingsgate; der Bus fährt alle 30 Minuten, die Fahrt dauert 15 Minuten. Im Sommer kann man mit dem Schiff vom Utstikkerkai C (gegenüber dem Rathaus) bis zum Dronningenkai fahren; von dort gelangt man zum Norsk Folkemuseum, zur Oscarshall und zum Wikingerschiffsmuseum; will man in das Fram-, Kon-Tiki- oder Seefahrtsmuseum, fährt man bis zum Bygdøyneskai. Die Halbinsel ist sehr gut beschildert.

*Norwegisches Volksmuseum (*Norsk Folkemuseum*). Dieses Museum vermittelt einen Überblick über die norwegische Städte- und Bauernkultur nach der Reformation. Es ist das größte Museum des Landes. In einem riesigen Park, durch den zahlreiche Wege führen, veranschaulichen 150 Hütten und Häuser aus Holz die Lebensweise in den einzelnen Regionen des Landes. Der Besucher findet hier Häuschen aus dem Numedal, dem Gudbrandsdal, aus Valdres und Trøndelag, den Fjordgebieten und dem Hordaland usw. Das interessanteste Gebäude stammt aus dem Setesdal, es besteht aus zwei durch Scheunen miteinander verbundenen Häusern.

Auf einem Hügel ist die ****Stabkirche von Gol** aus dem Jahre 1200 aufgebaut.

König Oscar II., der viel Interesse an Kunst und Kultur hatte, ließ sie abbauen und 1885 auf Bygdøy wieder errichten. Die Konstruktion der Kirche und ihre aus Fabeltieren und Flechtwerk bestehende Ornamentik ist absolut charakteristisch für diese „Pfahlkirchen". Die Malereien sind weitaus jüngeren Datums, sie stammen aus dem Jahre 1652.

In den großen Gebäuden am Museumseingang hat man städtische Wohnungen rekonstruiert. Hier befinden sich auch Sammlungen von Silbergegenständen, Stoffen, Teppichen, Weberarbeiten, Kleidungsstücken, Spielzeug, alten Musikinstrumenten, z. B. die norwegische Zither oder ein Jagdhorn aus Birkenrinde, sowie zahlreiche Beispiele für die Rosenkunst des Setesdal (s. S. 164). Zu sehen sind auch das Arbeitszimmer von Henrik Ibsen und das Haus des Malers Thaulow mit typisch bürgerlichem Interieur. Aus dem US-Staat Norddakota stammt ein charakteristisches Holzhaus norwegischer Emigranten.

Ein kleines Museum für lappländische Volkskunde informiert über Kunsthandwerk, Rentierzucht, Jagd und Fischfang der Lappen.

Eines der bedeutendsten Museen Norwegens ist das

**Wikingerschiff-Museum (*Vikingskipenemuseet*), in dem zu sehen ist, was man heute von den seemännischen Fähigkeiten der Wikinger und ihrer Kultur weiß. Das Museum wurde 1926 und 1932 erbaut, um die drei im Oslofjord gefundenen Schiffe aufstellen zu können.

Von den drei Schiffen gilt das *Oseberg-Schiff* als der wichtigste Fund im nordischen Raum. Nirgendwo, auch nicht im dänischen Roskilde (wo fünf Wikingerschiffe zu sehen sind), findet man ein Schiff mit so eleganter Linienführung und so reicher Ornamentik. Das Schiff wurde 1904 durch Zufall von einem Bauern, der in Oseberg bei Tønsberg sein Feld bestellte, entdeckt. Es war ein Prunkschiff, das um 850 für die Bestattung einer Dame vornehmer Herkunft, wahrscheinlich der Königin Åsa, verwendet wurde. Bei der zweiten in diesem Schiff gefundenen Frau dürfte es sich wohl um eine geopferte Sklavin handeln. Die prachtvolle Ausstattung dieses Schiffes, Goldschmuck und Gebrauchsgegenstände, sind in den angrenzenden Räumen ausgestellt.

Zum Oseberg-Schatz gehören außerdem herrlich geschnitzte Schlitten, Drachenköpfe und Fabeltiere, die das Schiff schmückten.

Im Museum sind naturgetreue Kopien von Schmuckstücken aus der Wikingerzeit erhältlich. Das 1880 gefundene *Gokstadschiff* ist solider, größer und massiver und wurde um das Jahr 900 gebaut. Es ist einer der typischen Küstensegler, die mit schreckenerregender Plötzlichkeit an den europäischen Küsten aufkreuzten, und diente einem Fürsten als letzte Ruhestätte.

Das 1867 gefundene *Tuneschiff* ist das kleinste der drei Schiffe; hier war nur noch der Kiel gut erhalten; es wurde jedoch in diesem Zustand belassen, um den Aufbau eines solchen Schiffes zu zeigen.

Schloß Oskarshall (*Oscarshall slott*). Dieses kleine Lustschloß wurde für Oscar I. (Sohn von Karl-Johan) in der Zeit von 1847 bis 1852 in englisch-neugotischem Stil erbaut. Innen befindet sich eine Ausstellung norwegischer Landschaftsmaler der Romantik.

*Frammuseum (*Frammuseet*). In diesem Haus befindet sich das Polarschiff ,,Fram" (Vorwärts), das in Larvik für die von 1893 bis 1896 dauernde Polarexpedition von Fridtjof Nansen gebaut wurde. Von 1898 bis 1902 wurde die ,,Fram" von Otto Sverdrup kommandiert, der bis auf 85°57' nördlicher Breite an den Nordpol herankam und die Westküste Grönlands erforschte, von der er eine Karte anfertigte. Die dritte große Fahrt der ,,Fram" fand von 1910 bis 1912 statt, als Roald Amundsen sie für seine Südpolexpedition benutzte. Im

*Kon-Tiki-Museum (*Kon-Tiki-museet*) befindet sich das berühmte Floß, auf dem, vom Wind und den Meeresströmungen getrieben, Thor Heyerdal und seine fünf Gefährten 1947 den Pazifik 8000 Kilometer weit von Callao (Peru) bis zu den Tuamotu-Inseln (Französisch-Polynesien) überquerten. Die Fahrt dauerte 101 Tage. Heyerdal wollte hiermit den Beweis dafür erbringen, daß die ersten Bewohner Polynesiens 500 Jahre n. Chr. aus Peru und nicht, wie vorher angenommen, aus Asien

Auf der Osloer Museumshalbinsel Bygdøy sind 150 Holzhäuser aus allen Teilen des Landes aufgebaut, darunter auch die Stabkirche von Gol.

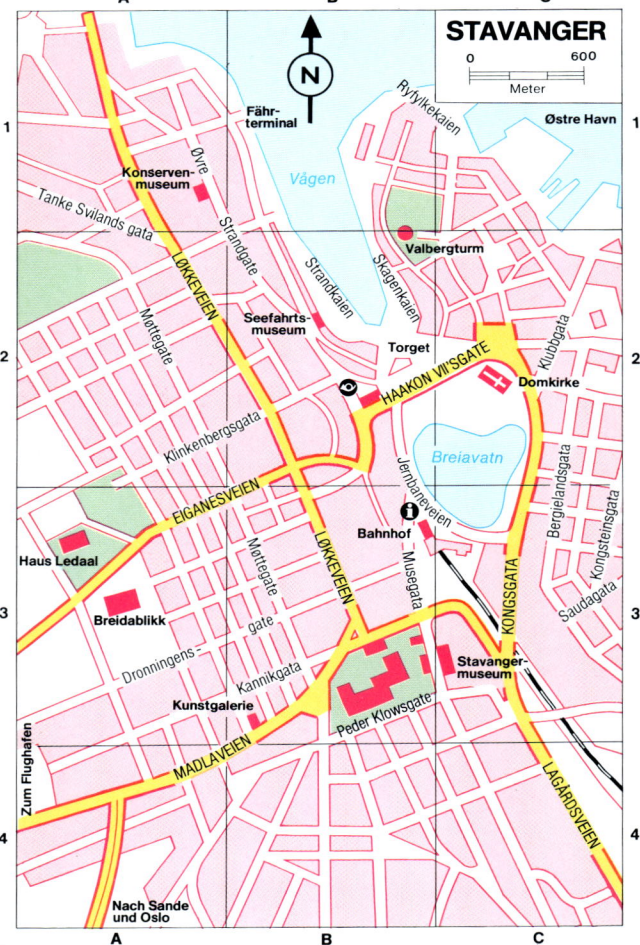

einwanderten. Das Floß besteht aus Balsastämmen und stellt eine Kopie der von den Vorgängern der Inkas um diese Zeit verwendeten Flöße dar. Dieses Museum beherbergt auch die Nachbildung einer der berühmten Statuen auf der Osterinsel, und unter dem Gebäude wurde eine Bestattungsgruft dieser Insel nachgebaut. Das

*Norwegische Seefahrtsmuseum (*Norsk Sjøfartsmuseum*) enthält in einem riesigen, in Form eines Schiffes gebauten Ausstellungsraum eine große Sammlung von Küstenbooten, darunter einen

sogenannten Fembøring aus dem Nordland mit quadratischem Segel und fünf Paar Rudern, eine sogenannte Schnjaka von der Halbinsel Kola, einen Walfänger von den Färöer-Inseln, die Yacht ,,Gjøa", mit der Roald Amundsen die Nord-West-Passage in der Arktis bezwang. Das Museum besitzt zahlreiche Schiffsmodelle und hat auch eine Abteilung für Polarexpeditionen und arktischen Fischfang.

Von diesen drei 'letztgenannten Museen aus hat man einen sehr guten Blick über den Fjord und die Stadt.

Weg 5: Frognerpark und Holmenkollen

Man benutzt vom Zentrum aus einen der zahlreichen Vorortzüge, die sich später in verschiedene Richtungen trennen, bis zur Station Majorstua, wenn man in den Frognerpark will, oder man fährt mit der Straßenbahn Nr. 2 bis zur Frognerparkstation. Mit dem Wagen fährt man über den Drammensveien, biegt dann rechts in den Frognerveien ein. Der Frognerveien führt zur

**Vigelandsanlegg. Diese Anlage ist ein Teil des riesigen Parks, in dem sich die Kolossalfiguren von Gustav Vigeland (1869 bis 1943) befinden.

Gegen Ende des letzten Jahrhunderts entwarf der Bildhauer selbst den Plan für diese monumentale Anlage, die auch unter seiner Leitung entstehen sollte, jedoch erst 1944, nach seinem Tod, fertig wurde. Die Werke wirken kolossal und gelegentlich vielleicht sogar überdimen-

sioniert. Die kraftvollen Figuren erinnern an die Götter und Göttinnen der nordischen Mythologie.

Man betritt den Park durch die sieben schmiedeeisernen *Portene mot Kirkeveien* (Tore zum Kirchenweg). Hier geht man zum *Kinderplatz*, über die von 18 die einzelnen Lebensphasen darstellenden Figuren getragene *Brükke*, entdeckt den *Rosengarten* und das *Labyrinth*, ein Mosaik aus weiß-schwarzem Granit, das einen aus 20 Personen- und Baumgruppen bestehenden Brunnen umrahmt. Man umgeht das Becken von Nordosten nach Nordwesten. Drei Terrassen führen zum *Monolithen*, der sich mitten in einer Art Amphitheater erhebt; dieser 17 Meter hohe Monolith besteht aus 121 verschlungenen, nach oben strebenden Figuren. Die Vigelandsanlegg wird im Westen des

Parks durch das aus sieben Bronzegruppen bestehende *Lebensrad* begrenzt. Vigeland hat die Figuren zwar noch selbst geschaffen, sie wurden jedoch erst nach seinem Tode gegossen.

Vigelandsmuseum. Das alte Atelier, das Vigeland von der Stadt Oslo zur Verfügung gestellt wurde, hat man nach seinem Tod zu einem Museum umgebaut. Hier befinden sich Zeichnungen, Entwürfe, sämtliche Modelle seiner Werke, Holzschnitte und Porträts zeitgenössischer Persönlichkeiten. Das

Stadtmuseum (*Oslo Bymuseum*) in dem ehemaligen, im 18. Jahrhundert erbauten Frogner-Herrenhaus, das einer der bekanntesten Familien des Landes gehörte, enthält eine Sammlung historischer Porträts, Innenausstattungen verschiedener Stilepochen aus Herrenhäusern oder vornehmen Osloer Stadtwohnungen.

*

Mehrere Kilometer nordöstlich des Frognerparks (man kann mit der Holmenkollenbahn weiterfahren) liegt

Holmenkollen, das in der ganzen Welt bekannte norwegische Skisportdorado. Die berühmte, 1892 erbaute Sprungschanze wurde wiederholt modernisiert, und hier finden alljährlich die Holmenkollen-Meisterschaften im Skispringen statt.

Die Zahl der Sitzplätze wurde in jüngster Zeit aus 15 000 verdoppelt bei einer Zuschauer-Gesamtkapazität von rund 100 000. Vom Restaurant hat man einen herrlichen Blick über Stadt und Fjord.

Das

Skimuseum (*Skimuseet*) befindet sich direkt neben der Schanze und ist das älteste Museum dieser Art der Welt. Es enthält Skisammlungen aller Länder und Zeiten. Besonders sehenswert ist der 2500 Jahre alte Ski von Øvrebø, der in einem Moor gefunden wurde. Außerdem werden in diesem Museum die Polarausrüstungen von Nansen und Amundsen aufbewahrt.

Über der Eingangstür hängt eine in Rødøy (Nordnorwegen) gefundene Felszeichnung, auf der Skifahrer abgebildet sind.

Weg 6: Margaretakirche und Bergfjerdingen-Viertel

In Oslo gibt es einige Stadtviertel, die zwar wenig von Touristen besucht, von Kennern aber wegen ihrer idyllischen Atmosphäre gerne aufgesucht werden.

Eine solche Idylle gibt es in der Umgebung der Margaretakirche.

Man geht vom Storting aus die *Akersgate* [D 2] nach Nord-

osten. Am Ende der Straße wurden mehrere moderne Verwaltungsgebäude für einige Ministerien *(Regjeringsbygning)* errichtet. Schräg gegenüber, auf der Seite der *Deichmann-Bibliothek* [D 1–2], steigt man über eine alte breite Treppe und entdeckt hinter einem Säulengang die Kirche der schwedischen Gemeinde in Oslo, die *Marga-*

retakirche (Margareta kyrkan) [D 1]. Sie kann nicht besichtigt werden. Man sollte aber nicht versäumen, durch das Gewirr der sie umgebenden kleinen steilen und gewundenen Gassen, die sich zwischen efeuberankten Mauern dahinschlängeln, zu bummeln.

Auf dem den Verwaltungsgebäuden gegenüberliegenden Platz befindet sich die große *Dreifaltigkeitskirche (Trefoldighetskirken)*.

Von hier aus gelangt man durch den *Ullevålsveien* zur katholischen *Olavskirche (St. Olavs Kirke)*. Hier beginnt ein bezaubernder Spaziergang. Man geht durch den von sehr alten und niedrigen Häuschen und Läden aus Holz gesäumten Akersveien: seit mehr als einem Jahrhundert hat sich in dieser Straße nichts mehr verändert. Es ist das Bergfjerdingen-Viertel; Osloer, die nicht aus diesem Stadtteil stammen, verirren sich selten hierher und die Touristen noch viel weniger. Die rechts abzweigende Damstredet ist genauso reizvoll. Hier haben sich jetzt

Künstler niedergelassen und die kleinen braunen Holzhäuschen mit neuem Leben erfüllt. Das Haus Nr. 14, das mindestens 300 Jahre alt ist, wurde von seiner Besitzerin in ein Restaurant umgebaut.

Der Akersveien führt an den großen Anlagen des *Technologischen Instituts* und am *Vår Frelsers gravlund (Erlöserfriedhof)* vorbei, wo zwischen Birken und Fichten auch Henrik Ibsen und Edvard Munch ihre letzte Ruhestätte gefunden haben. Die Straße führt direkt zur **Gamle Akerskirche*, einer der interessantesten und der ältesten Kirchen Oslos. Sie wurde 1100 erbaut. In dieser Kirche begegneten sich Kristin Lavransdatter und Erlend Niklaussøn, die Hauptfiguren des berühmten Romans von Sigrid Undset (Nobelpreis 1928), und in der Krypta dieser Kirche wurde der Sarg mit den sterblichen Überresten der Königin Maud bis Ende des Krieges (1945) versteckt; von dort aus wurde er dann in die königliche Kapelle von Akershus überführt.

Weg 7: Rådhusgata und Börse

Die Rådhusgata beginnt am Rathaus; hinter dem Platz *Christiania Torg* stehen an ihr zahlreiche alte Häuser. Das älteste von ihnen ist das Haus Nr. 19, *Rådmannsgården*, das 1626 erbaut wurde und heute Sitz des für die Organisation von Ausstellungen zuständigen Oslo Kunstforening (Osloer Kunstverein) ist. Die Rådhusgata endet an der *Strandgata*. An der Einmündung der *Fred Olsensgate* befindet sich an

einem mit Bäumen bestandenen Platz die *Börse*.

An der nahegelegenen Dronningensgate steht, Ecke Prinsensgate, das *Hauptpostamt (Posthuset)* [D 3]. Im dritten Stock dieses Gebäudes ist ein Postmuseum eingerichtet, in dem man philatelistische und historische Sammlungen über die Entwicklung der Kommunikationsmittel seit dem 17. Jahrhundert sehen kann.

Weg 8: Ladegård und Gamlebyen

Dieser kleine Ausflug in südöstliche Stadtteile führt weit in die Vergangenheit zurück, ins mittelalterliche Oslo. Wenn man von der Stadtmitte kommt, ist es am einfachsten, am Nordrand der Hafenbecken *Bjørvika* und *Bispevika* entlang, der langen viel befahrenen *Bispegata* [F 4] zu folgen. Auch kann man auf diesem Weg das geschäftige Treiben am Hafen ausgezeichnet beobachten. Mit dem Bus erreicht man Ladegård mit der Linie nach Ekeberg-Ljarbru und steigt am St. Hallvard Plassen aus.

Wo die Bispegata in die *Oslogate* mündet, findet man zunächst links den Ruinenpark von Ladegård und etwas weiter, ebenfalls links, die Ruinen von Gamlebyen. *Ladegård* wurde um 1720 über den Ruinen des einfachen erzbischöflichen Palais (Bispegård) aus dem 13. Jahrhundert erbaut. Hier haben sich die jahrhundertelangen Machtkämpfe zwischen Krone und Kirche abgespielt.

Gamlebyen og Minneparken (*Alte Stadt und Gedächtnispark*): Hier stehen die Ruinen des St.-Hallvard- und des St.-Olav-Klosters sowie der Heiligkreuzkirche. Die Kapelle des Bischofs Nikolaus Arnessøn (13. Jh.) fand man 1917 vier Meter unter der heutigen Straßenoberfläche.

Der Friedhof Gamlebyen Gravlund befindet sich etwas weiter südostwärts und erstreckt sich vom *Dyvekes Vej* mit dem nach Süden anschließenden *Oslo Hospitals Kirkegård* bis zum *Ekebergsveien*.

Das früher im weiter östlich gelegenen Osloer Vorort *Etterstadt* untergebrachte *Teknisk museum* (*Technisches Museum*) wurde in den äußersten Nordosten der Stadt verlegt und zeigt am Kjelsåsveien 141 Modelle, Geräte, Werkzeuge und Apparaturen sowie alte Automobile, die die technische Entwicklung Norwegens seit der industriellen Revolution Mitte des 19. Jahrhunderts dokumentieren.

Weg 9: Zum **Henie-Onstad-Museum

Das **Henie-Onstad-Museum* (*Henie-Onstad kunstsentret*) liegt in der schönen Landschaft des Oslofjord auf dem Gebiet der Gemeinde Bærum, 12 Kilometer von der Hauptstadt entfernt, in Høvikodden (Ausfahrt über die E 18; Autobus von der Universität nach Høvikodden). Es wurde 1968 eröffnet und enthält die Schenkung des Ehepaars Sonja Henie und Niels Onstad. Sonja Henie war in den zwanziger Jahren als „Königin des Eiskunstlaufs" weltbekannt; sie errang zehn Weltmeisterschaften und drei olympische Medaillen. Die Stiftung Henie-Onstad wurde 1961 gegründet. Diese bedeutendste Schenkung Norwegens umfaßte außer der Privatsammlung eine bedeutende Geldsumme, die für den Bau und den Unterhalt des Museums verwendet wurde. Im Sinne der Stifter handelt es sich hierbei um ein Museum, das weniger konservieren als vielmehr die Kunstwerke zum Leben erwecken soll. Den einzelnen Kulturzweigen soll ein großes Betätigungsfeld eingeräumt werden, z. B. Tanz, Theater, Kino und Forschung. Das Haus soll allen offenstehen, vor allem jungen Künstlern.

Das Gebäude wurde nach den Plänen der beiden Architekten Jon Eikvar und Svein-Erik Engelbretsen gebaut. Es gleicht einer großen, zwischen Himmel und Erde geöffneten Hand. Im Museum gibt es eine Cafeteria und ein Restaurant.

Es ist kaum möglich, eine systematische und erschöpfende Beschreibung der Kunstwerke dieses Museums zu geben. Die Ausstellungen wechseln zu rasch, und die Arbeiten sind zu mannigfaltig, als daß man die Sammlung in ihrer Gesamtheit sehen könnte. Deshalb sei an dieser Stelle nur auf die bedeutendsten Maler und Bilder hingewiesen.

Cobra-Gruppe. Pierre Alechinsky (geb. 1927 Brüssel): „Die Kinder haben das Wort", „Tod der Sonne", „Start", „Proportionierte Bewegung". Karel Appel (geb. 1921 Amsterdam): „Blumen und Tiere", „Vogelschlacht", „Blauer Akt", „Der Sommer". Corneille (geb. 1922 Lüttich, bürgerlicher Name Cornelius van Beverloo): „Erinnerung an Amsterdam", „Metamorphorisches Ganzes", „Blick über das Tal", „Fröhlicher Umzug auf Erden und im Himmel", „Der Sommer und der Hahnenschrei". Asger Jorn (geb. 1914 Vejrum, Dänemark; gest. 1973

Paris): „Komposition 1955", „Vorsicht Gefahr", „Tier", „Poetische Gratifikation", „Beunruhigende Perspektive", „Gemeinschaft der Freude", „Das Zauberschiff", „Meine neue Welle", „Die Monsternachtigall". Lucebert (geb. 1924 Amsterdam): „Der Zahn der Schlange".

Abstrakte Malerei. Die in diesem Museum gesammelten abstrakten Werke sind genauso bedeutend wie zahlreich, und man hat den Eindruck, daß hier alle Ausdrucksformen abstrakter Malerei zusammentreffen: lyrische und geometrische Abstraktion sowie abstrakter Surrealismus und Expressionismus usw.

Jean Bazaine (geb. 1904 Paris): „Tippelbruder im Herbst", „Landschaft", „Lichtung", „Im finsteren Baum", mehrere Versionen des Themas „Auf dem Meer ', „St-Guénolé", „Morgen in Belle-Isle", „Wasser am Abend". Roger Bissière (1888–1964): zwei Kompositionen aus den Jahren 1956 und 1957. Viele Werke von Maurice Estève (geb. 1904). Hans Hartung (geb. 1904 Leipzig): über zehn zwischen 1950 und 1965 entstandene Werke. Paul Klee (geb. 1879 in der Nähe von Bern; gest. 1940 Muralto-Locarno): „Ungefähr sieben auf den Dächern", „Am Anfang war das Wort". André Lanskoy (geb. 1902 Moskau): „Täglicher Trost", „Wurzeln des Kampfes", „Flüchtige Schatten", „Morgenständchen", „Ein anderes Schloß", „Komposition in Gelb". Julio Le Parc (geb. 1928 Mendoza, Argentinien): „Verzerrte Doppelform", „Perpetuum mobile" (Silber auf Silber, 1960–1967). Alberto Magnelli (geb. 1888 Florenz; gest. 1971 Paris): „Geschlossene Gruppe", „Gesteuerte Halsstarrigkeit". Alfred Manessier (geb. 1911): „Komposition", „Ländliches Alleluja", „Nacht in St-Jean-de-Luz", „Blumenstrauß". Luis Feito (geb. 1929 Madrid): mehrere zugleich strenge und lyrische Werke. Sam Francis (geb. 1923 San Mateo, USA): „Komposition aus dem Jahre 1957", „Blau I" und Blau II", beide aus dem Jahr 1960. Roberto Matta (geb. 1917 Santiago de Chile): „Ohne Titel". Knut Sonderborg (geb. 1923

Sønderborg, Dänemark): „Eislauf im Rockefeller Center", „Komposition aus dem Jahr 1961". Serge Poliakoff (geb. 1906 Moskau; gest. 1969 Paris): zwei Kompositionen. Zoran Musić (geb. 1909): „Fischernetze". Maria-Elena Vieira da Silva (geb. 1906 Lissabon): „Anlegebrükke". Nicolas de Staël (geb. 1914 St. Petersburg; gest. 1955 Antibes): „Kompositionen", „Piranèse" usw.; Werke von Soulages, Singier, Nemes u. a. Jacques Villon (1875–1963): Bedeutende Sammlung abstrakter, in den Jahren 1948 und 1949 entstandener Werke, z. B. *„Porträt eines Wucherers", und das Porträt seines Bruders Marcel Duchamp. Jacob Weidemann (geb. 1923 Steinkjer), wahrscheinlich der größte zeitgenössische Maler Norwegens: zahlreiche abstrakte Bilder, deren Motive Blätter, Bäume, Rinde usw. sind.

Kubismus. George Braque (1882 bis 1963): mehrere Stilleben. Juan Gris (geb. 1887 Madrid; gest. 1927 Paris): mehrere *Stilleben, die den extremen analytischen Zerfall des Objekts zeigen. Pablo Picasso (1881–1973): *„Sitzende Frau im Sessel" (zwei Versionen).

Tachismus. Jean-Paul Riopelle (geb. 1923 Montreal): sieben zwischen 1952 und 1962 entstandene Kompositionen. Antonio Tàpies (geb. 1923 Barcelona): „Komposition".

Abstrakter Surrealismus. Max Ernst (1891–1976): *„Blinde tanzen in der Nacht" und „Entwurf für Explosion in einer Kirche".

Surrealismus. Joan Miró (geb. 1893 Montroig bei Barcelona; gest. 1983 Mallorca): „Frauen in der Nacht", „Stürmische Personen" u. a.

Die Umgebung von Oslo

Die Landschaft rund um Oslo ist sehr reizvoll und bietet zu jeder Jahreszeit gute Erholungsmöglichkeiten, im Winter natürlich für die Anhänger des Skisports, sonst vor allem für Angler und Liebhaber des Reitsports.

Nach Holmenkollen, Tryvann und Bogstad

Nach Holmenkollen oder Tryvann kann man mit dem Zug gelangen (Holmenkollenbahn; s. auch S. 105). Fährt man mit dem Auto, biegt man in Majorstua in den Slemdalsveien ein. Dann führt der Weg über Frognerseterenveien und Ankerveien, an der Sprungschanze von Holmenkollen und an der Kapelle vorbei. Man fährt bis *Frognerseteren* (Frogneralm), von wo man in 550 Meter Höhe einen herr-

lichen Ausblick über die Stadt und den Fjord genießt.

20 Minuten weiter kommt der Spaziergänger zum Aussichtsturm *Tryvannstårnet*, der höchsten Erhebung in der unmittelbaren Nähe von Oslo (646 m), wo man eine noch bessere Aussicht hat. Der Blick wandert über die bis zur Grenze im Osten reichenden Wälder, über die von Tälern eingeschnittenen Berge im Nordwesten, über die bis zum Horizont reichenden sanften Hügel im Westen und über den Oslofjord.

Zurück in die Stadt fährt man über den Holmenkollenveien bis zur Kreuzung Ankerveien. Hier biegt man rechts ab und gelangt nach *Bogstadgård*, einem der schönsten Güter des Landes. Es ist in seinem ursprünglichen Zustand belassen worden. Besichtigungen sind mittwochs von 18 bis 19 und sonntags von 12 bis 17 Uhr möglich.

Man kommt auf dem gleichen Weg oder über den Vigeland-park (Vigelandsanlegg) nach Oslo zurück.

Zum Grefsenkollen

Vom 364 Meter hoch gelegenen Grefsenkollen hat man eine sehr schöne Aussicht. Je nach Jahreszeit sind Fuß- oder Skiwanderungen möglich. Man fährt ab Ankertorget mit dem Bus nach Solemskogen, anschließend geht man noch zehn Minuten zu Fuß. Für Personenautos ist die Straße bis zum Gipfel befahrbar.

In die Nordmarka

Die Nordmarka ist eine nördlich von Oslo gelegene, seenreiche und bewaldete Hügellandschaft. Mit dem Wagen kann man nicht bis in die Mitte des Waldes gelangen. Es gibt jedoch zahlreiche gut markierte Pisten und Wege. Außerdem befinden sich hier mehrere Restaurants, z. B. „Kikustua" in der Nähe des Sees Bjørnsjø.

Nach Krogskogen

Ausflüge in das nordwestlich von Oslo gelegene Krogskogen werden meist ab Hønefoss (s. S. 166) unternommen. Nach Hønefoss gelangt man entweder mit dem Zug oder mit dem Wagen. Der Verkehrsverein erteilt Auskünfte über die in den Wäldern vorhandenen Hütten, z. B. Løvlia, Ringkollstua usw.

In die Østmarka nach Vangen

Der Ausflug nach Vangen läßt sich bequem mit dem Bus ab Ankertorget machen. Man steigt in Fjell an der Straße 155 aus, und nach einem Fußmarsch von sechs Kilometern durch eine abwechslungsreiche Landschaft erreicht man die komfortable Hütte von Vangen.

In die Østmarka zum Oyeren-See

Zu dem schönen Nachmittagsausflug verläßt man Oslo über die E 6 im Süden. In Liabru zweigt man auf die Straße 155 nach Bjerke ab. Dort fährt man links auf die Straße 120, die nach einer kurzen Strecke am See vorbeiführt. Man gelangt nach *Lillestrøm*, einer kleinen Industriestadt mit 12 000 Einwohnern, die sich zu Beginn dieses Jahrhunderts sehr rasch entwickelt hat. Man kann sie als entfernte Vorstadt Oslos bezeichnen. Hier gibt es Holzverarbeitungsindustrie, Webereien, Konfektionsindustrie und das norwegische Atomforschungsinstitut.

Am Roelingsveien liegen das *Roelingen bygdetun*, ein kleines Bauernhausmuseum, und das *Skedsmo bygdetun* in Huseby gård. Die *Kirche von Skedsmo* (5 km weiter nördlich) stammt aus dem 13. Jahrhundert, wurde 1860 wiederaufgebaut und enthält eine sehr schön gearbeitete Kanzel (1587). Die Altarwand stammt aus dem ausgehenden 17. Jahrhundert.

Hinter Lillestrøm fährt man bis Skedsmokorset auf der Straße 120 und biegt dann nach links auf die E 6 in Richtung Oslo ab.

An die Oslo-Fjord-Ufer

Auf beiden Seiten des Oslofjords befinden sich zahlreiche Strände.

Einige sind mit dem Wagen zu erreichen und werden in den Routenbeschreibungen 1 bis 3 aufgeführt; bei anderen Stränden ist es manchmal günstiger, mit dem Schiff dorthin zu fahren. Die Landschaft *Vestfold* liegt westlich vom Oslofjord und wird von der E 18 (Route 3) durchquert.

Am Westufer des Oslofjords liegt *Hvalstrand Bad* in Leangbukten i Vestfjorden; es besitzt einen langen Sandstrand (Autobusse ab Universitets Plass).

Am Ostufer des Oslofjords liegt *Ingierstrand Bad*, einer der am stärksten frequentierten und bestausgerüsteten Strände Oslos. Er liegt am Bundefjord, einem Seitenarm des Oslofjords.

In der gleichen Richtung liegen die Strände *Katten*, *Hvervenbukta*, *Bestemorstranda*.

Diese Strände sind mit Buslinien ab Strandgt./Tollboden zu erreichen.

**BERGEN

Seit der Eingemeindung der Randbezirke hat Bergen 212 000 Einwohner (120 000 im engeren Stadtbereich) und ist damit die zweitgrößte Stadt und der zweitgrößte Hafen Norwegens. Es ist der wichtigste Industrie- und Handelsort des Vestland, Hauptquartier der Land- und Seestreitkräfte in Westnorwegen sowie Universitätsstadt.

Wie in den Zeiten der Wikinger unterhält Bergen auch heute Handelsbeziehungen in alle Welt. Wegen seiner Textil- und Nahrungsmittelindustrie sowie aller mit Fischfang, Schiffsbau, Ölgewinnung und Seehandel in Zusammenhang stehenden Industriezweige nimmt die Stadt eine Vorrangstellung im Wirtschaftsleben Norwegens ein.

Seit Jahrhunderten ist Bergen der kulturelle Mittelpunkt Westnorwegens. Die Wirtschaftshochschule genießt einen sehr guten Ruf, der Universität, die auf eine lange Tradition zurückblicken kann, sind zahlreiche Forschungsinstitute angeschlossen. In einem dieser Institute wurde die Wissenschaft von der Meteorologie begründet, und in einem anderen isolierte Dr. Armauer Hansen den Leprabazillus; außerdem wurden in Bergen die ersten ozeanographischen und meeresbiologischen Forschungsarbeiten unternommen.

In Bergen wurden Ludwig Holberg (1684–1754), der als Molière des Nordens bezeichnet wird, der Violinist und Komponist Ole Bull (1810–1880) und der Komponist Edvard Grieg (1843–1907) geboren. Alljährlich locken die Bergener Internationalen Festspiele (Musik- und Theaterdarbietungen) viele Musik- und Theaterliebhaber in die Stadt.

GESCHICHTE

Als Olav Kyrre (Olav der Friedfertige) Bergen 1070 gründete, befand sich hier bereits ein Marktflecken mit Hafen. Das beweisen die unter der Uferstraße Bryggen gemachten Ausgrabungen. Bis zum Ende des 13. Jahrhunderts war Bergen die reichste Stadt des Landes und Sitz der norwegischen Könige, die hier gewählt wurden. Zu jener Zeit waren die Verbindungen zwischen dem Festland und den unzähligen Inseln sowie zwischen der skandinavischen Welt und dem Kontinent sehr zahlreich, und Bergen kontrollierte damals den gesamten Fischhandel entlang der norwegischen Küste. Die Stadt hatte nicht weniger als 27 Kirchen und Klöster. Dieser Reichtum verfehlte seinen Eindruck auf die Lübecker und Rostocker Kaufleute nicht. 1350 errichtete die mächtige Hanse ihre Kontore im Bryggen-Viertel und baute die erste ,,Konservenfabrik". Trotz aller Anstrengungen der Bergener, ihre wirtschaftliche Autonomie wiederzuerlangen, währte die Vorherrschaft der

Hanse zwei Jahrhunderte. Als es endlich gelang, sich von ihrem Einfluß zu befreien, war Norwegen unter dänischer Herrschaft. Es sollte bis zum 19. Jahrhundert dauern, bevor Bergen, dank der industriellen Expansion, wenn auch nicht mehr den ersten, so doch nach Oslo den zweiten Rang unter den Städten Norwegens einnehmen konnte.

Die Stadt ist von Katastrophen nicht verschont geblieben: Da war vor allem die Explosion von 1944, der ein Teil des Hafens zum Opfer fiel. Vorher hatten die Feuersbrunst des Jahres 1702, nach der Bergen im ursprünglichen Stil wiederaufgebaut wurde, und die Brandkatastrophe von 1855 gewütet, und schließlich, genau ein Jahrhundert später, hatte ein weiterer Brand einen großen Teil der alten Häuser vernichtet.

Diese Ereignisse haben das Gesicht der Stadt gewandelt. Sie blieb jedoch durch Jahrhunderte immer in erster Linie eine Hafenstadt.

SEHENSWÜRDIGKEITEN

Will man mehr als nur einen oberflächlichen Eindruck von Bergen erhalten, benötigt man mindestens zwei bis drei Tage Aufenthalt.

Allerdings sollte man die Stadt nicht verlassen, ohne auch ihre Umgebung kennengelernt zu haben. In diesem Fall müssen ein bis zwei Tage hinzugerechnet werden, denn man braucht Zeit, um nach Troldhaugen zur Grieg-Villa, zu den Ruinen des Lyseklosters und nach Fantoft zu gelangen. Außerdem sind die vom Verkehrsverein veranstalteten Fjordrundfahrten zu empfehlen.

Weg 1: Rund um den Vågen

An der Nordseite des Vågen, dem alten Hafenbecken, erhebt sich düster und massig die

*Festung Bergenhus [A/B 2/ 3]. Im Innern der Festungswälle wurde in den Jahren 1247/48 und 1261 die Haakonshalle als Festsaal für die norwegischen Könige in rein gotischem Stil erbaut. In der Folgezeit war dieses Gebäude stets Schauplatz offizieller Zeremonien. Es ist des öfteren restauriert worden, vornehmlich in den Jahren 1961 bis 1964, nachdem das Bergenhus 1944 bei einer Explosion fast vollständig zerstört wurde.

Der 1560 erbaute *Rosenkrantz-turm* war Repräsentations-Wohnsitz des Herrn von Bergenhus, Erik Rosenkrantz.

**Marienkirche (*Mariakirke*) [B 2]. Unweit der Festung liegt inmitten der ersten Häuser der Uferstraße Bryggen (s. S. 115) die Marienkirche, eines der interessantesten sakralen Bauwerke Norwegens.

Diese romanische Kirche aus der ersten Hälfte des 12. Jahrhunderts ist wie die Kathedralen von Stavanger und Trondheim unter dem Einfluß des anglonormannischen Stils entstanden. Zwei mächtige Türme flankieren das Westportal. Die kreuzförmigen Pfeiler des Mittelschiffs und die kleinen mit Altären geschmückten Chorkapellen an den Seitenschiffen erinnern an die Kirche von Lund in Schweden. Die barocke *Kanzel stammt aus dem Jahre 1676, und die Bilder und Skulpturen sind in der gleichen Zeit entstanden. Das **Triptychon über dem Altar wurde von dem Lübecker Künstler Bernt Notke geschaffen.

An der Straße Dreggsalmenning liegt das erst 1957 eröffnete *Bryggenmuseum* (*Bryggens museum*), ein archäologisch-historisches Museum, mit Ausgrabungsfunden vom Bryggen-Kai (s. unten) von 1955 bis 1968.

Von der Marienkirche führen die Øvregate und die Straße Vetrlidsalmenning direkt zur Talstation der *Fløyen-Seilbahn* [C 1/2] (s. S. 118). In Gegenrichtung kann man über die Straße Vetrlidsalmenning den *Torget*, den Marktplatz, erreichen. Die kleinen, steilen von der Øvregate abzweigenden Gäßchen führen in das alte Bergen. Der

Bryggen [B/C 2] genannte Kai beginnt in Höhe der alten *Schøtstuene*, den Sälen, in denen die Kaufleute der Hanse Versammlungen und gesellschaftliche Veranstaltungen abhielten. Dann folgt er dem Vågen-Nordufer. An der Bryggen, die einst auch „Deutsche Brücke" hieß, stehen noch bunte, dicht aneinandergereihte Häuser mit ihren Giebeln, wie sie einstmals den Kaufleuten der Hanse als Kontore dienten. In einem dieser Häuser befindet sich heute das

Hanseatische Museum (Hanseatiske museet) [C 2]. Hier kann man das Leben in Bergen zur Zeit der Hanse studieren. Das

Bryggen-Museum enthält die Ausbeute der seit 20 Jahren unter dem Hafenkai durchgeführten Ausgrabungen. Hier findet man die derzeit schönste

Festung Bergenhus (Rosenkrantz-Turm und Haakons-Halle)

Runensammlung (420 Inschriften), die Reste eines in Norwegen unbekannten Wasserfahrzeugs sowie Gebrauchsgegenstände, Töpferwaren und Werkzeuge. Unter den Ausstellungsstücken aus dem Mittelalter, die ihren endgültigen Platz im Bryggen-Museum erhalten haben, befindet sich die *Kalvariengruppe* von Giske (Romsdal), die die Sensibilität der gotischen Kunst für das menschliche Leiden zum Ausdruck bringt.

Die Straße Bryggen endet am Marktplatz, an dessen Nordecke, ein wenig zurückversetzt, die im 13. Jahrhundert erbaute, unter Christian IV. jedoch fast vollständig im nordischen Renaissancestil umgebaute *Kreuzkirche (Korskirche)* steht. – Ein wenig weiter kommt man an der *Kong Oscarsgate* zur

Domkirche (*Domkirke*) [D 2]. Sie erhebt sich über den Grundmauern einer kleinen, dem heiligen Olav geweihten Klosterkirche. Die nach der Reformation in den Rang einer Kathedrale erhobene Kirche ist im

Lauf der Jahrhunderte oft umgebaut worden.

Die Kong Oscarsgate endet am
alten Stadttor und führt am
Sankt-Jørgen-Hospital vorüber.
Es war im Mittelalter ein Spital
für Leprakranke. In dem aus dem
18. Jahrhundert stammenden
Gebäude ist das interessante
Lepramuseum untergebracht.

Aus dem 18. Jahrhundert sind
in diesem Viertel einige schöne
Häuser erhalten geblieben.

Nirgends ist Bergens Stadtbild
so belebt wie an seinem Marktplatz

Torget [C 2], wo die Fischer jeden Tag ihren Fang verkaufen,
von wo die Ausflugsschiffe ablegen und auch die Schiffe, die
Post, Waren und Inselbewohner
auf die zahlreichen umliegenden
Inseln befördern. Geschäfte und
Restaurants tragen ihren Teil

zur Belebtheit des Torget und
der anschließenden Straße Torgalmenningen bei.

Der Weg führt weiter am Südufer der Hafenbucht Vågen entlang, und man gelangt nun durch
malerische Gäßchen, vorbei an
der *Nykirke* aus den ersten Jahren des 18. Jahrhunderts, die
nach einer Explosion im Jahre
1944 stark restauriert wurde, zum
Aquarium (für diesen Weg muß
man mit einer halben Stunde
rechnen; man kann jedoch auch
den Autobus nehmen). Das

*Aquarium [A 4] wurde 1965
gebaut und ist eins der größten
Europas. Es ist hervorragend
ausgestattet. In den neun großen
und 40 kleineren Becken tum-
meln sich Fische aus europäischen und nordamerikanischen
Gewässern. Auch Seehunde sind
hier zu sehen. Das Institut für
Ozeanographie ist in einem Ne-
bengebäude untergebracht.

Weg 2: Rund um den Lille Lungegårdsvatn

Unweit des Torget liegt mitten
in der Stadt der

Lille Lungegårdsvatn [D 2], ein
von Bäumen umstandener See,
der von vier Straßen eingerahmt
wird: *Kaigate*, *Christiesgate*,
Rasmus Meyers allé und *Strøm-
gate*. Nördlich der Christiesgate
liegt das hübsche *Rathaus* (*Rådhus*), das sich durch eine Kurio-
sität auszeichnet: Es ist zu klein,
um die der Stadt Bergen laut
Verfassung zustehenden 84
Stadtratsmitglieder aufzuneh-
men. Deshalb begnügt man
sich mit 77 Stadträten.

Bei der Einmündung der *Lars-
Hilles-Gate* in die *Christiesgate*
stößt man auf das Gebäude

Permanenten [D 3], in dem sich
drei Museen unter einem Dach
befinden. Das

Kunstgewerbemuseum (*Vest-
landske Kunstindustrimuseet*) ist
ein Museum für angewandte
Kunst mit europäischen und
norwegischen Fayence- und Por-
zellansammlungen (chinesisches
Porzellan aus der Song-, Ming-
und Ch'ing-Dynastie) und mit
Silberwaren aus Bergen sowie

Möbeln (vor allem Empire).
Das

Städtische Kunstmuseum (Bergens billedgalleriet) enthält hauptsächlich norwegische Landschaftsbilder und naturalistische Malerei aus dem 19. und 20. Jahrhundert, außerdem einige italienische und holländische Meister. Im

Fischereimuseum (Fiskerimuseet) sind anhand von Dioramen und Modellen Geschichte und Entwicklung des Fischfangs im Laufe der Jahrhunderte dargestellt. Außerdem sind hier Modelle von Schiffen und Fanggeräten ausgestellt.

Gleich neben diesen Museen befindet sich der *Bergener Kunstverein (Bergens Kunstforening)*, wo wechselnde Ausstellungen zeitgenössischer Kunst gezeigt werden. In einem am Ufer des Lille Lungegårdsvatn gelegenen Haus sind die

*Rasmus-Meyers-Sammlungen

(*Rasmus Meyers Samlinger*) untergebracht. Die Privatsammlungen bestehen aus Mobiliar, Kunstgegenständen und Gemäl-

den. Sehenswert sind vor allem Bilder der norwegischen Schule des 19. Jahrhunderts und besonders eine sehr schöne Munch-Sammlung, die einige der bekanntesten Werke des Malers enthält. Das Bild ****,,Abend auf der Karl Johan"** mit den kreidigen, von dunklen Schatten umgebenen Gesichtern, die nur aus Augenhöhlen bestehen, sind typisch für den Expressionismus des Malers. Dem in den Jahren 1894/95 entstandenen Bild ****,,Eifersucht"** liegt die Tragödie des mit dem Maler befreundeten Ehepaares Stanisław und Dagny Przybyszewski zugrunde.

,,Frühlingstag in der Karl Johan" zeigt Munchs Auffassung des Pointillismus. Erwähnenswert sind auch das Gemälde *,,Die drei Alter der Frau"**, und das Porträt des deutschen Politikers Walther Rathenau.

Die *Lars Hillesgate* [D/F 2−3] führt an der *Grieghalle (Griegsal)* vorbei zu einem weiteren, größeren Binnensee, dem *Store Lungegårdsvatn,* an dessen Ufer Krankenhäuser und Universitätsinstitute liegen.

Weg 3: Rund um die Universität

Auf einer Anhöhe am Südende der *Christiesgate* [D 3] erhebt sich die *Universität* [E 3] über der Bergener Innenstadt. An der Ecke Christiesgate/Nygårdsgate liegt die katholische Paulskirche, die auf das 12. Jahrhundert zurückgeht; der im 13. Jahrhundert restaurierte Chor trägt gotische Züge, doch der Rest wurde sehr oft umgebaut.

Neben der Universität befinden sich in einem großen Gebäude die aus mehreren Museen bestehenden *Universitätssammlungen (Universitetets samlinger)* [D/E 4].
Im *Historischen Museum* ist religiöse und profane Kunst aus der Wikingerzeit, dem Mittelalter und der Renaissance bis in die Zeit um 1850 zu sehen. Im

Zoologischen Museum liegt das Schwergewicht auf der norwegischen Fauna (die ausgestorbenen Lofotenpferde, norwegische Korallen). Das *Botanische Museum* enthält Sammlungen zur norwegischen Flora (insbesondere Rhododendren). Im *Geologischen Museum* ist die reichhaltige Mineraliensammlung sehenswert.

Im Universitätsviertel liegt auch das *Seefahrtsmuseum (Sjøfahrtsmuseum)*. Anhand von Schiffsmodellen, Fotos, Seekarten, Dokumenten und Navigationsinstrumenten wird die Entwicklung der Seefahrt von den Anfängen bis heute, von der Küstenschiffahrt bis zur „großen Fahrt" gezeigt.

Weitere Sehenswürdigkeiten

Den besten Blick über Bergen und die umliegende Welt der Inseln und Fjorde hat man vom

Fløyen. Auf den 319 Meter hohen Aussichtsberg führt eine Standseilbahn (s. S. 115). Auf den Wanderwegen durch einen Naturpark kommt man zu den Gipfeln des Blåmannen und des Rundemannen.

Hinter dem Bahnhof sieht man die Ruinen eines um 1150 erbauten *Zisterzienserklosters.* An der Stelle des ehemaligen Kirchturms befindet sich heute eine Gedenkstätte für die Opfer des Zweiten Weltkriegs.

Eine sehenswerte moderne *Kirche* steht in *Slettebakken* (Omnibus ab Busbahnhof). Sie wurde 1970 gebaut und erinnert an die alten Drachenschiffe.

Die Umgebung von Bergen

Gamle Bergen („*Alt-Bergen*") ist ein westlich des Stadtzentrums am Nordufer des Byfjord in Sandvik gelegenes Freilichtmuseum mit einem kompletten Dorf aus dem 18. und 19. Jahrhundert (Busverbindung). Ein Restaurant aus dieser Zeit ist bis spät abends geöffnet.

Gamlehaugen (6 km südlich) war der Wohnsitz von Christian Michelsen, dem norwegischen Premierminister in jenem kritischen Jahr 1905, als Norwegen sich von Schweden trennte.

Jetzt ist es Staatsbesitz, hier wohnt der König, wenn er sich in Bergen aufhält.

Stabkirche von Fantoft. Diese aus Fortun in Sogn og Fjordane stammende Stabkirche wurde 1880 von einem reichen Bergener Bürger gekauft und einen Kilometer von Fjøsanger entfernt wiederaufgebaut. Sie stammt aus dem Jahr 1150. Leider fiel das Gebäude Pfingsten 1992 einem Brandanschlag zum Opfer. Es soll eventuell (bis frühestens 1992) als Kopie neu erstehen.

*Grieg-Gedenkstätte Troldhaugen (10 km). Hier steht das Haus von Edvard und Nina Grieg. Es wurde in seinem ursprünglichen Zustand belassen und strahlt einen gewissen viktorianischen Charme aus. Es enthält zahlreiche Erinnerungen an den Komponisten des „Peer Gynt", der hier 22 Jahre seines Lebens verbrachte. In den Sommermonaten und besonders während der Festspiele finden in der Villa und dem wunderschön in die felsige Landschaft integrierten Konzertsaal Kammerkonzerte statt. Neben dem Haus erstreckt sich der Nordåsvatn, an dessen Ufer Griegs kleine Komponistenhütte liegt.

Die Zisterzienserabtei Lysekloster (rd. 20 km südlich von Bergen) wurde 1146 von Mönchen der Fountain Abbey in Yorkshire errichtet. Bis zur Reformation war sie die größte Abtei Norwegens. Ihre Ländereien wurden von den Herren von Bergenhus verwaltet. Nach der Reformation wurde das Kloster geschlossen und die Ländereien wurden unter verschiedenen Besitzern aufgeteilt. Das Kloster ist heute verfallen. Die kleine Holzkapelle stammt aus dem Jahre 1663.

Südlich von Lysekloster liegt *Fana* (26 km von Bergen) mit einer Kirche aus dem 13. Jahrhundert. Im Sommer sind hier folkloristische Darbietungen zu sehen.

Stend besitzt das Hordaland-Freilichtmuseum mit interessanten Sammlungen, die das Leben der Land- und Küstenbewohner zeigen.

Strände gibt es in Solstrand (32 km südlich), Fagernes bad (7 km) und Sandringham.

Der Verkehrsverein veranstaltet kleine Kreuzfahrten durch den Osterfjord, und mit dem Tragflügelboot gibt es täglich Ausflüge nach Stavanger und in die Fjorde.

STAVANGER

Die drittgrößte Stadt Norwegens (98 000, mit Vororten 140 000 Einwohner) ist nicht nur der Sitz des Verwaltungsbezirks Rogaland und sein Mittelpunkt. Sie steht über ihren Hafen mit der ganzen Welt in Verbindung, und so weht in dieser lebendigen und aktiven Stadt ein kosmopolitischer Hauch, der in Norwegen recht selten ist. Stavangers Bedeutung ist in den letzten 20 Jahren stark gewachsen. Es liegt am Rande der reichen Erdölfundstellen unter der Nordsee.

GESCHICHTE

Die Stadt wurde schon im 12. Jahrhundert gegründet, entwickelte sich dann aber nur langsam und bekam ihre Stadtrechte erst 1425. Im 17. Jahrhundert war Stavanger eine bedeutende Handelsstadt, und ein Jahrhundert später stellten Fischfang, Fischverarbeitung und Werften ihren Reichtum dar.

SEHENSWÜRDIGKEITEN

Das bedeutendste Bauwerk ist die

*Domkirche (*Domkirke*) [C 2], die dem heiligen Svithun geweiht ist. Ihr Bau wurde nach Gründung des Bistums Stavanger durch Sigurd Josalfar im Jahre 1125 von Bischof Reinald von Winchester begonnen.

Die Domkirche ist dreischiffig und wurde in streng romanischem Stil erbaut; das Haupt-schiff ist übrigens das schönste Beispiel romanischer Baukunst in Norwegen. Nach der großen Feuersbrunst im Jahre 1272 wurde der Chor mit einer flachen, durch ein hohes Fenster erhellten Apsis im gotischen Stil wiederaufgebaut. Die Kirche wird von vier niedrigen Türmen flankiert: zwei massive im Osten und zwei kleinere im Westen. Die beiden Seitenportale sind romanisch, das Südportal des Chores jedoch gotisch. Die reiche Innenausstattung stammt aus dem Barock.

In der Nähe der Kathedrale befindet sich *Kongsgård*, ein großes weißes Wohngebäude, das früher als Bischofssitz diente und dann Gouverneurpalast wurde.

Hier stiegen auch die Könige ab. Heute ist hier die Domschule untergebracht. Von der einfachen mittelalterlichen Konstruktion sind nur die Mauern übriggeblieben. Die *Bischofskapelle (Bispekapellet)* am Nordende stammt aus der gleichen Zeit wie der gotische Chor der Domkirche.

Hinter dem *Marktplatz (Torget)* wurde im 19. Jahrhundert der Wachturm *Valberg* [B 1/2] erbaut, um die Bürger der Stadt rechtzeitig vor einer Feuersbrunst warnen zu können. Vom Turm hat man einen schönen Blick über Stadt und Land. Im Sommer ist im Erdgeschoß eine Zweigstelle des Verkehrsvereins eingerichtet.

Südlich des am kleinen Binnen-
gewässer *Breiavatn* gelegenen
Bahnhofs von Stavanger kommt
man auf der Musegata zum

Stavangermuseum (C 3] mit
Sammlungen   zur   Lokalge-
schichte und lokalen Archäologie, ethnographischen und
volkskundlichen Sammlungen.

Im Haus Madlaveien 33 befindet
sich – etwa 1 km westlicher – die

Kunstgalerie [B 3] (*Stavanger
Kunstforening*), mit einer ständigen Ausstellung einheimischer
Maler und wechselnden Ausstellungen.

Am *Eiganesveien* liegt mitten
in einem Park das

*Ledaal-Herrenhaus [A 3]. Es
wurde um 1800 für die Familie
Kielland, aus der mehrere
Staatsmänner und Wissenschaft-
ler hervorgingen, gebaut. Der
Schriftsteller Alexander Kiel-
land (1846–1906) hat dieses
Haus unter dem Namen Sands-
gaard beschrieben. Bei seinen
Spaziergängen quer durch die
Stadt wird der Besucher vieler-
orts an Alexander Kielland erin-
nert. Das zum Kielland-Museum
umgebaute Herrenhaus dient der
Stadt für öffentliche Empfänge.
Ledaal gegenüber findet man auf
der Südseite der Straße Eiganes-
veien das alte Patrizierhaus
Breidablikk; es stammt aus dem
Jahr 1880 und dient heute als
Stadtmuseum.

Zwei weitere Museen sind in jün-
gerer Zeit auf der Westseite des
Hafenbeckens *Vågen* eröffnet
worden, das *Stavanger Seefahrts-
museum* [B 2] in der Nedre
Strandgate 17/19 sowie ein
Konservenmuseum [A 1] in der
Øvre Strandgate 88A; dieses
Museum ist eine rekonstruierte

Fabrikanlage von ca. 1880 bis
1920 für die Sardinenproduk-
tion.

In der Alexander Kiellandsgate
2 kann man noch die Fachschule
für Fischverarbeitung mit ihren
Forschungslaboratorien besichtigen.

Die Umgebung von Stavanger

Halbtagsausflüge in die reizvolle
Umgebung der Stadt:

Strände von *Sola* und *Viste.*

Byhaugen mit herrlichem Blick
auf das Ryfylke-Massiv (Busse
ab Torget).

Ullandhaug am Ausgang der
Stadt mit Blick über die Ebene
von Jaeren.

Sirdal-See s. S. 149.

Utsteinkloster. Dieses gut erhaltene Augustinerkloster liegt auf
einer kleinen, mit der Insel
Mosterøy durch eine Brücke
verbundenen Insel. Das Kloster,
dessen Schutzpatron St. Laurent
ist, scheint in der zweiten Hälfte
des 13. Jahrhunderts erbaut
worden zu sein. Portal und Fenster sind sehenswert, im Chor
werden heute noch Gottesdien-
ste abgehalten.

Tagesausflüge

Die *Årdal-Kirche* im Ryfylke-
Gebiet wurde 1620 erbaut. Die
Innenausstattung im Renaissan-
cestil, Altarwand und Kanzel
sind Werke von Gottfried
Hendtzchel.

Die auf einer Insel im Ryfylke-
Gebiet gelegene Kirche von
Talgje wurde 1160 erbaut. In die
Mauer sind Skulpturen und
Runensteine eingelassen.

Zum *Lysefjord* kann man sowohl
mit dem Wagen gelangen (s.
S. 154) als auch mit dem Schiff.
Die Fahrt hat vor allem die
,,Kanzel" (Prekestol) zum Ziel.

*TRONDHEIM

Trondheim hat im Stadtkern 60000 Einwohner – nimmt man die eingemeindeten Randgebiete hinzu, kommt man sogar auf 140000. Es ist also die viertgrößte Stadt Norwegens und die wichtigste Stadt Mittelnorwegens, Verwaltungssitz von Trøndelag und Sitz des Bistums Nidaros.

Trondheim ist in erster Linie Hafenstadt; es exportiert aber auch die Erzeugnisse der Fischereiindustrie sowie des Schiffbaus und Schiffsausrüstung. Außerdem gibt es in Trondheim Stahlwerke, Gießereien, metallverarbeitende Betriebe und Maschinenbau sowie Lebensmittel-, Textil- und Bekleidungsindustrie.

Kurz vor dem Ende des letzten Jahrhunderts wurde die Universität gegründet. Außerdem bestehen hier verschiedene Forschungsinstitute.

GESCHICHTE

Gegen Ende des 10. Jahrhunderts befand sich an der Mündung der Nidelva eine große Wikingersiedlung, die von den Grafen von Lade beherrscht wurde. Die Beauftragten der Grafen sprachen in Frosta Recht und verkündeten neue Gesetze. Ihre Drachenschiffe durchkreuzten das Nordmeer, die Irische See und den Nordatlantik. Dann kam 995 aus England der junge Wikingerprinz Olav Tryggvason, Enkel des Harald Hårfagres, um seine Thronansprüche geltend zu machen. Kindheit und Jugend Olavs waren recht bewegt. Er hatte in Gardarike (Rußland) gelebt, geplündert, zerstört und gebrandschatzt, gegen Gott und die Welt gekämpft und sich schließlich zum Christentum bekehrt. Dann kam er in das Land seiner Vorfahren, um die Einheit des Königreichs Norwegen wiederherzustellen und seinen Untertanen das Christentum aufzuzwingen. Für diese neuen Aufgaben entwickelte er den gleichen Eifer wie für die Raubzüge seiner Jugend. 997 ließ er die erste Kirche von Nidaros, dann eine Königsresidenz und schließlich die Stadt Nidaros bauen. Drei Jahre später starb Olav Tryggvason in der Schlacht von Svolder.

Erneut entflammte der Streit zwischen den Wikingerführern, die die Herrschaft der Grafen von Lade nicht mehr ertragen wollten, und wiederum trugen die heidnischen Götter einen Sieg über den Christengott davon. Dieses politische und religiöse Chaos dauerte an, bis ein anderer Nachkomme des Harald Hårfagres auf der politischen Bühne erschien: Olav Haraldson (Olav II.), der unter dem Namen Olav der Heilige in die Geschichte einging.

Olav der Heilige übernahm das Werk seiner beiden Vorgänger: Er führte ein Verwaltungssystem, ähnlich dem in der Normandie praktizierten, ein, befreite Norwegen von der Vormundschaft Dänemarks und Schwedens, sorgte für die Verbreitung des Evangeliums und räumte gründlich mit den heidnischen Kulten auf. Er ließ Priester aus England kommen, ernannte einen Bischof und unterstellte die Kirche von Norwegen dem Erzbistum Bremen. Alle diese Maßnahmen förderten die Entwicklung von Nidaros, denn die Berühmtheit des Königs, die nach seinem Tode, 1030 in Stiklestad, noch größer wurde, und das enorme Wachstum der Kirche zogen nicht nur Pilger, sondern auch Handwerker und Händler in diese Teil des Landes. 1152 wurde die Stadt Sitz eines Erzbistums und zu Beginn des 13. Jahrhunderts war sie die bedeutendste Königsresidenz des Landes.

Jahrhundertelang war Nidaros der geistige Mittelpunkt des Landes, doch gleichzeitig entwickelte sich auch der Hafen und die Nähe schwedischer Erzminen machten diese Stadt, die seit dem 16. Jahrhundert Trondheim heißt, zur wirtschaftlichen Hauptstadt des Landes. Die Reformation bewirkte einen gewissen Rückgang, jedoch ließen Industrien, Holztransport und Hafen eine aktive, mächtige und reiche Bürgerschicht entstehen. 1681 wurde die Stadt durch eine Brandkatastrophe vollständig zerstört.

Das heutige Trondheim entspricht im großen und ganzen dem Plan von 1681, nach dem der Stadtkommandant Caspar Cicignon, Nachfahre eines Hugenotten, die Stadt nach dieser Katastrophe wiederaufbauen

ließ. Diese Feuersbrunst und die ihr durch den Schwedenkönig Karl XII. zugefügten Wunden verlangsamten die Entwicklung Trondheims, ohne sie jedoch zum Stillstand zu bringen. Zu Anfang des 19. Jahrhunderts zählte Trondheim mehr Einwohner — nämlich 9500 — als Christiania, das heutige Oslo.

Seit Beginn dieses Jahrhunderts ist es die viertgrößte Stadt des Landes; die wirtschaftliche Entwicklung ist in ständiger Expansion begriffen. Nach der Tren-

Der Dom von Trondheim

nung Norwegens von Schweden empfing König Haakon VII. in der Kathedrale von Trondheim die Krone seines erneut unabhängigen Reichs.

SEHENSWÜRDIGKEITEN

Für die Besichtigung von Trondheim braucht man mindestens zwei Tage: Das Museum der Königlichen Gesellschaft der Wissenschaften, das in erster Linie ein historisches, archäologisches und ethnographisches Museum ist, und das Musikmuseum in Ringve erfordern allein jeweils mehrere Stunden; außerdem sind beide sehr weit von einander entfernt. Und natürlich muß man genügend Zeit haben, um rund um die Kathedrale, durch den Hafen und die Altstadt Trondheims bummeln zu können.

**NIDAROS-DOM

Der Dom (*Nidaros Domkirken*) [B/C 3] ist einer der schönsten gotischen Bauten Nordeuropas (s. Abb. S. 123) und einer der ehrwürdigsten Dome Skandinaviens: Im Laufe der Jahrhunderte haben Tausende von Pilgern vor dem Reliquienschrein des heiligen Olav gebetet, zahlreiche norwegische Könige wurden hier seit dem Mittelalter gekrönt und neun, u. a. die Begründer der nationalen Einheit, Olav Tryggvason, Olav der Heilige, Magnus der Gute und Olav Kyrre, sind hier beigesetzt.

Geschichte

Olav Tryggvason ließ die erste Kirche von Nidaros, die er unter den Schutz des heiligen Clemens stellte, bauen. Es war eine kleine, einfache Holzkirche. Dreißig Jahre später (1030) brachte man heimlich die sterblichen Überreste des in Stiklestad gefallenen heiligen Olav hierher. Da sich die Kunde verbreitete, an der Stelle, an der der Sarg beigesetzt worden war, sei ein wundersamer Quell entsprungen, ließ der Sohn des verstorbenen Königs, Magnus der Gute, eine neue Holzkapelle bauen. Einige Jahre später ersetzte Olav Kyrre diese Kapelle durch eine Steinkirche, die 1093, also im Todesjahr dieses Königs, geweihte Christuskirche. Die Reliquien des heiligen Olav wurden auf dem Hauptaltar aufbewahrt. Nach

der Reformation ließ die dänische Regierung das Reliquiar entfernen — man weiß bis heute nichts über das Schicksal der Überreste des Heiligen.

Nach dem Tod von Olav Kyrre nahmen die Arbeiten ihren Fortgang. 1153 erhob Papst Eugen III. Nidaros in den Rang eines Erzbistums. Sein Legat Nicolas Breakspear (später als Adrian IV. der einzige englische Papst) führte den ersten vom Domkapitel gewählten Erzbischof in sein Amt ein. Nun verfügte man über die nötigen Mittel, um die zu klein gewordene Kirche, das Ziel der Nidaros-Pilger, zu vergrößern. Ab 1161 leitete den Bau der Erzbischof von Nidaros, Eystein Erlandsson, eine bedeutende Persönlichkeit seiner Zeit. Er erweiterte ihn um ein Querschiff und um die Marienkapelle, in der er beigesetzt werden wollte. Diese Arbeiten waren noch nicht beendet, als er nach England fliehen mußte, wo er die Städte Lincoln und Canterbury besuchte. Bemüht, die himmelstrebende Klarheit der Gotik in das ferne, neblige Norwegen zu bringen, begann er nach seiner Rückkehr mit dem Bau des Oktogons. Man sagt, daß ihn die Reliquienkapelle „Becket's Crown" in Canterbury hierzu inspiriert habe. Der Erzbischof hatte sicherlich auch die Absicht, den Chor im gotischen Stil zu erweitern, doch riß ihn der Tod aus all seinen Plänen.

Sein Nachfolger Eirik Ivarssen, der am Kollegium von St. Viktor in Paris studiert hatte, veränderte an dieser Kirche nichts. Um 1230 ersetzte Erzbischof Sigurd Eindridason das romanische Schiff durch ein größeres gotisches. Dieses Schiff weist eine frappierende Ähnlichkeit mit dem „Engelchor" der Kathedrale von Lincoln auf.

Im Laufe der Jahrhunderte blieb der 100 m lange Dom von Nidaros nicht vom Unheil verschont: Brandkatastrophen gab es in den Jahren 1328, 1432 und 1531. Die Kirche wurde umgebaut und repariert – oft mehr schlecht als recht. In der Mitte des 16. Jahrhunderts, also während der Rèformation, wurde sie all ihrer Schätze beraubt einschließlich des Reliquiars des heiligen Olavs. Dann kamen die Schweden und plünderten, was übriggeblieben war. Im 19. Jahrhundert wurden umfangreiche Restaurationsarbeiten in die Wege geleitet, die jedoch bis heute nicht abgeschlossen werden konnten und manchmal Anlaß zu heftigen Kontroversen waren.

Besichtigung

Die unteren Partien des Nord- und Süd-Querschiffes sind die ältesten Teile des Doms, nämlich die an der von Olav Kyrre erbauten Christuskirche durch Erzbischof Eystein Erlandsson vorgenommenen Erweiterungen.

Außenbesichtigung

Das *Portal* [1] des Südquerhausarms ist blind, seine viereckigen Türmchen sind niedriger als die achteckigen Türmchen, die das *Portal* [2] des Nordquerhausarms einrahmen. Unter dem Portalvorbau befindet sich eine kleine gotische, dem heiligen Michael geweihte Kapelle.

In der Ostmauer des Querschiffs befinden sich zwei quadratische Kapellen: am Südarm die *Johanneskapelle* [3], an deren Sims eine lateinische Inschrift von der Weihe durch Erzbischof Eystein Erlandsson im Jahr 1161 berichtet, und am Nordarm des *Lektorium* [4]. Die *Sakristei* [5] an der Nordseite des Chors (auch Marienkapelle genannt), hat romanische Grundmauern, die in ein gotisches Gewölbe übergehen. Sie gehört ebenfalls zur ersten Erweiterungsphase und erinnert an den Stil der zisterziensischen Gotik.

Das **Oktogon* [6], das von drei Kapellen eingerahmt wird, ist der beachtenswerteste Teil des Doms. Zwischen der *Bischofstür* [7] und der südlichen Kapelle befindet sich der *St.-Olavs-Brunnen* [8] an der Stelle, an der nach dem Tod des Heiligen der Quell entsprungen sein soll. In den Brunnen warfen Pilger und Besucher aller Jahrhunderte ihre Almosen und hofften auf die Erfüllung ihres Wunsches. Der *Chor* [9] hat sechs Gewölbejoche und hohe Tudorbogenfenster. Im Süden betritt man ihn durch das *Erzbischofsportal* (10), ein Juwel gotischer Kunst. Am Ende des südlichen Seitenschiffs des Chors befindet sich das rekonstruierte Taufbecken.

Im 13. Jahrhundert wurde das *Hauptschiff* [11] in Anlehnung an die Kirche von Lincoln vollständig wieder aufgebaut. Übrigens tragen die sakralen Bauwerke dieser Zeit in Nordnorwegen alle den Stempel anglonormannischer Gotik. Das Schiff hat zwei Seitenportale: Im Süden das *Marienportal* [12] und im Norden das *Olavsportal* [13]. Die *Westfassade* [14] hat drei Portale und wird von zwei *Türmen* [15 und 16] flankiert. Diese

Fassade, deren Bau in der Mitte des 13. Jahrhunderts unter Sigurd Eindridason bereits große Fortschritte gemacht hatte, wurde niemals ganz fertig; daher die Schwierigkeiten — und Kontroversen —, mit denen die Architekten des 19. und 20. Jahrhunderts bei der Restaurierung konfrontiert wurden; da nämlich keinerlei Unterlagen vorliegen, hat man niemals eine genaue Vorstellung von den ursprünglichen Plänen gehabt. Die bildhauerischen Werke an der Fassade sind zwar jüngeren Datums, aber dennoch eindrucksvoll.

Die Weite und Höhe sowie das warme Licht, das durch die Fenster fällt, lassen diesen Innenraum überwältigend schön erscheinen. Der Fußboden des *Chors* [9] liegt zwei Stufen höher als der des Querschiffs, ist jedoch zwei Stufen niedriger als das Hauptschiff. Der Chor mit seinem Kreuzgewölbe ist niedriger als das Hauptschiff. Der *Chorbogen* [17], der die Apsis vom Chorhaus trennt, gehört zu den Kostbarkeiten dieses Doms. Er wurde des öfteren restauriert, vor allem im 16. und 19. Jahrhundert. Über dem Mittelbogen sieht man die Kreuzigungsszene mit der Jungfrau und dem heiligen Johannes, darüber die Verklärung auf dem Berg Tabor. Über der *Vierung* [18] ist ein großes achteckiges Sterngewölbe.

Die reiche Ausstattung der Kapellen, die sich auf die Querschiffarme öffnen, erinnert an Lincoln. Ein Stein zeigt ein Steinmetzzeichen, das auch in der Kirche von Lincoln auftaucht. Viele Einzelheiten großartiger Steinmetzarbeiten des Chorumgangs lassen vermuten, daß Erzbischof Eystein Erlandsson aus seinem Exil Bildhauer aus Frankreich nach Trondheim mitgebracht hat. Von den ursprünglichen Fenstern ist

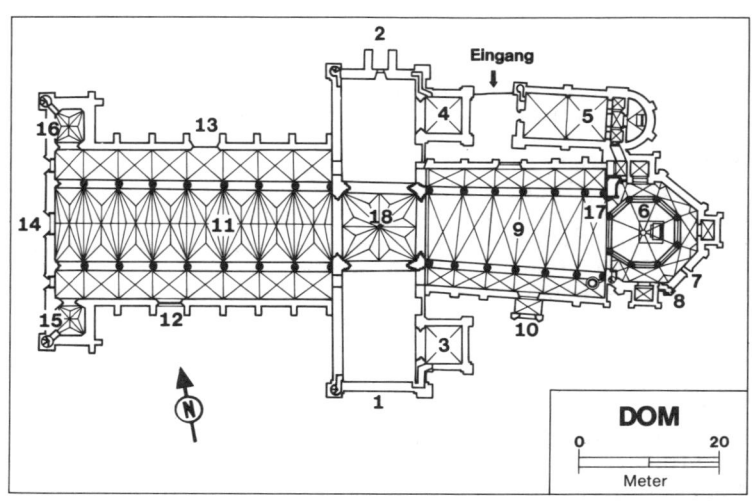

nichts erhalten geblieben. Was der Besucher heute vorfindet, ist das Werk Gabriel Kiellands.

Skulpturen

Der anglo-normannische Einfluß tritt auch an den Kapitellen mit Voluten in Schnecken- oder Schnörkelform, an den zwiebelförmigen Säulenbasen und an den mit Pflanzen und Tieren verzierten Hochreliefs zutage. Hier wie anderswo zeigt die romanische Ornamentik Pflanzen, Tiere und Menschen, oft ist auch das Motiv „die Bestie und ihr Opfer" zu sehen. Die Fauna des Nidaros-Doms ist eine surrealistische Welt: Die Löwen haben Schlangenschwänze, die Panther sind geflügelt, und die Drachen haben buschige Schwänze. Am Eingang zum Oktogon [6] sieht man ein *Kapitell mit sieben Menschenköpfen.

Bei Ausgrabungen hat man Statuen von Königen und Bischöfen sowie fünf Originalstatuen von der Westfassade, Steinmetzzeichen, Runen- und Grabinschriften gefunden.

Ein kleines Museum am Eingang des Doms enthält die originalen Skulpturen und Reliefs, die bei den Restaurationsarbeiten zutage kamen.

Seit 1988 werden die *Kronregalien* der norwegischen Könige in der Kirche aufbewahrt; sie können in den Sommermonaten werktags besichtigt werden.

*

Hinter dem Dom liegt der gotische

Erzbischofspalast (*Erkebispegården*) [B/C 3]. Er wurde im Anschluß an den Dom gebaut und besteht aus zwei Flügeln, die durch ein langes Portal miteinander verbunden sind. Zunächst wohnte hier der Erzbischof, dann, nach der Reformation, der Statthalter, und schließlich beherbergte das Gebäude eine Rüstkammer und die Intendantur eines Artillerieregiments.

Die Rüstkammer ist immer noch im Westflügel des Gebäudes. Im Ostflügel wurde ein Widerstandsmuseum eingerichtet.

In der *Bispegate* befindet sich die

Kunstgalerie (*Kunstgalleriet*) [B 3]. Sie gehört der Trondheimer Künstlervereinigung (Trondheims kunstforeningen) und enthält eine interessante Sammlung von Stichen, Zeichnungen und Lithographien.

Eine Galerie ist Lithographien und Holzschnitten von Edvard Munch vorbehalten (Leihgaben des Osloer Munchmuseums). Auch in den hier ausgestellten Werken werden die Motive Angst, Krankheit, körperlicher Verfall und Tod dargestellt. Die Lithographie *„Jungfrau mit Kind" – das Kind ist bis aufs Skelett abgemagert – ist eins der erschütterndsten Werke Munchs.

Im Saal für zeitgenössische nordische Kunst hängen vor allem Werke von Asger Jorn und G. Jacobsen. In der Abteilung für Lithographien europäischer Künstler des 20. Jahrhunderts sind Picasso, Bonnard, Singier, Tereschkovitch, Manessier, Léger, Vasarely, Zoran Musić und Zdenka Russova vertreten.

Der größte Teil des Museums ist jedoch den Werken der norwegischen Romantiker wie J. C. Dahl (1788 bis 1857), Naturalisten wie K. Krohg (1852–1925) und den dem Impressionismus nahestehenden Künstlern Tideman, Werenskiold, Harriet Backer, gewidmet. Es sind zahlreiche Porträts von Gabriel Kielland zu sehen.

Die *Munkegate* (Mönchstraße) [B/C 2] verbindet seit Jahrhunderten den Dom mit dem Meer. Natürlich hat sich ihr Aussehen im Laufe der Jahre gewandelt, jedoch die wenigen modernen Gebäude, zu denen das Kunstgewerbemuseum, die Domschule und die großen Kaufhäuser gehören, lassen ihr Alter nicht vergessen und drängen die großen Wohnhäuser aus dem 17. und 18. Jahrhundert, z. B. *Stiftsgård* und das reizende Antiquitätengeschäft zwischen Dom und Kunstindustrimuseum, nicht in den Hintergrund.

Das

*Kunstgewerbemuseum (*Nordenfjeldske Kunstindustrimuseum*) [C 3] befindet sich in einem sehr schönen Gebäude aus dem Jahre 1970.

Prunkstück dieses Museums ist eine besondere *Sammlung englischer, französischer und norwegischer Möbel aus dem 18. und 19. Jahrhundert; darunter sind Stücke von außergewöhnlichem Wert, vor allem Silber, Porzellan und Glas. Im Gebäude befinden sich auch noch ein kleines Trachtenmuseum, Räume für Wanderausstellungen und ein großer Konferenzsaal.

Die Munkegate überquert den *Gjaelder torget* oder *Torget* (Marktplatz), auf dem sich eine hohe Granitsäule mit der Statue von Olav Tryggvason erhebt. An der Ostseite des Platzes liegt ein wenig versteckt die hübsche kleine **Liebfrauenkirche* (*Vår Frue Kirke*). Diese Kirche wurde auf den heute noch erkennbaren Überresten der gotischen Marienkirche errichtet; im 17. Jahr-

hundert wurde das Schiff an der Westseite verlängert. Der Turm entstand im 18. Jahrhundert. Die barocke Altarwand stammt aus dem Dom.

Hinter dem Torget legen an der Munkegate mehrere Gebäude Zeugnis ab von der Blütezeit der norwegischen Holzbaukunst (etwa 1660–1770). Das schönste ist das Haus **Stiftsgården*, die Residenz des Königs, wenn er die Provinz Trøndelag besucht; es wurde 1770 im Rokokostil erbaut. Nebenan steht das Haus *Hornemansgården* aus der gleichen Zeit, heute Tourist-Information. Sehenswert ist außerdem das Gebäude der *Svaneapotek* (Schwanenapotheke).

Das wichtigste Trondheimer Museum befindet sich in der *Erling Skakkesgate*, einer Seitenstraße der Prinsensgate und Munkegate, weiter westlich das

**Museum der Königlichen Gesellschaft der Wissenschaften (*Kungliga norske videnskabers selskab museet*) [B 2], ein naturgeschichtliches Museum. Es gehört neben Dom und Musikmuseum zu den Sehenswürdigkeiten, die man in Trondheim gesehen haben muß. Die einzelnen Sammlungen umfassen Naturgeschichte, Mineralogie, Archäologie, Antiquitäten, religiöse Kunst, Stadtgeschichte Geschichte der Wikinger.

Erdgeschoß

Hier wird die nordeuropäische Fauna vorgestellt, darunter Elche, Rentiere, Bären, Eisbären, Wölfe, Luchse, Seehunde, Walrösser und eine große Sammlung von See- und Gebirgsvögeln; Dioramen.

1. *Etage*

In mehreren Räumen sind Gegenstände sakraler Kunst ausgestellt, die man vor Verfall und Zerstörung bewahren konnte. Altarwand aus der Kirche von Haltdalen; barocker Hauptaltar und mehrfarbige Säulen aus der Vår Frue Kirke; von der französischen Gotik beeinflußte, bemalte Holzstatuen aus der Kirche von Grong; *Kopf des heiligen Olav aus der Kirche von Værnes; *Jungfrau mit Kind aus der Kirche von Ranes-Surnada; *St. Michael mit dem Drachen (Romantik, Anfang des 12. Jahrhunderts) und Fragmente einer seltsamen Statue (zwei äußerst fesselnde Menschenköpfe, die von zwei klauenartigen Händen umklammert werden); Altarwände, von Lübecker Meistern für die Kirchen von Vardø in der Finnmark und Fornes im Nordtrøndelag angefertigt; *Heilige Anna Selbdritt, eine Arbeit aus dem frühen 16. Jahrhundert; große, farblich gut erhaltene Altarwand (1596); Kultgegenstände, Chorgewänder, Stoffe.

Die Mineralogische Abteilung enthält Mineralien aus der ganzen Welt, doch in erster Linie Proben aus Osttrøndelag und vom Meeresgrund auf der Höhe von Trondheim.

In der Abteilung zur Geschichte der Stadt Trondheim und der Provinz Trøndelag: Ausgrabungen; Waffen, Uniformen und Porträts berühmter Bürger; Tongeschirr und Steingut; Zünfte, Bruderschaften; zahlreiche Miniaturen; alte Apotheke.

Die archäologische Abteilung besitzt in erster Linie Funde aus der Bronze-, der Eisen- und Wikingerzeit. Die Gegenstände sind sehr übersichtlich angeordnet: Steine aus der Bronzezeit mit eingeritzten Schiffen, Hand und Füße eines Gottes, Sonnendarstellungen; *Schmuckstücke aus der Eisenzeit, Abdruck des Rentiers von Bøla. Die Funde aus der Wikingerzeit nehmen den größten Raum in dieser Abteilung ein: Runensteine (6.–8. Jahrhundert); Schätze aus Schiffen und Grabstätten; seefahrende und ackerbautreibende Wikinger, **Schmuck aus Gold, Bronze und Bernstein; Rüstungen, Werkzeuge, Waffen.

In der Abteilung für lappländische Ethnographie sind zu sehen: Behausungen, Trachten, Jagd- und Fischfanggeräte, Schmuck, magische Trommeln.

Zwischen Torget und Elvehavn liegt der älteste Teil Trondheims. Hier stehen aber auch Bankgebäude und Kaufhäuser. *Kongensgate, Dronningensgate* und *Olav Tryggvasonsgate*, die drei wichtigsten Straßen dieses Stadtteils, enden alle drei an der *Kjøpmannsgate* [C 2], wo seit Jahrhunderten die braunen, roten oder grauen Häuser der Reeder oder Handelsleute stehen. Die Kjøpmannsgate führt rechts zur *Gamlebybru* [C 3], der rotgestrichenen, aus dem 17. Jahrhundert stammenden Brükke, die an dieser Stelle die von Pfahlhäusern gesäumte Nidelva überspannt.

Am anderen Ufer der Nidelva ziehen sich die alten Viertel von Trondheim an den felsigen Abhängen, die die Stadt überragen, hinauf. Auf einer dieser Anhöhen liegt die *Festung Kristiansten (Kristiansten festning)* [D 3], die General Cicignon zum Schutz gegen schwedische Überfälle während des Wiederaufbaues der Stadt (1682–1684) errichten ließ. Von dort aus hat man eine schöne Aussicht.

Sehenswert sind in Trondheim auch noch das *Seefahrtsmuseum (Sjøfartsmuseum)* im ehemaligen Zuchthaus (Fjordgate) und das

Freilichtmuseum (*Folkemuseum for Trondheim og Trøndelag*). Es besitzt eine Sammlung alter

Häuser vom schönen Herrschaftshaus bis zu den kleinen typischen Fischerhäusern der Küste. Außerdem befinden sich hier die ehemalige Stabkirche von Haltdalen (um 1100) und die Grundmauern der Festung Sverresborg aus dem Jahre 1182. Es gibt ein kleines Skimuseum und eine lappländische Abteilung sowie verschiedene Ausstellungen über das Landleben und das Leben am Meer und auf den Bergen des Bezirks Trøndelag.

Die Kirche von *Lade* (Lade Kirke) aus dem Mittelalter enthält mittelalterliche Alabasterskulpturen. Sie befindet sich auf dem Gebiet des ehemaligen Besitzes der Grafen von Lade.

*

Eine besondere Kostbarkeit Trondheims liegt außerhalb der Stadt in *Ringve*, das

**Ringve Musikhistorische Museum (*Musikhistorisk museet*). Es wurde von Christian und Victoria Bachke gegründet. Bachke entstammte einer alten norwegischen Großgrundbesitzer- und Industriellenfamilie, seine Frau kam 1914 aus Rußland nach Norwegen. In den Räumen dieses Herrenhauses findet der Besucher die bekanntesten und auch die ungewöhnlichsten Musikinstrumente, die jedoch nicht wie Ausstellungsstücke wirken, sondern vielmehr so, als gehörten sie hierher. In der Ecke eines Salons, der die Sensibilität und das Raffinement des 18. Jahrhunderts wachruft, steht ein Cembalo aus dieser Zeit. Der Flügel von Chopin und ein Aquarell von George Sand (eine Gabe ihrer Nichte) befinden sich in einem reich ausgestatteten Biedermeier-Salon. Des weiteren sind hier ein Spinett aus der Zeit Beethovens, ein Harfenklavier aus dem 19. Jahrhundert und eine große Sammlung von Musikinstrumenten aus aller Welt zu sehen.

Die angrenzenden Räume, Hallen und Sitzungsräume sind modern eingerichtet. Ihre Strenge und Eleganz vertragen sich ausgezeichnet mit den alten Deckenbalken und vielfach unterteilten Fenstern dieser Räume. Der Blick auf das Meer, die Inseln und die großen Bäume des Parks gehört zu den zahlreichen Attraktionen von Ringve.

Auf dem gleichen Gelände befinden sich die Musikhochschule der Universität Trondheim und das *Tordenskjold-Museum*, letzteres in dem Haus, in dem der Seeheld Peder Wessel (1671 bis 1720) seine Kindheit verbrachte. Wessel, der 1716 den Adelsnamen Tordenskjold erhielt, tat sich im Nordischen Krieg gegen die Schweden hervor.

26 ROUTEN DURCH NORWEGEN

Die in diesem Band beschriebenen 26 Reiserouten durch Norwegen erschließen das Land vom Skagerrak bis zum Nordkap. Neun dieser Routen führen durch Südnorwegen, sie dienen zur Anreise von Schweden aus nach Oslo (Routen 1 und 2) und verbinden die Hauptstadt mit Stavanger und Bergen im Westen (Routen 3–9). Zwei weitere Routen (10 und 11) hat der Reisende zur Auswahl, wenn er von Oslo nach Trondheim fahren will. Aus den Gebirgsgegenden Mittelnorwegens nach Westen zu den Fjorden führen die Routen 12 bis 18, die Route 19 schlängelt sich an der Fjordküste entlang von Bergen. Von Trondheim aus sind sechs Routen (20–25) bis hinauf zum Nordkap und in die Finnmark aneinandergereiht. Die Route 26 schließlich ist für Schiffsreisende gedacht.

Route 1: Svinesund (Grenze) – **Oslo (113 km)

Man beginnt die Fahrt auf der langen Europastraße 6, deren skandinavischer Teil von Trelleborg (Schweden) bis nach Nordnorwegen reicht. Die E6 führt über die große Svinesund-Brücke (65 m hoch) nach Norwegen hinein. Links zweigen mehrere Straßen an das Ostufer des Oslofjords ab; die Landschaft ist recht hübsch, doch diese Strecke ist vor allem wegen ihrer prähistorischen Denkmäler, die durch Hinweisschilder mit der Aufschrift ,,Helleristninger" (Felszeichnungen) gekennzeichnet sind, von Interesse.

*

In *Løkkeberg* zweigt rechts die Straße 21 ab, die neun Kilometer weit nach

Halden (27 000 Einw.) führt. Halden ist eine alte Garnisonsstadt. Heute konzentriert sich das Wirtschaftsleben auf den Holzhandel, die elektronische Industrie und die Hochschulen. Aufgrund seiner strategischen Lage mußte es im Laufe der Jahrhunderte manchen Ansturm über sich ergehen lassen: Die Schweden eroberten es in den Jahren 1658, 1659 und 1660. Doch 1716 hielt die Stadt den Truppen Karls XII. stand, und zwei Jahre später fand dieser König nach erneuter Belagerung der Festung Fredriksten durch eine mysteriöse Kugel den Tod.

Halden (s. Abb. S. 42) ist Verwaltungssitz der ,,Saubrugsforening", der zahlreiche Zellulosefabriken gehören. In dieser Stadt wurde auch der erste Atomreaktor mit schwerem Wasser als Bremsmittel gebaut.

Die Festung *Fredriksten* (vom Marktplatz über die Festningsgate zu erreichen) wurde gegen Ende des 17. Jahrhunderts auf einem die Stadt überragenden Fels erbaut. Im *Carl XII's parken*, der an die Festung grenzt, erinnert ein Denkmal an die Stelle, an der der König am 30. November 1718 fiel. Halden besitzt ein Heimatmuseum, das *Halden Minders museum og Idd Bygdemuseum:* Es liegt im Süden der Stadt, an der Straße 22. Die kleine mittelalterliche Kirche von Idd mit halb romanischem, halb barockem Innenraum gehört dazu.

Von Halden biegt die Straße 22 nach rechts in Richtung zum Grenzort *Holtet* (35 km) ab. Die Straße 101 führt zu dem ebenfalls an der schwedischen Grenze gelegenen Städtchen Kornsjø (37 km).

*

Zurück auf der E 6, findet man rechts, kurz hinter der Abzweigung nach Myra, ein Hünengrab (750 n. Chr.). In der Nähe sind zahlreiche Felsmalereien Zeugnisse eines ackerbautreibenden Volkes. 20 Darstellungen sind recht gut erhalten.

Abstecher auf der „Frühgeschichtlichen Straße"

Von *Skjeberg*, 16 km, kann man auf der Straße 110 nach Moss fahren. Man nennt diese Strecke „Frühgeschichtliche Straße", denn Hünengräber und Felsmalereien sind hier sehr zahlreich: in Solberg, Brandstorp, Begby. Nach 15 Kilometern kommt

man zur Kirche von *Borge,* nach 18 Kilometern nach

Frederikstad (27 000 Einw.; Autofähre von Frederikshavn in Nordjütland). Die Stadt ist an beiden Ufern der Glomma gelegen, die eine große Brücke miteinander verbindet. Frederikstad wurde von König Friederich II. nach der Vernichtung von Sarpsborg durch die Schweden gegründet. Die nach ihm benannte Stadt hat einige reizvolle und gut erhaltene Stadtteile, die den Stempel der nordischen Renaissance tragen. Wälle und Befestigungsanlagen, die diese Stadt zu einem der wichtigsten strategischen Punkte des Landes machten, verzögerten ihre wirtschaftliche Entwicklung. Der Aufschwung kam zu Beginn dieses Jahrhunderts, als die Stadt sich allmählich zu einer Holzhandelsstadt (Floßholz der Glomma) entwickelte.

Innerhalb der alten Wälle befindet sich *Plus-sentret* mit Ateliers und Verkaufsräumen von Kunstgewerbe-Herstellern. Unter den alten Befestigungen ist das auf einem Riff erbaute *Fort Kongsten* bemerkenswert.

Wenn man Fredrikstad verläßt, kann man auch über die dem Meer etwas näher gelegene Straße 116 nach *Moss* (s. S. 133) gelangen, dem die Insel Hankø vorgelagert ist.

*

Nach zwei weiteren Kilometern auf der E 6 kommt man zur frühmittelalterlichen **Steinkirche von Skjeberg.* Sie besitzt ein Sandsteintaufbecken mit Christus-, Apostel- und Heiligendarstellungen (12. Jh.), das zu den schönsten des Landes gehört, außerdem enthält die Kirche einige sehenswerte Büsten und Runeninschriften.

Drei Kilometer rechts von der Kirche entfernt und entlang der Landstraße von Sandbakken nach Rahaugen findet man Felszeichnungen aus der Bronzezeit.

In der Nähe von *Bjørnstadgård*, 20 km, sind **Felszeichnungen* zu sehen, auf denen unter anderem das berühmte Bjørnstadschiff dargestellt ist.

Sarpsborg (12 000 Einw.), 26 km, eine hübsche Hafenstadt, liegt an der Glomma, über die sie mit dem Meer verbunden ist. Nach der Überlieferung soll Olav der Heilige 1016 hier eine Festung gebaut haben, die später Kern einer neuen Ortschaft wurde.

Zu Beginn des 16. Jahrhunderts errichtete man am Glomma-Wasserfall die ersten Stahlhütten. 1567 wurde die Stadt von den Schweden zerstört; die überlebenden Bewohner gründeten Fredrikstad. Während der darauffolgenden Jahrhunderte erholte Sarpsborg sich langsam und erhielt 1819 die Stadtrechte. Heute hat es Stahlwerke, elektrochemische Industrie, und exportiert Holz in viele Länder.

Das in der Nähe der Ruinen von St. Niclas (in der Vollgate) gelegene *Borgarsysselmuseum* ist in erster Linie ein heimatgeschichtliches Museum mit umfangreichen prähistorischen Funden. Ein Teil des Museums ist der Wohnkultur der Provinz Østfold gewidmet.

Das Herrenhaus *Hafslund* gehört zu den schönsten des Landes und wurde um 1750 restauriert (von Mai bis September sonntags geöffnet); es hat einen sehr schönen Park. Rechts vom Herrenhaus befindet sich das Geburtshaus Roald Amundsens, *Tomtagård*.

Von Sarpsborg gelangt man nach *Tune*. Hier liegt ein prähistorischer Friedhof (*Gravfelt*) im Garten des Tingvoll-Hospizes; in der Umgebung befinden sich zahlreiche Hünengräber.

Nach 32 Kilometern Fahrt auf der E 6 liegt rechts von der Straße eine weitere archäologische Kostbarkeit: die sehr interessanten ***Felszeichnungen von Kalnes* aus der Bronzezeit. Man sieht hier Schiffe, Tiere, Sonnendarstellungen u. a. m.

Ab *Missingmyr*, 41 km, verläuft links parallel zur E 6 die touristisch vielleicht interessantere Straße 118, die die mittelalterlichen Kirchen von *Råde* und *Rygge* berührt. In der Nähe des Motels „Lundeby", 300 Meter von der Kirche von Råde entfernt, befinden sich Gräber aus der Bronzezeit.

Die E 6 führt rechts am Militärflughafen *Rygge* vorbei und erreicht

Moss (25 000 Einw.), 60 km. Die zum Teil auf der Insel *Jeløya* gelegene Stadt ist die Hauptstadt der Provinz Østfold. Bereits im 16. Jahrhundert hatte Moss wirtschaftliche Bedeutung erlangt, heute hat sie mehr als 300 Industriebetriebe: Zellulose-, Chemie-, Kunststoff-, Stahl- und Maschinenbauwerke und anderes. Es gibt hier mehrere Kunstgalerien in der Stadtmitte und auf der Insel.

Haus *Alby Gård* auf Jeløya ist Besitz der Stadt. Zahlreiche viel besuchte Strände gibt es an den Ufern des Fjords.

Sehenswert ist das am Ausgang von Moss gelegene und gegen Ende des 18. Jahrhunderts erbaute Haus **Konventionsgården*, in dem am 14. August 1814 der Schweden und Norwegen unter der Herrschaft von Karl-Johan Bernadotte verbindende Unionsvertrag unterzeichnet wurde. Die nahegelegene Straße *Verksgate* ist seither fast unverändert geblieben.

Man verläßt Moss über die *Kongensgate*, die wiederum auf die E 6 stößt. In *Tegnebyholtet*, 70 km, führt links die Straße 151 nach *Son* (4 km), einem beliebten Badeort der Osloer Bevölkerung. In *Vestby*, 79 km, zweigt eine Nebenstraße nach links zum Badeort *Hvisten* (6 km) ab, wo Edvard Munch einige Zeit seines Lebens verbrachte.

Oslo: Schloß Akershus

Emmestadbukta ist der Schauplatz Hestvika aus dem Roman „Olav Audunssøn" von Sigrid Undset. In *Korsegården,* 88 km, kreuzt die E 6 die Straße 152, die nach sechs Kilometern rechts auf die E 18 (Route 2) stößt und links nach acht Kilometern nach

Drøbak (2800 Einw.), 100 km, führt. Die reizende kleine Stadt hat einige alte Fachwerkhäuser sowie Häuser aus dem 18. Jahrhundert. 1776 wurde die mit einem Querschiff versehene Kirche von dem Reeder, Kapitän und Bankier Nils Carlsen, dessen Grab sich auf dem neben der Kirche gelegenen Friedhof befindet, erbaut.

Die Maler Christian Krohg und Fritz Thaulow kamen oft nach Drøbak und mit ihnen eine ganze Künstlerkolonie. Hier sind immer noch viele Künstler zu Hause, was eine stattliche Anzahl von Kunstgalerien und Ausstellungen kunstgewerblicher Gegenstände zur Folge hat. Es gibt auch ein kleines Heimatmuseum.

Nach 92 Kilometern führt links die Straße 156 nach *Nesodden-Tangen* (22 km) an der Nordspitze der Oslo gegenüber gelegenen schmalen, bewaldeten Halbinsel (Bootsverbindung mit Oslo).

Auf der Höhe von Drøbak wurde im Oslofjord am 9. April 1940 der deutsche schwere Kreuzer „Blücher", der Oslo angreifen sollte, versenkt.

In *Vinterbru,* 97 km, stößt man auf die aus Schweden kommende E 18 (s. Route 2). In *Herresgårdsveien,* 108 km, biegt eine Straße an den *Oslostrand,* nach *Ingierstrand* und *Uranienborg* ab, wo der Polarforscher Roald Amundsen seine Kindheit verbrachte. An der Kreuzung von *Liabru*, 110 km, treffen die E 18 und die Straße 155 aufeinander. Unweit davon liegt die 1967 erbaute *Greverud-Kirche*.

Über die *Bispegata* und die mehrspurige Brücke *Bispebrua* fährt man in

**Oslo, 119 km, ein. Norwegens Hauptstadt ist auf den Seiten 85 bis 112 ausführlich beschrieben.

Route 2: Ørje (Grenze) – **Oslo (99 km)

Diese kurze Route ist für alle die Autofahrer gedacht, die aus Stockholm über Karlstad kommend nach Norwegen reisen. Die Route folgt der gut zu befahrenden und breit angelegten E 18, die durch fruchtbare Landschaften und Wälder führt.

Die schwedisch-norwegische Grenze verläuft sechs Kilometer vor *Ørje*, wo die E 18 den *Rødenessjø* überquert. Südlich des Dorfes führt ein Fußweg in wenigen Minuten zu einer kleinen Festungsanlage, von der aus man einen reizvollen Blick auf eine weite See- und Flußlandschaft hat.

In der Umgebung von *Kallak*, 14 km, sind noch Spuren vom Rückzug des Schwedenkönigs Karl XII. im Jahre 1716 zu finden, und drei Kilometer von der Kirche von *Rødenes* entfernt steht die kleine Festung *Basmo*, die im Laufe der Jahrhunderte viele Kämpfe zwischen dänisch-norwegischen und schwedischen Truppen gesehen hat.

Die Ortschaft *Mysen* (Hotels; ⌂), 34 km, ist seit undenklichen Zeiten wegen ihres alljährlich in den Monaten August und September stattfindenden Jahrmarkts bekannt. Außerdem ist Mysen ein wichtiger Verkehrsknotenpunkt; Die Straße 22 führt nach Lillestøm (57 km; s. S. 111), die Straße 111 verläuft nach Süden durch Mysen und über Rakkestad nach Sarpsborg (56 km; s. S. 133). In *Mysen* ist in der Folkenborg, der Geburtsstätte des Königs Haakon Haakonson, ein kleines Regionalmuseum eingerichtet worden. In der Umgebung gibt es zahlreiche Hünengräber aus der Zeit der Völkerwanderung. So hat man z. B. südlich der E 18 an einem Sletner genannten Ort große Mengen von Geld und Schmuck aus dieser Zeit gefunden. Dieser Schatz ist heute im Museum der Osloer Universität zu besichtigen.

Askim (9000 Einw.), 43 km, ist eine kleine, sehr schön an den Ufern der Glomma gelegene Industriestadt mit wichtigen Kraftwerken. Askim bresitzt ein kleines Regionalmuseum.

Über *Spydeberg*, 46 km, kommt man nach *Elvestad*, 58 km, von wo die Straße 120 rechts nach Lillestrøm (48 km) und links nach Moss (33 km; s. S. 133) führt.

In *Vinterbru*, 77 km, laufen die E 18 und die E 6 aus Svinesund zusammen. In Vinterbru lohnt ein Besuch des Freizeit- und Vergnügungsparks *Tusenfryd*.

22 Kilometer weiter fährt man nach

**Oslo, 99 km, ein (s. S. 85).

Route 3: ****Oslo – Kristiansand – Stavanger (577 km)**

„Den Sørlandske hovedvei", die Südland-Hauptstraße, führt als Europastraße 18 durch eine sehr abwechslungsreiche Landschaft: Eingezwängt zwischen Meer und Bergen schlängelt sie sich an einer zerklüfteten, manchmal von Kiefernwäldern gesäumten Küste entlang, verläuft durch bunte kleine Hafenstädte, die manchmal fast an Häfen des Mittelmeeres erinnern, und im Frühjahr verleihen ihr die blühenden Kirschbäume ein besonders reizvolles Aussehen. Zahlreiche Nebenstraßen führen ins Landesinnere, in die grünen, dunklen Täler und Berge, vorbei an kleinen Dörfern oder großen Industriesiedlungen.

Die Sørlandroute ist nicht überall leicht befahrbar. Es gibt einige Tunnelstrecken und Haarnadelkurven; natürlich ist die rund 600 Kilometer lange Strecke nicht an einem Tag zu bewältigen.

Man verläßt *Oslo* (s. S. 85) über die Straße *Drammensveien,* die in die Europastraße 18 übergeht. Kurz vor Sandvika läßt man die Straße nach Høvikodden links liegen. Nach weiteren 13 Kilometern erreicht man *Sandvika,* wo rechts die E 16 (s. S. 165) nach Hønefoss und Bergen abzweigt. In *Nesbru,* 17 km,

gehen nach links die Straßen 165 und 281 an die kleinen Strände des Oslofjords ab. Sie führen nach Hvalstrand, Slemmestad, Nærnes, Sætre und Tofte am äußersten Ende der Halbinsel und dann über Holmsbu nach Drammen. In Holmsbu befindet sich das neue Sørensen-Museum mit Erinnerungen an den norwegischen Landschaftsmaler Henrik Sørensen (1882–1962), der das Gebäude der Vereinten Nationen in Genf ausmalte.

Rechts geht der Gamle Drammensveien, die alte Straße nach Drammen ab. Unsere Route geht weiter nach *Skaugum,* dem Wohnsitz der norwegischen Königsfamilie, und an der alten Askerkirche vorbei, deren Äußeres die reiche Barockausstattung aus der Zeit um 1720 nicht vermuten läßt. Nahe der Kirche Hünengräber aus der Eisenzeit.

Nach 21 Kilometern Fahrt kommt man nach *Asker* (5000 Einw.; Hotels), Verwaltungsmittelpunkt der Region Asker, mit einem bekannten Sportinstitut. Links zweigt die Straße nach Heggedal ab.

Nach 32 Kilometern Fahrt zweigt links die fast parallel verlaufende Straße 289 nach *Lierkroa* und *Husebygård* ab. Hier soll der Legende nach der heilige

Besonders reizvoll ist der Herbst in den Gebirgen Mittelnorwegens: Ein
stiller, farbiger Glanz liegt über den Höhenzügen und Seen von Valdres.

Bei der Fahrt durch Norwegen stößt man immer wieder auf einen der
vielen Fjorde und Seen, die durch eiszeitliche Gletscher entstanden sind.

Hallvard geboren worden sein; es gibt auch Grabhügel aus der Eisenzeit. Kurz nach der Kreuzung hat man einen sehr schönen Blick auf die Landschaft *Lier* mit ihren vielen Obstbäumen, auf die Stadt Drammen und den Drammensfjord. Auf der E 18 kommt man über Norwegens längste Brücke (1892 m) schließlich nach

Drammen (52 000 Einw.), 41 km, ist eine an beiden Ufern des Drammenselv gelegene Industriestadt und Verwaltungssitz der Provinz Buskerud. Sie ist aus zwei Siedlungen entstanden: *Bragernes* am Nordufer und *Strømsø-Tangen* am Südufer werden durch eine große Brücke miteinander verbunden, an die sich auf beiden Seiten die Marktplätze von Bragernes und Strømsø anschließen.

Drammen verdankt seinen Reichtum dem Holz, verschiedenen metallurgischen Industrien und einigen Konfektionsbetrieben. Dieser Hafen ist der größte Auto-Einfuhrhafen Norwegens.

In *Strømsø* sind die engen Sträßchen, die alten Häuschen und eine kreuzförmig gebaute Kirche aus dem Jahre 1667, die 1840 umgebaut wurde, erhalten geblieben. Im gleichen Viertel befindet sich das Heimatmuseum *Drammens museum* (Konnerudgata 7) mit Sammlungen zur Stadtgeschichte und zur Geschichte der Provinz Buskerud mit einer kleinen Seefahrtsabteilung.

Das zu Beginn des 19. Jahrhunderts erbaute *Austad-Herrenhaus* (Styrmoesvei 33) gehört ebenfalls zum Museum.

Wenn man durch *Spiralen*, einen spiralförmig ausgebauten Straßentunnel (im Sommer 8–22, sonst 8–20 Uhr geöffnet, Gebühr; für Fußgänger und Radfahrer verboten; Bus) fährt, gelangt man auf den Aussichtsgipfel des Berges *Bragernesåsen*, Ausgangspunkt für Wanderungen und Skitouren.

Abstecher nach Skoger

Wer sich für archäologische Funde interessiert, sollte einen Abstecher nach *Skogerveien* 8 (3 km) machen. An dieser Straße wurden etwa 6500 Jahre alte Felszeichnungen (*helleristninger*) gefunden, die Wale, Elche, Rentiere, Otter und Fische darstellen. Auch im Stadtteil Åskollen (8 km) kann man am Nordbyveien eine Elch-Felszeichnung bewundern. In der alten St.-Olavs-Kirche in *Skoger* befindet sich ein Altaraufsatz im Renaissancestil, der 1631 entstanden ist.

*

Sande; Vestfold (⌂; ⚠), 58 km, besitzt eine 1783 an der Stelle eines sehr viel älteren Gebäudes erbaute Kirche mit barockem Innenraum. Der Dichter Andreas Munch (1811 bis 1884) hat seine Kindheit im Pfarrhaus von Sande verbracht. In diesem Pfarrhaus soll ein Geist umgehen: ein „schwarzer Mann", der niemand anderer ist als ein von seinem Gewissen geplagter Pfarrer.

Rechts führt die Straße 2 nach Stua (14 km). Links kann man auf der Straße 319 um die Halbinsel herumfahren und entlang dem Westufer des Drammensfjords nach Drammen zurückkehren (44 km).

Weiter geht die Fahrt auf der E 18, vorbei an Kiefern, Felsen und Meer; dann erreicht man

Holmestrand (9000 Einw.; ⌂), 72 km, eine reizende kleine Stadt mit schönen Patrizierhäusern. Über der Stadt erheben sich die Berge, die fast senkrecht ins Meer abfallen und von der Stadtmitte aus in nur wenigen Minuten zu erreichen sind.

Die 1674 erbaute *Kirche* hat im Grundriß die Form eines Y, die Innenausstattung ist im Empire-Stil gehalten. Das städtische *Museum* befindet sich im *Holstgården*, es enthält Sammlungen zur Stadtgeschichte und Werke einheimischer Künstler sowie eine kleine Seefahrtsabteilung.

Rechts führt die Straße 315 in Richtung Hvittingfoss (24 km) an der Straße 40. Vier Kilometer westlich liegt die Kirche von *Botne* aus dem 16. Jahrhundert mit mehreren Statuen aus der gleichen Zeit; Altarwand, Kanzel und Taufstein stammen jedoch aus dem 17. Jahrhundert. Die Wand des Nordquerschiffes ist mit Fresken aus dem 15. und 17. Jahrhundert geschmückt; in der Kirche befindet sich eine Statue des heiligen Hallvard, die um das Jahr 1300 entstanden sein muß; sie soll die einzige in Norwegen sein.

Entlang der E 18 stehen Industrieanlagen (Aluminium, Kalk usw.) in einer fast rivieraähnlichen Landschaft. Nach einer Fahrt von 80 Kilometern ist man in *Kopstad*, dessen Name „Kaufstadt" bedeutet – es ist ein alter Marktflecken.

Umweg über Horten

Von Kopstad aus kann man über Horten (36 km auf den Straßen 310 und 311) fahren. Nach elf Kilometern erreicht man

Horten (23000 Einw.). In der alten Stadt befand sich das Hauptquartier der norwegischen Marine (Schiffswerften, militärische Einrichtungen, Garnison); König Carl-Johan Bernadotte gründete den durch einen langen Kanal von der Stadt getrennten Marinestützpunkt. Arsenal und Marinemuseum *Carl Johans-Vern og Marinemuseet* sind in den alten Gebäuden dieses Stützpunktes untergebracht und enthalten recht interessante Sammlungen (Schiffe, Entwürfe, Modelle u.a.) zur Geschichte der Marine. Eine Besonderheit dieses Gebiets ist, daß hier Misteln in überreichlichen Mengen wachsen, obwohl sie im restlichen Teil des Landes sehr rar sind. Die ehemalige *Garnisonskirche* dient heute als Pfarrkirche.

Die Straße 310 führt weiter am Fjord entlang. Nach 15 Kilometern erreicht man die dem heiligen Olav geweihte Kirche von *Borre*. Ihre Innenausstattung ist eine Mischung von Renaissance und Barock, und die sehr schöne *Altarwand wurde 1667 von Abel Schrøder fertiggestellt. Ein Kilometer nördlich der Kirche ist ein *Nationalpark* mit einem sehr großen Wikingerfriedhof. Es wird angenommen, daß hier Mitglieder der aus Uppland, Schweden, stammenden Yngling-Dynastie, die den gesamten Süden des Landes beherrscht haben soll, beigesetzt worden sind.

Åsgårdstrand, 21 km, ist ein seit Jahrhunderten bekannter Badeort, der vor gut 50 Jahren durch Edvard Munch in die Kunstgeschichte einging, denn der Maler hat mehrere Jahre seines Lebens in dieser Stadt verbracht. In Åsgårdstrand hat Munch das Bild ,,Die drei Mädchen auf der Brücke'' gemalt, ein Thema, das er sehr oft wiederaufgegriffen hat. Sein Haus ist jetzt ein kleines Munch-Museum.

Der Umweg auf der Straße 310 endet nach 36 Kilometern bei *Tønsberg* (s. unten).

*

Von Kopstad aus verläuft die E 18 weiter nach *Knutstad*, 85 km. Hier führt rechts die Ortsstraße auf die Straße 35, die nach links abzweigende Straße geht zur Kirche von *Borre* (7 km) und zum Nationalpark.

In *Gulli*, 92 km, geht links die Straße 308 nach Tønsberg ab, zwei Kilometer weiter in *Ås* zweigt die Straße 35 rechts nach Hønefoss (s. S. 166) ab. Links geht es (5 km) nach

Tønsberg (9000 Einw.). Die Stadt liegt am Ufer des Kanals, der zwischen der Insel Nøterøy und dem Festland liegt. Sie wurde gegen Ende des 9. Jahrhunderts gegründet und war lange Zeit die bedeutendste Stadt Norwegens. Doch die mächtige Hanse und dann die Reformation haben Tønsbergs Abstieg herbeigeführt. Nach dem Brand von 1536 wurde die Stadt wiederaufgebaut; aus dieser Zeit stammen

die rings um die Kirche erbauten reichen Bürgerhäuser der Reeder. Durch die Entwicklung des Walfanges, der eine der bedeutendsten Einnahmequellen der Stadt darstellte, erlangte sie im 18. und 19. Jahrhundert ihren einstigen Wohlstand zurück.

Tønsberg

Heute ist Tønsberg einer der großen Exporthäfen für Fertigprodukte. Im Laufe der letzten Jahre entstand um Storgate, Nedre Langgate und Farmannstorget eine moderne Stadt.

Aus einem mit Mosaiken von Per Vigeland und Skulpturen von Gustav Vigeland geschmückten Platz erhebt sich die um die Mitte des 19. Jahrhunderts wiederaufgebaute *Kathedrale*. In der Nähe liegen die Ruinen einer Kongshall, einer Königsburg. Die Ausgrabungsstücke sind im *Vestfold-Museum* (*Vestfold fylkesmuseet;* Farmannsveien) ausgestellt. Außerdem werden in diesem Museum Beispiele regionaler Wohnkultur und Sammlungen zur Geschichte der Seefahrt gezeigt. In der Storgate 17 sind Ruinen der größten Rundkirche des Nordens zu sehen.

Auf dem *Slottsfjellet* (*Schloßberg*) stehen die Reste der von Haakon Haakonsson erbauten Burg *Tunsberghus*. Man hat hier einen sehr schönen Blick von der hohen Ringmauer aus. Auch die um das Jahr 1150 erbaute *Mikaelskirke* ist verfallen.

In *Møllebakken*, nahe der alten Seemannsschule (Sjømansskolen) wurde in früheren Zeiten Recht gesprochen, Könige gewählt. An dieser Stelle fand man die Gräber, die vermutlich die sterblichen Überreste der Söhne Harald Hårfagres, Olav und Sigurd, enthielten.

In dieser Gegend, in Oseberghaugen, wurde 1904 das im Osloer Wikingerschiffsmuseum (s. S. 99) ausgestellte Osebergschiff gefunden.

Von Tønsberg führt die Straße 308 27 km durch eine schöne Küsten- und Insellandschaft südwärts zum *Verdens ende*, dem „Ende der Welt" auf der Insel *Tjøme*. Entlang dieser Strecke reihen sich zahlreiche kleine Fischerdörfer aneinander.

Von Tønsberg aus kann man auch auf der Küstenstraße 303 nach Larvik (47 km; s. S. 143) gelangen.

Von *Sørby*, 101 km, aus kann man die mittelalterliche Kirche von *Skjee* besuchen, die zwei Altaraufsätze aus dem 18. Jahrhundert besitzt. In der Umgebung von *Fevang*, 104 km (östlich der E 18), gibt es zahlreiche Grabhügel aus der Wikingerzeit. *Hankerød*, 115 km, einen Vorort von Sandefjord, erreicht man (3 km links) über die Straße 305.

Sandefjord (35 000 Einw.) war früher eine Walfängerstadt. Nach der Einstellung des Walfanges hat Sandefjord die Industrialisierung vorangetrieben. Die äußerst modernen Hafenanlagen dienen dem Holzexport. Seit dem 13. Jahrhundert hat der Holzhandel die Wirtschaft dieser kleinen Stadt bestimmt. Die Schiffahrt und Industrie sind heute die wichtigsten Wirtschaftszweige. Der Bau einer Thermalanlage hat sie zu einem häufig besuchten Touristenort gemacht.

Sehenswert ist das ****Walfangmuseum** (*Hvalfangstmuseet*). Es gewährt einen guten Überblick über die Entwicklung des Walfangs in der Antarktis. Das *Städtische Museum* (*Sandefjord bymuseum*) im alten Haus Pukkestadgård aus dem Jahre 1792 hat eine interessante Sammlung von Münzen aus der Wikingerzeit.

Das *Seefahrtsmuseum (*Sjøfartsmuseet*) befindet sich in einem alten Herrschaftshaus und enthält u. a. Sammlungen von Schiffsmodellen und Stichen.

Die gegen Ende des 18. Jahrhunderts eingeweihte Holzkirche von Sandar ist im Stil der Kirchen der Provinz Telemark ausgestattet.

Zwei Kilometer östlich von Sandefjord (Straße 303 über Hasleveien) liegt der Grabhügel *Gokstadhaugen*, in dem 1880 das im Osloer Wikingerschiffsmuseum (s. S. 99) ausgestellte Gokstadschiff gefunden wurde. In der Umgebung gibt es zahlreiche Felszeichnungen.

Südlich der Stadt kann man über die Straße 303 durch Küstendörfer wie *Kjerringvik* und *Ula*. in denen im Sommer reger Badebetrieb herrscht, nach Larvik (s. unten) fahren.

Bei *Elgesem*, 117 km, sieht man rechts der E 18 ein „Steinsetning", ein Steingrab aus der Wikingerzeit. Während prominente Fürsten in einem „Skipseting", einer Schiffsbestattung, beigesetzt wurden, erhielten weniger hochstehende Recken solche Begräbnisse „zweiter Klasse".

Bei der Brücke von *Bromestad* (*Bromestadbru*) führt rechts die Straße 40 nach Kongsberg (94 km, s. S. 158) und weiter durch das Numedal nach Geilo (257 km, s. S. 177). Nahe der Brücke erinnert eine Gedenktafel an die Befreiungskämpfe von 1945.

Larvik (38000 Einw.), 130 km. Die Industrie-, Hafen- und Touristenstadt liegt an der Mündung der Numedalslågen in den Skagerrak und am Ende des Farrisvatn. Sie hat durch Holzexporte, Fischfang und Werftanlagen rasch an Bedeutung gewonnen. Außerdem gibt es hier viele holzverarbeitende Betriebe.

Schloß *Herregården* wurde 1673 für den dänischen Gouverneur in Norwegen erbaut. Heute birgt es das *Städtische Museum*.

Das *Seefahrtsmuseum* (*Sjøfartsmuseet;* Tolderodden) im alten Zollhaus enthält Sammlungen zur Geschichte der Larviker Seefahrt sowie Abteilungen für Thor Heyerdahl, der in Larvik geboren wurde und aufgewachsen ist, und für Colin Archer, einen bekannten norwegischen Schiffskonstrukteur und Boots-

bauer. Im Chor der *Kirche* (1677) ein Gemälde von Lucas Cranach d. Ä. (1472–1553).

In der Umgebung von Larvik sind mehrere interessante kleine Kirchen zu besichtigen: die mittelalterliche Kirche von *Tanum*, die Kirche von *Tjølling* mit Renaissance- und Barock-Innerem, die romanische Kirche von *Hedrum* mit einer 1589 entstandenen Kanzel im nordischen Renaissancestil. Sehr schöne Ausflüge kann man rings um den See *Farrisvatn* machen; an seinem Ufer gibt es eine Thermalquelle. Südlich von Larvik verläuft die Straße 301 über *Stavern* und einige Fischerdörfer der Halbinsel. Sie endet nach 18 Kilometern in *Helgeroa*, nach 23 Kilometern in *Nevlunghavn*.

Hinter Larvik fährt man wieder auf der E 18 in Richtung Porsgrunn weiter; *Langangen*, 145 km, am Ende des Langangfjords, ist Ausgangspunkt für Fahrten durch Telemark. An der folgenden Kreuzung von Lillegården, 150 km, führt rechts die Straße 36 (5 km) nach

Porsgrunn (32000 Einw.) am *Frierfjord,* einer wichtigen Industriestadt. Die Erzeugnisse der Porsgrunn Porselenfabrik (Besichtigung möglich) gibt es überall im Land. Sehenswert auch: Stadtmuseum in einem hölzernen Pfarrhofgebäude von 1784, Altes Zollhaus mit Porzellansammlung. Kirchen von Ostre- und Vestre-Porsgrunn (Mitte 18. Jh.).

Die E 18 führt rings um den Fjord durch eine abwechslungsreiche und manchmal wilde Landschaft. Zunächst passiert man die elektrochemischen

Werke von Norsk Hydro in *Skjelsvik*, dann die Werksgelände der Eidanger Salpeterfabrik. Das Nebeneinander von industrieller Aktivität und landschaftlicher Schönheit versetzt immer wieder in Erstaunen.

Noch zu Porsgrunn gehört

Brevik, 160 km. Es hat viel von seinem ursprünglichen Charakter bewahrt. In den engen Sträßchen reihen sich alte Fischerhäuser aneinander. Brevik ist die Geburtsstadt des norwegischen Seefahrers Cort Sivertsen Adeler (1622–1675). Einst lag seine Bedeutung beim Seehandel, heute hat es sich auf die Industriewerke von Trosvik Verksted und Norcem Cement verlagert. Rathaus und Zollhaus stehen unter Denkmalschutz. Im *Rathaus*, einer Perle norwegischer Holzarchitektur von 1760, ist das *Stadtmuseum*. Es enthält Spezialausstellungen: ein Kolonialwarengeschäft von 1900 mit Waren und Reklame, eine alte Apotheke, ein Postamt von 1900 und ein Fotoatelier von 1910. – Zweistündige Schiffsrundfahrten.

Man verläßt Brevik über die große Brücke (45 m lichte Höhe), die den *Brevikstrømmen* überspannt. Von hier aus führt die E 18 durch den *Høgahei-Tunnel* und läßt links *Stathelle* und andere Badeorte liegen.

In *Ris*, 167 km, zweigt links eine kleine Straße nach *Langesund* (6 km; 🏠, ⚓) ab, einer schön gelegenen kleinen Fischersiedlung. Sie lebte früher von Schiffbau und Holzexport, heute jedoch mehr von Industrie und Fremdenverkehr. Die Kirche wurde um die Mitte des 18. Jahrhunderts im Barockstil erbaut.

Von der E 18 geht es in *Dørdal*, 186 km, links eine Straße nach *Kragerø* (20 km) ab. In *Gjerdemyra*, 189 km, kreuzt man die Straße 38, die rechts in die Setesdal-Berge und links an die Küste führt. Von hier aus macht man einen

Abstecher nach Kragerø

Man kommt von Gjerdemyra auf der Straße 38 nach 13 Kilometern nach *Kragerø* (10 500 Einw.), einem der bekanntesten Ferienorte in Südnorwegen. Die engen Gassen und weißen Holzhäuser der Stadt und die eindrucksvolle Schärenküste haben schon früher bekannte Künstler wie Edvard Munch an den Ort gezogen.

Draußen im Meer, in der Höhe von Kragerø, liegt eine Inselgruppe, zu der herrliche Ausflüge unternommen werden können. Auf dem Rückweg läßt man sich von der Fähre von Kragerø nach *Stabbestad* bringen, fährt über die kurvenreiche und abschüssige Straße 351 entlang der Küste und gelangt in *Indre Søndeled* (47 km) wieder auf die E 18.

*

Hinter Gjerdemyra biegt die E 18 von der Küste ab, die Landschaft wird flacher. Bei Kilometer 193 zweigt links eine Straße nach Kil (1 km) ab, bei Kilometer 208 rechts die Straße 418 nach Gjerstad (8 km). In *Sunde bru*, 207 km, ist die Abzweigung der Straße 417 nach Vegårshei und zum Vegårshei-See. Nachdem man *Fiane* und dann das Gasthaus „Cinderella" passiert hat, kommt man nach *Indre Søndeled* (216 km). Das

Dorf hat eine schöne kreuzförmige Kirche aus dem Jahre 1786. Sie steht an der Stelle eines sehr viel älteren Heiligtums.

Die Straße folgt wieder der Küste mit ihren zahllosen vorgelagerten Inseln. Bei Kilometer 218 zweigt rechts die Straße 416 nach Vegårshei ab.

In *Vintekjær*, 220 km, kann man auf der Straße 411 links 13 Kilometer weit nach *Risør* fahren, einer kleinen barocken Stadt mit sehr viel Altertümlichkeiten. Während der jährlich hier veranstalteten Regatten ist sie ein vielbesuchter Ferienort. Die Heiliggeistkirche (Helligånds Kirke) aus der Mitte des 17. Jahrhunderts hat auch eine Innenausstattung aus dieser Zeit.

Es folgt der Ort *Songe* (🏠), 226 km, der in einer schönen Landschaft liegt, in der Seen und Fjorde ineinander übergehen.

Von *Amtmannsvingen*, 232 km, kann man nach Arendal über die Küstenstraße 410 fahren. Diese Straße ist viel enger und kurvenreicher als die E 18 und führt am Meer entlang. Sie verläuft durch eine Reihe kleiner Fischerdörfer, so *Tvedestrand* (1,5 km), ein typisches Sørlanddorf, das vom Tourismus und der einheimischen Kunstblumenindustrie lebt. Hier steht das angeblich kleinste Haus Norwegens. Durch diese Meerlandschaft führt die Straße bis Arendal (30 km). In der Höhe von Arendal liegt die Insel Tromøy.

Auf der E 18 läßt man in *Fiane*, 235 km, die Straße 415 rechts liegen, die nach Telemark und Åmli führt. Man kommt nach *Austre Moland*, 245 km, mit seiner im 12. Jahrhundert zunächst in Stein erbauten und dann durch hölzernes Beiwerk in der Mitte des 18. Jahrhunderts erweiterten Kirche.

Arendal (38000 Einw.), 254 km, ist die älteste Stadt dieser Provinz; die alten Häuschen reihen sich rings um den malerischen, lebhaften Hafen. Arendal lebt heute hauptsächlich vom Holzexport in die Niederlande. An Stelle der Straßen befanden sich in früheren Zeiten Kanäle.

Die Stadt hat ein eindrucksvolles *Rathaus* (*Rådhus*) im klassizistischen Stil (1843). Die *Dreifaltigkeitskirche* (*Trefoldighetskirken*) ist eine der größten Kirchen in dieser Gegend und besitzt ein gotisches Sandsteintaufbecken. In der Nähe des Chores fallen mehrere in Stein gehauene Köpfe auf.

Die interessantesten Viertel befinden sich um die *Langbryggen*, den *Nedre Tyholmsvei* sowie den *Øvre Tyholmsvei*, dessen kleine Häuschen gegenüber der Kittelbukt an den abschüssigen Straßen kleben.

Von Arendal geht eine Fähre zur Insel *Merdøy* mit dem Merdøgård-Museum, einem ehemaligen Seefahrerheim. Man kann auch über die Straßen 409 und 410 zur Insel *Tromøy* fahren, deren Kirche eine sehr schönen barocken Innenraum hat. Auf der Insel gibt es Reste aus der Bronzezeit. Sie hat schöne Strände, man kann Bootsausflüge auf die umliegenden Inseln machen.

Hinter Arendal verläuft die E 18 in Küstennähe. Der Ort *Fevik*,

264 km, liegt an einem sehr schönen Skagerrak-Strand. In *Vik,* 270 km, liegt nördlich der Straße ein großer Friedhof aus der Bronze- und Eisenzeit; zwischen Vik und Moisand liegen an der Küste Steinkreise und Grabhügel.

Rechts führt eine Nebenstraße zur Kirche von *Fjære,* die um 1250 von Olav Tryggvasson erbaut wurde. Auf dem Friedhof befindet sich eine Gedenksäule für Terje Vigen, in die sechs Verse von Henrik Ibsen eingraviert wurden. Es steht fest, daß im 18. Jahrhundert ein Seemann namens Terje Vigen in dieser Gegend zu Hause war, doch ungeklärt bleibt, ob er der legendäre Held war, den Ibsen in seinem Werk beschreibt.

Grimstad (16000 Einw.), 274 km, ist eine kleine Stadt, in der von alters her Holz exportiert und Schiffe gebaut wurden. Ihre engen, gewundenen Gäßchen haben die Zeiten überdauert. Das **Städtische Museum* ist zugleich Ibsen-Museum und wurde in der alten Apotheke eingerichtet, in der der Dramatiker (1828–1906, geb. in Skien) von 1847 bis 1850 als Apotheker tätig war. Das Zimmer, in dem er sein erstes Drama „Catilina" schrieb, wurde wieder in den ursprünglichen Zustand versetzt.

In der Ortschaft

Nørholm, 280 km, steht das alte Herrenhaus, das von Knut Hamsun 1918 von seinem Nobelpreis erworben wurde. Heute befindet sich hier ein kleines Hamsun-Museum mit Erinnerungen an den Schriftsteller und vielen Bildern zeitgenössischer Maler wie K. Krohg, K. Skredsvig und Henrik Sørensen.

In *Omre,* 286 km, geht links eine Straße zum *Homborsund-Strand* ab.

Lillesand, 295 km, ist ein kleiner Hafen, dessen Aussehen sich im Laufe der Jahrhunderte kaum gewandelt hat: gewundene Sträßchen, niedrige braune Häuschen und einige Patrizierhäuser. Das Haus *Henschiengården* aus dem Jahre 1734 ist heute das Rathaus, das Anwesen *Skrivergården* stammt aus dem Jahre 1811 und *Carl Knudsen Gård* (mit Stadt- und Schiffahrtsmuseum) wurde um 1830 gebaut.

Die Kirche von *Vestre Moland* (1,5 km von der Ortsmitte entfernt) ist eine alte Steinkirche aus dem Mittelalter, die gegen Ende des 18. Jahrhunderts als Holzkirche wiederaufgebaut wurde.

In *Vestre Vallesverd,* 306 km, kann man auf die interessante Küstenstraße 401 abbiegen. Auf der E 18 fährt man 19 Kilometer weiter (im Sommer Bootsverbindung Lillesand – Kristiansand) nach

Kristiansand (65000 Einw.), 327 km. Die Stadt liegt an beiden Ufern der Otramündung in den Skagerrak. Sie wurde von dem

Varrodd Bru bei Kristiansand

baulustigen Dänenkönig Christian IV., an den mehrere dänische, schwedische und norwegische Städte erinnern, gegründet.

Der alte Stadtteil am Westufer der Otra trägt den Stempel der nordischen Renaissance: Rechtwinklige Straßen und harmonisch eingefügte Gebäude haben ihr den Namen ,,Quadratur Christians IV." eingetragen.

Kristiansand lebte früher von der Segelschiffahrt, heute von Schiffsbau, Konservenindustrie, elektrochemischen Aluminium- und Nickelfabriken. Schon in den ersten Jahren des 20. Jahrhunderts entstand auf dem Ostufer des Flusses eine neue, moderne und weitläufige Stadt.

Kristiansand ist Verwaltungssitz der Provinz Vest-Agder, Bischofssitz und Marinestützpunkt. Es ist die Geburtsstadt des Dichters Henrik Wergeland (1808–1845).

Bevor man in die Stadt gelangt, kann man die Kirche von *Oddernes* aus den ersten Jahren des 12. Jahrhunderts besichtigen. Sie wurde im 18. Jahrhundert erweitert; Kanzel und Altarwand stammen aus der gleichen Zeit. Auf dem Friedhof steht ein großer, fünf Meter hoher Runenstein.

Während die E 18 die Stadt umgeht, kommt man, am Tier- und Freizeitpark vorbei, durch die Neustadt nach Kristiansand.

Über den Østerveien, die große Otrabrücke und die Dronningensgate gelangt man in die Altstadt. *Kathedrale, Marktplatz* (*Torget*) und *Rathaus* (*Rådhus*) sind von charakteristischen Häusern aus dem 17. Jahrhundert

umgeben. Die große Kathedrale wurde allerdings erst gegen Ende des 19. Jahrhunderts erbaut.

Die Festung *Christiansholm* im Osthafen (*Østre havn*) ist zum größten Teil gut erhalten.

Das *Provinzmuseum* (*Vest-Agder Fylkesmuseum*) enthält vier Abteilungen: Wohnkultur im Vest-Agder; Wohnkultur aus dem Setesdal; Wohnkultur im alten Kristiansand; außerdem wechselnde Ausstellungen über Volkskunst.

Im Norden und Nordosten von Kristiansand befinden sich die hübschen Parkanlagen *Baneheia* und *Ravndalen*. Von dort hat man einen schönen Blick auf die Stadt, das Meer und die Insel. 20 km nördlich von Kristiansand verkehrt in den Monaten Juli und August eine Veteranen-Eisenbahn auf der alten Strecke der Setesdal-Bahn.

Von Kristiansand aus werden Seeausflüge veranstaltet.

*

Man verläßt Kristiansand über die *Vestre Strandgate* und trifft hinter dem Bahnhof wieder auf die E 18, die in Richtung Mandal verläuft und gleich hinter der Stadt die Anlagen der Falconbridge-Gesellschaft passiert. Die Küstenstraße 456 führt hinter der alten Kirche von Søgne wieder auf die Hauptroute.

Der Ort *Lunde*, 348 km, hat ein kleines Lokalmuseum.

Mandal (12 000 Einw.), 369 km, ist die südlichste und sonnenreichste Stadt Norwegens. Sie hat enge, gewundene, von niedrigen, blumengeschmückten

Häuschen gesäumte Straßen. Die Altstadt liegt auf der Westseite der Mandalselva, die neuen und modernen Bauten stehen auf dem Ostufer. Seit Jahrhunderten gilt Lachs aus Mandal als besondere Delikatesse.

Die 1821 im klassizistischen Stil erbaute *Kirche* ist sehr groß. Das älteste Haus, *Lohnegård,* stammt von 1680. Der im schottischen Herrenhausstil erbaute *Skrivergården* diente als Rathaus, und das Städtische Museum befindet sich im *Andorsengården* (norwegische Landschaftsmaler aus dem 19. Jh., Seefahrts-Sammlung). Sehenswert ist der 1,5 km² große *Furulunden-Naturpark* hinter dem bekannten Badestrand Sjøsanden mit Wasserrutschbahn. Man kann auch Ausflüge in die Inselwelt machen.

Von Mandal führt die Straße 455 nach Åkernes (100 km) im Herzen der Setesdal-Berge.

Auf der E 18 gelangt man nach *Valle,* 383 km, in dessen Kirche Peder Clausen Friis, der Übersetzer der Werke des isländischen Gelehrten und Dichters Snorri Sturlusson, von 1566 bis 1614 als Priester tätig war und in deren Pfarrhaus der Bildhauer Vigeland seine Kindheit verbrachte, und dann nach dem Ort *Vigeland,* 394 km. Von hier aus kann man auf der Straße 460 einen kleinen Abstecher (28 km) machen: Man überquert mehrere Fjordarme, kommt an der mittelalterlichen Kirche von Spangerid vorbei und dann auf die schmale Landzunge mit dem Kap *Lindesnes.* Auf einer geographischen Breite von 58° 53′ 43″ gelegen, ist es der südlichste Punkt Norwegens.

Die Hauptroute auf der E 18 erreicht nun *Rom,* 397 km, das am Eingang des schönen Tals *Lyngdal* liegt. Das Tal erstreckt sich 40 Kilometer weit in die Berge bis zum Ort Skeie. Die Straße führt nun ins Landesinnere. Wenn man Zeit hat, kann man jedoch auch links über die Straße 43 bis *Farsund* (21 km) fahren und dann über die Straße 465, die, nachdem sie über Fjorde und mehrere Inseln durch eine grandiose Meerlandschaft voller Seevögel, Gischt und Tanggeruch geführt hat, bei *Kvinesdal* wieder auf die Hauptstraße stößt, zurückfahren. Diese Variante erfordert jedoch mindestens einen halben Tag zusätzlich.

Die E 18 zieht jetzt nach Norden und steigt dabei an. Am „Utsikten Turisthotell" (Ausblick) führt sie hoch über Fjord und *Kvinesdal,* 424 km, entlang. Hier trifft auch die aus Richtung Farsund (siehe oben) kommende und in die Setesdal-Berge weiterführende Straße 465 wieder auf die Hauptstraße, welche sich hinter dem Hotel zum auf Fjordhöhe gelegenen Ort Kvinesdal hinabwindet.

Flekkefjord (8700 Einw.), 448 km, eine kleine, zwischen Meer und Bergen eingezwängte alte Stadt, verdankt ihren Reichtum dem Heringsfang. In *Hollenderbyen* (Holländerstadt) am Rande des Grisefjords sind die gewundenen Straßen und alten Fischerhäuser erhalten geblieben. Das Städtische Museum befindet sich in einem sehr schönen Bürgerhaus aus den ersten Jahren des 18. Jahrhunderts, das unter Denkmalschutz steht.

Hinter Flekkefjord gibt es zwei Möglichkeiten, nach Stavanger zu gelangen: Die erste besteht darin, der E 18 durch eine wilde, gebirgige Landschaft zu folgen, und die zweite Möglichkeit ist die Küstenstraße 44. Die Landschaft ist an beiden überwiegend gut ausgebauten Straßen schön, jedoch sind die Städte und Dörfer an der Küste zahlreicher.

Auf der E 18 nach Stavanger

Auf der E 18 kommt man hinter Flekkefjord in das in den Bergen gelegene *Flikka*, 454 km, von wo man über die Straße 466 und dann die Straße 42 an den *Sirdal-See* fahren kann.

Sirnes, 463 km, liegt in einer eindrucksvollen Landschaft; rechts geht eine kleine Uferstraße am Sirdal-See entlang. Am Ende des *Lundevatn* liegt *Moi*, 474 km. Die Straße passiert kleine Häusergruppen, führt in Täler hinab und wieder bergauf.

Ab *Helleland*, 509 km, fährt man nach Norden. Es folgen *Bjerkheim*, 518 km, und *Vikeså*, 524 km. Alle kreuzenden Straßen kommen aus den Bergen des Rogalandes und führen links hinunter zur Küste. In einer seenreichen Landschaft liegt *Ålgård* (⌂; ⚴), 546 km. In *Sandnes*, 560 km, trifft unsere Route auf die Straße 44. Die Stadt am Rande des *Gandsfjords* lebt von Industrie (Fahrräder, Motorräder, Konfektion), Handel und der enorm gewachsenen Offshore-Industrie.

Nach Überquerung der Bahngleise führt die Straße 509 an der Kreuzung links ab zum Flughafen Stavanger-Sola, die Hauptstraße von Süden nach

Stavanger, 577 km, s. S. 120.

Nach Stavanger über die Straße 44 (153 km)

Von Flekkefjord kommt man nach 20 Kilometern nach *Åna-Sira*, dem Eingang zum Rogaland, einem der fruchtbarsten Gegenden Norwegens. Das Gebiet bildet eine Enklave zwischen Sørland und Vestland und umfaßt die Küstenregionen zwischen Flekkefjord und Haugesund (s. S. 151) sowie die die Verzweigungen des Boknafjords umgebenden Gebiete.

Die Strecke zwischen Åna-Sira und Hauge i Dalane ist einer der eindrucksvollsten Teile dieser Route. Fast 20 km lang steigt und fällt die Straße im steten Wechsel und führt, vornehmlich vor dem Jøssingsfjord, durch zahlreiche manchmal engere Unterführungen und höhenbegrenzte Tunnel.

Nach einer Fahrt von 34 Kilometern kommt man nach *Sokndal*, wo eine Kirche aus dem Jahre 1803 steht, eine der wenigen Kirchen des Landes, die im Louis-Seize-Stil ausgestattet sind.

In einer abwechslungsreichen Landschaft liegt *Hauge i Dalane*, 38 km. Von hier führen kleine Seitenstraßen zu den Stränden, wie Sokndalstrand, Rekefjord usw. hinunter.

Egersund, 12000 Einw.), 63 km, ist eine kleine Stadt, von der oft in den Legenden über Olav den Heiligen die Rede ist. Hering und Makrele machen ihren Reichtum aus; heute tragen auch Steingut- und Porzellanfabriken zum Wirtschaftswachstum bei. Die um 1620 auf dem Grundriß einer Basilika erbaute Kirche wurde im 18. Jahrhundert kreuzförmig wieder aufgebaut. Das *Dalane folkemuseum* in *Slettebø gård* (3 km östlich) enthält Wohnkultur und Kunsthandwerk aus dem 18. und 19. Jahrhundert. In der *Strandgate* befinden sich mehrere unter Denkmalschutz stehende Häuser von Anfang des 19. Jahrhunderts.

Egersund ist durch eine große Brücke (260 m), von der man einen guten Blick über den Sund hat, mit der Eigerøy-Insel verbunden.

Es folgt *Ogna*, 87 km, ein Badeort mit sehr schönem Strand. Kanzel und Altarwand der um das Jahr 1250 erbauten gotischen Kirche wurden 1606 von Laurids Snekker geschaffen und 1627 von dem aus Breslau stammenden Künstler Gottfried Hendtzchel bemalt.

Die Straße 44 durchquert die große landwirtschaftlich genutzte Ebene von Jæren, eine Moränenlandschaft mit zahlreichen Zeugnissen aus prähistorischer Zeit. Man kommt durch *Søyland*,

111 km (links die Straße 507 nach Bore), und *Bryne*, 118 km (rechts die Straße 506 nach Ålgård). Von der Kreuzung *Kleppe*, 123 km, in der Nähe der Siedlung *Klepp* kann man links über die Straße 510 ebenfalls Stavanger erreichen. Sie verläuft küstennäher und passiert die Kirche von *Bore*, die vor allem innen interessant ist, denn der Taufstein stammt aus dem 16. Jahrhundert, und die Kanzel sowie die Altarwand wurden im 17. Jahrhundert geschaffen und von Gottfried Hendtzchel bemalt. Die Straße 510 führt zum Flughafen Sola-Stavanger. In der Umgebung sind mehrere prähistorische Fundstätten.

Nach einer Fahrt von 133 Kilometern auf den Küstenstraßen erreicht man *Sandnes*, die mit 45000 Einwohnern neuntgrößte Stadt Norwegens. Hier trifft man wieder auf die Europastraße 18 und fährt auf ihr durch Industrievororte, vorbei an Erdölraffinerien, hinein nach

Stavanger, 600 km. Die Stadt und ihre Umgebung ist auf den Seiten 120 und 121 ausführlich beschrieben.

Route 4: Stavanger – Haugesund – **Bergen (157/218 km)

Die Route geht durch Rogaland und Hordaland, zwei der landschaftlich schönsten Provinzen Norwegens. In ihrem milden Klima gedeihen stellenweise Kirsch- und Apfelbäume.

Während die Route 5 ebenfalls

das Rogaland durchquert, sich aber mehr im Landesinneren hält, ist die Route 4 an Küste und Inseln gebunden. Der Zweig A geht über die Insel Stord – die Fahrt kommt manchmal einer kleinen Kreuzfahrt durch die Inselwelt gleich. Allerdings muß man viel Zeit haben, denn ein Teil der Strecke wird auf drei Fähren bewältigt. Der Zweig B verläuft in seinem nördlichen Teil durch das Landesinnere, und zwar über die Europastraße 76, dann über die Straße 13 und schließlich auf der Europastraße 68.

A: Stavanger – Haugesund – Bergen (Inselstraße; 167 km)

Diese Route geht über drei Fährverbindungen: Rennesøy– Bokn; Valevåg–Skjærsholmane/ Leirvik; Sandvikvåg–Halhjem.

Auf dem Weg nach *Rennesøy,* etwa 30 km nördlich von Stavanger, empfiehlt sich ein Halt in *Sørbø,* dessen Kirche aus dem 12. Jahrhundert stammt. Hier liegen auch die ältesten in Norwegen bekannten Wohnplätze, die etwa 10 000 v. Chr. angelegt wurden.

Von Rennesøy nimmt man zunächst die Fähre nach *Bokn* (25 Min.) auf der gleichnamigen Insel. An dem riesigen Gasterminal von *Karstøy* vorbei geht es in nördlicher Richtung weiter auf der Straße 1, der Westküstenstraße, die später über Bergen und die großen Fjorde nach Ålesund führt.

Bei *Slättevik* lohnt ein Abstecher nach Osten zur Kirche von *Tysvær.*

Bei *Aksdal* kann man auf die Straße 11 nach Westen abbiegen und einen lohnenden Weg über

Haugesund (27 000 Einw.) machen. Diese Hafenstadt ist Handels- und Verwaltungszentrum; sie besitzt auch Werke für Schiffsbau und Schiffsausrüstung.

Seit jeher ist Haugesund eng mit den Legenden um den heiligen Olav verbunden. Einer Überlieferung zufolge soll sich die Grabstätte von Harald Hårfagre nördlich der heutigen Stadtmitte befinden. Lange Zeit war Haugesund nichts anderes als eine bescheidene kleine Fischersiedlung. 1840 standen hier 13 Häuser, doch seit Beginn des industriellen Zeitalters hat es sich sehr rasch entwickelt: 25 Jahre später zählte Haugesund fast 4000 Einwohner.

Das *Rathaus* (Rådhuset, 1922 bis 1931) ist das Geschenk eines vermögenden Reeders an die Stadt. Hier befindet sich auch das Stadtmuseum, das Zeugnisse der Vorzeit, Porträts sowie Abteilungen für Fischfang und Seefahrt enthält.

Die Stadt ist von zahlreichen Inselchen mit vielen schönen Stränden umgeben.

Man verläßt Haugesund nach Norden auf der Straße 47 über den *Tittelsveien,* der in der Nähe (links der Straße) von *Haraldshaugen* vorbeiführt. Hier erhebt sich ein Obelisk von 17 Meter Höhe, umstanden von 29 niedrigeren Obelisken, die jeder eine der Provinzen Norwegens symbolisieren. Der Obelisk befindet sich über der mutmaßlichen Grabstätte des Königs und wurde zur Erinnerung an den Sieg von Hafrsfjord, der es Harald Hårfagre ermöglichte, das Land zu einigen, aufgestellt.

Von Haugesund aus kann man über die E 76 nach Bergen fahren (s. S. 156).

An der Kreuzung *Norre Våge,* 61 km, biegt links die Straße 541, die den Bømlafjord und mehrere

Inseln (Fähren und Brücken) überquert, ab. Auf unserer Route kommt man nach *Førde*, 79 km, in einer sehr schönen Insel-, Fels- und Fjordlandschaft. Es folgt *Valen*, 82 km, wo sich die Grabstätte des norwegischen Musikers Fartein Valen (1887 bis 1952) befindet.

Von *Valevåg*, 92 km, geht die Fähre nach Skjersholmane auf der Insel Stord (Dauer der Überfahrt 20 Minuten).

Leirvik (7500 Einw.; ⌂) liegt am Kreuzungspunkt mehrerer Fjorde. Fischfangorientierte Industrie, Schiffsbau und Schiffsausrüstung sowie Maschinenbauunternehmen sind die wirtschaftlichen Grundlagen der Stadt. Das *Sunnhordland Folkemuseum* (im Park) ist ein lokales Geschichts- und Volkskunstmuseum.

Man sollte sich die Zeit nehmen, in die nahegelegenen Berge zu fahren, denn der Blick auf das Meer sowie über den Hardangerfjord bis zum Folgefonn-Gletscher ist großartig.

Die Straße 1 führt am Ostufer um die Insel herum bis *Jektevik*, 109 km. Zwischen Jektevik und Flatråker auf der Insel Tysnesøy verkehrt eine Fähre (Dauer der Überfahrt 20 Minuten). Dies entspräche dem Verlauf der Straße 1, auf die man sonst in Halhjem (s. unten) wieder stößt. Da diese Fähre zu selten verkehrt, fährt man auf der Straße 1 weiter bis *Sandvikvåg*, 124 km. Von dort geht die Fähre nach *Halhjem* (Dauer der Überfahrt 50 Min.) am Nordufer des Bjørnafjords.

Von Halhjem aus kann man Ausflüge in die Inselwelt machen.

Wieder auf der Straße 1, kommt man nach *Os*, 129 km, einem kleinen Industrieort am Rande des Fusafjords. Von Os kann man über die Straße 553 und dann über die Straße 556 nach Bergen gelangen. Diese Straßen verlaufen in größerer Küstennähe, doch die Fahrt dauert ziemlich lange.

In *Nesttun*, 149 km, fährt man auf die E 16, die über die Lars Hillesgate nach

**Bergen, 157 km, führt. Die Stadt ist auf den Seiten 113 bis 119 ausführlich beschrieben.

B: Stavanger – Haugesund – Bergen (Festlandstraße; 218 km ab Haugesund)

Von *Stavanger* fährt man zunächst wie bei Route A zum Fähranleger *Rennesøy*. Von dort wählt man die Fähre nach *Skudeneshavn* (45 Min.) an der Südspitze der Insel Karmøy. Dieser Fischereihafen mit seinen auf Pfählen erbauten Häusern lohnt einen kleinen Rundgang. Die Straße 47 führt an der Küste entlang durch den Hauptort der Insel, *Åkrehamn*. Hier liegt ein etwa 1 km langer und sehr schöner Badestrand. In *Sævelandsvik*, nördlich von Åkrehamn, findet man eine Felszeichnung, die ein Sonnenrad darstellt. Wer am offenen Meer entspannen möchte, sollte einen Abstecher in das idyllische Fischerdorf *Vedavåg* machen.

Die Ostuferstraße 511 von Skudeneshavn Richtung Norden ist sicherlich schneller, landschaftlich jedoch nicht so faszinierend. Die beiden Straßen treffen wieder zusammen in

Kopervik (1800 Einw.), 34 km. Dieser Ort lebt von der fischverarbeitenden Industrie. Am Karmsund, etwas weiter nördlich, liegt rechts der Straße die Kirche von *Åvaldsnes,* die um 1250 von Haakon Haakonson auf den Grundmauern eines befestigten Königshofs von Harald Hårfagre errichtet und dem heiligen Olav geweiht wurde. Während des gesamten Mittelalters diente sie als Königskapelle und war eine der vier Stiftskirchen Norwegens. Nach dem Überqueren der *Karmsundbrücke* (690 m) gelangt man nach

Haugesund (s. S. 151). Man verläßt Haugesund über den Skjoldeveien und fährt dann auf der E 11, einer der großen Straßen, die das Land von Westen nach Osten duchqueren. Von *Bellevue* hat man einen phantastischen Blick auf die Stadt, die Insel Karmøy und das Meer.

Bald erreicht man *Førdesfjord,* 10 km, in der nun immer eindrucksvoller werdenden Berg- und Fjordlandschaft, und *Grinde,* 15 km (nahebei Zeugnisse aus vorgeschichtlicher Zeit). Über *Skjold,* 30 km, kommt man nach *Knapphus.*

Auf der Straße 11 erreicht man *Ølensvåg,* 45 km. 20 Kilometer weiter nördlich, am Ende der Halbinsel, gibt es bedeutende *Felszeichnungen sowie fünf Grabhügel aus der Bronzezeit.

Die 11 biegt nach Osten ab und folgt eine Zeitlang dem *Ølensfjord,* einem Nebenarm des Hardangerfjords. In *Ølen,* 49 km, zweigt rechts die Straße 514 nach Sandeid (9 km; ⚠) ab. Die 11 führt weiter ins Landesinnere und erreicht nach 61 Kilometern *Etne,* einen Industrie- und Ferienort. Rechts von der Straße liegt die *Gjerde-Kirche*

aus dem Jahre 1675, Mobiliar und Kultgegenstände sind jedoch sehr viel älteren Datums.

Von *Håland,* 75 km, am Ufer des Stordalsvatn, aus könnte man weiter auf der 11 fahren, die über Kyrping und Fjæra auf die Routen 5 und 6 in Steinaberg bru (Jøldal) stößt.

Folgt man aber in Håland links der Straße 48, die am Südufer des Åkrafjords entlangführt, kommt man nach *Skånevik* (⚠), 88 km, einem hübschen Dorf. Von dort geht die Fähre nach *Utåker* (20 Min.). Man fährt links weiter auf der Straße 48 (rechts hört die Straße auf, hier gibt es nur noch Felswände).

Im *Porsvikskar,* 103 km, zweigt links die Straße 544 nach Sunde (3 km) ab, von hier aus hat man Schiffsverbindungen zu den Inseln. Nach einer Fahrt entlang des Hardangerfjords erreicht man *Husnes,* 108 km. In Uskedal, 119 km, steht der Gasthof „Kapiteingården" unter Denkmalschutz. Man kommt zum Aussichtspunkt **Vågen* (schöner Blick auf die Gyrastolen und den Melderkin), 1427 km.

Rosendal, 134 km, hat ein hübsches Herrenhaus im Stil der nordischen Renaissance. Es wurde 1670 von Ludvig Rosenkrantz, der aus einer der ältesten Familien Norwegens stammte, erbaut. Seine Nachkommen haben es 1929 der Universität Oslo vermacht, die es wegen der schönen Barockinnenausstattung in ein Museum für Raumkunst umgestaltet hat. Das Haus liegt in einem herrlichen Park. In dieser Baronie mit ihrem wunderschönen Rosengarten finden alljährlich das Baroniespiel und Freilichtkonzerte statt.

Der Ort Rosendal besitzt außerdem eine bekannte Schiffswerft, auf der Roald Amundsens Schiff „Gjøa" gebaut wurde.

Über der Straße ragt der *Folgefonn-Gletscher* empor, und man kommt zur mittelalterlichen gotischen Kirche von *Kvinnherad*, 135 km. Hier befindet sich die Gruft der Herren von Rosendal.

In dieser Gegend wurden zahlreiche Hügelgräber gefunden. Von *Løfallstrand*, 137 km, geht die Fähre nach *Gjermundshamn* (25 Minuten). Am Ufer des Hardangerfjord fährt man weiter über die an dieser Stelle sehr breite und neue Straße 48. Rechts liegt die Insel Varaldsøy.

In *Mundheim*, 150 km, biegt man nach links ab, um auf der Straße 48 zu bleiben. Rechts führt die Straße 49 nach Nordheimsund (44 km; s. S. 157).

Wenn man in die Industriesiedlung *Eikelandsosen*, 168 km, weiter auf der Straße 48 fahren würde, käme man nach 25 Kilometern nach Tysse an der Straße 7 (s. S. 157). Man biegt jedoch nach links ab und fährt auf der Straße 552 bis *Fusa*, 183 km. Von *Vengjaneset* bei Fusa geht eine Fähre nach *Hatvik* (15 Min.).

Weiter auf der Straße 552 geht es weiter nach *Os,* 188 km (s. S. 152). Von hier aus sind es auf der Straße 1 und der E 16 noch 30 Kilometer bis

Bergen, 218 km, s. S. 113.

Route 5: Stavanger – Odda – **Bergen (433 km)

Hinter Sandnes gelangt man in das Ryfylke-Gebiet, eine der außergewöhnlichsten Landschaften Norwegens; hier sind Berge und Fjorde eng vereint. Die Straßen führen vom Grund der engen Schluchten bis hoch über die Fjorde, zu denen steile Felswände einige hundert Meter tief abfallen, man überquert Schneefelder (im Sommer wohlgemerkt) und Almen und schließlich das düstere und oft drohend anmutende Tokafjell-Massiv.

Die Straße ist an bestimmten Stellen vom 15. November bis 1. Juni gesperrt. Dreimal müssen Fähren benutzt werden.

Man fährt von *Stavanger* (s. S. 120) auf der E 18 nach *Sandnes*, 16 km. Von hier aus geht die Fahrt links auf die Straße 13, die am Ostufer des *Storavatn* verläuft. Nach 24 Kilometern Fahrt gelangt man zu einer Kreuzung, von der links die Straße 516 nach Hommersak abgeht. In *Lauvvik* benutzt man die Fähre nach *Oanes* (Dauer der Überfahrt 10 Minuten).

Rechts hat man einen sehr schönen Blick über den Lysefjord. In *Jøssang*, 69 km, geht rechts die Straße zur *Prekestolhytta*, der Predigtstuhlhütte, ab. Von der Hütte kann man in einem anstrengenden zweistündigen Fußmarsch den Felsen *Prekestol* erreichen, der 600 m steil über dem Wasser des Lysefjords aufragt.

Gegenüber von Stavanger liegt *Jørpeland* (⚠), 65 km, eine kleine Industriestadt in einer sehr reizvollen Umgebung. Von *Solbakk,* 71 km, aus kann man auf Stavanger und die Inseln hinüberblicken. 200 m südwestlich des Kais findet man Felszeichnungen. Man fährt über Tau, 76 km (Fährverbindung mit Stavanger, 40 Min.) und um den schönen See *Tysdalsvatn* herum. In

*Årdalsosen, 104 km, steht rechts der Straße die alte Kirche von Årdal aus dem frühen 17. Jahrhundert. Innen ist sie sehr reich im nordischen Renaissance- und regionalen Barockstil, in dem die Rosenkunst einen wichtigen Platz einnimmt, ausgestattet. Man trifft wieder auf Gottfried Hendtzchel, der die Altarwand und die Kanzel bemalt hat.

In der Umgebung wurde eine Nekropole aus der Eisenzeit entdeckt, mit länglichen Grabhügeln bis zu 20 Meter Länge und Rundgräbern, die zum Teil einen Durchmesser von 18 Metern haben. Von hier aus hat man einen schönen Blick über den Årdalsfjord und die Inseln des Boknafjords.

In *Hjelmeland* (⚓), 120 km, kreuzt man mit einer Fähre (22mal täglich/10 Min.) den *Jøsenfjord* und gelangt nach *Nesvik.* Um die typische Ryfylke-Landschaft zu erleben, lohnt allerdings ein kleiner Abstecher auf der Südseite des Fjords nach *Tøtlandsvik.*

In *Lovraeid,* 151 km, zweigt links die Straße 517 nach Høyvik und Jelsa (17 km) ab.

Von Vindsvik nach Sand ist die Straße neu und in gutem Zustand, aber es gibt sehr viele Tunnel. Vor Sand ist die Landschaft mit ihren unzähligen Inseln und zerklüfteten Fjorden von eindrucksvoller Schönheit. Nach einer Fahrt entlang des Lovrafjords erreicht man

Sand, 162 km, das von der holzverarbeitenden Industrie, vom Fremdenverkehr und vom Lachsfang lebt. Wichtigste Einnahmequelle der Gemeinde ist jedoch das größte Gebiet zur Gewinnung von Wasserkraft in Norwegen.

Von Sand gibt es zwei Möglichkeiten, nach Breifonn zu gelangen:

1. Rechts ab auf der Straße 13, die in das Suldal führt; auf dieser Strecke mußte früher der Suldalsvatn zwischen Solheimsvik und Nesflaten mit einer 1¼-Stunden-Fähre überquert werden. Heute fährt man auf der neuen Straße, die von Solheimsvik bis Nesflaten mehr oder weniger dicht am Nordrand des Suldalsvatn entlang führt ohne Unterbrechung durch eine Fähre bis Breifonn (s. S. 156) durch.

2. Von Sand mit der Fähre nach Ropeid.

Die Überfahrt von Sand nach *Ropeid* dauert nur 10 Minuten. In Ropeid kommt man auf die Straße 520, die nahe am Saudafjord vorbeiführt. *Saudasjøen,* 179 km, ist ein aufstrebender Ferienort, ebenso wie *Sauda,* 189 km, das auch Industrie besitzt (Kraftwerke und Electric Furnace Products Company Ltd.).

Die Straße verläßt die Fjordlandschaft zu einer eindrucksvollen Überquerung der oft bis in den Sommer verschneiten Rogalandberge (900 m; Wintersperre bis Anfang Juni). Über *Hellandsbygd,* 205 km, und

Breiborg, 211 km, kommt man nach

*Breifonn, 232 km, das in einer großartigen Landschaft am Westufer des *Rødalsvatn* liegt. Hier endet auch die Straße 13 von Sand (s. S. 155) an der Straße 11.

Die 11 geht durch den *Røldal-Tunnel,* man kommt nach *Seljestad,* und weiter zur *Steinaberg bru,* 252 km, der Brücke von *Jøldal.* Die Straße führt in Richtung Haugesund, unsere Route geht auf der Straße 13 weiter. Man sieht hier einige imposante Wasserfälle, links erhebt sich der *Folgefonn-Gletscher.*

Die Fahrt geht am *Sanvinvatn* entlang, bis man nach

Odda (8500 Einw.), 271 km, am Ende des *Sørfjords* kommt. Die kleine Industriestadt (Chemiewerke) liegt sehr schön zwischen Almen, einem Fjord und in unmittelbarer Nähe der beiden Gletscher Folgefonn und Burarbreen. Dennoch gibt es rings um Odda Obstgärten.

In Odda muß man sich entscheiden, ob man auf der schmalen aber romantischen Folgefonn-Straße 550 oder auf der gut ausgebauten Straße 47 über Kinsarvik weiterfahren will. Die beiden Strecken treffen sich wieder in Nordheimsund (s. S. 157).

A: Über die Folgefonn-Straße

Der *Folgefonnsvei* verläuft am Westufer des *Sørfjords* unter dem Folgefonn-Gebirge.

In *Aga* ist eine unter Denkmalschutz stehende Häusergruppe mit mehr als 30 alten Gebäuden sehenswert. Das älteste Gebäude war die Richterhütte, die ursprünglich schon vor 1300 er-

richtet worden sein muß. Das jetzige Haus entstand um 1850.

In *Grimo,* 311 km, gibt es Felszeichnungen der Bronzezeit (Schiffs- und Sonnendarstellungen). *Utne,* 316 km, liegt in sehr schöner Umgebung am äußersten Ende des Vorgebirges, an dem drei Fjorde, die in Wirklichkeit Arme des größten unter ihnen, nämlich des Hardangerfjords, sind, zusammentreffen (Fährverbindung Kinsarvik – Utne – Kvanndal; 40 Min.).

Das Hotel von Utne war bereits im Jahre 1722 Poststation. Das Hardanger Bygdemuseum enthält Beispiele regionaler Wohnkultur und Handwerkskunst.

Südlich von Utne, in *Hérand,* sind Felszeichnungen zu sehen. Von *Jondal,* 357 km, gibt es eine Fährverbindung (20 Minuten) über den Hardangerfjord nach *Tørvikbygd.* Von dort fährt man auf der Straße 49 nach *Norheimsund* (s. S. 157).

B: Über Kinsarvik

Die Straße 13 verläuft am Ostufer des Sørfjords, verschwindet in einem langen Tunnel und erreicht *Tyssedal,* 277 km, einen Industrieort mit einem Schmelzwerk für Titanerz und einer interessanten Industriegeschichte. Die neue Kapelle wurde 1965 erbaut.

In *Segelgjerd,* 285 km, gibt es ein kleines, in einem sehr alten Haus untergebrachtes Heimatmuseum. Hier soll 1509 Christian II. von Dänemark übernachtet haben. Bevor man nach Lofthus gelangt, kommt man durch *Ullensvang.* In diesem kleinen Dorf besaß der Komponist Edvard Grieg eine Ferienhütte. In der gotischen Kirche befinden sich ein Taufstein und einige Grabsteine aus dem 14. Jahrhundert. *Lofthus*, 302 km, ist ein Industrie- und Fremdenverkehrsort am Ufer des Fjords, umgeben von Skandinaviens größtem Obstanbaugebiet mit 275000 Obstbäumen.

Kinsarvik, 313 km, war lange Zeit der wichtigste Verkehrsknotenpunkt am Hardangerfjord. Auch wenn die meisten Reisenden, die zum oder aus dem norwegischen Westland kommen, heute die Fähren *Utne – Kvanndal* oder *Bruravik – Brimnes* benutzen, ist der idyllische Ort mit seinem Freizeitpark für Kinder einen Besuch wert.

Ausflüge führen von Kinsarvik durch das Husedal mit vier Wasserfällen in den *Hardangervidden-Nationalpark*.

In Kinsarvik nimmt man die Fähre nach *Kvanndal* (direkt 35, über Utne 40 Min.). In Kvanndal geht man links auf die aus Oslo kommende Straße 7 (s. S. 175). Nach

Ålvik, 325 km, am Rande des Samlafjords überquert die Uferstraße die große *Fykesund-Brücke* (sehr schöner Ausblick).

Es folgt *Øystese*, 347 km, ein kleiner Ferienort mit zwei Museen, dem Atelier des Bildhauers Ingebrigt Vik, von dem das Griegdenkmal in Bergen stammt, und das Heimatmuseum (*Kvam bygdemuseum*).

Norheimsund, 353 km, ist Ausgangspunkt für den letzten Teil dieser Strecke; hier mündet die Route 5A ein, die auf Seite 156 beschrieben ist. Der kleine Industrieort hat auch Fremdenverkehr und ist ein wichtiger Straßenknotenpunkt.

In *Snaugehaugen* (sehr schöner Ausblick) gelangt man ins *Tokafjell-Massiv:* Haarnadelkurven und Tunnel lösen einander ab, steile Felswände und sehr starkes Gefälle machen aus der Durchquerung des Tokafjell ein besonderes Erlebnis.

Das Gebiet um die in den Bergen verstreut gelegenen Hütten und Häuser zwischen Hardangerfjord und Samnangerfjord heißt *Kvamskogen*. Es ist Ausflugsziel für die Bewohner der Westküste, vor allem im Winter. An dieser Strecke liegen mehrere Gasthäuser, so in *Sandvenseter*, und die *Tokagjell Fjellstova*. Die Straßenschilder lassen erkennen, daß hier zahlreiche Ortschaften nach heidnischen Göttern benannt sind: Frøland geht auf die Göttin der Fruchtbarkeit Frø zurück, Totland auf Thor, Ulla auf Odin usw.

In *Tysse*, 384 km, mündet die Route 4B ein (s. S. 154). Über den Ferienort *Gullbotn*, 396 km, kommt man nach *Trengereid*, 398 km, mit schönem Blick auf die Inseln.

Die Straße verläuft parallel zum Fjord und zur Eisenbahnlinie, man fährt durch mehrere Tunnel und viele Kurven.

Nach Durchquerung des 2142 m langen *Arnenipa-Tunnels* biegt man auf der Europastraße 16 nach Norden ab. Durch eine ländliche Umgebung gelangt man dann auf die zweispurige Schnellstraße durch den Vorort *Åsane* und den langen *Fløyen-Tunnel* in den Stadtkern von

Bergen, 433 km, s. S. 113.

Route 6: **Oslo – Kongsberg (– Geilo) – Brimnes – ** Bergen (522/518 km)

Die Straße 11 führt von der Hauptstadt Oslo durch die Provinzen Buskerud und Telemark nach Westen, streift das nördliche Setesdal und endet im Hordaland und seiner Hauptstadt Bergen. Sie kommt von Osten aus lieblichen Tälern durch dunkle, tief eingeschnittene Schluchten, über grüne Almen, vorbei an ewigem Schnee und endet am smaragdenen Fjorden im Westen. Obwohl zwischen den beiden großen Städten Norwegens gelegen, wurden die Provinzen Telemark und Setesdal weniger von den umwälzenden Ereignissen der neueren Zeit berührt als beispielsweise die Provinz Nordland. Zwar ist auch hier das Industriezeitalter ausgebrochen, aber dennoch fährt man durch Dörfer, in denen das Leben noch ebenso gemächlich dahinzufließen scheint wie in den Zeiten, als Knut Hamsun seine Romane schrieb.

Die Straßen 11 und 13 sind während des ganzen Jahres befahrbar und werden ständig von der Straßenwacht des „Automobil Klubb" überwacht.

Man fährt auf der E 18 aus *Oslo* (s. S. 85) 41 Kilometer weit nach *Drammen* (s. S. 139). Hier gelangt man über die Rosenkrantzgate auf die Straße 11 und fährt weiter über die Industriesiedlung *Krokstadelva,* 54 km, am Nordufer der Drammenselva nach *Lerberg,* 60 km. Kurz vor der Brücke zweigt hier die Straße 35 nach Vikersund (35 km)

am Rand des Tyrifjords ab und führt weiter nach Hønefoss (66 km) zur E 16 (s. S. 166).

Nach 61 Kilomtern auf der Straße 11 taucht der an beiden Ufern der Drammenselva gelegene Industrieort *Hokksund* (⌂, ☖) auf. Hinter den Beton- und Zementfabriken zweigt an der Kreuzung *Torespœren* links die Straße 35 nach Tønsberg (60 km) an der E 18 ab (s. S. 141).

Am Ende des *Eikeren-Sees* liegt in einer sehr schönen Landschaft *Darbu* (☖), 71 km. Am Seeufer steht die kleine, im 12. Jahrhundert erbaute und dem heiligen Olav geweihte Kirche von *Fiskum.* Die Innenausstattung stammt jedoch erst aus der Zeit nach der Reformation. In *Krekling,* 74 km, biegt die Straße 11 in Richtung Kongsberg ab.

Kongsberg (21000 Einw.), 82 km, liegt an beiden Ufern der Numedalslågen und ist eine Industriestadt. Dank der vielen Sportmöglichkeiten und der schönen Umgebung ist es auch ein beliebter Ferienort. Ihre Gründung durch König Christian IV. im Jahre 1624 verdankt es der Entdeckung von Silberminen. Um 1750 war Kongsberg nach Bergen die zweitgrößte Stadt des Landes. Die Minen wurden 1957 geschlossen. Heute haben hier eine Waffenfabrik, Sägewerke und andere holzverarbeitende Betriebe ihren Sitz. Die Kongsberger Forstschule hat einen guten Ruf.

Die *Kirche* ist eine der größten Norwegens, sie hat 2400 Sitzplätze und wurde 1761 geweiht. Beachtenswert sind die barocke Altarwand, die Kanzel und die Orgel. Am Königsstuhl, am übrigen Gestühl und an den Galerien läßt sich noch heute die soziale Schichtung der Bewohner der alten Bergwerksstadt ablesen. Gegenüber der Kirche steht die ehemalige *Bergwerksschule (Bergseminaret)*. Sie wurde 1783 gegründet und ist nach Freiberg in Sachsen die zweitälteste der Welt.

In der Nähe des Flusses, zwischen den beiden Brücken *Nybroen* (Neue Brücke) und *Gamlebroen* (Alte Brücke) befindet sich das *Bergwerksmuseum (Bergverksmuseet)*. Neben einer kleinen Münzsammlung enthält es Anschauungsmaterial zur Geschichte des Silberbergbaus in Kongsberg. In Glitre liegt das Heimatmuseum *Lågdalsmuseet*.

Nur sieben Kilometer südlich von Kongsberg liegen die Minen von *Saggrenda*, sie können mit einer kleinen Eisenbahn besichtigt werden. Der tiefste Punkt des Bergwerks liegt 1070 Meter unter der Erdoberfläche, das sind 450 Meter unter dem Meeresspiegel.

Man kann nun bei der Weiterfahrt zwischen zwei Strecken wählen. Die eine führt auf der Straße 40 durch das Numedal nach Geilo und von dort auf der Straße 7 weiter nach Brimnes, die andere auf der 11 und der 13 durch die Provinz Telemark.

A: Kongsberg – Geilo – Brimnes

Die Straße 40 folgt durch Wälder und Almflächen dem Fluß Numedalslågen. Man verläßt Kongsberg über den *Numedalsveien* und gelangt auf die Straße 40. Nach sechs Kilometern kommt man zur Kreuzung *Stengelsrud*, wo man die Straße 37 nach Rjukan (106 km; s. S. 163) links liegenläßt. Die nach links abzweigenden Straßen führen in die Blefjell-Berge.

Über die *Grettefoss-Brücke* gelangt man an das Ostufer des Lågen. Unweit von hier liegt in *Dyrebru* die um 1300 errichtete Kirche von Svene, die 1433 an den heutigen Standpunkt gebracht und um die Mitte des 18. Jahrhunderts erweitert wurde.

Kurz hinter *Lampeland*, 22 km, zweigt rechts eine Straße nach Sigdal (112 km) ab, die an der Lyngdal-Kirche aus dem Ende des 17. Jahrhunderts vorüberführt. In

Flesberg (⛺), 114 km, steht eine Stabkirche aus dem ausgehenden 12. Jahrhundert. Sie wurde 1735 mit einem Querschiff versehen. An der Westseite ist das reichgeschnitzte Portal erhalten geblieben.

Auf der *Djupdal-Brücke*, 127 km, überquert man den Fluß erneut, es folgen das Gasthaus *Numedal kro* und die Ortschaft *Stærnes*, 130 km. Wenn man auf die andere Seite des Flusses wechselt, kommt man auf einer kleinen Straße (8 km) nach *Rollag* mit seiner *Stabkirche*. Sie wird 1425 zum erstenmal erwähnt, ist aber sehr viel älter. Im Lauf der Jahrhunderte wurde sie mehrfach restauriert, auch vergrößert und erhielt eine Innenausstattung im Renaissance- und im Barockstil. Die ältesten Teile sind die hohen Säulensockel. Einige hundert Meter von der Kirche entfernt ist das Pfarrhaus mit seinen Nebengebäuden, alle aus dem 18. Jahrhundert.

Die Straße nach Rollag und die Straße 40 stoßen in *Veggli* (⌂), 145 km, bei der Mykstu-Brücke wieder zusammen. Die Straße 40 führt auf das Ostufer des Lågen und erreicht kurze Zeit später den durch den Norefjord verlängerten *Kravikfjord.* In *Mellom-Kravik,* 160 km, sieht man einige für diese Gegend typische Wohnhäuser, die unter Denkmalschutz stehen; eines der Häuser hat das gleiche Portal wie die Stabkirche von Uvdal (s. rechts) an ihrer Westseite.

Bei der Brücke von *Hvale,* 163 km, liegt auf dem gegenüberliegenden Ufer des sehr engen *Norefjords* die Kirche von *Nore* (⌂, ⌂), die in der zweiten Hälfte des 12. Jahrhunderts in dem nach einer dänischen Kirche benannten Kalundborg-Stil erbaut wurde (die Nore-Kirche ist die einzige dieses Stils in Norwegen): Die Querschiffe der kreuzförmigen Kirche enden in kleinen Apsiden mit Türmen, das Schiff hat in der Mitte einen kleinen Glockenturm. Innen werden die Mauern von 16 Säulen gestützt, eine Mittelsäule von beachtlichen Ausmaßen trägt den Glockenturm. Die freien Flächen sind mit Blumenmustern in lebhaften Farben bemalt. Auf der Mittelsäule sind Runeninschriften zu sehen, eine lautet „Verleihe mir deine Güte", eine andere dürfte wohl eine bis heute nicht deutbare Zauberformel sein.

Wirtschaftlich ist das Tal wegen

der großen Wasserkraftwerke von Nore bedeutsam. In *Rødberg*, 178 km, gibt es Industrie, und von hier aus verläuft eine schmale Straße durch die Berge, vorbei an der Talsperre Tunnhovddammen nach Tunnhov (30 km) am nördlichen Ende des Tunnhovdfjords und weiter bis Nesbyen (56 km) an der Straße 7 (s. S. 179).

Nach einer Fahrt von 105 Kilometern von Kongsberg geht rechts ein Weg ab zur

**Stabkirche von Uvdal, 187 km. Sie ist eine der typischen Stabkirchen des Numedaltyps, die in der Mitte des Schiffes einen mächtigen Pfeiler, den „stav" haben. Auf ihm ruht die Dachkonstruktion, er hat einen Sok-

Stabkirche von Uvdal

kel und ein zylindrisches Kapitell. Die Kirche wurde in der zweiten Hälfte des 12. Jahrhunderts mit nur einem Schiff und einem gleichlangen Chor erbaut. Das Querschiff wurde später hinzugefügt. An der Nordseite liegt die Sakristei, an der Westseite das „Vapenhus", ein Vorraum, in dem man vor Betreten der Kirche die Waffen ablegen mußte. Dieser Waffenraum ist in Nordeuropa ziemlich häufig zu finden. Innen ist die Kirche reich mit bunten Motiven aus der Renaissance und mit den für diese Gegend typischen Rokokomalereien mit Blumenmotiven und Bibelszenen geschmückt. Unmittelbar daneben findet man groteske Masken aus der Bauzeit der Kirche.

An der Straße liegt das Dorf, das der Kirche den Namen gegeben hat, *Uvdal*, 190 km, in 500 Meter Höhe.

Man fährt nun über *Bjørkeflåta*, 198 km, nach *Hagen*, 200 km, wo links eine Straße über *Jøndalen* in den Urlaubsort Solheimstølen führt. Die Landschaft wird vom Berg Imingfjell beherrscht. In *Brøstrud*, 204 km, das auf 900 Meter Höhe sehr schön gelegen ist, gibt es eine Hütte des Königlichen Automobilklubs. Die Straße steigt steil an und kommt an mehreren Urlaubsorten vorbei, an *Vasstulan*, *Torsetlia* und *Dagali* (900 m). Von *Fetjan*, 145 km, aus hat man einen großartigen Blick über die Hochfläche *Hardangervidda* (größter norwegischer Nationalpark) und über das Massiv des *Hallingskarvet* weiter im Norden. Die Straße 40 erreicht hier die Höhe von 1063 Meter und senkt sich dann. In *Skurdalen*, 233 km, steht eine moderne Kirche, die 1969 nach den Plänen von Skog (Vater und Sohn) erbaut wurde; es ist eine niedrige Bergkirche, die sich der Umgebung anpaßt.

Es geht noch einmal bis zu einer Höhe von 1007 Meter hinauf, dann fährt man hinunter in das nur mehr 794 Meter hoch gelegene

Geilo, 245 km, siehe Seite 177. Von hier aus fährt man über *Hardangervidda*, u. a. mit einem wunderschönen Blick auf den rechts liegenden Gletscher *Hardangerjökulen* und passiert den 182 m in eine Schlucht stürzenden *Vøringfossen*, bevor eine dramatische Abfahrt durch mehrere Tunnel in dem kleinen Ort *Eidfjord* endet. Hier öffnet sich die Landschaft plötzlich zum Hardangerfjord hin. Über die Fähre *Brimnes–Bruravik* (10 Min./Pendelverkehr) und einen 10 km langen Tunnel nach *Granvin* geht es schließlich nach *Kvanndal*, 356 km. Von dort folgt man der Route 5 nach Bergen (s. S. 157).

B: Kongsberg – Haukeligrend – Utne

Man verläßt *Kongsberg* (s. S. 158) auf der Kirkegata und gelangt auf die Straße 11, die an den Bergwerken von *Saggrenda* vorbeiführt. Hinter *Meheia*, 95 km, kommt man in die Provinz Telemark. Dieses Bergland erstreckt sich zwischen den Provinzen Vestland und Buskerud, es hat herrliche Wälder und Täler, die oft grün und lieblich sind, manchmal aber auch rauh und schroff. Man findet alte Häuser, die nicht mit Stroh, sondern mit einer Wasenschicht gedeckt sind, auf der Gras und manchmal sogar kleine Sträucher wachsen. Das Kunstgewerbe von Telemark – Holzschnitzereien, Goldschmiede- und Webarbeiten – ist weithin bekannt. Die Kraftwerke von Telemark versorgen zahlreiche Industriewerke mit Strom.

Von *Gausta*, 110 km, aus hat man einen schönen Blick über die Landschaft, ehe man nach

Notodden, 113 km, kommt, einer kleinen Industriestadt an der Mündung des Tinnelva in den Heddalsee. Fünf Kilometer weiter gelangt man zur

**Stabkirche von Heddal. Man nennt die dreischiffige Stabkirche oft „Kathedrale unter den Stabkirchen". Sie wird bereits 1315 in einer Urkunde erwähnt. Aus dieser Zeit stammen die geschnitzten Portale, die Ornamentik aus Rankenwerk, Fabeltieren und bizarren Köpfen. Die Innenausstattung entstand im 18. Jahrhundert. Bei Restaurierungsarbeiten kamen 1954 Wandmalereien zum Vorschein, außerdem gibt es mehrere Runeninschriften.

In der Nähe der Kirche liegt das Heimatmuseum *Heddal og Notodden bygdemuseum.*

Man fährt weiter bis *Ørvella*, 130 km, wo nach rechts die Straße 361 nach *Ørmemyr* (21 km) und zu den Norsk-Hydro-Werken abzweigt. In *Sauland*, 134 km, einem typischen Telemarkdorf, geht rechts eine Straße ab, die durch das Tuddal nach Rjukan (s. S. 163) führt; im Ort Tuddal (29 km) ist eine interessante kleine Landkirche zu sehen.

An der Brücke von *Flateland*, 153 km, kann man nach rechts zur Kirche von Hjartdal fahren. Die Straße steigt inmitten einer Almlandschaft gemächlich an. In *Nutheim*, 162 km, hat man eine schöne Aussicht auf die Umgebung. Dann fährt man über die Brücke *Flatdal bru*, 164 km, und kommt nach *Flatdal* mit Resten einer alten Stabkirche. Kurz vor *Seljord* ist eine

prähistorische Fundstätte in der Nähe der *Vallar bru;* es gibt hier mehr als 150 Hügelgräber aus der Eisenzeit. Links geht die Straße 36 nach Skien ab.

Am Ufer des gleichnamigen Sees liegt *Seljord*, 174 km. In der Olavskirche aus dem 12. Jahrhundert sind eine große Altarwand, die aus Deutschland stammt, und Wandmalereien aus dem 17. Jahrhundert zu sehen. In der nächsten Ortschaft, *Brunkeberg*, 187 km, zweigt links die Straße nach Kristiansand (185 km) ab.

In *Morgedal*, 195 km, hat man am Straßenrand eine Gedenksäule an den Skipionier Sondre Nordheim (1825–1897) errichtet; er wurde im nahen Øvrebøstua geboren. Morgedal hat ein kleines Museum mit Erinnerungen an den Südpolforscher Olav Bjaaland.

Vorüber an *Høydalsmo*, 209 km, mit seiner sehenswerten Kirche kommt man nach *Åmot*, 226 km. Hier zweigt die Straße 38 nach Dalen (622 km) ab sowie die Straße 37 in das Bergland um Rjukan.

Abstecher nach Rjukan (65 km)

Man fährt auf der Straße 37 bis *Krossen*, 18 km, wo die Straße 362 links am Ufer des Tokavatn vorbei an der Kirche von Rauland nach dem Urlaubsort Arabygdi (25 km) führt. Auf dem Weg nach Rjukan komt man in eine Gegend, die mehrere Monate im Jahr im Zeichen des Skisports steht.

Die Straße erreicht in *Flokketjørn* eine Höhe von 1004 Metern und führt an mehreren großen

Berghotels und Gasthöfen vorüber.

Die Straße führt weiter bergauf und bergab durch eine großartige Landschaft. Nach 65 Kilometern Fahrt erreicht man

Rjukan. Die kleine Industriestadt im engen Vestfjord-Tal besitzt das Heimatmuseum *Rjukan og Tinn museum*, das Sammlungen einheimischer Wohnkultur und alter Handwerkerkunst enthält. Auf den Gipfel des *Gvepseborg* (890 m) fährt eine Seilbahn (Krossobanan); die Aussicht auf die Berge ist sehr eindrucksvoll.

Den *Gausta* (1883 m), der sich über der Stadt erhebt, kann man mit dem Auto erreichen, nur das letzte Stück muß zu Fuß zurückgelegt werden.

In der Nähe der Stadt ist das Wasserkraftwerk *Vemork*, in dem das für die Kerntechnik wichtige Schwere Wasser hergestellt. wird. In der Nacht vom 27. zum 28. Februar 1944 gelang es norwegischen Widerstandskämpfern und britischen Fallschirmspringern, das Werk durch einen Sabotageakt außer Betrieb zu setzen und damit die deutschen Forscher, die an der Entwicklung einer Atombombe arbeiteten, vom Nachschub abzuschneiden.

Die Straße 37 geht von Rjukan aus nach Kongsberg (s. S. 158) weiter (82 km von Åmot).

*

Von *Åmot* gelangt man auf der Straße 11 nach *Vinje,* 239 km, mit einer aus den letzten Jahren des 18. Jahrhunderts stammenden Kirche, deren Bänke Dagfin

Werenskiold mit symbolischen Darstellungen schmückte. Zwei Kilometer weiter ist eine Gedenkstätte für die Kämpfer, die beim Überfall auf Norwegen am 27. April 1940 fielen.

In *Edland,* 262 km, zweigt rechts die Straße 362 nach Arabygdi (15 km) und Rauland (33 km) ab. Dann erreicht man den vielbesuchten Gebirgsort

Haukeligrend, 265 km. Von hier führt die Straße 39 nach Kristiansand (248 km). Diese Strecke ist als Route 7 auf den Seiten 164/165 beschrieben.

Hinter Haukeligrend wird die Landschaft wilder und abwechslungsreicher. Die Berge rücken näher, und man kommt an vielen tiefen Schluchten vorüber. Im Ort *Vågslid* gibt es ein weiteres Berghotel (🏨).

Nach dem Tunnel von Prestegard gelangt man nach *Haukeliseter* (294 km). Es liegt in einem Feriengebiet, das Ausgangspunkt ist für Touren in der nördlich von hier gelegenen Hochfläche Hardangervidda und im Ryfylke-Massiv im Süden. Überall in der Umgebung gibt es gute Skipisten.

Man passiert *Dyrskar* (Sommerskigebiet) und den 5682 Meter langen Haukelitunnel, der in 1085 Meter Höhe in *Midtlæger* endet. Hinter *Svandalsflona,* 312 km, folgen weitere Tunnel, in denen man wegen des starken Gefälles und der engen Kurven sehr vorsichtig fahren sollte. In *Nyastøl,* 315 km, biegt eine Straße hinauf in die Bergorte Valldalseter und Middalsbru ab.

Røldal (⚠), 318 km, liegt in einer schönen Landschaft, es hat ein großes Kraftwerk. Die wichtigste Sehenswürdigkeit ist die *Stabkirche,* die 1462 zum erstenmal erwähnt wird. Die Kirche stammt wahrscheinlich aus dem 12. Jahrhundert. Wandmalereien aus dem 17. Jahrhundert sind im Chor und im Schiff teilweise erhalten. Altarwand und Kanzel wurden von Gottfried Hendtzchen bemalt, der auch in Setesdal, Telemark und Agder gearbeitet hat. Die Kirche war in mittelalterlicher Zeit das Ziel von Wallfahrten.

Man kommt nach *Horda,* 327 km, am Westufer des Røldalsvatn, mit Skisenter und zwei Skiliften, die bis auf 1250 Meter hinaufführen. Im Sommer werden Wanderungen zum Folgefonn-Gletscher organisiert.

Die Strecke von Horda über Utne nach Bergen ist im Verlauf der Route 5 auf den Seiten 156/157 beschrieben. Auf der dortigen Strecke A erreicht man

Bergen (s. S. 113) nach einer Fahrt von 522 Kilometern, auf der Strecke B nach 518 Kilometern (von Oslo aus gerechnet).

Route 7: Haukeligrend – Kristiansand (238 km)

Diese Route durch das *Setesdal* führt durch eine der fesselndsten Landschaften Norwegens. Das Gebiet war bis in die jüngste Zeit ziemlich isoliert, und so haben sich in den Tälern Brauchtum, Sprache, Tracht und Kunsthandwerk (vor allem Gold- und Silberfiligranarbeiten) fast unverändert erhalten. Die verstreut liegenden Bauernhöfe und Almen haben ebenfalls ihren Charakter weitgehend erhalten.

Die Route beginnt in *Haukeligrend* (s. S. 163), wo man auf die Straße 39 fährt. Es geht am *Langeivatn* und am *Sessvatn* entlang, man erreicht *Bjåen,* 16 km, am *Breivatn,* ehe man nach *Bykle* (△), 55 km, gelangt und überquert einige Hochebenen. Bykle ist ein großes, inmitten einer hügeligen Weidelandschaft gelegenes Dorf. Die Gegend ist übersät mit kleinen, fischreichen

Seen, es gibt hier viele Wanderwege.

In *Flateland,* 76 km, zweigt links eine Straße zum Setesdalmuseum ab (2 km), das aus einigen alten Bauernhäusern aus dem 16. Jahrhundert besteht. Auf der Straße kommt man bald darauf nach *Valle i Setesdal* (⌂, △), 86 km, einem hübschen Bergdorf mit alten Häusern. Über *Hallandsbru* und *Hallandsfossen* kommt man zur Brücke von *Kåvenes,* 96 km, und fährt am Westufer der Otra entlang. Über der Straße ragt der Berg *Glamfjell* auf. Die Landschaft wirkt streng und unberührt.

Die Straße bahnt sich den Weg durch das enge Otratal, in dem seit Jahrhunderten Silberfiligranschmuck gefertigt wird. Die meisten Silberschmiede leben in den Ortschaften *Helle* (△) und *Hylestad.*

Über die Brücke von *Storstraum*, 139 km, erreicht man wieder das Ostufer der Otra, die sich hier zum *Sandnesfjord* erweitert. *Bygland*, 143 km, ist ein großes Gebirgsdorf mit mehreren sehr alten Häusern, in der näheren Umgebung gibt es zahlreiche Wanderwege.

Die Straße führt nun dicht am *Byglandsfjord*, einer weiteren Verbreiterung der Otra, vorbei. In diesem Teil des Setesdal findet der Besucher mehrere zwischen 1820 und 1830 erbaute Kirchen mit achteckigem Grundriß.

Bei *Evje*, 177 km, einer kleinen Industriesiedlung (Nickel- und Kunststoffwerke) gelangt man auf das Westufer und kommt an mehreren landschaftlich sehr schön gelegenen Seen vorüber, so am *Eivgelandsvatn* und am *Langevatn*. In *Homesteane*, 225 km, führt rechts ein Weg nach Mushom (3 km), wo 1929 der älteste Ski Norwegens gefunden wurde, der im Osloer Skimuseum ausgestellte Øvrebrø-Ski.

Nach einer Fahrt von 238 Kilometern erreicht man die Stadt

Kristiansand (s. S. 146).

Route 8: **Oslo – Fagernes – Lærdal – Voss – **Bergen (491 km)

Die Europastraße 16 ist eine der großen Querverbindungen in Norwegen. Im Gebiet von Ringerike und bis Fagernes ist sie eine belebte, durch hügeliges Gelände führende Straße, an der es relativ viele Dörfer und kleinere Siedlungen gibt. Die Straße wird jedoch vom Vangsmjøsa-See ab etwas einsamer. Auf weiten Strecken herrscht geringer Verkehr, vor allem zwischen Hugostua und Lærdal sowie zwischen Gudvangen und Voss. Die Fahrt ist dennoch interessant und eindrucksvoll: Sie führt durch die dunklen Wälder von Valdres, zum stark verästelten und von Felswänden eingeschlossenen Sognefjord, vorbei an smaragdgrünen Fjorden und Bergen, die oft noch im August verschneit sind.

Die 491 Kilometer lange Route geht größtenteils über die leicht zu fahrende Europastraße 16.

Hinter Fagernes steigt und fällt sie allerdings unaufhörlich, zudem ist sie hier recht kurvenreich. Etwas schwieriger sind die Strecken von Gudvangen bis Voss und im Tokagjell-Massiv. Auf dieser Route gibt es nur eine einzige Fährstrecke.

Man verläßt Norwegens Hauptstadt **Oslo (s. S. 85) und fährt auf der Europastraße 18 nach *Sandvika* (🏨), 18 km. Hier biegt man auf die E 16 ab. Zwei Kilometer weiter führt links eine Straße zur Kirche von Tanum, mit ihren *Statuen und Fresken aus dem 13. Jahrhundert. Vor der Kirche sieht man Grabhügel aus der Eisenzeit.

Auf der E 16 weiterfahrend, erreicht man *Sollihøgda* (🏨), 27 km, Ausgangspunkt für Wanderungen und Skitouren in den Landschaften Vestmarka und Nordmarka. Nach links zweigen die Straßen 285 und 284 ab, die am Südteil des Tyrifjords entlang nach Vikersund (49 km) und Åmot (60 km) führen.

Der *Tyrifjord* ist der fünftgrößte See Norwegens. An seinem Westufer entlang fährt man bis *Skaret*, 19 km (sehr schöner Blick über den See). Dann folgt die hübsche kleine Stadt

Sundvollen, 44 km. Sie war jahrhundertelang Rastplatz der Pilger, die zum Grab des heiligen Olav nach Nidaros (Trondheim) wallfahrteten. Heute ist sie Ausgangspunkt für einige schöne Ausflüge in die Nordmarka: Es gibt eine Straße auf den Gipfel des *Krokkleiva* und zahlreiche Wanderwege. Eine 5 Kilometer lange Straße führt nach dem 405 m hoch gelegenen *Kleivstua*, von wo aus man zu Fuß zum Aussichtspunkt *Kongens utsikt* („Königsaussicht") kommt (20 Min.). In der Nähe der Stadt sind **Felszeichnungen* (*helleristninger*) aus der Bronzezeit, die fünf Schiffe zeigen. Auf dem See Tyrifjord werden Schiffsausflüge veranstaltet.

Am Ortsende von Sundvollen überquert die E 68 die große Brücke zwischen Tyrifjord und Steinsfjord. Bei *Vik*, 47 km, zweigt links eine Straße ab nach

Bønsnes, einem Ort, der bereits in der altnordischen Fridthjofssaga erwähnt wird. Im 11. Jahrhundert war hier ein Sigurd mit dem Beinamen Syr, also Sau, Herr. Er heiratete Königin Åsa, und beider Sohn war Harald Hardråde, der 1066 in England fiel. Königin Åsas Sohn aus erster Ehe war Olav Haraldson, der heilige Olav. In der im 12. Jahrhundert erbauten **Kirche*

von **Bønsnes** steht eine sehenswerte Marienstatue.

In *Norderhov*, 54 km, kann man eine Kirche mit sehr schöner Innenausstattung besichtigen, die Kanzel stammt aus dem Jahre 1582. Hier steht auch das interessante Heimatmuseum **Ringerikes Museum*. Unweit von hier, rechts der Straße, hebt sich der Grabhügel *Halvdanshaugen*, vermutlich Grabstätte von Halvdan Svarte (der Schwarze).

Hønefoss (27 000 Einw.), 59 km, ist ein wichtiger Eisenbahn- und Straßenknotenpunkt sowie Verwaltungssitz von Ringerike. Es liegt am Zusammenfluß von Randselva und Ådalselva in der Nähe eines Wasserfalls. 1337 zum erstenmal urkundlich erwähnt, ist es heute eine Industriestadt (Textil, Spielzeug, Büromaterial, Karosseriebau). Sein Aufblühen hat Hønefoss vor allem dem Bau der Bahnlinie von Oslo nach Bergen gegen Ende des 19. Jahrhunderts zu verdanken. Im Norden der Stadt liegt das Museum für Raumkunst *Riddergården*, das auch Wohnungseinrichtungen aus dem 14. Jahrhundert besitzt.

Man verläßt Hønefoss auf der Torgate und kommt an eine Kreuzung, wo man zu einem

Umweg über den Randsfjord abbiegen kann. Man fährt nach Nordosten und kommt über den kleinen Industrieort *Jevnaker* (bekannt wegen seiner Glasbläsereien „Randsfjord" und „Handeland"; 🏠) zum *Randsfjord*, an dessen Ostufer die Straße 35 verläuft. Bei der Kreuzung von

Vang (13 km von Hønefoss)
zweigt rechts die Straße 4 nach
Oppdalen (13 km) ab. Sie führt
an der Kirche von Lunnar vorüber, an deren Südseite noch
schöne Reliefs des ursprünglich
romanischen Baus zu sehen sind.

Die Straße 240 führt an der Kirche von Jevnaker vorbei und
weiter nach *Grymyr.* Hier kann
man rechts nach Gran (12 km)
fahren und zu den Kirchen von
Granvollen: zur Søsterkirke
(wie der Name sagt, von zwei
Schwestern erbaut), zur Mariakirke aus dem Jahre 1100 und
zur Nikolauskirche (1150); auf
dem Friedhof ist ein Runenstein
zu sehen und das Grab des Dichters A. O. Vinje. Drei Kilometer weiter, in Gamme, sind 17
Hügelgräber aus der Eisenzeit.

Auf der Straße 240 kommt man
38 Kilometer von Hønefoss zur
Kirche von *Tingelstad,* die um
1100 in romanischem Stil erbaut
wurde und heute zum Heimatmuseum Hadeland Folkemu-
seum gehört. In *Brandbu* (⚐)
geht rechts die Straße 4 ab (74
km bis Oslo), nach Norden führt
sie nach Gjøvik (55 km) und an
den Mjøsa-See.

In einer Gegend mit vielen Obstbäumen nähert man sich bei *Røy-
kenvik,* 43 km, wieder dem
Randsfjord. Von *Fall,* 80 km,
gab es früher eine Fähre nach
Brager am gegenüberliegenden
Ufer. Eine Kirche aus dem 18.
Jahrhundert mit interessantem
Inneren findet man in *Hov* (🏚),
83 km. Kurz danach gelangt man
an eine Kreuzung: die Straße 247
geht rechts ab, um nach zehn Kilometern die Straße 33 von
Svingvoll nach Gjøvik zu erreichen. Geradeaus fährt man wei-

ter jetzt auf der Straße 34, nach
Fluberg, 94 km, in dessen Kirche
(Beginn des 18. Jh.) Bildnisse
dänisch-norwegischer   Könige
und Pfarrer hängen. Bei der
Kreuzung von *Svingvoll,* 95 km,
zweigt die Straße 33 rechts nach
Gjøvik (28 km) ab. Die Straße
34 läßt Odnes am Seeufer links
liegen und erreicht nach 109 Kilometern

Dokka (3500 Einw.), einen kleinen Ferien- und Industrieort
(Zement, Lederwaren, Kunst-
stoffe, Maschinen). Das Land-
museum ist vor allem der Wohnkultur der ländlichen Bevölkerung gewidmet.

Nordsinni, 116 km, besitzt eine
Barockkirche, die 1898 hier errichtet wurde. 4000 Jahre alte
*Felszeichnungen, die erst 1961
entdeckt wurden, kann man in
Møllerstugufossen, 122 km, sehen; die Elchdarstellungen sollten eine erfolgreiche Jagd her-
beiführen. Die Brücke von *Høljerasta,* 125 km, war bei der
deutschen Besetzung Norwegens im April 1940 hart um-
kämpft, wie auch der weitere
Verlauf der Straße bis hinauf
nach Bjørgo Schauplatz heftiger
Kämpfe war; mehrere Gedenktafeln und Denkäler erinnern
daran. In *Bjørgo* stößt man nach
dem 150 Kilometer langen Umweg wieder auf die Europastraße 16.

*

Von *Hønefoss* (s. S. 166) fährt
man auf der E 16 nach *Hen,*
67 km, und *Hallingby,* 68 km, im
Ytre Ådal. Die ganze Gegend
nördlich von Hønefoss ist bekannt wegen ihrer fischreichen
Seen und Flüsse. In *Ringen,*
86 km, führt eine Brücke über

den *Sperillen-See.* Auf dem Westufer führt eine mautpflichtige Straße an der 1702 erbauten Kirche von Viker vorbei.

In *Bjonevika* zeigt rechts eine Straße nach Vassenden und zum Randsfjord (14 km) ab. Die kleine Kirche von *Nes*, 114 km, enthält eine riesige Altarwand. Links geht die Straße 243 zur Stabkirche von Hedal ab, die wir erst von der nächsten Abzweigung besuchen. Unsere Route geht vorher nach *Tellefsrud*, 134 km, dann an der Kirche von *Begndalen* vorbei bis zur Abzweigung (8 km) zur

**Stabkirche von Hedal. Obwohl sie erst im Jahre 1327 zum erstenmal erwähnt wurde, ist die eindrucksvolle Holzkirche sehr viel älter. 1738 wurde sie erweitert. Das Schiff, in das man durch ein reichgeschnitztes Portal gelangt, gehört wie der Umgang zum ursprünglichen Bau. Aus der Bauzeit stammen unter anderem auch ein Reliquiar mit Drachenköpfen und das Kruzifix. Die hübschen Malereien mit biblischen Motiven sind aus dem 17. Jahrhundert.

In der Sakristei werden alte Münzen und das Fell eines riesigen Bären aufbewahrt. An dieses Fell knüpft sich folgende Legende: Nach der Pestepidemie von 1350, die die Täler entvölkerte, überwucherte der Wald die menschenleeren Dörfer und Weiler. Eines Tages wagte sich ein Jäger tiefer als gewöhnlich in den Wald. Dabei kam er zu einer verlassenen Kirche, in deren Tür noch der Schlüssel steckte. Als er die Kirche betrat, fand er vor dem Altar einen riesenhaften Bären und tötete ihn.

Zurück auf der E 16, die jetzt entlang des Flusses *Begna* verläuft, kommt man zum kleinen Industrieort *Bagn*, 158 km. Die Holzkirche stammt aus dem Jahre 1735, ihre Kanzel und Altarwand sind typisch für die barocken Kirchenausstattungen dieser Gegend. Nach links zweigt eine Straße (3 km) ab zur

*Stabkirche von Reinli. Sie ist einschiffig wie die Hedal-Kirche. Die Kirche wird zwar erst 1327 in Urkunden genannt, damals muß sie jedoch schon längere Zeit bestanden haben. Die Kanzel stammt aus der Renaissance. Die den Chor umlaufende Galerie trägt die Inschrift: ,,Hier ruht Sira Thord, der dazu beitrug, diese Kirche zu verschönern. Pater noster.''

Man fährt weiter nach *Bjørgo*, 169 km, wo man auf die Straße 33 trifft, die auf unserer Route als Umweg über den Randsfjord (s. S. 166) diente. Die E 16 verläuft weiter durch eine sich stark vom restlichen Teil des Valdres-Gebiets unterscheidende sanfte Hügellandschaft. In *Aurdal*, 173 km, schrieb Knut Hamsun seinen Roman „Victoria". Die Kirche des Ortes wurde im 18. Jahrhundert gebaut. Es folgen *Leira*, 182 km, in dem links die Straße 51 nach Gol (s. S. 178) abzweigt, und als Verkehrsknoten- und Handelsmittelpunkt des Valdres

Fagernes (3000 Einw.), 186 km. Dank seiner günstigen Lage an den Ufern des *Strandfjords,* wo sich die Straßen nach Gol, Lillehammer, in das Jotunheimen-Massiv und an den Sognefjord treffen, ist dieses große Dorf als Urlaubsziel sehr beliebt.

Das *Folkemuseum* ist nicht ein Heimatmuseum wie jedes andere: Man kann hier regionale Gerichte probieren, hier werden Volkstänze und Volkslieder aufgeführt u. a. Es besteht aus mehr als 70 alten Häusern.

Von Fagernes aus kann man auf der in Route 12 in umgekehrter Richtung beschriebenen Strecke (s. S. 194) nach Lillehammer und ebenfalls in umgekehrter Richtung der Strecke nach Bygdin (s. S. 196) gelangen.

Auf unserer Route weiterfahrend, kann man beobachten, wie sich hinter Fagernes die Landschaft verändert. Sie wird herber, und bald sieht man das mit ewigem Schnee bedeckte Hochgebirge vor sich.

In *Ulnes* (⌂), 195 km, steht eine mittelalterliche Kirche, deren Innendekoration (14. Jh.) im Stil der religiösen Volkskunst des Valdres gehalten ist. Links zweigt der Panoramaveien ab; diese Panoramastraße verbindet das Valdres-Gebiet mit Hemsedal und führt über Nøsen auf die Straße 52 (Gol – Borlaug; s. S. 178/179).

Inmitten der von Fichten bestandenen Berge liegt die kleine Industriesiedlung *Fossheim,* 200 km. Die Bergwelt hat viele Maler inspiriert, darunter auch den Prinzen Eugen (1865–1947), Bruder des schwedischen Königs Gustav V. und Onkel des 1973 verstorbenen Königs Gustav VI., der hier um 1890 die heute im Stockholmer Waldemarsudde hängenden Bilder schuf. Von Fossheim führt rechts ein Fahrweg nach Garbergfeltet. Hier befinden sich 300 Hügelgräber aus dem 5.

Jahrhundert n. Chr., also aus dem Beginn der Wikingerzeit, und der Runenstein von Einang, der einzige Norwegens, der an seinem ursprünglichen Platz geblieben ist. – Interessante Mineraliensammlung im *Fossheim-Steinsenter.*

Über *Røn,* 202 km, und *Einang,* 208 km, kommt man nach *Vestre Slidre* mit einer interessanten, um 1150 erbauten Kirche. Sieben Kilometer weiter führt die Straße an der 1170 entstandenen Stabkirche von *Lomen* mit ihrem schönen Portal vorüber.

Man kommt nach *Ryfoss*, wo rechts eine Straße abbiegt, die am Nordufer des Vangsmjøsa entlang nach Eidsbru führt, wo sie wieder in unsere Route mündet. An dieser Nebenstraße, kurz hinter Ryfoss, steht eine

*Stabkirche bei Hurum. Von ihr berichtet eine Chronik erst 1327, aber eine Runeninschrift hinter der Kanzel erzählt: „In dem Sommer, in dem Graf Erling in Nidaros fiel, haben die Brüder Elling und Audun das Holz für diese Kirche fällen lassen." Der Graf fiel 1179.

Das Schiff ist hell und luftig, was man bei den norwegischen Holzkirchen selten findet. Der Grund dafür ist die Konstruktion, die von nur vier Pfosten gehalten wird. Die Kapitelle sind mit verschlungenem Rankenwerk und grotesken Masken geschmückt.

Die E 16 erreicht den *Vangsmjøsa-See* und verläuft auf dem Südufer weiter, über dem sich der *Bergsfjell* (1614 m) und der *Grindane* (1724 m) erheben. Am Fuß dieser Berge und am Seeufer liegt der Ferienort *Grinda-heim,* 236 km. In der Nähe der Kirche steht ein sorgfältig bearbeiteter großer Runenstein mit der Inschrift: „Die Söhne des Gåse haben diesen Stein für ihren Neffen Gunnar errichtet." Die nahegelegene Kirche von *Vang* steht an der Stelle einer Stabkirche aus dem 12. Jahrhundert; sie wurde 1841 an den preußischen König Friedrich Wilhem IV. verkauft, der sie in Brückenberg im Riesengebirge aufstellen ließ. In der Nähe von *Øye* kann man eine Kirche besichtigen, die im Jahre 1747 erbaut worden ist. Zu ihrem Bau wurde das Material einer aus dem 12. Jahrhundert stammenden Stabkirche verwendet.

Am Ende des Vangsmjøsa-Sees liegt der Ort *Eidsbru,* 251 km. In östlicher Richtung erheben sich das *Skutshorn* (1628 m) und das *Vennisfjell* (1777 m). Der Weg führt weiter über *Skogstad,* 256 km, zu dem reizvoll gelegenen Dorf *Hugostua,* 263 km, einem beliebten Wintersportort.

Von hier kann man einen

Abstecher nach Årdalstangen (49 km)

machen. Man fährt auf der Straße 53 vier Kilometer weit bis *Tyin,* inmitten einer herrlichen Gebirgslandschaft am Ufer des in 1078 Meter Höhe gelegenen Tyin-Sees. Von hier aus kann man auf der am Ostufer des Sees verlaufenden Straße 252 (Wintersperre) in die Ferienorte Tyinholmen (16 km) und Eidsbugarden (19 km; ⌂), die am Ende des Bygdin-Sees liegen (s. S. 196), gelangen. Von Eidsbugarden gibt es eine Schiffsverbindung mit der „Bitihorn" nach Bygdin;

dies ist die höchstgelegene regelmäßige Schiffsverbindung während der Sommermonate in Nordeuropa.

Die Straße 53 verläuft ab Tyin am Westufer des Sees und dann im engen Tyedal. Über *Sletterust,* 20 km, kommt man nach

Øvre Årdal (4000 Einw.; 38 km; ⛺). Die kleine Industriestadt liegt in einer sehr schönen Berglandschaft am Ende des *Årdalfjords.* Die Stadt verdankt ihre Existenz einem der größten Aluminiumwerke Europas, den „Årdal og Sunndal Verks". Bei Ausgrabungen wurde vor einigen Jahren eine Siedlung aus der Wikingerzeit gefunden, Ytre Moa, die aus sechs Häusern bestand. In der Nähe gibt es mehrere Hügelgräber. Auf einem Fußweg kann man das nördlich der Stadt gelegene *Hjelle* (8 km) am Utlafluß erreichen.

Man fährt nach Südwesten weiter und kommt nach

Årdalstangen (49 km). In diesem Urlaubsort bieten sich sehr schöne Gelegenheiten zum Bergsteigen und Wandern. Die Angelfreunde kommen auf ihre Kosten, Wassersportfreunde finden viele Möglichkeiten. Von hier aus verkehren Fähren nach *Kaupanger* (Verkehrsknotenpunkt, s. S. 201) und Solvorn (s. S. 200).

*

Hinter *Hugostua* verläuft die E 16 nach Südwesten, vorbei an einem Berggasthof, 271 km, und der neuen Thomaskirche, 1971 anstelle einer uralten Stabkirche

Die Fahrt durch die einsamen Landschaften des mittelnorwegischen Berglands führt an den Gipfeln des Trollstigheimen-Massivs vorbei.

Im ostnorwegischen Hamar, das 1152 Bischofssitz wurde, stehen die Ruinen einer romanischen Kathedrale in der Nähe eines Freilichtmuseums.

Unter hoch aufragenden Bergen liegt unweit des Nordfjords, am Südufer des klaren Strynsees, inmitten einer ruhigen Ferienlandschaft Oppstryn.

erbaut, die im 19. Jahrhundert zerstört wurde. Man kommt zum Ferienort *Maristova* (⚑ mit Hütten), 282 km, der schon im Mittelalter eine Poststation war: Das Gasthaus „Margrethestue" wurde nach der dänischen Königin Margarethe I. (1375 bis 1412) benannt, die hier eine Nacht verbrachte. Eine nahegelegene Berghütte stammt aus dem Jahre 1791.

Im Gebirgsdorf *Borlaug*, 290 km, mündet die aus Gol (s. S. 178) kommende Straße 52. Über *Kvamme*, kommt man nach *Borgund*, 303 km. Der Ort hat Wasserkraftwerke, gute touristische Einrichtungen und vor allem die

**Stabkirche von Borgund. Die zwischen 1150 und 1180 erbaute und dem heiligen Andreas geweihte Holzkirche ist neben der Heddal-Kirche (s. S. 161) die besterhaltene und zugleich ungewöhnlichste Stabkirche Norwegens. Einen Grundriß der Kirche findet man auf Seite 75. Sie hat ein sechsstufiges, mit Holzschindeln gedecktes Dach, das an einen riesigen Schuppenleib erinnert, und an den Enden der Firste züngeln Drachenköpfe. Das Westportal ist von verschlungenem Rankenwerk und Darstellungen kämpfender Drachen geschmückt.

Der Innenraum wirkt etwas streng. Hauptschiff und Seitenschiffe werden durch eine Reihe von Säulen getrennt, die mittels zweier durch die Seitenschiffwände gehaltene Querbalken verankert sind. Dadurch entsteht ein würfelförmiger Mittelraum. Unterhalb der Fensterzone sind die Säulen von Andreaskreuzen abgestützt, ganz

oben tragen sie Menschenköpfe und Fabeltiere.

Die Fahrt geht weiter über *Husum* nach *Slettevoll* nach *Lærdalsøyril/Lærdal*, 327 km. In dem Ort wird außer Schuhen auch Ziegenkäse (geitost) hergestellt.

Stabkirche von Borgund

In *Revsnes*, 347 km, legen die Fähren nach Kaupanger (s. S. 201; 15 Min.) und nach Gudvangen (2 Std. 5 Min.), die wir benutzen, ab. Außerdem gibt es hier eine Reihe von weiteren Fjord-Schiffsverbindungen. Die in der zerklüfteten Landschaft der Ausläufer des Sognefjords gelegenen Orte sind oft nur mit dem Schiff oder mit der Eisenbahn zu erreichen (sehenswerte alte Eisenbahn auf der Nebenroute Myrdal—Flåm der Strecke Oslo—Bergen). Flåm bekam erst vor kurzem eine Straßenverbindung mit Aurland und Gudvangen.

Die Überquerung des *Årdalsfjords*, des *Aurlandsfjords* und des *Nærøyfjords*, die alle drei Arme des Sognefjords sind, ist ein großes Landschaftserlebnis.

In *Gudvangen* (🏨, ⚑), wo man die Fähre verläßt, betritt die E 16 das enge Nærøy-Tal. Die hübsche Strecke zwischen *Holtenbru*, kurz vor Stalheim, und *Oppheim* mit vielen Kurven und Steigungsabschnitten ist inzwischen durch eine Tunnelstraße ersetzt worden, kann aber im Sommer weiterhin befahren werden. *Stalheim*, 360 km, ist ein Ferienort mit kleinem Heimatmuseum, *Oppheim*, 370 km, liegt am Ostende des gleichnamigen Sees in einer vom ewigen Schnee bedeckten Hochgebirgslandschaft. Man kommt nach *Vinje*, 373 km, wo man einen

Abstecher nach Vik und Vangsnes

machen kann. Die Straße 13 führt dazu durch schwieriges Gelände nach Norden an den Sognefjord. Nach zehn Kilometern erreicht man beim Hof von *Helgeland* die Höhe von 1000 Metern. Zwischen der Alm *Holaseter*, 18 km, und der Siedlung *Skjelingen*, 23 km, sind besonders schwierige Stellen. In der Nähe des Sees *Målsetvatn*, 30 km, kommt man am Målset-Kraftwerk vorüber. Bei *Svingen*, 40 km, hat man einen ausgezeichneten Blick über den Sognefjord. An einer *Hove*, 44 km, genannten Stelle war rechts eine alte heidnische Kultstätte. Nach einer Fahrt von 47 Kilometern von Vinje erreicht man *Vik i Sogn*, ein Dorf, das immer mehr Bedeutung für den norwegischen Tourismus bekommt. Etwa 800 Meter von der Straße steht die

*Stabkirche von Hopperstad, gedrungen wirkend und inmitten von Grün. Sie stammt wahrscheinlich aus den Jahren zwischen 1140 und 1150, ihr heutiges Aussehen erhielt sie allerdings erst beim Wiederaufbau im Jahre 1895. Innen wird das

Gebäude auf beiden Seiten des Schiffes von je sechs massiven Säulen gestützt. Die Kapitelle haben die Form von Glocken. In der Kirche findet man wenig Schnitzwerk, außer an dem von einem Baldachin überspannten Altar. Die im 13. Jahrhundert entstandenen Chorschranken verstärken den strengen Charakter der Kirche. Das Westportal hat im Gegensatz zum Innenraum reiche Schnitzereien.

Man fährt weiter bis *Vangsnes* (⚠) am Sognefjord, das bereits in einigen der in Island gesammelten Sagas erwähnt wird. In der Umgebung gibt es viele Hügelgräber (von Vangsnes aus Fähren nach Hella[-Balestrand] und Dragsvik; s. S. 201 und 217).

*

Von *Vinje* aus geht die E 16 nach Süden bis

Voss (15 000 Einw. in der Gemeinde, von denen 5000 im Ort selbst leben), 392 km. Über den *Strandverien* fährt man in diese kleine, am Ufer des *Vangsvatn* gelegene Handels- und Touristenstadt ein. Sie ist Ausgangspunkt für Bergtouren und mit Seilbahn, 3 Sessel- und 3 Schleppliften sowie 12 alpinen Pisten auch Austragungsort von Skiwettbewerben. Die Umgebung von Voss – Bulken, Mjølfjell, Oppheim (Sessellift) und Myrkdalen – umfaßt ausgedehnte Berggebiete, die von Mai/Juni bis Oktober für Wanderungen und von November bis Mai für Langlauf und Skiwandern hervorragend geeignet sind.

Die *Kirche* von Voss ist eines der schönsten gotischen Bauwerke Norwegens. Sie wurde 1270 an der Stelle einer 1023 von Olav Haraldson, dem heiligen Olav, errichteten Holzkirche erbaut, Mit Ausnahme einer Altarwand aus dem Mittelalter stammen Innenausstattung und Innenschmuck aus dem 17. Jahrhundert. Eigenartig ist die Kanzel mit ihrer Innentreppe.

In dem vor dem Zweiten Weltkrieg abgerissenen alten Pfarrhaus war der Dramatiker Ludvig Holberg (1684–1754) als Hauslehrer tätig.

Etwa einen Kilometer westlich von Voss kann man das 1270 erbaute Holzhaus *Finneloftet* sehen, das zweifellos älteste profane Bauwerk Norwegens. Es gehörte gegen Ende des 16. Jahrhunderts einem Mitglied der alten schwedischen Familie Tre Rosor. Heute ist hier ein Museum für Kunst und Brauchtum eingerichtet.

Südlich von Voss (1 km) kann man das kleine *Magnus-Dagestad-Heimatmuseum* besichtigen.

Eine Seilbahn führt nach *Hangurstoppen* in 660 Meter Höhe hinauf. Von dort aus hat man einen sehr schönen Blick auf den See und die Berge.

Bleibt man in Voss auf der E 16, fährt man auf der Nordseite des *Vangsvatn* über Bulken und folgt der Eisenbahnlinie und dem für seine großen Lachse bekannten Vosso-Fluß nach *Dale,* 432 km. Hier liegt Norwegens größte und über 100 Jahre alte Textilfabrik. Wer keine Eile hat und die saftig grüne Landschaft auf der Landseite der Insel *Osterøy* erleben möchte, kann auf der Straße 569 nach Stamnes fahren und die Fähre nach Vikanes benutzen. In Vikanes trifft man auf die westnorwegische Hauptstraße 1.

Von Dale geht es über *Vaksdal,* 448 km, und *Trengereid,* 459 km. Die Fahrt von hier nach

Bergen (Beschreibg. s. S. 113), 491 km, ist im Verlauf der Route 5 auf Seite 157 dargestellt.

Route 9: **Bergen – Kinsarvik – Geilo – Gol – **Oslo (483 km)

Von den drei Routen zwischen Oslo und Bergen bietet diese Route durch das Hallingdal einen interessanten Querschnitt durch die mittelnorwegische Landschaft: Die Überquerung des Tokafjell-Massivs, die Fahrt durch das wilde Måbødal und über das Hardanger-Plateau mit seinen Ferienorten, schließlich über die grünen Hügel des Hallingdal und ins Gebiet von Ringerike. Die Strecke von

Bergen (s. S. 113) bis Kinsarvik (130 km) ist auf den Seiten 156/157 in umgekehrter Richtung beschrieben. In *Kinsarvik* fährt man auf die Straße 7, den sogenannten Hallingdalsveien, der zunächst am *Eidfjord* entlangführt. Über *Ringøy,* 137 km, und *Bu,* 143 km, mit seinem kleinen Heimatmuseum Bugårdene kommt man nach *Brimnes,* 148 km, von wo aus eine Fähre nach *Brurarvik* (10 Min.) verkehrt.

Auf der Straße 7 weiterfahrend, gelangt man nach

Eidfjord (1000 Einw.), 149 km, über Bruravik-Brimnes, 159 km, über Kinsarvik, das inmitten einer Moränenlandschaft am Ufer des gleichnamigen Fjords liegt. Um die aus Sandstein gebaute Kirche St. Jakob gibt es eine Legende aus dem Mittelalter, nach der eine Frau die Kirche gestiftet habe, weil sie ihren Mann ermordet hatte. Im Chor der Kirche ist tatsächlich ihr Grab zu finden, das die Aufschrift trägt: „Hier ruht Ragna Åsulfsdatter, die diese Kirche baute. Sie starb in der Weihnachtsnacht."

Von Eidfjord aus kann man Bergwanderungen machen und auf Lachs- und Forellenfang gehen. Links zweigt eine Straße ins Simadal ab, wo das Sima-Kraftwerk, eines der größten Wasserkraftwerke Europas, mit Führungen besichtigt werden kann.

In *Sæbø* (⌂, ⚠), 156 km, zweigt rechts eine sehr schmale Gebirgsstraße nach Hjølmo (6 km) ab, von wo aus ein drei Kilometer langer Fußweg zum Wasserfall von Valur führt.

Das jetzt folgende Straßenstück ist eines der schönsten Westnorwegens. Eine 7 km lange Fahrt durch das enge, dramatische *Måbødal* ist mit zahlreichen Rastplätzen und Informationstafeln versehen, die den wunderschönen Ausblick in die Schlucht unter dem Wasserfall *Vøringfossen* ermöglichen. Wo früher eine schmale, kurvenreiche Straße an der Schlucht entlangkletterte, erleichtern heute vier Tunnel den Anstieg zum *Fossli-Touristzentrum,* wo man das Auto abstellen und den im-

ponierenden Wasserfall mit seinem ewigen Regenbogen näher in Augenschein nehmen sollte. In *Maurset,* 173 km, hat man die Höhe von 783 Metern erreicht und fährt auf die Hochebene *Hardangervidda,* die sich bis Geilo (s. S. 177) erstreckt und der größte norwegische Nationalpark ist. Hier ist der Winter ebenso eisig wie im hohen Norden Norwegens und ein Schneesturm genauso unbarmherzig; die Straße ist dann gesperrt.

Den höchsten Punkt (1246 m) erreicht die Straße beim Unterkunftshaus „*Dyranut Tuiristhytte*", 187 km. Von hier aus sieht man im Norden die Schneefelder des *Hardangerjøkulen* (1862 m), im Südwesten den *Hårteigen* (1699 m; Hütte). In *Tråstølen,* 199 km, geht rechts eine Straße ab zu den Berghütten Bjoreidalshytta und Trondsbu.

Bei *Halne,* nahe dem gleichnamigen See, kommt man in die Provinz Buskerud. Im Einzugsgebiet mehrerer Seen, die gute Angelmöglichkeiten bieten, liegt *Fagerheim,* 209 km. Ein im Sommer und im Winter beliebter Ferienort ist *Haugastøl* (⌂), 216 km, das in 900 Meter Höhe am Ufer des Sees *Ustevatn* liegt. Über dem Ort erhebt sich der *Hallingskarvet.*

In der Nähe des höchsten Punktes der Eisenbahnlinie Oslo – Bergen bei *Finse* liegt *Ustaoset* (991 m), 226 km, Sommerfrische und Wintersportort. Der nächstgelegene Gipfel im Norden ist der *Prestholtskarvet,* dahinter und etwas weiter westlich erhebt sich der *Hallingskarvet.* Man fährt nun in die freundlichere Landschaft des *Hallingdal* mit seinen von Fichten bestandenen Hügeln und breiten, bewohnten Tälern ein und kommt bald nach

Geilo (2500 Einw.), 240 km. Der Ferienort liegt 794 Meter hoch, es gibt hier gute Wintersportmöglichkeiten und mehrere gute Hotels. Hier wird auch Reitsport getrieben, und zahlreiche Gipfel bieten sich für Bergtouren an. Auf die *Geilohøgda* verkehrt ein Skilift.

Nach Südosten zweigt hier die Straße 40, der Numedalsveien ab, der nach Kongsberg (159 km; s. S. 158) und nach Larvik (248 km; s. S. 143) führt.

Drei Kilometer nordöstlich von Geilo sind bei *Fekjo* 37 Hügelgräber aus der Wikingerzeit (9./ 10. Jh.) zu sehen.

Der nächste bedeutendere Ort ist

Hol, 252 km. Der Touristenort hat ein Heimatmuseum (*Bygdemuseum*). Die Kirche wurde auf den Überresten einer alten Stabkirche, deren halbrunder Chor heute als Sakristei dient, errichtet; ihre Barockausstattung stammt aus dem 17. Jahrhundert. Am ersten Wochenende im August feiert Hol die „Holdagene", die Holtage, mit vielen Folkloreveranstaltungen. Es gibt Reiterumzüge zu sehen, und einige Familien halten an diesen Tagen ihre Familienfeste, vor allem Hochzeiten, ab. Dabei trägt die Bevölkerung die reichbestickte Tracht dieser Gegend.

In Hol zweigt die Straße 50 ab, von der gleich bei Hol und hinter *Hovet* (⌂, ⚑) kleine Bergstraßen nach Kleppestølen, Tvist, Bergsjø, Skarslia, Vats und Leveld durchs Gebirge zie-

hen. Wer sie benutzt, stößt später bei Ål wieder auf die Hauptroute. Die Straße 50 führt weiter nach Aurland am Ende des gleichnamigen Fjords und stellt so die Verbindung zwischen Hallingdal und Sognefjord her.

Auf unserer Route, also der Straße 7, gelangt man nun in das 437 Meter hoch gelegene Gebirgsdorf

Ål, 264 km. Die 4700 Bewohner leben vom Fremdenverkehr, von Industrie und Kunsthandwerk. Die Kirche des Orts hat eine alte Innenausstattung. Das Chorgewölbe wird von Kopien der Malereien der alten Stabkirche geschmückt. Die Stabkirche aus dem 12. Jahrhundert wurde 1880 zerstört; ihr reichgeschnitztes Portal ist heute im Historischen Museum der Universität Oslo (s. S. 92) zu sehen. In *Leksvol,* zwei Kilometer von der Straße 7, kann man das *Ål Folk Museum* besichtigen. In der Umgebung sind viele Wanderwege und Gelegenheiten zu Angel-, Reit- und Wintersport.

Bei der Brücke von *Sandø,* 283 km, wo die Straße aus Richtung Hol wieder einmündet, biegt eine Straße nach Liagården und Liatoppen ab. Der nächste Ort ist *Torpo* (⚑), 272 km, mit der interessanten

**Stabkirche von Torpo. Sie wurde im 11. Jahrhundert erbaut, zu Anfang des 14. Jahrhunderts erneuerte man das Dach, der Chor wurde 1880 zerstört. West- und Südportal haben die für Stabkirchen typischen Schnitzereien: verschlungenes Ranken- und Blattwerk und kämpfende Drachen.

Im Innern stützen hohe Rundsäulen mit Würfelkapitellen die Rundbogen des Deckengewölbes. Das Gebälk ist mit Malereien aus der zweiten Hälfte des 13. Jahrhunderts geschmückt; in der Mitte sieht man Christus als Pantokrator zwischen den Symbolen der Evangelisten. Auf der Nordseite des Gewölbes erkennt man sechs Apostel, in der Mitte ist die Legende der heiligen Margarete von Antiochien dargestellt: Der heidnische Statthalter Olybrius hält um die Hand der christlichen Jungfrau an; darunter sieht man, wie sie gegeißelt und in einen Brunnen geworfen wird, nachdem sie Olybrius abgewiesen hat; die Hand Gottes rettet Margarete. Auf der Südseite sind weitere sechs Apostel, in der Mitte ringt Margarete mit dem Drachen, sie wird gemartert und enthauptet, ihre Seele schwebt zum Himmel, Olybrius wird vom Teufel geholt.

Entlang des Flusses *Hallingsdalselva* geht es weiter nach

Gol (4000 Einw.), 293 km. Der Ort ist Eisenbahnhalte- und Straßenknotenpunkt, die Bewohner leben von der Holzindustrie, von Molkereien und Käsereien – vor allem aber vom Fremdenverkehr.

Die Stabkirche von Gol steht heute im Norwegischen Volksmuseum in Oslo (s. S. 99).

Das *Gol Bygdetun*, ein Heimatmuseum, befindet sich etwa einen Kilometer östlich des Ortskerns.

Abstecher von Gol nach Fagernes (51 km)

Man verläßt *Gol* auf der Straße 51, eine nicht ganz einfach zu befahrende Straße, die über viele Kurven sehr rasch ansteigt. Eine der im 785 Meter hoch gelegenen *Fjellheim*, 14 km, abzweigenden Bergstraßen führt zu einer Reihe von Berghotels und weiter nördlich an einigen kleinen Seen vorüber, bis sie auf die Panoramastraße, die die Europastraße 68 mit der Straße 52 verbindet (s. unten), stößt.

Wenn man in *Sanderstølen*, 24 km, angelangt ist, tauchen im Norden die schneebedeckten Gipfel des Jontunheim-Massivs auf. Hinter *Hovda*, 30 km, geht die Straße hinunter ins Tal. In *Brattenbråten* über dem Strandefjord zweigt rechts eine Straße nach Nord-Aurdal, Reinli und Bagn ab (s. S. 168). In *Leira*, 47 km, gelangt man auf die E 16 (s. S. 168), und nach 51 Kilometern erreicht man *Fagernes* (s. S. 168).

Abstecher von Gol nach Lærdal (122 km)

Dieser Abstecher aus dem Hallingdal in die Provinz Sogn og Fjordane geht über den Hemsedalsvei, der durch hügeliges Weideland und Wälder verläuft.

An der Kreuzung am westlichen Ortsausgang von *Gol* biegt man auf die Straße 52 ab, die ins Hemsedal führt. Nach sieben Kilometern ist man in *Robru*, und ab *Granheim*, 16 km, steigt die Straße ständig an. In *Ulsåk*, 27 km, hat man die Höhe von 609 Metern erreicht und genießt einen schönen Blick nach links auf das *Veslehorn* (1300 m), das *Storehorn* (1478 m) und nach rechts auf das *Skogshorn* (1728

m) und den *Veslebotnskarvet* (1778 m). In der Umgebung des Ortes *Hemsedal*, 29 km, gibt es in 450 m Höhe das moderne *Åseral-Hütten-Center*. Ein sehr schönes Panorama bietet sich in **Tuv*, 35 km, in der Nähe des großen Rjukande-Wasserfalls (1 km südöstlich). Die Straße steigt nun weiter an, bis sie in *Storeskar* die Höhe von 900 m erreicht. Hier ist ein gutes Skigebiet.

Bjøberg, 55 km, liegt 1013 Meter hoch. Rechts erhebt sich der Slettind (1592 m). Die Straße klettert nun höher, bis sie in *Eldrehaugen* den höchsten Punkt erreicht hat: 1137 Meter. Man kommt nun in die Provinz Sogn og Fjordane. *Breistølen* liegt in 1000 Meter Höhe, und auf den nächsten zehn Kilometern hat man 500 Meter Höhenunterschied zu überwinden.

Die Straße mündet in *Borlaug*, 78 km, in die Europastraße 16, auf die man links abbiegt. Bis *Lærdal* (s. S. 173) sind es noch 44 Kilometer.

*

Auf unserer Hauptroute biegt die Straße 7 hinter *Gol* scharf nach Südosten ab und verläuft entlang des Hallingdal-Flusses, den sie in *Svenkerud* überquert.

Nesbyen (3300 Einw.), 311 km, ist eine Siedlung an der Eisenbahnlinie Oslo—Bergen. In der ersten Juliwoche findet hier eine vielbesuchte Messe statt. Nesbyen liegt in einer der klimatisch mildesten Gegenden Norwegens. Sein Heimatmuseum *Hallingdal museum* zeigt Erzeugnisse der Handwerkskunst und Wohnkultur, vor allem Textilerzeugnisse.

Von Nesbyen aus führt rechts eine Straße in Richtung Rukkedalen in die beliebten Bergdörfer Rukke, Myking, Buvassbrenna und Tunnhvd in der Nähe des Tunnhvdfjords.

Von Tunnhvd gibt es zwei Möglichkeiten, die Straße 40, den Numedalsveien, zu erreichen: Im Norden zwischen Bruvoll und Lia in der Nähe des Skurdalsvatn und im Süden in Rødberg (s. S. 160).

Hinter Nesbyen verläuft die Straße 7 am Westufer des Flusses *Hallingsdalsvaten* entlang. In *Bromma*, 321 km, führt rechts die Straße 287 über den Ferienort Eggedal (⚑; 46 km) an der Straße 35. In *Flå* (⚑), 343 km, führt auf der anderen Flußseite eine Mautstraße nach Veneliseter.

In *Gulsvik*, 352 km, erreicht man das Ostufer des *Krøderen-Sees* (⌂ in Krøderen) und folgt diesem durch eine reizvolle Landschaft. Von Noresund (⌂, ⚑), 380 km, aus führt eine Mautstraße zu den Wintersportorten des Norefjell-Massivs.

Die Straße biegt in *Hamremoen*, 388 km, nach Norden ab, rechts geht die Straße 280 nach Vikersund (30 km) ab. Nahe bei *Sokna*, 402 km, steht die 1704 in Lunden errichtete Holzkirche mit ihrer barocken Innenausstattung. Die Kirche wurde 1761 hierher versetzt.

Von Sokna zweigt links eine Straße nach Strømsoddbygda ab, wo der „Waldtempel" (*Templet i Skogen*) steht, eine von Endride Slaatto entworfene und 1957 geweihte Kapelle. Taufstein, Kanzel und Hauptaltar sind aus Fichtenholz geschnitzt. Der Schlüssel ist im Nebenhaus erhältlich.

Nach 426 Kilometer Fahrt von Bergen erreicht man

Hønefoss-Ringerike, siehe Seite 166. Die Fahrt von hier ab ist im Verlauf der Route 8 auf den Seiten 165 und 166 beschrieben.

Die Route endet in

Oslo, 483 km, siehe Seite 85.

Route 10: **Oslo – Lillehammer – Otta – Dombås – *Trondheim (534 km)

In den Routen 10 und 11 werden die beiden Wege beschrieben, die Oslo mit Trondheim verbinden. Unsere Route 10, die Gudbrandsdal-Route, ist die längste und älteste Straße Norwegens. Seit jeher eng mit der Geschichte des Landes und dem Leben der Menschen verbunden, spielt sie auch in den Legenden dieser Täler und Berge eine Rolle. Sie war einst der Weg, auf dem wandernde Stämme und Pilger dahinzogen. Jetzt ist die heutige Europastraße 6 die meistbefahrene Durchgangsstraße Norwegens, auf der eilige Touristen zum Nordkap fahren.

Sie durchquert die sanft gewellten Hügel der Provinz Hedmark, führt am schönen Mjøsa-See vorbei hinein ins Gudbrandsdal und über die Berge des Dovrefjells hinüber nach Trondheim.

Die 534 Kilometer lange Strecke geht dauernd über die gute, breite und leicht zu fahrende E 6. Die Straße ist während des ganzen Jahres für den Verkehr geöffnet, außer bei starken Schneefällen im Dovrefjell.

Wer diese Fahrt in *Oslo* beginnt, verläßt die norwegische Haupt-

stadt (s. S. 85) über die Straßen Bispegata, St. Hallvardsgate sowie den Strømveien und fährt am Jordalstadion mit seiner großen Kunsteisfläche vorbei, dann führt die Straße bergauf, durch Industriesiedlungen, die das Wald- und Ackerland immer weiter zurückdrängen.

In *Hvam,* 13 km, geht rechts die Straße 22 nach Lillestrøm (4 km) und Moss (88 km) ab. Über *Gran,* 23 km, kommt man zu der Industriestadt *Kløfta,* 28 km. Hier zweigt rechts die Straße 2 nach Kongsvinger (62 km; s. S. 189) ab, an der, zwei Kilometer von Kløfta entfernt, die Kirche von *Ullensaker* liegt. An dieser Stelle war einst der Kultplatz des Königreichs Raumariki, der Ullin, also Odin, geweiht war.

Nach *Jessheim,* 36 km, mit seinen Werken der Holzverarbeitung und des Maschinenbaus kommt man am Flughafen *Gardermoen* vorbei und weiter nach *Bjørtomt,* 42 km, wo eine Straße links nach Trandum (3 km) abzweigt. Ein Hinweisschild mit der Aufschrift „Minnesmerke" führt zu einem Denkmal im Wald, das an die Hinrichtung von 173 Norwegern, 15 Russen und sechs Engländern während des Zweiten Weltkriegs erinnert.

Nachdem man die Brücke von Bondal überschritten hat, erreicht man den Industrieort *Dal,* 53 km. Nach einer Fahrt von 58 Kilometern ab Oslo kommt man nach

Eidsvoll (⌂). Die Stadt lebt heute von der Holzindustrie, ihr Name ist aber mit einem der wichtigsten Ereignisse in der Geschichte Norwegens verbunden, der ersten verfassungsgebenden Versammlung. Das Ereignis fand statt im *Eidsvollbygningen,* wo am 17. Mai 1814 der norwegische Vizekönig Prinz Christian Friedrich von Dänemark und die von ihm zusammengerufenen Persönlichkeiten die Verfassung bekanntgaben (s. S. 69). Das Herrenhaus ist heute Museum und wurde seit 1814 nicht mehr verändert.

In *Hammerstad,* 66 km, führt rechts eine Straße zum Bahnhof (2 km) und zur Kirche von Eidsvoll. Diese im Mittelalter in Form eines lateinischen Kreuzes erbaute Kirche wurde im Laufe der Jahrhunderte einige Male ein Raub der Flammen und 1967 restauriert. Im Pfarrhaus wuchsen der Dichter Henrik Wergeland (1808–1845) und seine Schwester, die Schriftstellerin und Frauenrechtlerin Camilla Collet auf.

An der Kreuzung von *Fredheim,* 71 km, führt links die Straße 33 nach *Gjøvik* (66 km) am Westufer des Mjøsa-Sees entlang; von Gjøvik aus kann man auf der Straße 4 nach Lillehammer (47 km) fahren.

Die Straße überquert nun auf der *Minnesund-Brücke* den Fluß

Vorma bei seiner Mündung in den Mjøsa-See, man kommt nach dem Ort *Minnesund* (⚓), 73 km, der durch seine Skiherstellung bekannt ist. Rechts biegt hier die Straße 177 nach Vormsund (31 km) an der Straße 2 Kløfta–Kongsberg ab.

Hinter Minnesund wird die Strecke sehr reizvoll, denn die E 6 führt jetzt ein Stück direkt am *Mjøsa-See* entlang und dann weiter durch große Waldgebiete. In *Strandlykkja,* 88 km, zweigt eine Nebenstraße nach Kongsvinger (s. S. 189) ab.

Während die E 6 das Seeufer verläßt und als Autobahn bis *Hamar* weiterführt, kann man ab *Vikslev,* 107 km, auch dem alten Straßenverlauf über das auf einer Halbinsel im See gelegene *Tangen* (⚓) und auf der jetzigen Straße 222 weiter nach *Stange* folgen. Der Ort liegt in einer fruchtbaren Gegend, in der es große Güter und Herrenhäuser gibt. Eines davon, Gut Ringnes am Mjøsa-See, wurde schon von dem Isländer Snorri Sturlusson erwähnt, das unter Denkmalschutz stehende Herrenhaus stammt aus dem 18. Jahrhundert. Drei Kilometer außerhalb von Stange steht die *Kirche von Stange,* 1250 in romanischem, schon gotisch beeinflußtem Stil gebaut. Die Innenausstattung ist aus dem 17. Jahrhundert, Kanzel und Hauptaltar entstanden 1650 bis 1652, die Fenster wurden 1928 von Gabriel Kielland geschaffen.

Die Gegend ist reich an prähistorischen Zeugnissen: Hügelgräber, Steinzeichnungen aus der Bronzezeit in Sotenodden und Hemnesodden.

Auf der Straße 222 oder der E 6 fährt man weiter bis

Hamar (30 000 Einw., davon allerdings nur 15 000 im Ortskern), 118 km. Hier hat die Verwaltung der ostnorwegischen Grenzprovinz Hedmark ihren Sitz. Hamar war seit 1152 Bischofsitz, verlor aber dieses Recht und das Stadtrecht zugleich während der Reformation. Erst 1864 erhielt die Stadt das Verlorene zurück. Die Kathedrale wurde 1866 geweiht.

In einer reichen Agrarlandschaft gelegen, ist Hamar heute Handelsmittelpunkt und Industriestadt. Schiffahrt auf dem Mjøsa-See; größte „Schwimmbad-Arena" des Landes.

In der Nähe der *Ruinen der ersten Kathedrale, die im 14. Jahrhundert in gotischem Stil erweitert wurde, liegt das große Freilichtmuseum *Hedmarksmuseet. In einem Gebäude ist die Ausbeute von Ausgrabungen in der Umgebung zu sehen, während im Park Bauern- und Wohnhäuser aufgestellt sind. Sehenswert ist auch das *Eisenbahnmuseum (Jernbanemuseet)*.

Gegenüber von Hamar liegt im Mjøsa-See die reizvolle Insel *Helgøya*. Der See ist der größte Norwegens (359 km²). Über ihm erhebt sich der 750 Meter hohe *Skreia*. Von Hamar kann man Ausflüge auf dem See mit dem Schaufelraddampfer „Skibladner" machen, dem ältesten Raddampfer der Welt; er ist seit 1856 kaum verändert, als er mit 11,5 Knoten als schnellstes Schiff Norwegens galt.

Unsere Route geht weiter nach *Myrvoll*, 126 km, wo eine Straße

nach *Høsbjør* (5 km) abzweigt. Hier bietet sich einer der schönsten Blicke über den See und die Landschaft. In dieser Gegend wurde ein 2000 Jahre alter Ski gefunden, der heute im Hedmark-Museum in Hamar zu sehen ist.

Über die kleine Industriestadt *Brumunddal*, 133 km, kommt man nach *Pellervika*. Hier biegt die Straße 212 ab, die nach *Mengshol* führt. Von dieser Straße zweigt wiederum die Straße 213 nach *Nes* ab, wo in der einstigen Kirche von Baldishol der berühmte *Wandteppich von Baldishol gefunden wurde (heute im Osloer Kunstgewerbemuseum). Nes ist durch eine Brücke mit der Insel Helgøya verbunden.

In Höhe der Stadt *Mælv,* 147 km, sollte man einen kleinen Abstecher nach *Ringsaker* machen. Hier steht direkt an der Hauptstraße die *Olavbasilika. Sie wurde um die Mitte des 12. Jahrhunderts erbaut, Querschiff und Chor wurden im 13. Jahrhundert in gotischem Stil erweitert. Der Turm stammt aus dem Jahre 1694. Die sehr schöne, bemalte und vergoldete **Altarwand schuf der Antwerpener Meister Robert Moreau um 1520. Kanzel und Taufstein entstanden in den ersten Jahren des 18. Jahrhunderts. Fresken aus dem 13. Jahrhundert erzählen das Leben des heiligen Olav.

In *Stein* sieht man die Ruinen des um 1230 von Harald Haakonson erbauten Schlosses. In der Nähe fand man *Felszeichnungen mit Tierdarstellungen aus der Steinzeit sowie Reste eines Hauses aus der Völkerwanderungszeit.

Bei *Moelv* (Hotels, ⌂), 147 km, überquert die E 6 den See auf einer 1400 m langen Brücke (1985) und verläuft jetzt am Westufer weiter. Fast am Nordende des Mjøsa-Sees, der hier eng wie ein Fjord wird, liegt

LILLEHAMMER

Die Industriestadt (22 000 Einw.), 174 km, und Provinzhauptstadt von Oppland ist ein Mittelpunkt des Tourismus am Eingang zum Gudbrandsdal. Sie ist Austragungsort der Olympischen Winterspiele 1994.

In der *Storgate*, der Großen Straße, gibt es viele Kunstgewerbeläden (Schmuck, Strickwaren, Gegenstände aus Holz, Stroh und Zinn) und viele kleine Gassen klettern die Abhänge der die Stadt umgebenden Hügel hinauf.

Die größte Sehenswürdigkeit Lillehammers ist das

**Freilichtmuseum Maihaugen (*Maihaugen og de Sandvigske Samlinger*), das nach dem Osloer Bygdøy-Museum bedeutendste Freilichtmuseum Norwegens. Es wurde 1887 von dem Zahnarzt Anders Sandvig angelegt.

In jenen Jahren erwachte das norwegische Nationalbewußtsein, das 1905 in der Unabhängigkeit von Schweden seinen Triumph erlebte. Die Bemühungen Sandvigs fanden damals also einen bereiten Boden. Er ging von dem Gedanken aus, daß die volkstümliche Architektur Ausdruck der Geschichte und Kultur eines Volkes ist. Auf dem Maihügel (er hat seinen Namen vom Nationalfeiertag 17. Mai, dem Verfassungstag),

sammelte Sandvig Wohnhäuser, Berghütten, die Stabbur genannten Kombinationen von Wohnhaus und Scheune, Schulhäuser, Pfarrhäuser, Kapellen, Läden und Werkstätten, die nach seiner Meinung die Geschichte des Gudbrandstals am besten verdeutlichen. Jedes Gebäude wurde mit Schmuck und Mobiliar sowie den jeweiligen Gebrauchsgegenständen aufgebaut. Handwerker zeigen dem Besucher die Arbeit in den traditionellen Techniken und mit den überlieferten Werkzeugen. Die

*Stabkirche von Garmo (bei Lom, s. S. 198) wurde 1921 auf den Maihaugen transportiert und dort wiederaufgebaut. Mit dem Bau der Kirche wurde bereits um 1100 begonnen, fertiggestellt wurde sie jedoch erst ein Jahrhundert später. Der Chor stammt aus den ersten Jahren des 13. Jahrhunderts, Querschiff und Turm wurden erst im 17. Jahrhundert hinzugefügt. Das Kircheninnere ist ziemlich dunkel, das einfache romanische Taufbecken aus Sandstein ist um das Jahr 1100 entstanden. An Samstagen kann man hier Hochzeiten nach altem Brauch sehen. Das Gebäude, in dem die Verwaltung des Museums sowie ein Saal für Konzerte und Kongresse untergebracht sind, ist 1959 gebaut und von Jacob Weidemann mit Wandmalereien geschmückt worden. Die

Städtische Gemäldesammlung (*Lillehammer by's maleri samlingen*) hat ihren Sitz am Großen Platz (Stortorget) gegenüber dem Busbahnhof in einem modernen Granitbau. Sie enthält vor allem Werke norwegischer Maler, darunter von Meistern aus dem 18.

und 19. Jahrhundert, von den Malern der nationalen Romantik wie Johan Christian Dahl (1788–1857) und Thomas Fearnley (1802–1841), des Naturalismus (z. B. Christian Krogh) und einige Arbeiten von Edvard Munch.

Die meisten der zeitgenössischen Maler, deren Werke hier ausgestellt sind, stammen aus der Gegend um Lillehammer.

Bjerkebaek ist ein großes Wohnhaus, in der die Schriftstellerin Sigrid Undset (Literatur-Nobelpreis 1928) die letzten Jahre ihres Lebens verbrachte. Sie starb am 10. Juni 1949. Hier leben noch die Nachkommen der Schriftstellerin, und hier hängen die Werke ihres Mannes, des Malers A. C. Svarstad. Die Sammlung ist für Besucher nicht zugänglich.

Umgebung von Lillehammer

Vingnes am gegenüberliegenden Ufer des Mjøsa, ist mit Lillehammer durch eine große Brücke verbunden, von der aus man einen sehr schönen Blick auf die Stadt und die Berge hat.

Von Vingnes führt die Straße E 6 nach Oslo (173 km) und die Straße 250 nach Fagernes (111 km).

Unweit von Lillehammer am Fuß des

Nordseter ist ein Wintersportgebiet und Ausgangspunkt für Bergsteiger, es liegt 14 Kilometer nordöstlich von Lillehammer am Fuß des *Neverfjell* (1100 m). Interessant ist die 1964 erbaute Kirche.

Das Gebirgsdorf

Sjusjøen, 22 Kilometer nördlich von Lillehammer, hat sich innerhalb weniger Jahre zu einem der größten Wintersportorte des Landes entwickelt. Man kann sonst von hier aus schöne Ausflüge machen, Forellen angeln und reiten. Die 1962 erbaute Kirche ist aus Holz, Glas und Granit erbaut.

Mesnalien (15 km) ist ebenfalls ein Bergsteiger- und Wintersportort. Auf dem Friedhof ist das Grab der Schriftstellerin Sigrid Undset (1882–1949), die für ihre Romantrilogie „Kristin Lavransdatter" (dt. „Kristin Lavranstochter") 1928 den Nobelpreis für Literatur erhielt.

Auf dem

Mjøsa-See (siehe auch die Seiten 180–182) kann man Ausflüge mit dem Schaufelraddampfer „Skibladner" machen.

*

Man verläßt Lillehammer auf der Europastraße 6, die die Stadt westlich umgeht und zwischen Lillehammer und Fåberg wieder auf das Ostufer des Gudbrandsdals zurückführt. Dieses Tal ist streckenweise breit und von verstreut liegenden Bauernhöfen belebt, die oft schon seit Jahrhunderten in Familienbesitz sind. Dann wird das Tal wieder enger, weniger bewohnt und unwirtlich, es läßt kaum Platz für die Straße und die Eisenbahnschienen. Wenn man Otta (s. S. 186) hinter sich hat, erblickt man links die Massive des Jotunheimen und von Rondane, zwischen Dombås und Oppdal ragt das Dovrefjell imposant empor, ehe es in Richtung nach Sør-Trøndelag hin in ein Felsplateau abfällt.

Man fährt durch den Industrievorort *Fåberg* (⚠). Hier kann man bis Vinstra eine Variante einschlagen.

*

Über den *Peer-Gynt-Weg

Der *Peer-Gyntveien* ist 56 km lang und gebührenpflichtig (zwei Mautstellen); er ist nach dem Sagenhelden benannt, der auch Titelfigur eines Dramas von Ibsen ist. Schauplatz der Sage ist das Gebirgsland zwischen Jotunheimen, Rondane und Dovrefjell. Der Umweg führt durch eine Almenlandschaft und zu einer Reihe von Berghotels.

Man erreicht den in *Svingvoll* (⌂, ⚠) beginnenden Peer-Gynt-Weg entweder schon von Fåberg (26 km) auf den Straßen 255 und 254 (auf dieser Strecke kann man in *Østre Gausdal* eine reich mit Akanthusblatt-Motiven geschmückte Barockkanzel, 18. Jh., kennenlernen) oder später auch näher (7 km) von Tretten (s. rechts).

Hinter Svingvoll kommt man an zahlreichen Berghotels vorüber. Beim „Gausdal Høyfjellshotell" zweigt eine Straße zur Unterkunftshütte „Austlid Fjellstue" ab.

Auch *Golå*, 39 km, hat mehrere große Hotels. In *Brynsbakken*, 54 km, geht man auf die Straße 256 über, und nach einer Fahrt von 56 km (ab Svingvoll) erreicht man *Vinstra* (s. S. 186).

*

Ab *Fåberg* verläuft die Europastraße 6 entlang dem *Hundersee*, der wegen seiner Forellen bekannt ist.

In *Øyer*, 196 km, steht eine typische Bauernkirche aus dem 18. Jahrhundert. Wegen seines Viehmarkts ist der Ort *Tretten*, 205 km, seit Jahrhunderten bekannt, seine Kirche stammt aus dem Jahre 1728. Links zweigt eine Straße ab, die zum Peer Gyntveien hinaufgeht.

Die E 6 folgt jetzt dem Lauf des Flusses *Losna*. Die Kirche von *Fåvang*, 221 km, ist eine alte, im 17. Jahrhundert um ein Querschiff erweiterte Stabkirche. Die Inneneinrichtung ist im Renaissancestil gehalten, die Malereien werden dem „Blumenmeister von Ringebu" zugeschrieben. Dieser Ort liegt nur 13 Kilometer weiter, er besitzt die

**Stabkirche von Ringebu, 235 km. Sie wird um 1250 zum erstenmal erwähnt, ist aber älter. Chor, Querschiff und Seitenschiffe wurden im 17. Jahrhundert erweitert, das Hauptschiff und das Portal mit seinen verschlungenen Drachenmotiven sind die einzigen Überreste der ursprünglichen Kirche. Das Mobiliar entstand gegen Ende des 17. und Anfang des 18. Jahrhunderts.

Zwischen Ringebu und Hundorp zweigt nach rechts die Straße nach Enden (38 km; Wintersperre) an der Straße 27 (Atna – Folldal) ab.

Man kommt nach *Hundorp* (⚠), 245 km, einem kleinen Industrieort. Nur wenig weiter steht die Kirche von *Sør-Fron*, die man manchmal „Kathedrale des Gudbrandsdal" nennt, eine achteckige Holzkirche aus dem Jahre 1787.

Auf dem anderen Ufer der Losna verläuft parallel zur Europastraße 6 die Straße 256, die in Brynsbakken auf den Peer-Gynt-Weg stößt. Zu den Berghotels dieses Gebiets führen mehrere Straßen hinauf.

Über *Harpefoss,* 253 km (Möbelfabrik) kommt man zum Touristenort *Vinstra,* 260 km. Auf der anderen Seite des Flusses steht die Kirche von Sødorp, die um die Mitte des 18. Jahrhunderts erbaut wurde.

Über eine Gemeindestraße (2,5 km) kommt man nach *Hågå,* das als Heimat von Peer Gynt bezeichnet wird. Diese Figur der norwegischen Volkssage diente Ibsen als Vorbild für sein Versdrama. Die 15 Häuser von Hågå sollen der sagenhaften Gestalt Peer-Peder Lauritson oder Peder Olsen gehört haben, wahrscheinlicher ist es jedoch, daß der Name Peer Gynts auf einen gegen Ende des 16. Jahrhunderts lebenden Junker namens Joon Gynthe zurückgeht. Eines der Gebäude von Hågå steht heute in Vinstra und beherbergt den Verkehrsverein, ein anderes ist im Freilichtmuseum Maihaugen in Lillehammer (s. S. 183) zu sehen.

In *Kvam,* 269 km, erinnert ein Denkmal an die schweren Kämpfe im April 1940 zwischen Engländern und Deutschen. Die 1952 geweihte Holzkirche steht an der Stelle der alten Kirche, die bei den Kämpfen zerstört wurde. Rechts führt eine Gemeindestraße hinauf zum Berg-

hotel „Rondablikk Høyfjellshotel" (14 km).

In *Sjoa,* 278 km, biegt links die Straße 257 ins schöne Tal Heidal ab, durch das seit Urzeiten der Weg ins Jotunheimen-Massiv verlief, und führt nach *Randverk* (32 km). Hier liegen mehrere große Güter. Das größte und älteste ist Bjølstad, das seit 1600 im Besitz der Familie Tordsen ist; es steht unter Denkmalschutz. Die Kapelle wurde 1531 erbaut und nach dem Krieg restauriert. Der nächste größere Ort an der E 6 ist

Otta (2500 Einw.), 288 km, wichtiger Verkehrsknotenpunkt und der bedeutendste Fremdenverkehrsort im Gudbrandsdal. Von hier aus kann man viele Ausflüge in die umliegende Bergwelt machen. Im Nordosten erstreckt sich der **Rondane-Nationalpark.*

Von Otta aus kann man nach Balestrand (s. S. 201) und nach Måløy (s. S. 204) fahren.

Man fährt weiter, vorbei an der Kirche von *Sel* (⛪), 290 km, nach *Nord-Sel,* 301 km, von wo aus eine Straße nach Vågå (17 km) führt. Im Osten erheben sich die Rondane-Berge, die Gegend ist der Hintergrund für die Ereignisse in Sigrid Undsets Roman „Kristin Lavransdotter".

In *Rosten,* 304 km, führt rechts eine Gemeindestraße ins Gebirgsdorf Høvringen (10 km). Auf der E 6 fährt man über den Fluß *Lågen,* die Straße führt durch dichte Fichtenwälder bergauf. Das Dorf *Dovre* (⌂, ⛪), 322 km, ist Ausgangspunkt für viele Bergtouren. Die Kirche wurde in der Mitte des 18. Jahrhunderts erbaut, das Portal stammt von einer zerstörten Stabkirche. Drei Kilometer östlich liegt das Gut *Toftegård,* wo einst die Könige auf ihren Reisen durch das Land wohnten; das Gut steht heute unter Denkmalschutz, befindet sich aber in Privatbesitz.

Dombås (1100 Einw.), 334 km, ist Verkehrsknotenpunkt und Ausgangsort für viele Bergtouren. Von hier aus gelangt man durch das schöne Romsdal in die Fjordregion. Links geht die Straße 9 ab, die nach Åndalsnes und Ålesund (s. Route 16 auf S. 204) führt.

Die E 6 biegt hinter Dombås nach Norden ab. Bei *Fokstua,* 345 km, hat man einen schönen Blick in die Berge: Rechts erhebt sich die *Fokstuhø* (1716 m), in der Ferne sieht man links die *Snøhetta* (2286 m) und die *Skredahø* (2003 m). Man fährt jetzt das Ostufer des *Vålåsjø* entlang und gelangt in den Bereich des Dovrefjell-Massivs. Die Straße verläuft durch das enge Tal der *Driva,* das von dichten Fichtenwäldern gesäumt ist. In *Hjerkinn* (⚠), 366 km, hat man eine Höhe von 1017 Metern erreicht. Der Ort war schon in uralten Zeiten bekannt und diente später den Pilgern auf dem Weg nach Nidaros (Trondheim) als Raststätte. Später wurde hier eine Poststation eingerichtet. Die alte Berghütte (Fjellstue) soll noch aus der Regierungszeit des Königs Eystein (gest. 1122) stammen. Zur Erinnerung an diesen König wurde hier 1969 die Eysteinkirche nach einem Entwurf von Magnus Poulson erbaut. Ein Denkmal erinnert an die 41 norwegischen Könige, die im Verlauf von 900 Jahren

die alte Königsstraße (*kongevei*) durch das Dovrefjell benutzt haben.

Abstecher nach Alvdal (69 km)

Man fährt von *Hjerkinn* auf der Straße 29 rechts ab und kommt nach 14 Kilometern nach *Dalholen* (⚠), wo man einen sehr guten Blick auf die Berge hat: Pigghetta, Snøhetta, Drugshø usw. Im Gebirgsdorf *Folldal,* 28 km, geht rechts die Straße 27 nach Enden (41 km) ab, von wo aus man Ringebu im Gudbrandsdal und Atna im Østerdal erreichen kann.

Die Straße 29 biegt nach links ab, und nach einer Fahrt von 69 Kilometern ist man in *Alvdal,* einem günstigen Ausgangspunkt für eine Fahrt zur schwedischen Grenze oder über Elverum nach Südnorwegen.

*

Die E 6 erreicht ihren höchsten Punkt: 1026 Meter bei einer seit Oslo zurückgelegten Entfernung von 372 Kilometern. Man kommt in die Provinz Sør-Trøndelag. Bei *Kongsvoll,* 379 km (alter Gasthof „Kongsvold kro"), ist man im Tal der *Driva,* der die Straße nun folgt. Auf der anderen Flußseite verläuft die alte Königs- und Pilgerstraße *Vårstigen,* die schöne Ausblicke über die Berge und das Tal bietet. *Drivstua,* 393 km, ist eine sehr alte Poststation. In der Umgebung von *Magalaupet,* 404 km, gibt es tiefe Felsspalten und den „Kessel der Riesen" (*Jettegryter*) zu sehen. Man kommt nun nach

Oppdal (6000 Einw.), 412 km. Der aufstrebende Urlaubsort ist ein günstiger Ausgangsort für Bergtouren. Skilifte gehen auf den Gipfel *Skjørstadhovden*, zu *Trolløyet* (1030 m) und *Aurhöa* (1280 m). Sehenswert ist das Heimatmuseum *Oppdal Bygdemuseum.* Die *Holzkirche* stammt aus den Jahren 1651/52, sie hat schöne Wandteppiche aus der Zeit um 1450, außerdem Urnen aus dem Jahre 1758.

Im Ortsteil *Vang* („Au") ist ein großer Friedhof aus der Zeit der Wikinger mit fast tausend Grabhügeln entdeckt worden.

Oppdal ist Ausgangsort unserer Route 17 nach Molde (s. S. 209) und unserer Route 18 nach Kristiansund (s. S. 211).

Von Oppdal fährt man 25 Kilometer weiter bis zum Dorf *Ulsberg*, 439 km, wo man Gelegenheit hat zu einem

Abstecher nach Tynset (78 km)

Man zweigt in *Ulsberg* (⚐) rechts ab auf die Straße 3, die in südöstlicher Richtung verläuft. Nach vier Kilometern kommt man nach *Innset* mit seiner Kirche aus dem Jahre 1642, dann vorüber an der **Kirche von Kvikne* (♨, ⚐), die in den Jahren 1652 bis 1654 auf den Grundmauern einer alten Stabkirche errichtet wurde. Auf einer etwa anderthalb Kilometer von der Straße entfernten Anhöhe steht das Pfarrhaus *Bjørgan*, wo der Schriftsteller Bjørnstjerne Bjørnson am 8. Dezember 1832 geboren wurde.

Die Straße führt in zahlreichen Windungen bergauf und erreicht *Motrøen*, 76 km, am Ufer der Glomma. Vor der Brücke biegt nach rechts die Straße 3 nach

Alvdal ab. Unsere Abstecher-Route geht über die Brücke weiter und kommt nach *Tynset*, 78 km, das an der über Røros und die Täler des Ostens führenden Straße von Oslo nach Trondheim liegt (s. S. 192).

*

Die Europastraße 6 folgt hinter Ulsberg dem Fluß Orkla; man hat hier einen sehr schönen Blick über das Tal. Von *Berkåk* (⚐), 450 km, kann man einen Umweg machen:

Über Orkanger nach Trondheim

Man fährt von Berkåk auf der Straße 700 nach *Meldal*, 37 km, mit seiner schönen Kirche (18. Jh.). In *Storås*, 46 km, wechselt man auf die Straße 65, die Orkanger (s. S. 213), eine kleine Hafenstadt und Industrievorort von Trondheim (Schiffsausrüstungen, Metallindustrie, chemische Industrie), durchquert. 16 Kilometer vor Trondheim stößt man nach 105 Kilometern (einem Umweg von 35 km) wieder auf die E 6.

*

Auf der E 6 fährt man von Berkåk nach dem kleinen Industrieort *Støren*, 483 km, überquert in *Hagabru*, 485 km, den Fluß Gaula. Es folgt *Melhus* (⚐), 516 km, ein am Ende einer Moräne gelegenes Industriestädtchen. Die Kirche hat eine interessante Innenausstattung aus dem 17. Jahrhundert.

Die Kirche von *Leinstrand*, 520 km, die 1784 wiederaufgebaut wurde, hat eine schöne Kanzel mit einem Baldachin (17. Jh.). Man gelangt nun in die Vororte

von Trondheim. Über die Elge-
setergate und die Prinsensgate
fährt man in die Innenstadt von

Trondheim, 534 km, das auf den
Seiten 122 bis 130 ausführlich
beschrieben ist.

Route 11: **Oslo – Kongsvinger – Elverum – **Røros – *Trondheim (589 km)

Auf dieser Route kommt man
nicht auf dem schnellsten Weg
von Oslo nach Trondheim, und
weil sie nicht über Inseln und an
Fjorden vorbeiführt, ist sie auch
bei Norwegen-Touristen nicht
allzu bekannt. Sie ist aber für
denjenigen Reisenden, der Norwegen wirklich kennenlernen
will, sehr interessant, denn das
Gebiet abseits der Handels- und
Touristenwege hat seine Eigen-
arten und seine Schönheiten.

Man verläßt Norwegens Hauptstadt

Oslo, die auf den Seiten 85 bis
112 ausführlich beschrieben ist,
wie am Beginn der Route 10
(s. S. 180), auf der Europastraße 6
und fährt bis *Kløfta,* 32 km, wo
man nach rechts auf die Straße 2
abbiegt.

Über *Nybakk,* 44 km, kommt
man nach *Rød,* 46 km (rechts
Landstraße, 6 km, zur Kirche
von Udenes, Beginn des 18. Jh.),
und nach *Vormsund,* 52 km, wo
man am Ortsausgang die aus
Minnesund (31 km) kommende
Straße 177 kreuzt.

Einen Kilometer weiter im
Osten mündet die Vorma in die
Glomma.

In der *Kirche von *Nes,* 53 km,
ist eine schöne Altarwand des
dänischen Barockmeisters Abel
Schrøder zu sehen und eine

kunstvolle Kanzel aus der gleichen Zeit.

Es folgt *Skarnes* (⌂, ⚠), 72 km,
ein Industrieort, der am 14.
April 1940 Schauplatz erbitterter Kämpfe war. Am Südufer
der Glomma verläuft die Straße
175 parallel zur Straße 2. Links
zweigt die Straße 24 nach Stange
(68 km) und Hamar (79 km; s. S.
182) ab.

Kongsvinger, 91 km, war ursprünglich nur eine Festung, um
die sich einige Handel- und
Gewerbetreibende ansiedelten.
Seit Beginn des Jahrhunderts
blühte die Industrie auf: Holzverarbeitung und Maschinenbau
sind die wichtigsten Zweige.

Durch die Stadt fließt die Glomma, im Süden liegt die Neustadt
mit dem Bahnhof.

Die Altstadt im Norden wird
von der Festung überragt. Sie
wurde in den Jahren 1681 bis
1683 als Schutz vor schwedischen Einfällen gebaut. Obwohl
sie in unserem Jahrhundert bereits jegliche militärische Bedeutung verloren hatte, spielte sie
1940 noch einmal eine bedeutende Rolle. Seit 1982 beherbergt
die Festung ein *Militärmuseum.*
1985 wurde im Åmodtgården,
unweit der Festung, auch ein
Stadtmuseum eingerichtet. Die
1697 südlich des Platzes Torvet
errichtete Kirche hat eine byzan-
tinisch anmutende Zwiebelkup-
pel.

Abstecher zur schwedischen Grenze

Auf der Straße 2 fährt man durch Wälder und vorbei an vielen kleinen Seen nach *Magnor* (⚒), 33 km, einem durch seine Glasbläserei bekannt gewordenen Dorf. Nach einer Fahrt von 37 Kilometern ist man in *Eda* an der schwedischen Grenze angelangt. Das Friedensdenkmal wurde 1914 von schwedischen und norwegischen Pazifisten errichtet. Jenseits der Grenze liegt der Ort Charlottenberg, die Entfernung von hier nach Karlstad beträgt 123, nach Stockholm 455 Kilometer.

*

In *Kongsvinger* geht man zur Weiterfahrt auf die Straße 20 am Ostufer der Glomma über. Die Glomma ist mit 556 Kilometern der längste Fluß Norwegens, der bis 1985 große wirtschaftliche Bedeutung durch Holzflößerei hatte. Der nächste Ort ist *Rustad*, das am 16. April 1940 heftige Kämpfe erlebte.

In *Roverud*, 99 km, biegt links die Straße 205 nach *Røgden* und zur schwedischen Grenze (45 km) ab. Hinter *Brandval*, 105 km, fährt man am Gut *Grinder*, 113 km, mit seinem großen weißen Rokoko-Herrenhaus aus der zweiten Hälfte des 18. Jahrhunderts und am Gut *Kongshaug* vorüber.

Es folgt der Ort *Kirkenær*, 125 km. An der Kirche erinnert ein Denkmal an die Katastrophe zu Pfingsten 1822, als die Kirche abbrannte und 123 Menschen in den Flammen den Tod fanden. Einen Kilometer westlich befindet sich das kleine Heimatmuseum *Gruetunet*, wo einige über 400 Jahre alte Häuser zu sehen sind. Diese Gegend wurde 1798 von einer Flut betroffen: Die Glomma zerstörte dabei fast hundert Bauernhöfe.

Über *Flisa* (⌂, ⚒), 145 km, mit Denkmälern zur Erinnerung an den dänisch-schwedischen Krieg von 1808, kommt man zur Kirche von *Våler i Solør*, 157 km; sie wurde im Jahre 1805 aus Holz gebaut, der Taufstein stammt von der schwedischen Insel Gotland, die Altarwand trägt die Jahreszahl 1697. An der Straße liegen mehrere Kraftwerke, die die holzverarbeitenden Betriebe der Gegend mit Strom versorgen.

In der Höhe des Kraftwerks *Bråskereidsfoss*, 162 km, führt rechts eine gebührenpflichtige Straße zum Grenzort Gravberget, wo eine 1961 in Form einer Fichte erbaute Kirche steht.

Bei der Brücke von *Sørma*, 166 km, fanden am 18. April 1940 Kämpfe statt, in deren Verlauf ein junger schwedischer Offizier an der Spitze einer kleinen norwegischen Einheit eine überlegene deutsche Kolonne angriff. Nach *Jømma*, 176 km, kommt man nach *Heradsbygd*, 180 km, wo die angeblich älteste (über 190 Jahre) und höchste Birke (28 m) Norwegens steht. Man gelangt in die Industriestadt

Elverum (17 000 Einw.), 188 km. Hier beschlossen König, Regierung und das Storting in einer letzten dramatischen Zusammenkunft am 10. April 1940, nicht zu kapitulieren und den Krieg gegen das Deutsche Reich fortzusetzen. Die im Krieg stark zerstörte Stadt wurde vollständig wieder aufgebaut; sie hat sich seither vergrößert.

Sehenswert ist in Elverum vor allem das *Norwegische Forstwirtschaftsmuseum (Norsk Skogbruksmuseet)*. Es gibt einen sehr guten Überblick über Waldpflege, Holzeinschlag, Holztransport und Holzverarbeitung sowie über die Jagd und den Fischfang Norwegens. Die Sammlungen sind volkskundlicher und naturgeschichtlicher Art und geben zugleich Einblick in die Geschichte der Forst- und Holztechnik. Das Museum enthält eine bedeutende Bibliothek, außerdem werden Andenken, Kunstgewebe usw. verkauft.

Vom Museumspark aus kann man über zwei Brücken direkt zum zweiten wichtigen Museum Elverums gelangen, zum *Glomdalsmuseum (Glomdalsmuseet)*, einem der wichtigsten großen norwegischen Freilichtmuseen. Hier sind fast hundert Wohnhäuser, Berghütten, Scheunen und Buden aus den Ostprovinzen Solør und Østerdalen aufgebaut, und man kann Sammlungen von Werkzeugen und Gebrauchsgegenständen besichtigen. Das Museum enthält ferner die Sammlung Helge Vaeringsaasens mit Altertümern aus Europa, Ägypten und Indien. Zum Museum gehören auch ein Restaurant und eine Freilichtbühne.

In der *Storgate*, der Hauptstraße von Elverum, steht eine Holzkirche von 1738 mit einer schönen Innenausstattung. Im Westen der Stadt erhebt sich vor der Schule, in der die Zusammenkunft vom 10. April 1940

stattfand, ein Denkmal mit der Inschrift „Nei" (Nein). Von Elverum kann man auf der Straße 25 nach Støa an der schwedischen Grenze fahren (97 km).

Man verläßt Elverum über die große Glommabrücke und fährt auf der Straße 3 am Westufer des Flusses in Richtung Rena und Røros weiter. An der *Astabrücke* ist eine Gedenkstätte für die Gefallenen der Kämpfe am 20. und 21. April 1940.

Am Zusammenfluß von Rena und Glomma liegt *Rena*, 219 km, jahrhundertelang ein Rastplatz der Nidaros-Pilger. Heute ist es ein Industrieort. Die beiden Flüsse sind reich an Fischen.

Von Rena aus kann man auf der Straße 215 und einer Nebenstraße nach Åkrestrømmen (s. S. 192) gelangen. Diese Straße führt am Ostufer des Storsjø entlang, sie ist weniger befahren, aber auch in weniger gutem Zustand.

Im Glommatal auf der Hauptstraße 3 weiterfahrend, kommt man zu einer Brücke, 243 km; auf dem anderen Ufer liegt der Ort *Opphus* (⚠). In *Messelt*, 263 km, führt links der Birkebeinervei durch die Berge nach Lillehammer (68 km; s. S. 183).

Von *Koppang* (s. S. 192) kann man nach Tynset zwischen dem Weg durch das *Glommatal* auf der Straße 3 und der fast gleichlangen Strecke durch das *Rendal* und das *Tylldal* wählen. Auf der Straße 3 kommt man nach 25 km (von Koppang gerechnet) nach *Atnosen*, wo man das Haus Atnosengård mit einer Sammlung von Jagdtrophäen (über 200 Jahre alte Bären- und Elchköpfe) besichtigen kann. Man überquert die Glomma, fährt am Bahnhof von *Atna* vorbei und weiter nach *Hanestad*, 38 km.

Hier führt rechts eine Gemeindestraße noch einmal hinüber ins Rendal. Über die Straße erhebt sich links der Berg *Grøttingsbratten*. In *Barkald*, 58 km, biegt abermals eine Straße nach rechts durch die Jutulhogget-Schlucht ab, die das Glommatal mit dem Tylldal verbindet.

Über *Bellingmo*, 65 km, und dem zwischen Weiden und Wäldern gelegenen Ort *Alvdal*, 80 km, kommt man nach *Steinmoen*, 82 km, wo die Straße 29 nach Hjerkinn abzweigt. In *Strømmen*, 88 km, kann man einen Abstecher zum Savalen-See machen: Man fährt links auf einer Mautstraße zum Ort Savalen rings um den See und gelangt in *Fåset bru*, 69 km, wieder auf die Straße 3. Die Straße 3 führt von *Motrøen*, 102 km, nach Kvikne und Ulsberg (76 km; s. S. 188). Nach 103 Kilometer Fahrt auf der Straße 3 kommt man an der Brücke von Tynset wieder auf die Alternativroute.

*

Von der Straße 3 zweigt in *Koppang* (⌂, ⚠), 277 km, einem Marktflecken mit Industrie, die Straße 30 ab, der wir jetzt als Alternativroute folgen. Sie erreicht den See *Storsjø*, 289 km, und verläuft am Westufer bis *Åkrestrømmen*, 306 km, am äußersten Ende des Sees.

Rechts zweigt die Straße 217 zum Femuden-See (85 km) ab, der nahe der schwedischen Grenze im Nationalpark Femundsmarka liegt.

Nördlich von Åkrestrømmen liegt der Weiler *Åkre*, wo der sogenannte Pilgerstein steht. In den Stein sind die Buchstaben ML eingemeißelt, deren Bedeutung nicht geklärt ist. Man vermutet, daß diese Buchstaben die Jahreszahl 1050 bedeuten oder das Zeichen dafür, daß hier die Hälfte des Pilgerwegs nach Nidaros (Trondheim) erreicht ist.

Man fährt an der um die Mitte des 18. Jahrhunderts errichteten Holzkirche in *Ytre Rendal* vorüber und kommt zum Dorf *Otnes*, 320 km. In *Øvre Rendal*, 325 km, steht eine Kirche aus dem 18. Jahrhundert sowie das Haus, in dem der Dichter Jacob Bull (1853−1930) seine Kindheit verbrachte (kleines Museum). Die hier nach links abbiegende Straße stößt in Hanestad (s. links) auf die Straße 3.

Die Route verläuft jetzt durch das *Tylldal*. Über *Elvål* (⛺), 336 km (Straße durch das Brydalen-Tal nach Tynset), und *Midtskogen*, 349 km (Straße durch die Schlucht Jutulhogget, die Glomma- und Tylldal verbindet, s. oben) gelangt man in den Ort *Tylldal*, 360 km, mit seiner reich mit Akanthusblattmotiven geschmückten Kirche aus der Mitte des 18. Jahrhunderts. Dann erreicht man

Tynset (2000 Einw.), 379 km. Der Wintersportort hat außer holzverarbeitenden Betrieben auch solche, die kunstgewerbliche Erzeugnisse herstellen. Hier ist außer dem *Tynset Bygdemuseum*, einem kleinen Bauernmuseum, auch eine achteckige

Kirche aus dem ausgehenden 18. Jahrhundert zu sehen.

An der Brücke von Tynset gelangt man wieder an die Glomma, und hinter der Brücke geht man auf die Straße 30 in Richtung Røros über. Nach links kommt man auf die Straße nach Ulsberg (s. S. 188).

Man kommt nach *Tolga* (⌂), 389 km, einem Dorf mit etwas Industrie, in dem einige Häuser aus dem 17. und 18. Jahrhundert erhalten blieben, darunter das Haus Lensmannsgård (1770) mit bunten barocken Verzierungen; hier steht auch eine achteckige Holzkirche.

Man gelangt nun in das Bergwerksgebiet von Røros. Die Berge werden höher und machen einen düsteren Eindruck. Über *Os,* 409 km, das sich zu einem Urlaubsort entwickelt, erhebt sich das runde Massiv des *Hummelfjell.* In *Nøra,* 431 km, geht rechts die Straße 26 zum Femunden-See (50 km) ab.

**Røros (3300 Einw.), 431 km, ist eine typische kleine Bergwerksstadt. Die Atmosphäre der Stadt, wie sie noch vor einigen Jahren bestanden hat, wird von dem Volksschriftsteller Johan Falkberget (1879–1967), der selbst Bergmann war, zusammen mit dem Leben der Bergleute eindrucksvoll geschildert.

Die Stadt verdankt ihre Existenz den Kupferminen, die nach ihrer Entdeckung im 17./18. Jahrhundert zahlreiche Menschen aus Norwegen und dem Ausland anzogen. Heute ist die Region stark industrialisiert und zugleich für den Fremdenverkehr erschlossen (s. Abb. Seite 39).

Sehenswert sind das alte Viertel um die Straßen und Gassen *Kjerkgata, Bergmannsgata* und das Viertel *Bergmannsstuene* auf der anderen Flußseite. Mehr als die Hälfte der alten Bergarbeiterhäuser stehen unter Denkmalschutz, das älteste, Aasengården ist seit elf Generationen im Besitz der Familie Aasen. In einem alten Bergarbeiterhaus am Ende der Bergmannsgata sind Erzproben und Gegenstände aus Røroser Kupfer ausgestellt (*Røros kobberverks samlinger*).

In der Steinkirche aus dem Jahre 1784 kann man eine schöne Barockorgel und alte Bildnisse sehen. Im Westen der Stadt, in der Nähe des Doktortjønna-Sees, liegt das *Heimatmuseum.* Die Erzgrube ,,Olav-Mine" ist seit 1979 im Sommer Besuchern zugänglich. Über die Mine werden in einer *Museumshalle* Gegenstände aus der Geschichte des Bergwerks gezeigt.

*

Abstecher an die schwedische Grenze (46 km)

Man fährt von **Røros auf der Straße 31 durch ein schönes Tal mit vielen kleinen Seen. Der Ort *Brekken,* 35 km, liegt 700 Meter hoch, hier führt eine Straße rings um den landschaftlich reizvoll gelegenen *Aursunden-See* und stößt dann in der Nähe der Kirche von Glåmos, zwischen Røros und Ålen, auf die Straße 30.

Vauldalen, 46 km, ist ein Ferienort an der schwedischen Grenze. Man kann von hier aus auf den Straßen 312 und 315 nach Funäsdalen und Rätansbyn (145 km) fahren.

Man verläßt **Røros* auf dem Falkbergetsveien und gelangt auf die Straße 30. Sie verläuft parallel zur Eisenbahnlinie Røros–Trondheim. In *Krokken*, 443 km, sieht man auf der anderen Seite der Brücke den Ort Glåmos. Eine Gemeindestraße, die nach der „Königsgrube" (Kungens gruve) führt, zweigt in *Rugldalen*, 451 km, ab.

Über *Ålen* (⌂), 466 km, kommt man nach *Haltdalen*, 482 km, wo rechts eine Straße (2 km) nach Aunegrenda abbiegt. Hier trat 1719 im Nordischen Krieg, nach dem Tod Karls XII., der schwedische General Armefelt unter dem Druck der dänischen Truppen den Rückzug an. Armefelt war ohne Verstärkung und Nachschub, und so wurde der Rückzug seiner 5000 Soldaten zu einem „Marsch in den Tod".

Ein Denkmal erinnert an diese Ereignisse.

In *Singsås*, 507 km, steht kurz hinter dem Bahnhof und nur einige hundert Meter vom Campingplatz Klokkerhaugen entfernt ein fast fünf Meter hoher Grabstein aus der Völkerwanderungszeit (6./7. Jh.). *Troøy*, 520 km, bietet Gelegenheit zu einem 17 Kilometer langen Abstecher ins Tal Budalen, wo im Ort Budal eine kleine Holzkirche (1754) in Form eines Y steht. Budal ist auch über *Bones*, 523 km, zu erreichen.

Die Europastraße 6 erreicht man in *Støren*, 537 km. Nach einer Fahrt von 52 Kilometern auf der E 6 gelangt man nach

Trondheim, 589 km, das auf den Seiten 122 bis 130 ausführlich beschrieben ist.

Route 12: Lillehammer – Fagernes – Lærdal (258 km)

Bis Fagernes verläuft diese Route durch eine Almlandschaft und über die Höhenrücken von Valdres, dann bahnt sie sich einen Weg durch enge Täler und schroffe, manchmal von klaren Seen erhellte Berglandschaften und erreicht schließlich die Gegend des Sognefjords.

Der erste Teil, 114 Kilometer, geht bis Fagernes auf den Straßen 255 und 253. Er ist streckenweise nur langsam zu befahren, vor allem zwischen Forsetsetra und Vestre Gausdal, denn hier ist die Straße eng und kurvenreich; im Winter ist sie zwischen Smiugard und Verskei gesperrt. Hinter Fagernes geht es 144 Kilometer auf der Europastraße 68 weiter.

Man verläßt *Lillehammer* (s. S. 183) nach Norden und folgt der E 6. In *Brusvea*, 8 km, betritt man das Gudbrandsdal. Unsere Route zweigt jedoch nach links auf die Straße 255 in Richtung Espedalen ab. *Follebu*, 15 km, ist ein größeres Dorf mit einer gotischen Kirche, deren Kanzel und Altarwand mit Akanthusblattmotiven verziert sind. In *Aulestad*, 16 km, kann man das Haus des Schriftstellers

Bjørnstjerne Bjørnson (1832 bis 1910) und seiner Frau Karoline besichtigen, das zu seinen Lebzeiten ein geistiger Mittelpunkt Norwegens war. Heute ist es ein staatliches Museum und enthält Möbel, Kunstgegenstände und Bücher aus dem Besitz Bjørnsons.

Bei *Segalstad bru,* 20 km, ist eine Kreuzung, an der man den Peer-Gynt-Weg (s. S. 185) rechts liegen läßt. *Vestre Gausdal,* 27 km, ist der Geburtsort des Schriftstellers Hans Aanrud (1863–1953). In der mittelalterlichen Kirche sind die gotischen Statuen einer Madonna mit Kind und eines Bischofs (14. Jh.) zu sehen. Rechts geht die Straße 255 nach Espedal und Vinstra (86 km) ab, unsere Route geht auf der Straße 253 links weiter.

Eine sehr schöne Aussicht über das Gausdal und das Gudbrandsdal, Skeikampen und Neverfjell hat man in *Forsetsetra,* 34 km. Die Straße ist hier sehr kurvenreich. In *Verskei,* 36 km, erreicht die Straße eine Höhe von 1020 Meter. Mit Hilfe einer Richtungstafel kann man die umliegenden Gipfel identifizieren, und bei klarem Wetter sieht man bis zum Rondane- und zum Jotunheimen-Massiv. Über das Gebirgsdorf *Kittilbu,* 44 km, und über *Holster,* 45 km,

wo eine Straße nach links ins Dokkatal und nach Skarlia und Aust-Torpa abbiegt, erreicht man *Holsbru,* 47 km, von dem eine Straße nach Liomseter um den Ormtjernkampen und den Nationalpark Ormtjernkampen herumführt.

Am *Oppsjøen,* 53 km, geht links eine Straße zum Berg Spåtind (4 km) hinauf. Die Berge Spåtind und Synnfjell erheben sich gleich neben der Straße. In der Lenningen-Hütte sind Angelscheine erhältlich. Von *Smiugard,* 76 km, kann man auf einer Nebenstraße zur Straße 251 gelangen, die über Flatmark nach Høljerasta (31) an der Straße 33 (s. S. 167) führt. Auch von *Lundmoen,* 82 km, aus geht eine Nebenstraße zur Straße 251 ab. An der Alm *Skinnarløkseter,* 98 km, gehen Mautstraßen zu den Unterkunftshäusern Grøslia, Skaråsen, Hovda und Baustin ab. Von hier ab bekommt die Straße nach Fagernes ein immer größeres Gefälle. Zu beiden Seiten ist ideales Skigelände. Man erreicht

Fagernes, 114 km, das auf Seite 168 beschrieben ist. Von hier fährt man 144 Kilometer auf der Europastraße 16 weiter (s. Route 8, S. 169) nach

Lærdal, 258 km, siehe Seite 173.

Route 13: Vinstra – Bygdin – Lærdal (273 km)

Diese Route ist schwierig, aber sie durchquert eine der schönsten Gegenden Norwegens, das Bygdin-Gebiet, und endet wie die Route 12 in Lærdal.

Von *Vinstra* (s. S. 186) fährt man auf der Straße 255 nach *Skåbu* (⚠) und geht dort auf die Straße 260 über. Vorüber an der Möbelfabrik „Krogenæs", die vor allem geschnitzte und bemalte Bauernmöbel herstellt und vorbei an der „Kampeseter Fjellstue" erreicht man nach 33 Kilometer Fahrt *Slangen*. Die Flüsse, Bäche und Seen der Gegend sind sehr fischreich, die günstigste Zeit für den Angler ist hier um Mitte Juli.

Kurz hinter Slangen führt eine sehr enge und kurvenreiche Straße nach *Sikilsdalseter* (27 km), einem Ausgangspunkt für Bergtouren. Am äußersten Ende des Sees Nedre Sikilsdalsvatn liegt die Berghütte des norwegischen Königs Harald.

Auf unserer Route folgt *Finnbølet*, 37 km, das inmitten einer von schneebedeckten Gipfeln überragten Almlandschaft liegt. Im Süden ist in der Ferne der Storhøpigen (1431 m) zu erkennen. Links geht eine Privatstraße zum Unterkunftshaus Storhøli (7 km). Bei *Kvålseter*, 43 km, findet man mehrere Berghütten. Im Norden sehen der Heidalsmuen (1743 m) und der Saukampen (1655 m), im Süden der Storhøpigen (1431 m) ins Tal herein. Am Fuß des *Buhø* erreicht die Straße die Höhe von 1230 Metern; sie führt oft sehr nahe an den großen Bergseen Sandvatn und Vinstervatn entlang und durch eine wilde Landschaft, in der man nicht selten im Juli Schnee sehen kann.

Über *Haugseter*, 65 km, gelangt man zum Erholungsort

*Bygdin, 78 km. Er liegt inmitten eines von Gletschern bedeckten Gebirgsmassivs, ist umgeben von Bergseen und unbewohnten, schmalen Bergtälern. Man hat hier viele Möglichkeiten für Ausflüge und Touren auf die umliegenden Berge, zu Bootsfahrten auf dem See und zum Wintersport. Von Bygdin aus kann man Eidsbugarden (s. S. 170) besuchen.

Ausflug nach Randen (72 km)

Hinter Bygdin folgt die Straße 51 nach rechts der Valdresflya-Kette und erreicht an der Jugendherberge *Setersuta* die Höhe von 1389 Metern (Wintersperre). In dieser Gegend wird die Straße gelegentlich von Rentieren überquert.

Die in *Maurvangen*, 20 km, links abbiegende Straße führt zum Urlaubsort *Gjendesheim*, der am Ufer des Gjendesees und inmitten schneebedeckter Berge liegt; man hat hier viele Ausflugsmöglichkeiten, so zum Vesslefjell oder weiter im Osten zur Sikilsdalshø.

Bei *Bessheim*, 22 km, wo es mehrere Berghütten gibt, fällt die Straße ab und führt am Sjødalsvatn entlang. Von *Hindseter*, 35 km, aus kann man den Nautgarstind (2257 m) besteigen, bei der Kreuzung sieben Kilometer weiter findet man ein Hinweisschild auf die nahen Ridderspranget-Wasserfälle.

Unweit von *Randverk*, 49 km, wo rechts die Straße 257 abbiegt, um in Sjoa (32 km) die Europastraße 6 zu erreichen (s. S. 186), gelangt man an den klaren See *Lemansjø*, an dem die Straße ganz nah vorüberführt, und schließlich nach

Randen, 72 km, an der Straße 15.

Auf unserer Route fährt man in *Bygdin* auf der Straße 51 nach

Fagernes. Im kleinen Ferienort *Beitostølen*, 92 km, der in schönem Skigelände liegt, geht rechts eine Straße nach Beito ab, wo sich das Behinderten-, Klima- und Sportzentrum von Valdres befindet; hier finden alljährlich Skirennen statt, an denen auch Blinde teilnehmen.

Auch in *Mørken*, 99 km, kann man nach Beito und nach Lykkja (11 km) abzweigen. Sechs Kilometer weiter kommt man zur einsam gelegenen

*Stabkirche von Hegge. Sie wurde zu Beginn des 13. Jahrhunderts erbaut, in den ersten Jahren des 19. Jahrhunderts jedoch stark restauriert und vergrößert. Mit ihren acht ,,Pfosten'' gehört sie zum Übergangstyp von der mehrsäuligen Stabkirche zum viersäuligen Typ von Valdres (s. S. 169). Sie hat ein schönes, reichgeschnitztes Portal. Im Inneren sieht man

mehrere geschnitzte Köpfe, einer davon (an einem Säulenkapitell) ist einäugig, stellt also wahrscheinlich den Gott Odin dar. Die Altarwand von Østen Kjørn stammt aus dem Jahre 1780.

Es folgt *Heggenes*, 108 km, ein großes Gebirgsdorf mit einer Fabrik für Fischereigeräte. Der Ort liegt am Ufer des Heggenfjords und ist ein guter Ausgangsort für Bergtouren.

Bei *Rogne*, 115 km, auf dem Gipfel des Kvithøvd, sieht man eine kleine Steinpyramide aus der Regierungszeit Haakons des Guten. Man kommt nach

Fagernes, 129 km, das auf Seite 168 beschrieben ist. Von hier fährt man 147 Kilometer auf der Europastraße 16 weiter (s. Route 8, S. 169) nach

Lærdal, 273 km, am Ufer des Sognefjords (s. S. 173).

Route 14: Otta – Sogndal – Balestrand (244 km)

Diese Route führt in die Provinz Sogn og Fjordane, durch enge, düstere Täler und durchs Hochgebirge, in die Nähe eines der größten Gletscher Nordeuropas, nämlich des Jotunheimen, und schließlich an das Ufer des Sognfjords, wo zu Beginn des Sommers sich die Kirschblüten im grünen Wasser spiegeln. Auf dieser Route liegen auch drei der interessantesten norwegischen Stabkirchen: Lom, Urnes und Kaupanger.

Die Strecke ist zunächst einfach

zu fahren, erst im Bøverdal und im Leirdal sowie an den Hängen des Jontunheimen wird sie schwieriger. Überall sind Hotels, Pensionen, Berghütten und Jugendherbergen zu finden.

Die Route beginnt in *Otta* im Gudbrandsdal (s. S. 186), wo man auf die Straße 15 geht, die dem Lauf des Ottaflusses folgt. Er erweitert sich zu einem See, von wo aus man bei *Lalm*, 17 km, einen schönen Ausblick auf den im Norden gelegenen Berg Jetta hat. In

Vågåmo (1000 Einw.), 31 km, erreicht die Straße das Südufer des *Vagavatn*. Der Ort besitzt ein ungewöhnliches Theater, das Teil eines Freizeitgeländes ist.

Die

*Stabkirche von Vågåmo wird 1130 zum erstenmal urkundlich erwähnt und ist dem heiligen Petrus geweiht. Die Sage berichtet, König Olav II., der Heilige, habe einem reichen Bauern aus dieser Gegend Ländereien und Wälder versprochen, wenn er hier eine christliche Kirche errichten lasse. Da die Kirche im 17. Jahrhundert vollständig neu aufgebaut und erweitert wurde, blieben vom ursprünglichen Gebäude nur die geschnitzten Portale, einige Mauerreste sowie das Taufbecken aus Sandstein und ein großes Kruzifix erhalten. Die Kanzel entstand 1630 und die mit Akanthusblattmotiven geschmückte Altarwand 1674.

Im Freilichtmuseum *Bygdetun Jutulheimen* findet der Besucher mehrere Häuser, Hütten und Bauernhöfe. Hinter dem Hotel „Villa" führt eine Straße zwölf Kilometer weit zum Gipfel der *Jetta* (1618 m), der auch leicht zu Fuß ersteigbar ist.

Auf der Weiterfahrt kommt man nach *Randen*, 37 km, wo man auf die Straße 51 nach Bygdin (s. S. 196) und Fagernes (s. S. 168) gelangen kann. Auf der Straße 15 erreicht man *Garmo* (⚑), 50 km, den Geburtsort des Schriftstellers und Nobelpreisträgers Knut Hamsun (1859 bis 1952). In Hamsuns Geburtshaus sind noch die Möbel und verschiedene Gebrauchsgegenstände seiner Eltern zu sehen.

Die Stabkirche von Garmo steht heute im Maihaugen-Museum von Lillehammer, das auf Seite 183 beschrieben ist.

Lom, 62 km, ist ein Verkehrsknotenpunkt und ein aufstrebender Touristenort. Sehenswert ist das Freilichtmuseum *Lom bygdemuseum*, zu dem einige alte Gebäude gehören, darunter ein Haus, in dem der heilige Olav übernachtet haben soll.

Das alte Haus *Gaukstadstuggu* aus dem Jahre 1648 ist heute ein Teil des Hotels „Fossheim"; es sind noch die alten Deckenbalken erhalten und mit Rosenmotiven bemalte Schränke sowie Holzschnitzereien. Das *Fossheim Steinsenter* ist eine geologische Sammlung mit Verkaufsgeschäft. Die

**Stabkirche von Lom ist eine der schönsten und ältesten Stabkirchen Norwegens. Sie ist der heiligen Jungfrau und Johannes dem Täufer geweiht und stammt aus den ersten Jahren des 12. Jahrhunderts, erwähnt wird sie erstmals um 1270. Die dreischiffige Kirche hat einen kreuzförmigen Grundriß, sie hatte ursprünglich keine Apsis, später wurde eine hinzugebaut. Die zahlreichen Giebel sind wie das übrige Dach mit Holzschindeln gedeckt, ihre Enden sind mit Drachenköpfen geschmückt. Das Portal des Nordflügels schmücken Pfeiler und Archivolten, die mit Ranken- und Tierornamentik geziert sind. Der Stil mit dem der Stabkirche von Sogn verwandt.

Innen tragen 20 gleichgroße Säulen eine große Rundbogenempore. Die Zwischenräume sind durch gekreuzte Balken abgestützt. Die Decke wurde im 17. Jahrhundert erneuert und ausgemalt, das Mobiliar stammt aus der Zeit vor der Reformation.

Von Lom aus kann man nach Måløy und zum Nordfjord fahren (s. S. 202).

Kurz hinter Lom verläßt man die Straße 15 und folgt der Straße 55 nach Südwesten durch das *Bøverdal*. Diese Strecke (Wintersperre) wird von Touristen sehr stark befahren, denn sie führt direkt an den Sognefjord.

Von *Røisheim* (₫), 79 km, kann man Reittouren ins Gebirge machen.

Links führt eine Mautstraße durch das Visdal, vorbei am Fuß des 2451 Meter hohen Glittertind, nach Spiterstulen (18 km).

Die Straße steigt ziemlich steil an und erreicht *Galdesand*, 81 km, im Bøvra-Tal. Links geht eine schmale und sehr steile Straße hoch zur Juvasshytta (14 km) in 1841 Meter Höhe. Von dieser Hütte aus kann man den Galdhøppigen (2469 m), den höchsten Gipfel des Jotunheimen-Massivs besteigen (drei Stunden Aufstieg, zwei Stunden Abstieg).

Bei der *Leirabrücke,* 84 km, zweigt rechts eine Straße ab, die einen Umweg durch das Gebirge macht und über Kvanndalsvoll in Høydalsdelet (s. rechts) wieder auf die Straße 55 kommt. Man erreicht nun *Elveseter,* 85 km, ein schönes Gebirgsdorf in 700 Metern Höhe, dessen Fremdenverkehrstradition bis zur Mitte des vorigen Jahrhunderts zurückreicht. Hier stehen

moderne Hotels neben den Häusern einheimischer Bauweise.

Eine Fahrstraße durch das schöne Leirdal zur „Leirvassbu Fjellstue" (17 km) geht von *Leirvassbudelet,* 92 km, ab.

In *Hødalsdelet,* 95 km, geht rechts eine Mautstraße nach Vassenden und Høydalseter (8 km). Links von unserer Straße 55 kann man den *Bøverkinnhalsen* mit einer 1035 Meter hoch gelegenen Hütte sehen. Im Norden liegt der *Hestbrepiggene* (2171 m) und im Süden der *Lofted* (2170 m). Rechts und links der Straßen wechseln Fichtenwälder und schroffe Felswände.

In der Nähe von *Bøvertun,* 100 km, einem Fremdenverkehrsort und Ausgangspunkt für Bergtouren, sind die Grotten von Dummdal. Von der Hütte Krossbu, 108 km in 1327 Meter Höhe, kann man auf den Smørstabbre, zur Leirvassbu und zum Fanaråki aufsteigen.

Die Straße geht jetzt an der Nordwestflanke des Jotunheimen entlang. 115 Kilometer nach Beginn unserer Route hat sie die Höhe von 1430 Meter erreicht. Hier erinnern sieben am Straßenrand errichtete Steine an die sieben Reisenden, die verschwanden, als der Sognefjellvei fest in der Hand von Vagabunden, Räubern und Banditen war. Man hat einen phantastischen Ausblick auf den schneebedeckten Gipfel des Fannaråki. Nach dem Unterkunftshaus *Sognefjellhytta* gelangt man in die Landschaft Sogn og Fjordane mit ihren bewaldeten, bis zum Fjord reichenden Bergketten.

Der Straßenabschnitt zwischen der Sognefjellhytta und Turtagrø, der 1938 fertiggestellt wurde, ist nicht einfach zu befahren und erfordert Aufmerksamkeit, denn er hat starkes Gefälle und elf Haarnadelkurven auf elf Kilometer. In *Turtagrø*, 128 km, ist eine Bergsteigerschule und eine Hütte des Touring Club.

Man kommt dann nach *Fortun*, 139 km, woher die heute in Fantoft bei Bergen (s. S. 118) aufgestellte Stabkirche stammt. Rechts führt eine Straße zu den Unterkunftshäusern Nørdstedalsseter und Medalsbu im Fortuntal.

Nun ist man bereits im Gebiet des Sognefjords: Am *Lustrafjord*, dem äußersten Ende des Sognefjords, liegt *Skjolden*, 145 km, in einer sehr schönen Wasser- und Berglandschaft. Man kann hier Berg- und Bootsausflüge unternehmen, segeln und Lachse fangen. Die Straße folgt dem Nordufer des Fjords und kommt nach *Luster* (⚐), 155 km, das dank seines milden Klimas Luftkurort ist. Die

Kirche von Dale wurde 1250 in gotischem Stil erbaut. Im Chor und im Schiff wurden unter den 1600 entstandenen Fresken mit Bibelszenen ältere Fresken entdeckt, die aus der Bauzeit stammen. Das Kruzifix ist aus dem Mittelalter, die Altarwand eine Arbeit des frühen 18. Jahrhunderts. Die Straße 55 führt sehr nahe am Fjordufer und an der kleinen Kirche von *Nes* vorbei. Dann kommt man an den Gaupnefjord und nach *Gaupne* (⚐). Das Rathaus wurde 1968 erbaut, das Portal der um 1640 entstandenen Holzkirche mit einem schönen Renaissance-Innenraum stammt aus einer alten Stabkirche.

Die Straße 604 biegt nach rechts ins Jostedal ab. Sie führt am Fuß des Gletschers Jostedalsbreen vorüber und erreicht nach 25 km die Kirche von Jostedal sowie die Ortschaft *Gjerde* (⚐); hinter dem Ort Mautstraße (3 km) zum Gletscherkamm.

Auf unserer Route fährt man nun am Westufer des Gaupnefjords entlang, dann verläßt die Straße das Ufer. Man kommt in das reizvolle Dorf *Marifjøra*, 170 km, wo Ausflüge zur **Stabkirche von Urnes (s. unten) veranstaltet werden. Bei einer Weggabelung geht rechts eine Uferstraße am See Veiststrondsvatn entlang, und von *Solvornsgalden*, 184 km, aus führt eine Straße in den Fremdenverkehrsort *Solvorn* (3 km) inmitten einer sehr schönen Fjordlandschaft. Schiffsverbindung besteht mit Årdalstangen (s. S. 170). An dem Solvorn gegenüberliegenden Ufer des Lustrafjordes liegt die

Stabkirche von Urnes. Sie ist von Skjolden auf einer Straße oder von Solvorn mit der Fähre zu erreichen, man muß aber noch einen Fußweg 15 Minuten steil bergauf gehen. Der Reiz der Kirche ist nicht nur ihr kunsthistorischer Wert, er liegt auch in der Abgeschiedenheit und Schönheit der Umgebung, in die hier eine der ältesten Stabkirchen Norwegens eingebettet ist.

Die Kirche wurde zu Beginn des 12. Jahrhunderts auf den Resten einer noch älteren Stabkirche in Form einer Basilika errichtet. Das Portal, dessen Schnitzwerk den bizarren isländischen Vorbildern nahekommt, stammt noch von der ersten Kirche.

Das Bauwerk hat drei Schiffe, über dem Westgipfel erhebt sich ein Glockenturm, und anstelle der Apsis gibt es eine rechteckige Verlängerung, die fast so lang ist wie das eigentliche Schiff. Haupt- und Seitenschiffe werden durch 16 Säulen mit geschnitzten Würfelkapitellen getrennt. Auch diese Schnitzereien erinnern mit ihren unauflöslichen Geflechten aus Weinranken und Gabeltieren an die Kunst Islands. In der Nähe des gotischen Kruzifixes steht eine Figur des heiligen Johannes aus dem ausgehenden 13. Jahrhundert.

Man erreicht *Sogndal* (5200 Einw.), 199 km, einen Ort in sehr schöner Lage am Ufer des Sogndalfjords, der etwas Industrie hat und zum Teil vom Lachsfang, vor allem aber vom Fremdenverkehr lebt.

Abstecher nach Kaupanger (11 km)

Man fährt auf der Straße 5 über die Halbinsel zwischen Sogndalfjord und Årdalsfjord nach *Kaupanger* (⛺), einem Verkehrsknotenpunkt, von dem aus Fähren zur E 16 Bergen–Oslo verkehren. Sehenswert ist hier die 1180 erbaute *Stabkirche, die im 19. Jahrhundert vollständig restauriert und umgebaut wurde. Sie sieht jetzt innen und außen wie ein Renaissancebau aus. Bei den Arbeiten fand man die Reste von zwei Kirchen, die vor dem jetzigen Bau hier standen. Interessant ist auch das *Sogn-Folkemuseum* (*Volkskundemuseum*) in *Kaupangerskogen* zwischen Kaupanger und Sogndal mit ländlichen Gebäuden aus dem 18. und 19. Jahrhundert.

Man verläßt *Sogndal* auf der Straße 5, die stellenweise sehr nahe am Sognefjord entlangführt. Dieser Fjord ist mit 180 Kilometern der längste Fjord Norwegens (Tiefe bis 1255 m).

Kurz hinter Sogndal steht die Kirche von *Stedje,* daneben ein hoher, um 1000 errichteter Runenstein. *Hermannsverk,* 218 km, ist inmitten einer an Obstgärten reichen Gegend ein auf Obstkonserven spezialisierter Industrieort, Verwaltungssitz der Provinz Sogn og Fjordane. Hier überqueren zwei der längsten Hochspannungsleitungen der Welt den Fjord. Hermannsverk und das folgende Leikanger sind kommunalpolitisch zu *Systrond* zusammengeschlossen.

Von *Leikanger,* 222 km, aus hat man einen schönen Blick über die Obstgärten, von *Hella,* 235 km, gibt es Fährverbindungen nach Fjærland, Vangsnes (s. S. 174), Dragsvik sowie nach

Balestrand (1200 Einw.), 244 km, dem größten Fremdenverkehrsort der Provinz Sogn og Fjordane. Es hat eine sehr schöne Lage am Zusammenfluß mehrerer Fjorde, über denen sich Gletscher erheben. Empfehlenswert ist ein Besuch der

Balestrand

Insel *Kvamsøy* mit einer gotischen Kirche aus dem 14. Jahrhundert. Von Balestrand aus gibt es auch Ausflüge zur Stabkirche von *Vik-Hopperstad* (s. S. 174) und mit dem Schiff (1½ Std.) durch den schmalen Fjærlandsfjord nach *Fjærland* (300 Einw.; Hotels; Berg- und Gletscherwanderungen). In Fjærland wurde 1991 ein in seiner architektonischen Form imponierendes Gletschermuseum, das erste dieser Art in Europa, eröffnet.

Route 15: Otta – Grotli – Måløy (286 km)

Die Straße 15 ist eine der klassischen Touristenrouten in Norwegen. Man hat immer wieder eine sehr schöne Aussicht auf die Seenlandschaft und auf die zerrissenen und zerklüfteten Fjorde, wenn man hinter Nordfjordeid das Bergland verläßt.

Von *Otta* (s. S. 186) aus fährt man 64 Kilometer weiter nach *Lom*. Diese Strecke ist im Zuge der Route 14 auf den Seiten 197 und 198 beschrieben. Hinter Lom führt die Straße 15 am Südufer des Sees *Ottavatn* entlang.

In unmittelbarer Umgebung von *Skjåk* findet man mehrere Bauten, die unter Denkmalschutz stehen, darunter eine um die Mitte des 18. Jahrhunderts gebaute Kirche; die Innendekoration stammt von Jakob Klukstad aus Lesja, der an vielen Bauten dieser Gegend mitgewirkt hat.

Über die Brücke *Vollungsbru* gelangt man in *Bismo* (🏠, ⚠), 77 km, wieder auf das Südufer des Ottaelv.

Auf der anderen Seite des Flusses verläuft eine Straße, die hier mehrere Ortschaften miteinander verbindet. Die Gegend ist bei Anglern als fischreich bekannt.

Hinter *Nordberg* (⚠) kommt man zur Kreuzung von *Dønfoss*, 89 km. Links führt die Bergstraße nach Tundradalsseter und eine andere durch das Bråtådal nach Sotaseter am Ufer des Liavatn und nach Mysubyttseter.

Bei *Billingen*, 107 km, wird die Straße zwischen Fluß und Gebirge eingezwängt. Rechts erheben sich die schneebedeckten Gipfel des *Gråhø* (1959 m) und des *Skarvdalseggi*. Inmitten einer von den Nordländern „dramatisch" genannten Landschaft aus Felsen, Schutthalden und Steinwänden liegt der Ort

Grotli, 121 km, an einer wichtigen Straßengabelung. Er besteht im wesentlichen aus einigen Unterkunftsbetrieben. Man kann von hier aus nach Geiranger (38 km) fahren (in umgekehrter Richtung auf S. 216 beschrieben).

Die alte Straße 15 (jetzt 258) biegt ein wenig gegen Süden ab und folgt nun dem Tal *Mårådal*. Diese Strecke heißt Strynefjellvei, eine der eindrucksvollsten Straßen Norwegens, die durch eine Steinwüste führt. Auf dem Gletscher *Tystigbreen* liegt ein Sommerskizentrum. Die zehn Kilometer lange Abfahrt hat einen Höhenunterschied von 539 Metern – von 1139 auf 600 Meter. (Auf der neu ausgebauten Straße 15 gelangt man sonst über Breidablik in die Provinz Sogn og Fjordane.)

Über *Videseter*, 148 km (auf der Straße 258), in der Schlucht Videdal erreicht man *Hjelle*, 158 km, das in einer großartigen und wilden Landschaft am Ende des Sees *Strynsvatn* liegt. Über dem See erhebt sich links der Gletscher *Tindefjellbreen*. Die Straße geht um das Südufer des Sees herum und gelangt an seinem westlichen Ende zur Brükke *Sundebru*. In diese Gegend gibt es in den Bächen der Umgebung sehr viele Lachse.

Am Ende des *Innvikfjords*, einem Seitenarm des Nordfjords, liegt

Stryn, 187 km, ein großes Gebirgsdorf mit Hotels, Geschäften und Ferienhäusern. Von hier aus kann man schöne Bergtouren machen. Auf der Straße 60 erreicht man von Stryn aus Loen (11 km, s. S. 216).

Man fährt weiter bis *Blekesvingen*, 193 km, wo man eine gute Aussicht auf das grüne Wasser des Fjords und die schneebedeckten Berggipfel hat. Dann verläßt man den Fjord und gelangt ins Landesinnere nach *Oyebakken*, 203 km, am Ufer des landschaftlich sehr schönen *Hornindalsvatn*. Dieser See ist einer der tiefsten Europas (514 m) und einer der klarsten. Unsere Straße geht an seinem Südufer entlang. Es folgt wieder ein Ort mit dem Namen *Hjelle*, 229 km, wo die Straße 1 kreuzt, und man kommt nach

Nordfjordeid, 234 km, am Ende des Nordfjords. Die Bevölkerung lebt von der Möbelherstellung, von Konservenindustrie und von der Milchverarbeitung. Es gibt einige schöne alte Wohnhäuser. In *Myklebus*, im Norden, wurde in einem großen Grabhügel aus der Wikingerzeit ein Schiff gefunden. Die Gegend ist sehr fischreich.

In *Ryst*, 242 km, führt rechts eine Straße über *Hjelmeland* (⚠) am Eingang des Hjelmelandsdal nach Bjørkedal (15 km) an der Straße 1. Die Fahrt geht durch eine sehr schöne Landschaft auf einer kurvenreichen und steilen Straße.

Einen ausgezeichneten Blick über den Nordfjord hat man in *Stårheim*, 248 km. Der Nordfjord ist einer der größten Fjorde Norwegens. Hier, bei der Halbinsel Hammernes, teilt er sich in zwei Arme: In den Eidsfjord und in den Isefjord. Von *Ytre Røed*, 252 km, aus geht eine Fähre nach Isane am gegenüberliegenden Ufer des Fjords.

Es folgen *Kjølstad*, 254 km, und *Maurstad*, 266 km, wo rechts die Straße 61 nach Åheim (16 km) und Hareid-Ålesund führt. Von Åheim aus kann man über Leikanger auf der Straße 620 über die gesamte Halbinsel Stadland fahren; am äußersten Ende der Halbinsel, von Kjerringa (48 km) aus, hat man eine einmalig schöne Aussicht auf die Inselwelt und den Gletscher Jostedalsbreen.

Auf unserer Route kommt man nach *Ulstadskaret*, 280 km, inmitten einer sehr schönen Insellandschaft. Rechts geht die Straße 618 parallel zur Küste nach

Åheim (s. S. 203). Am Barnesundstrand ist ein Runenstein zu sehen.

Nach einem langen Tunnel erreicht die Straße *Deknepol,* von wo aus man die 1974 erbaute, 1274 Meter lange Brücke nach

Måløy (3000 Einw.), 286 km, überquert. Das Städtchen ist Fischereihafen, es exportiert Frischfisch und Konserven. Nach der Bombardierung im Jahre 1941 wurde Måløy vollständig wiederaufgebaut. Die Stadt wird von Kreuzfahrten und von der Hurtigrute angelaufen, außerdem ist sie Ausgangspunkt für Fahrten zu den Inseln in der Umgebung.

Route 16: Dombås – Åndalsnes – Borgund – Ålesund (227 km)

Diese Route führt aus der herben Landschaft des Gudbrandsdal in das waldumrandete Tal der Rauma und an engen Fjorden vorbei zum offenen Meer.

In *Dombås* (s. S. 187), wo die Europastraße 6 in Richtung Nordkap weitergeht, biegt man links in die Straße 9 ab, die parallel zur Eisenbahnlinie von Dombås nach Åndalsnes und parallel zur Rauma verläuft. Nach 14 Kilometern erreicht man eine Kreuzung, wo rechts eine Bergstraße zu den Unterkunftshäusern Skansdalshytta, Sørhella und Gautsjø abzweigt, die in der Nähe fischreicher Seen liegen.

In *Lesja* (⚠), 16 km, kann man die 1748 errichtete Kirche besichtigen, deren Altarwand, Kanzel, Triumphbogen und Taufstein von Jakob Klukstad überreich mit Akanthusblattmotiven verziert wurden. Beim Bahnhof *Lora,* 25 km, führt auf dem anderen Flußufer eine Straße durch das Lordal zum Berghotel „Nyseter" (31 km).

Am Ufer des *Lesjaskogvatn* liegt *Lesjaverk* (⚠), 36 km, wo früher Eisenerz gefördert wurde; man kann die stillgelegten Gruben sehen. In *Lesjaskog* (⚠), 47 km, steht eine kleine Kirche aus dem Jahr 1695, die im 19. Jahrhundert aus Lesjaverk hierher gebracht wurde.

Der Wintersportort *Bjorli,* 56 km, hat einen 1740 Meter langen Skilift, der 430 Meter Höhenunterschied überwindet. Mitten in den Bergen liegt *Stuguflåten,* 62 km, wo rechts eine Straße zum 1084 Meter hoch gelegenen See Sandgrovvatn und links eine Straße nach Tungaseter abzweigt. Bei *Verma,* 67 km, fährt man an der auch als „Tigersprung" bekannten Eisenbahnbrücke Kyllingbru über die Rauma vorbei.

Links von der Straße liegt *Ornheim,* 72 km, wo der heilige Olav eine Rast eingelegt haben soll, als er 1028 nach Gardarike (Rußland) flüchtete. In *Flatmark,* 82 km, setzt die Straße auf das Südufer der Rauma

Im Jostedal im Nordfjordgebiet ist man von einer eindrucksvollen Hochgebirgslandschaft umgeben – die Gletscher reichen oft bis ins Tal.

Durch ein Gewirr von kleinen und kleinsten Inseln gelangt man nach
Hammøy auf Moskenesøy, einem der ältesten Fischerdörfer der Lofoten.

Zweieinhalb Monate lang ist am Nordkap die Mitternachtssonne zu
sehen. Aber auch weiter im Süden wird es im Juni nie dunkel.

über, um bald darauf wieder zum Nordufer zurückzukehren.

Man gelangt zur Kirche von *Kors,* 87 km. Sie wurde 1910 aus dem Material der Holzkirchen von Flatmark errichtet, woher auch Taufstein, Kanzel, Kronleuchter, Kultgegenstände und die 1769 von Jakob Klukstad geschaffene *Altarwand stammen.

Nun geht die Straße 9 durch eine eindrucksvolle Landschaft. Im Norden sieht man den *Kalskråtind* (1797 m) und die *Mongehø,* im Westen den *Mannen* (1515 m). Ein wenig weiter tauchen links der Straße der *Trolltindane* (1795 m) und rechts das *Romsdalshorn* (1555 m) auf, hinter dem sich der *Vengetindane* (1843 m) erhebt.

Bei der Brücke *Sogge bru,* 101 km, zweigt links die Straße 63, der berühmte Trollstigvei (s. S. 214) ab. An der Brücke von *Grøtør,* 104 km, beginnt die Umgehung der Straße 9 von Åndalsnes. Die Stadt

Åndalsnes (3000 Einw.), 106 km, ist sehr hübsch an der Mündung der Rauma in den *Romsdalsfjord* gelegen. Die Bewohner leben von der Möbel- und Textilindustrie sowie vom Fremdenverkehr. Seit 1970 wuchsen hier auch einige Erdölbohrtürme in die Höhe. Die Stadt wurde 1940, als hier britische Truppen gelandet waren, von deutschen Bombenangriffen stark zerstört. Mit dem Wiederaufbau entstand ein modernes Stadtbild.

Von Åndalsnes kann man nach **Trondheim** (308 km; s. S. 122) fahren sowie nach **Bergen** (381 km; s. S. 113), außerdem nach Molde.

Hinter Åndalsnes folgt die Straße 9 zunächst dem Südufer des Romsdalsfjords. Man kommt nach *Veblungsnes,* 108 km, wo die hübsche achteckige Kirche Gryttenkirken aus der ersten Hälfte des 19. Jahrhunderts steht. An einem Setnes benannten Platz befinden sich mehrere Grabhügel aus der Wikingerzeit.

Die Straße geht nun durch den 1530 Meter langen *Runehammer-Tunnel,* dann durch einige kleinere Tunnel. In *Innfjorden,* 119 km, geht links eine Straße nach Berild (7 km) ab, von wo aus man ins Hochgebirge gelangen kann. Grabhügel von Wikingern findet man bei *Måndalen* (⚠), 129 km, am Fuß des Svartvasstind. Die Straße führt nun sehr nahe am Fjord entlang durch eine schöne Landschaft.

Kurz hinter *Vågstanda,* 141 km, fährt man durch einen langen Tunnel und erreicht *Vikebukt* (⚠), 147 km, von wo man eine sehr schöne Aussicht auf Molde hat. Zwischen Vikebukt und Molde (s. S. 210) besteht eine Fährverbindung.

Die Straße 9 verläuft am Ostufer des *Tresfjords* entlang. Man gelangt auf ihr bald nach *Tresfjord,* 158 km. Die Kirche des Orts zeigt einige gute Gemälde aus dem Leben Marias und der Kindheit Jesu, das Heimatmuseum besitzt Sammlungen regionaler Wohnkultur.

Auf dem anderen Ufer des Tresfjords kommt man nach *Skorgenes,* 165 km, wo man sich auf den Bau von Luxusjachten spezialisiert hat. Hier verläßt die Straße die Fjordregion und bahnt sich den Weg durch das rechts vom Ysttind und links vom Sprovstind beherrschte *Skorgedal.*

In *Sjøholt* (⚓), 186 km, dem Hauptort des Sunnmøre-Gebiets, geht links die Straße 650 über Stordal (⚓; 19 km) und als Straße 63 nach *Valldal* (⚓; 45 km) und *Geiranger (79 km; s. S. 215).

Ab Sjøholt gelangt man in die Welt der Fjorde und Inseln, über der bereits das fahle Licht des Nordens liegt. Hier ist die norwegische Landschaft so, wie man sie sich immer vorstellt: Wasser, Felsen, starker Wind, Gekreisch der Seevögel, Gischt und Tanggeruch.

In *Dragsundet* führt die Straße über einen schmalen Landstreifen nach *Digernes,* 201 km, wo rechts die Straße 661 nach Vikebukt (s. S. 207) zurückgeht. Nun fährt man am Norduter des Busdalsvatn nach *Spjelkavik,* 215 km, einer kleinen Industriestadt (Stahl, Kunststoff und Holzverarbeitung). Links gelangt man auf der Straße 60 in das Gebiet des **Geirangerfjords (s. S. 215). Man kommt nun nach

Borgund, 222 km, wo sich vor der Christianisierung eine heidnische Kultstätte befand. Im Mittelalter entstand hier eine Siedlung, die zur Zeit ausgegraben wird. Die 1250 erbaute Kirche stammt aus dieser Zeit, sie wurde Anfang des 20. Jahrhunderts restauriert. Von der Peters- und Marienkirche sind nur Ruinen erhalten.

Sehenswert ist das interessante **Sunnmøre-Museum** mit den Abteilungen für Wohnkultur in den Fjordlandschaften, für Schiffahrt und Fischfang sowie

einer archäologischen Abteilung mit Grabungsfunden. – Fünf Kilometer weiter ist der Endpunkt unserer Route erreicht,

Ålesund (26 000 Einw.), 227 km. Die moderne Hafenstadt liegt auf drei Inseln. Der größte Teil der Stadt wurde nach einem Brand im Jahre 1904 auf *Aspøy* wieder aufgebaut, daher stammen die vielen Jugendstilhäuser. Nach der Bombardierung durch die Deutschen begann ein erneuter Wiederaufbau.

Die Stadt wird vom 189 m hohen Aksla-Berg überragt, dessen Spitze man vom Stadtpark auf 418 Stufen ersteigen kann.

Ålesund gehört zu den größten Hafenstädten Norwegens, es lebt von Fischfang, Konservenfabriken, Schiffsbau usw.

Das *Ålesundsmuseum* hat eine archäologische Abteilung und eine bedeutende Sammlung über den arktischen Fischfang. Das *Aquarium* im Haus der Hochseefischer enthält Fische aus dem Nordmeer und aus norwegischen Gewässern.

Eine Attraktion Ålesunds war einst der Vogelberg mitten in der Stadt; heute nisten Hunderttausende von Vögeln 170 verschiedener Arten auf der im Westen gelegenen, unter Naturschutz stehenden Insel *Runde.* Man kann diese sowohl mit Ausflugsbooten als auch mit dem Auto über eine Brücke erreichen.

In der Umgebung von Ålesund ist vor allem die Insel *Giske* sehenswert. Hier steht eine kleine, um 1200 erbaute Marmorkiche, die der mächtigen, jahrhundertelang mit den Königen von Norwegen und vor allem Harald Hardråde verbundenen Familie Giske als Kapelle diente.

Auf den Inseln *Godøy, Valderøy* und *Vigra* (⚓), die man heute durch einen unterseeischen Tunnel erreichen kann, hat man bedeutende Funde aus der Bronzezeit und aus der Zeit der Völkerwanderung gemacht.

Route 17: Oppdal – Molde (161 km)

Die Route beginnt in dem an der Europastraße 6 gelegenen *Oppdal* (s. S. 187) und führt über die Straße 70 weiter. Man fährt an der Kirche von Oppdal vorbei, wo sich ein großer Wikingerfriedhof befindet – in den über tausend Grabhügeln aus der Zeit von 600 bis 1000 wurden viele Funde gemacht.

In *Vognill*, 7 km, steigt die Straße rasch an, und an der *Festa-Brücke*, 12 km, erreicht sie bereits die Höhe von 625 Metern. Rechts von der Brücke geht eine Mautstraße zu den Unterkunftshütten Gjevillvasshytta.

Bei *Lønset*, 22 km, wo Sägewerke und Fabriken zu sehen sind, befindet sich 800 Meter von der Straße entfernt der große und lachsreiche Wasserfall *Vindøla-fossen*. Rechts, im Storlidal, liegen mehrere kleine Wintersportorte: Vindalseter, Nedre Vassli, Vassli Fjellgård, Storli. Sie sind Ausgangspunkte für Ausflüge im Trollheimen-Gebirge.

Eine Bergstraße führt von *Gjøra* (⛺), 37 km, links nach Vangshaugen und Røymoen, ein Weg führt bis zur Gruvedalshytta im Massiv des Aursjø und des Dovre. Kurz hinter Gravem ist eine *Felszeichnung (helleristningen)* zu sehen, auf der ein kieloben liegendes Schiff dargestellt ist. Dieser Teil der Strecke wurde früher oft von Lawinen verschüttet. So mußte die Kirche von Romfo, an der unsere Route vorbeiführt, zwei Kilometer nach Süden versetzt werden, nachdem sie einige Male von Lawinen beschädigt worden war.

Der Ort *Fale*, 52 km, liegt mitten in den Bergen am Fluß Driva, der als bester Lachsfluß Norwegens bezeichnet wird. In *Gikling* gelangt man an das Südufer der Driva, passiert *Grøa*, und in *Løken*, 60 km, geht die Straße wieder auf das Nordufer über. Hier steht das *Leikvin Bygdemuseum*, ein Heimatmuseum mit einer eigenen Abteilung über den Lachsfang. Das Museum ist in einem Haus aus dem 19. Jahrhundert untergebracht, das um 1860 der gebürtigen Schottin Lady Arbuthnott gehörte, die von der Bevölkerung „Königin des Sunndal" genannt wurde. In der Nähe liegt ein großes Gräberfeld aus der Eisenzeit mit bis zu 22 Meter langen Grabhügeln, mit Steinkreisen, in denen Recht gesprochen wurde, und mit *Steinsetninger* genannten Einzelgräbern.

Sunndalsøra (5000 Einw.), 68 km, ist eine kleine Industriestadt (Aluminium, Chemie) am Ende des Sunndalsfjords. Es ist auch ein beliebter Ferienort mit guten Angelgelegenheiten in der Umgebung. Man kann von hier aus nach Kristiansund (93 km; s. S. 212) fahren.

Auf unserer Route fährt man von Sunndalsøra am Südufer des Sunndalsfjords auf der Straße 62 weiter. Die Straße ist schwierig, denn es gibt mehrere Tunnel und Kreuzungen. In *Vetamyra* hat man einen schönen Blick auf den Fjord.

Einen schönen Strand am Fjordufer gibt es in *Øksendalsøra* (⚐), 82 km. Von hier sind der *Kleppen* (1514 m), der *Ryssdalsnebba* (1528 m) und der *Skrommelnebba* (1598 m) zu sehen. Eine Straße führt links nach Branstad (13 km).

Die Straße geht durch den *Merraberget-Tunnel*, und am Strand von *Eidsøra* verläßt sie den Fjord bei *Tildereidet* (104 km). In der Nähe von *Eidsvåg*, 107 km, liegt die Kirche von *Nesset*, die aus dem Material der alten Stabkirche von *Rød* erbaut wurde. Unsere Route geht nun entlang des Langfjords bis *Steinløysa*, 129 km. Hier biegt die Straße 666 rechts nach Angvik – Tingvoll (13 km) ab. Bei Steinløysa ist es die Straße 665, die 21 km bis zum Fähranleger von Angsvik führt (s. S. 211). Bald erreicht man einen der Arme des Romsdalsfjords, den Fannefjord.

In *Oppdal*, 141 km, führt rechts die Straße 1 durch eine herrliche Insel- und Fjordlandschaft nach Kristiansund (s. S. 212). Unsere Route läuft jetzt dicht am Fjord entlang, vorbei am Flughafen Molde. Ehe sie das Stadtgebiet erreicht, fährt man an zwei schönen klassizistischen Häusern

vorbei, *Nøisomhet* und *Moldegård*, das seit Generationen im Besitz der Familie Møller ist, bei der Ibsen und Bjørnson oft zu Gast waren.

Molde (21 000 Einw.), 161 km, ist eine reizend zwischen Meer und Gebirge liegende Stadt, Verwaltungssitz der Provinz Møre og Romsdal. Im Juli gibt es hier alljährlich ein Jazzfestival.

Seit dem Bombenangriff von 1940 gibt es das einst berühmte idyllische Molde nicht mehr; enge gewundene Gäßchen und niedrige, blumengeschmückte Häuschen. Als es diese Idylle noch gab, verbrachte hier Ibsen des öfteren seine Ferien, er schrieb hier auch sein Schauspiel „Die Frau vom Meer". Hier ging Bjørnstjerne Bjørnson in die Schule, und hier war der Erzähler Alexander Kielland (1849–1906) vier Jahre lang Bezirksamtmann.

Molde wird aber noch heute die „Stadt der Rosen" genannt, denn es hat ein mildes Klima, in dem Rosenzucht betrieben wird.

Auf einer Anhöhe liegt das *Romsdalsmuseum*, zu dem auch ein *Fischereimuseum* (*Fiskerimuseum*) auf der Insel Hjertøya gehört.

Vom *Varden* (Fahrstraße) aus hat man einen großartigen Panoramablick auf die 87 Berggipfel die sich um Molde erheben, über die Stadt und die Inselwelt. In der Umgebung kann man einige Felszeichnungen finden.

Route 18: Oppdal – Kristiansund (175 km)

Die Strecke von *Oppdal* (s. S. 187) nach Sundalsøra ist in unserer Route 17 auf der Seite 209 beschrieben.

Hinter *Sunndalsøra,* 70 km, fährt man auf der Straße 70 am Nordufer des *Sunndalsfjords* entlang, und auf den nächsten acht Kilometern durchfährt man drei Tunnel.

In *Oppdøl,* 78 km, hat man einen herrlichen Blick über den Fjord, den man hier in Richtung Norden verläßt. Man kommt nach *Ålvundeid* (⛺), wo rechts eine Straße durch das Virumdal nach Nerdal führt. Von hier aus kann man auf einer Gemeindestraße das Innerdal (14 km) erreichen, von dem manche behaupten, es sei das schönste Tal Norwegens. Es gibt hier Ski- und Kletterschulen.

Auf der Straße 70 kommt man nach *Ålvundfoss,* wo mehrere Kraftwerke stehen. Rechts führen die Straße 670 und die Straße 65 nach Surnadalsøra und nach Trondheim (s. S. 213, in umgekehrter Richtung).

Kurz hinter *Meisingset,* 107 km, führt eine Straße in östlicher Richtung um die Halbinsel herum. Die Straße 70 erreicht nun

Tingvoll (⛺), 118 km, einen Industrieort am Rand des Tingvollfjords. Die am Fjordufer stehende **Kirche* wurde 1180 als Wehrkirche erbaut. Sie ist eine der wenigen norwegischen Kirchen dieser Art, die in Dänemark und Schweden häufiger anzutreffen sind. Die Mauern des Schiffs gleichen einem Wall, sie haben einen Umgang mit Schießscharten. Man sieht einige Wandmalereien. In der Nähe des Altars steht ein großer Runenstein mit der Inschrift „Im Namen Gottes bitte ich Euch gelehrte Männer, die Ihr diesen Ort beschützt, und Euch alle, die Ihr meine Bitte versteht: Gedenkt meiner Seele in Euren Gebeten. Ich hieß Gunnar und habe dieses Haus gebaut." Wegen der Besichtigung der Kirche fragt man im Pfarrhaus, einem schönen zweistöckigen Bau von 1730, nach.

Anderthalb Kilometer von der Ortsmitte entfernt liegt das Heimatmuseum *Tingvoll bygdetun.*

In der Nähe von *Hindhammer,* sieben Kilometer südlich von Tingvoll, sind am Ufer des Fjords **Felszeichnungen zu sehen, die Hirsche, Elche und geometrische Figuren darstellen.

Die Straße 70 folgt dem Fjord durch eine schöne, vom Meer geprägte Landschaft. In *Beiteråsen* zweigt rechts die Straße 65 nach Sunndalsøra und Trondheim ab (s. S. 213, in umgekehrter Richtung). Schon hinter *Øydegard* folgt man dem Verlauf der Straße 70, kommt zunächst über eine Brücke zur Halbinsel *Aspøy* und zur Insel *Bergsøya.* Hier treffen die Westküstenstraße 1 und die Straße 70 zusammen. Durch einen 5,2 km langen unterseeischen Tunnel gelangt man schließlich auf die Insel *Frei.* Man überquert die Insel und kommt zu der großen Brücke, 168 km, die die Verbindung mit der Insel *Nordlandet* herstellt. Nun ist man bereits in

Kristiansund (17 000 Einw.), 175 km, dem Zentrum für die Ölgewinnung vor der Küste. Die Stadt liegt malerisch auf den drei Inseln *Innlandet, Kirkelandet* und *Nordlandet,* die durch Brükken miteinander verbunden sind.

Archäologische Funde haben bestätigt, daß es schon vor 8000 Jahren an dieser Stelle einen Hafen gab. Der Ort erhielt jedoch die Stadtrechte erst 1742 unter dem dänischen König Christian VI., von dem er auch seinen Namen hat. Im 19. Jahrhundert nahm die Stadt durch Küstenhandel, durch den Handel mit den Lofoten, den Heringsfang und den Export von Fischprodukten einen großen Aufschwung. Im Zweiten Weltkrieg wurden hier 800 Häuser zerstört. Der Wiederaufbau brachte der Stadt einige interessante Gebäude. Die Einwohner leben vom Fischfang, Fischverarbeitung, Handel, Schiffahrt und Schiffsbau.

Die 1964 nach den Plänen des Architekten Odd Ostbye erbaute Kirche gehört zu den modernsten Kirchenbauten der Nachkriegszeit. Das Stadtmuseum ist vor allem der Geschichte der Hochseefischerei gewidmet.

Von Kristiansund aus kann man zahlreiche Ausflüge in die Inselwelt machen: Zu den *Smøla-Inseln,* wo man angeln kann, zur Insel *Tustna* und zur nördlich von Kristiansund gelegenen Insel *Grip,* auf der sich die Fischerhäuser um eine Stabkirche von 1480 scharen. Ein lohnender Abstecher ist die Straße 64 Richtung Küste. Über die Fähre *Bremnes – Kristiansund* und die Insel *Averøy* gelangt man zum sogenannten „Atlantikweg". Auf vielen Brücken überquert man kleine Inseln und Holme und kommt dem offenen Meer und der berühmt-berüchtigten Seepassage Hustadvika sehr nah.

Auf der Insel *Averøy* steht die

*Stabkirche von Kvernes (15. Jh.; 1633 restauriert). An der Westwand des Schiffes schöne Malereien. Kassettendecke und Gestühl sind ebenfalls bemalt. Die Innenausstattung stammt mit Ausnahme des mittelalterlichen Hauptaltars aus dem 17. Jahrhundert.

Route 19: *Trondheim – Åndalsnes – Grotli – **Bergen (762 km)

Diese Route ist etwas schwierig, aber sie ist eine der schönsten durch Norwegen. Man benötigt drei oder vier Tage, wenn man sich nicht ausschließlich auf das Fahrzeug und die Straße konzentriert, sondern bei der Fahrt über schmale, in den Fels gesprengte Straßen und durch urweltliche Landschaften die Stille und die klaren Abende über den Fjorden erleben will.

Zwischen Trondheim und Bergen lernt der Besucher folgende Fjorde kennen: Surnadalsfjord, Sunndalsfjord, Romsdalsfjord,

Geirangerfjord, Nordfjord, Sognefjord und Østerfjord. Gute Übernachtungsmöglichkeiten gibt es in Åndalsnes, Stryn oder Loen, Olden und Vadheim (siehe „Spezielle Praktische Hinweise ab Seite 262).

Man verläßt *Trondheim*, das auf den Seiten 122 bis 130 ausführlich beschrieben ist, auf der Europastraße 6. An der Kreuzung von *Klett*, 14 km, biegt man rechts in die Straße 65 ein, während die E 6 nach Dombås und Lillehammer weiterführt (Route 10, S. 180, in umgekehrter Richtung). Man fährt nach *Orkdalsfjord* und an der achteckigen Kirche von *Burvik*, 23 km, vorüber.

In *Børsa*, 29 km, führen die Straße 709 und dann die Straße 708 links in das Trollheimen-Massiv, neun Kilometer hinter der Kreuzung steht an der Straße 709 die mit Wandmalereien geschmückte Kirche von Skaun (Auskunft beim Küster).

Thamshavn, 43 km, hat Chemiewerke und ist ein Exporthafen für die Produkte dieser Fabriken. Unmittelbar daneben ist der Industrieort

Orkanger (3000 Einw.), 44 km. Hier werden Schiffsausrüstungen, Kunststoffprodukte und Sportartikel hergestellt. *Hovgården* ist eines der typischen Herrenhäuser des Trøndelag-Gebiets.

In *Fannrem* (⚠), 49 km, gelangt man auf das andere Ufer des Flusses *Orkla*. Rechts kann man über die Straße 71 und die Straße 680 sowie mit Hilfe dreier Fähren nach Kristiansund (135 km) gelangen (s. S. 212). Von

Svorkmo, 61 km, aus führt die Straße 700 über Medal nach Berkåk (53 km) an der Europastraße 6 (s. S. 188).

Unsere Straße verläuft noch immer entlang der Orkla. An der Kreuzung von *Storås*, 74 km, biegt die Straße 701 links nach Meldal (9 km) ab, wo eine schöne Kirche aus dem Jahre 1651 steht.

Man gelangt nun in das dunkle und grüne *Surnadal*. Kurz vor *Bakken* überschreitet man die Grenze zwischen den Provinzen Sør-Trøndelag und Møre og Romsdal. Über *Øvre Rindal*, 89 km, kommt man nach *Bjørnås*, wo links ein Weg nach *Rindal* (⚠) führt, einer größeren Siedlung mit einem kleinen Heimatmuseum.

Unsere Straße geht nun auf dem Südufer der Surna weiter nach *Røv*, 115 km, wo jenseits des Flusses die 1728 erbaute Kirche von Mo steht. Sie ist eine der vier norwegischen Kirchen, die in Form eines Y erbaut wurden. Ein Gemälde erinnert an die Reise von König Christian V. von Dänemark und Norwegen durch diese Gegend (1685).

Der wichtigste Ort dieser Region ist *Skei i Surnadal*, 127 km. Die Straße 65 führt nun nach Kristiansund weiter, unsere Route dagegen wechselt auf die Straße 670 und verläßt die Küste. In *Lykkeidet*, 130 km, hat man einen schönen Blick auf das Trollheimen-Massiv.

Bei der Kreuzung von *Melhus*, 135 km, geht links eine Straße nach Todal (15 km), dann nach Todalshytta (18 km) und weiter ins Todal bis Kårvatn (26 km).

In *Kvanne* (⚓), 142 km, geht es mit der Fähre nach *Røkkum.* Die Straße 670 biegt nach links ab, in *Åvundfoss,* 149 km, geht man auf die Straße 70 in Richtung Sunndalsøra, während rechts die Straße 70 nach Tingvoll (28 km) und Kristiansund (s. S. 212) abzweigt.

Nach *Ålvundeid,* 160 km, das am Fuß hoher Moränenwälle liegt, kommen drei Tunnel, dann kommt man nach

Sunndalsøra, 169 km, siehe Seite 209. Hier verläßt man die Straße 70, die nach Oppdal führt (s. S. 187) und fährt auf der Straße 62 um den Sunndalsfjord. Die Landschaft ist sehr schön, vor allem in *Vetamyra,* wo man aus 320 Meter Höhe auf das grüne Wasser des Fjords hinunterschaut. Auf der Strecke gibt es mehrere Tunnel und Kreuzungsstellen.

Einen schönen Strand findet man in *Øksendalsøra,* 183 km; über dem Ort ragen der *Kleppen* (1514 m) und der *Ryssdalsnebba* (1528 m) empor. Links geht eine Straße durch das Øksendal.

In *Eidsøra,* 200 km, verläßt man den Fjord. Man kommt nach *Tiltereidet,* 206 km, und *Stubøen,* 209 km, wo man die Straße 62 verläßt, die nach Molde (54 km; s. S. 210) weitergeht. Unsere Route führt auf der Straße 660 entlang des *Eresfjords.* In der Nähe liegt der Pfarrhof von Nesset (*Nesset prestgård*), wo der Schriftsteller Bjørnstjerne Bjørnson seine Kindheit verbrachte – sein Vater war von 1837 bis 1852 hier Pfarrer.

Bei *Boggestranda,* 217 km, sind *Felszeichnungen (helleristninger)* zu sehen, 58 Darstellungen von Rentieren und Elchen sowie Schiffen. Hinter *Eresfjord/Sira,* 229 km, kommt man ins Tal der Vista. *Vistdal,* 247 km, liegt am Zusammenfluß von Langfjord und Eresfjord.

Über die Brücke von *Myklebostad,* 248 km, wo die Straße dicht am Ufer des Fjords entlanggeht, kommt man nach *Åfarnes,* biegt dort nach links ab und folgt der Straße entlang des **Rødvenfjords* in ein landschaftlich sehr schönes Gebiet. Wenn man bei *Holmemstranda,* 280 km, auf die andere Seite des Fjords schaut, sieht man die Stabkirche von Rødven.

Von *Leirheim,* 283 km, aus kann man rechts eine Straße am Südufer des Rødvenfjords nach Rødven (10 km) fahren, wo sich die einzige Stabkirche des Romsdal befindet. Sie stammt aus dem 12. Jahrhundert, wurde aber öfter umgebaut. Ihr Portal hat gewundene Pfosten. In Leirheim verläßt man diesen Fjord und kommt nach *Torvik,* 289 km, am Isefjord. Über *Hen,* 300 km, wo links eine Straße nach Unhjem und Grøvdal abgeht, kommt man nach

Åndalsnes, 302 km, das auf Seite 207 beschrieben ist. Von hier aus fährt man bis zur *Soggebrükke,* 307 km, auf der Straße 9 und biegt dann rechts auf die Straße 63 ab.

Hier beginnt der schwierigste, aber auch eindrucksvollste Teil der Route: der berühmte ***Trollstigvei,* eine Bergstraße, die durch eine der ursprünglichsten Gegenden des Landes führt (Wintersperre). Links und rechts gibt es schneebedeckte Berge, zwischen denen tiefe Schluchten klaffen. Rechts erheben sich der *Karitind*, (1589 m), der *Dronningen* (1568 m), der *Kongen* (1593 m) und der *Bispen* (1475 m), links die *Trolltindane* (1795 m), die ihren Namen von den dort nach dem Volksglauben hausenden Trollen haben.

Die Brücke *Stigfoss bru*, 317 km, überquert einen 180 Meter hohen Wasserfall. Von **Stigrøa*, 322 km, hat man eine sehr schöne Aussicht, drei Kilometer weiter liegt *Trollstigheimen*, wo alljährlich im Juli die Trollstig-Slalomrennen stattfinden.

Die Talfahrt beginnt beim engen *Meierdal*, in *Slettvikane* fährt man an einem Denkmal vorüber, das an den heiligen Olav und an Haakon VII. erinnert. Der Heilige bereiste den Trollstigvei im Jahre 1028, der zweite König im Jahre 1936.

Øvrestøl, 335 km, ist Ausgangspunkt für Bergtouren. Hier sieht man links den *Breifjell* (1724 m) und rechts den *Høgstolen* (1697 m). Im *Grønning*, 340 km, soll laut Snorri Sturlusson der heilige Olav übernachtet haben. Der Reisende wird im Verlauf des Trollstigvei immer wieder an den König erinnert.

Man überquert die Brücke über die Schlucht *Gudbrandsjuvet*, 345 km, und kommt nach *Uri*, 353 km, wo sich das Landschaftsbild ändert. Im Valldal wird die Gegend freundlicher.

Valldal (1000 Einw.), 357 km, ist Hauptort des gleichnamigen Tals mit Möbelfabriken, Holzverarbeitung und viel Fremdenverkehr. Von Valldal führt eine Straße mit mehreren bis zu 4,8 km langen Tunneln in südöstlicher Richtung nach Tafjord.

Auf dem Weg nach Tafjord kommt man durch die Ortschaft *Fjørå* (3 km von Valldal), deren größter Teil 1936 durch eine große Welle zerstört würde, als ein Stück des Gebirgehanges abrutschte und in den Fjord stürzte; 41 Menschen fanden dabei den Tod. Vom 6 km westlich gelegenen Gravaneset verkehrt eine Fähre nach Stranda am Westufer des Storfjord.

Für die Weiterfahrt auf dieser Route wählt man jedoch die 10-Minuten-Fähre von *Linge* (5 km westlich von Valldal) nach Eidsdal, die im Sommer häufig fährt.

In *Eidsdal* nimmt man die Straße 63, die am *Høgli Turistheim*, 367 km, vorüberführt; rechts geht eine Straße nach Kilsti (5 km), wo man eine sehr schöne Aussicht auf den Fjord hat.

Bei *Eidebru*, 375 km, kommt man an den Eidsvatn. An der Straße liegen mehrere Campingplätze. Man sieht rechts den Berg Geitfjell, wenn man am Unterkunftshaus *Indreeide*, 375 km, vorbeifährt, das sehr schön gelegen ist. Nun sollte man noch langsamer fahren, denn in der Kurve bei Ørnesvingen hat man einen einzigartigen Blick auf den

**Geirangerfjord, einen der engsten und eindrucksvollsten Fjorde Norwegens. Über dem Fjord steigt eine riesige Felswand auf, von der Wasserfälle herunterstürzen, darunter die „Sieben Schwestern" und der „Brautschleier". **Geiranger* (250 Einw.) gehört zu den bekanntesten Fremdenverkehrsorten des Landes. Im Fjord kann man angeln, baden, segeln, es gibt Bootsausflüge und Ausflüge in die Berge der Umgebung.

Von Geiranger aus verkehrt eine Fähre nach Hellesylt am Ende des Sunnylysfjords. Hinter Geiranger ist die Straße 63 sehr kurvenreich. Man fährt an einem Platz mit besonders schöner Aussicht vorbei und hat dann bald, bei der Schlucht *Flydalsjuvet,* 392 km, auch das meistbekannte und meistverbreitete Bild der norwegischen Landschaft vor sich, das „Geirangermotiv", das viele Maler und natürlich unzählige Amateurphotographen in seinen Bann gezogen hat.

Die Straße steigt nun steil an, und man kommt zum Unterkunftshaus *Djupvasshytta,* 403 km, am Ufer des Djupvatn. Hier kommt man zur Abzweigung, von der aus eine gebührenpflichtige Fahrstraße nach links zum Gipfel des Dalsnibba (1495 m) hinaufführt – oben hat man einen herrlichen Blick über den Geirangerfjord. Die Straße führt weiter bergauf und erreicht eine Höhe von 1038 Metern. (Eine Wintersperre ist einzukalkulieren.)

Man erreicht im weiteren Verlauf der Strecke den Knotenpunkt Breidablik, wo die Straße 15 links zum Ferienort *Grotli* (13 km) führt, der sowohl im Sommer als auch im Winter gut besucht ist. Man biegt hier rechts auf die Straße 15 ab, die aus Otta kommt, und fährt in Richtung Stryn weiter. Die Strecke zwischen Grotli und Stryn ist im Verlauf der Route 15 auf den Seiten 202/203 beschrieben. In

Stryn, 464 km, siehe Seite 203, geht die Straße 15 weiter nach Måløy (s. S. 204). Unsere Route aber führt auf der Straße 60 weiter nach Süden. Hinter dem *Stavenes-Tunnel* fährt man dicht am *Innvikfjord* entlang.

Loen, 475 km, ist ein sehr schön gelegener Urlaubsort mit einem Strand; man kann hier segeln und Lachse angeln. Links führt am Ufer des Loenvatn eine Straße entlang nach Kjenndal, das in der Einsamkeit des Gletschers Kjenndalsbreen liegt. Von Loen aus kann man die Gipfel des Jostedalsbreen, den Lodalskåpa (2083 m) und den weiter nördlich gelegenen Skåla (1848 m) besteigen.

Einen schönen Strand hat der Fremdenverkehrsort *Olden,* 481 km, dessen Kirche 1759 nach ihrer Zerstörung durch einen Sturm wieder aufgebaut wurde. Neben Bergwanderungen (mit ortskundigen Führern) auf Ceciliekruna (1717 m) und Melheimsnibba (1706 m) – jeweils etwa 7 Std. – lohnt ein Besuch im 20 km südlich gelegenen *Briksdal* mit dem nahen Gletscher Briksdalsbreen.

Die Straße 60 verläuft nun am Südufer des Innvikfjords, eines Seitenarms des Nordfjords. In der Kirche von *Innvik,* 498 km, ist eine Kanzel, die als die schönste Westnorwegens gilt; sie stammt aus dem Jahre 1617 und ist ein gutes Beispiel für die sakrale Volkskunst des Barock.

Bei *Utvik* (⚠), 505 km, entfernt sich die Straße 60 vom Fjord, es folgt eine kurvenreiche Strecke mit mehreren Kreuzungen. Vom Hotel „Karistova", 540 km, hat man einen sehr schönen Blick über den Nordfjord. In *Bjørnerheim,* 520 km, führt links eine Straße nach Myklebust (10 km) am Fuß der Gletscher.

In der Gegend von *Byrkjelo* (⌂, ⚠), 522 km, wird der echte norwegische Ziegenkäse hergestellt. In den vielen Flüssen und Bächen sind gute Angelmöglichkeiten. Rechts führt die Straße 1 nach *Sandane* (19 km), einem reizenden Luftkurort am Ende des Gloppenfjords mit dem sehenswerten Nordfjord-Folklore-Museum. In der Umgebung sind zahlreiche Hügelgräber aus der Eisenzeit. Man wechselt in Byrkjelo auf die Straße 1 in Richtung Süden über. Sie verläuft aber durch eine für Norwegen typische Landschaft und kommt ins Våtedal.

Skei i Jølster (⌂, ⚠), 542 km, ist ein Urlaubsort in einer sehr fischreichen Gegend. Man kann Bergausflüge machen. Skei und die umliegenden Orte sind durch ihre Strickwaren bekannt. Links führt eine Straße am Nordufer des Kjøsnesfjords und über Kjøsnes nach *Lunde* (12 km), dessen Attraktion die Besteigung des 800 km² großen Jostedalsgletschers ist (nur mit einem Bergführer zu empfehlen).

Einen Abstecher nach *Balestrand* (s. rechts) oder dem norwegischen *Gletschermuseum* kann man durch einen Tunnel unter dem Jostedalsgletscher von Lunde nach Fjærland mit anschließender Fährverbindung ab Mundal auch schon von Skei aus machen.

Die Straße 1 geht am Nordufer des *Jølstravatn* weiter (schöner Blick auf die Getscher Grovebreen und Jostedalsbreen). Im Pfarrhaus von *Ålhus*, 559 km, ist der Maler Nicolaus Astrup aufgewachsen. Am Ende des Jølstravatn liegt *Vassenden* (⚠), 566 km. Von hier aus folgt die Straße dem Fluß Jølstra und man erreicht *Moskog,* 574 km, an der Kreuzung der Straßen 5 und 1.

Abstecher nach Balestrand (96 km)

Auf der Straße 5 fährt man von Moskog durch eine hübsche Berglandschaft. Am Unterkunftshaus *Rørvik* vorüber kommt man nach *Flåten,* 16 km, wo man den Haukedal-See erreicht. Nach den 80 m hohen *Valestad-Fällen* macht die Straße einen großen Bogen und führt zwischen Lauvavatn und Viksdalsvaten nach *Eldalsosen,* 33 km. In *Nystølen,* 52 km, erreicht man die Höhe von 748 Meter. Von hier aus hat man einen Panoramablick auf die im Osten gelegenen Berge. In *Mœl* (*Mel*), 64 km, sieht man im Norden die Gletscher des Jostefonn, im Westen den *Vatneskredet* und im Osten den *Melsnipa* (1403 m).

In *Ulvestad* erreicht man den *Vetlefjord,* einen Seitenarm des Sognefjords, und folgt dann seinem Westufer und bleibt vor *Dragsvik,* 87 km, bis Balestrand auf der Straße 13. Nach einer Fahrt von 96 Kilometern ab Moskog erreicht man *Balestrand* (s. S. 201).

Dieser Abstecher kann über die Straße 55 durch den neuen 7,4 km langen Høyanger-Tunnel zu einer Rundfahrt über Vadheim und Førde ausgedehnt werden.

*

Auf unserer Route nach Bergen fährt man auf der Straße 1 geradeaus weiter. In *Sunnfjordtunet,* 580 km, ist im Sunnfjord-Museum ein Haus aus dem Jahr 1500 zu sehen.

Der wichtigste Ort des Sunn-
fjords ist *Førde,* 584 km. Hier
führt die Straße 5 in das in einer
schönen Nordmeerlandschaft
gelegene *Flora* (Florø; 10 000
Einw.), 69 km, mit dem besu-
chenswerten *Küstenmuseum für
Sogn og Fjordane.*

Unsere Route jedoch folgt der
Straße 1, die hier das Fjordge-
biet verläßt und ins Landesinnere führt. Man kommt an mehreren kleinen Seen vorbei, an
deren Ufern viele Ferienhäuser
stehen. Zehn Kilometer vor
Sande ist eine Kreuzung, von

Blick vom Fløyen auf Bergen

der rechts die Straße 57 über
Bygstad (21 km) und Dale
(43 km) bis nach Leirvik (84 km)
am Sognefjord führt.

Im Marktflecken *Sande,* 607 km,
geht rechts die Straße 610 nach
Dale (30 km) ab, nach links
stößt sie in Eldalsosen (23 km)
auf die Straße 5 von Moskog
nach Balestrand (s. s. 201).

Die Straße 1 geht durch das
Ytredal und kommt nach *Vadheim,* 620 km, einem Industrie-
(mit Holzverarbeitung, Elektrochemie) und Hafenort am Ende
eines Arms des Sognefjords. In
den letzten Jahren wurde Vadheim auch zu einem aufstreben-
den Urlaubsort. Hier endet die

Straße 55 aus der Richtung Haugesund, Voss, Vangsnes und Balestrand (s. S. 201), in deren
Verlauf durch den neuen, über
7 Kilometer langen Tunnel bei
Høyanger die alte Fährverbindung von Kongsnes nach Nord-
eide überflüssig geworden ist. In
Høyanger sind große Anlagen
der Norsk-Hydro-Werke.

In Vadheim folgt man der Straße 1 entlang dem *Sognefjord.*
Nach drei langen Tunneln
kommt man nach *Torvund,*
638 km, und dann nach *Larvik,*
648 km, einem Verkehrsknotenpunkt mit schönem Strand am
Fjordufer. Von hier verkehrt eine Fähre nach Oppedal (Fahrzeit 25 Min.). Unsere Route
geht weiter über *Instefjord,* wo
man sich entscheiden muß, welche von den beiden unten beschriebenen Strecken nach Bergen man benutzen will.

Auf der Straße 1 (ohne Fähre)

Man fährt von *Oppedal* am Ufer
des Risnesfjords entlang nach
Instefjord und nähert sich dem
Fjordsdal. Bei *Hope* (Service-
Station) fährt man in den ersten
von drei Tunneln, die schließlich
in *Matre,* 676 km, enden. Von
hier lohnt sich ein kleiner Abstecher nach links in das enge Stordal. Hier, an der Regionsgrenze
zwischen Sogn und Fjordane
und Hordaland, prägen lange,
feuchte Winter die Landschaft.

Die Straße 1 führt über einen
Paß in das einsame Romarheim-
Tal. In *Vikanes,* 706 km, ist die
Überfahrt über den von grünbe-
wachsenen Inseln umgebenen
Romarheimsfjord nach *Stamnes*
und eine Weiterfahrt auf der
Route 8 (s. s. 175) möglich.
Durch den 5 km langen Eikefett-

Tunnel und den Ort *Eikanger,* 726 km, gelangt man schließlich in den kleinen Industrieort *Knarvik* am Sørfjord, wo die Fähre nach *Steinestø* ablegt (10 Min.)). Dieser Fähranleger gehört bereits zur Großgemeinde Bergen, dessen Zentrum man nach 762 km erreicht.

Bergen siehe Seite 113.

Auf der Straße 57 (mit Fähre)

Man folgt der Straße 1 nur bis Instefjord und biegt nach rechts ab. Vorbei an dem lieblichen Ort *Brekke* folgt man dem Sognefjord nach Takle, 9 km, und weiter nach *Rutledal,* das fast am äußersten Ende der Halbinsel gelegen ist. Ab Rutledal führt die Straße durch die Berge und gelangt schließlich nach *Leversund,* 39 km.

Am Aussichtspunkt *Haveland* hat man einen herrlichen Blick auf die verstreuten Inseln des Sognefjords. Kurze Zeit später gelangt man an den *Austgulfjord,* an dessen Südufer die Fahrt weitergeht.

In *Leversund* kommen drei Fjorde zusammen. Man fährt in Richtung Süden am Eidsfjord entlang und kommt hinter *Steine,* 56 km, durch eine fast unbewohnte Gegend. Die Straße 57

biegt links zur Fähre Sløvåg–Leirvåg (25 Min.) ab. Sie überquert den Fensfjord und legt neben der größten norwegischen Erdölraffinerie Mongstad auf der Halbinsel *Lindås* an.

Diese Halbinsel wird als Industriegebiet ausgebaut, wobei die Erdölfunde eine besondere Rolle spielen.

Die Straße 57 geht nun zum *Lurefjord* weiter. In *Søreide,* 93 km, biegt man nach links ab, und nach einem Tunnel folgt *Sein,* 95 km, wo nach der Überlieferung König Haakon im sogenannten Königshügel (Kongshaug) begraben sein soll.

Wo fünf Fjorde sich vereinigen, liegt *Knarvik,* 104 km, sehr schön in einer Landschaft aus grünem Wasser, Felsen und Fichten gebettet. Man fährt von hier aus mit der Fähre nach *Steinestø;* Höhepunkt der Überfahrt ist der Blick in die fünf Fjorde.

In *Haukås,* 108 km, folgt man der Straße in Richtung Åsane und Bergen. *Åsane* besitzt eine Kirche aus dem 18. Jahrhundert. Nachdem man einen langen Tunnel durchfahren hat, gelangt man in die Vororte von

Bergen, 124 km, siehe Seite 113.

Route 20: *Trondheim – Steinkjer – Mosjøen (392 km)

Diese Route durch Nordnorwegen ist die dritte Etappe auf dem Weg zum Nordkap, also die Fortsetzung der Routen 1 und 11. Man fährt auf der Europastraße 6, die in gutem Zustand und auch im Winter befahrbar ist.

Man verläßt *Trondheim*, das auf den Seiten 122 bis 130 beschrieben ist, auf der Europastraße 6, folgt eine Zeitlang dem Trondheimfjord und kommt dann durch kleine Industriesiedlungen und Vororte, so durch *Ranheim*, 10 km, mit seinen Zellulose- und Baumaterialfabriken.

Über *Malvik*, 15 km, kommt man nach *Hell* (⛺). Vorher hat man die Provinzgrenze von Sør-Trøndelag nach Nord-Trøndelag überschritten. Hell ist der Umsteigebahnhof für den Eisenbahnverkehr nach Meråker in der Nähe der schwedischen Grenze. 200 Meter von der Straße entfernt sind an einem *Steinmohaugen* genannten Ort (über einen Feldweg erreichbar) **Felszeichnungen (*helleristninger*) aus dem dritten vorchristlichen Jahrhundert zu sehen. Rechts führt die Straße 705 zur Kirche von Selbu (37 km), nach Aune (77 km) und Brekken (147 km) am Aursunden-See (s. S. 193).

Kurz hinter dem Militärflughafen *Værnes*, 34 km, unter die die Straße hindurchführt, liegt rechts von der E 6 die

Kirche von Værnes. Sie wurde zu Beginn des 12. Jahrhunderts ursprünglich im romanischen Stil erbaut und beeindruckt durch ihre Proportionen. Die Westfassade wird von schlanken Türmen eingerahmt. Der Chor besteht aus zwei kleinen Apsiden. Das Tympanon des Nordportals ist reich mit Stern- und Lilienmotiven, zwischen denen hie und da eine menschliche Gestalt zu erkennen ist, geschmückt. Im Innern ist an jeder Seite des Choreingangs ein Altar. Aus dem frühen 17. Jahrhundert stammen die Altarwand und die schöne barocke *Kanzel*. Die grotesken Löwenköpfe, Riesenhände und Fabeltiere sind um 1250 entstanden (Renovierung 1963).

In der Nähe der Kirche gibt es ein kleines Heimatmuseum.

Stjørdal, 35 km, hat Webereien, holverarbeitende Betriebe, Sägewerke und Zementwerke.

Von hier aus kann man einen

Abstecher zur schwedischen Grenze

machen. Auf der Europastraße 14 fährt man dazu von *Stjørdalshalsen* über *Berri*, 2 km, und *Trøyte*, 9 km, nach dem Wintersportort *Meråker*, 47 km. Von dort gelangt man zum Grenzort *Storlien*, 70 km, und kann auf schwedischem Gebiet nach Östersund (163 km) und Stockholm (735 km) weiterfahren.

Auf unserer Route kommt man nach *Tiller* (⛺), 44 km, das in einer schönen Küstenlandschaft liegt. Die Straße geht sehr nahe am Meer entlang, vorbei an *Paradiesbukta* und am Bahnhof Langstein.

Bei Tillers zweigt ein Seitenweg nach dem drei Kilometer entfernten *Flosjøen* ab, dem gegenüber die Burgruinen von *Steinviksholm* liegen; bei Ebbe kann man zur Insel hinübergehen.

Im Industrieort *Åsen* (⛨) zweigt die Straße 753 nach links ab, durchquert die Halbinsel *Frosta* (⛨) und gelangt nach *Logtun* (24 km), dem Sitz der Pfarrei Frosta, wo vom 10. bis ins 16. Jahrhundert Recht gesprochen wurde (dann wurde das Gericht nach Trondheim verlegt). Noch heute versammeln sich hier Delegierte der einst zum Gerichtsbezirk Logtun gehörenden Provinzen. In der Umgebung gibt es viele Felszeichnungen und Hügelgräber mit Schiffsdarstellungen.

Die E 6 schneidet die Halbinsel Frosta ab und führt nach *Skogn*, 70 km, wo links eine Straße in den Norden der Halbinsel abgeht. Etwa anderthalb Kilometer südlich von *Skjerve* sind am alten Straßenverlauf Felszeichnungen mit magischen Motiven und Tierdarstellungen aus der Zeit um 1500 v. Chr. zu sehen.

Skogn liegt in einer schönen Landschaft und hat ein Holzverarbeitungswerk. Zwei Kilometer weiter führt ein Weg (1 km) zur *Kirche von Alstadhaug* mit einem gotischen Chor (1250), gut erhaltenen Wandmalereien aus dem 14. sowie Altarwand und Kanzel aus dem 17. Jahrhundert. In der Nähe des Pfarrhofs ist ein großes Hügelgrab.

Auf unserer Route kommt man nun nach

Levanger (17 000 Einw.), 75 km. Die Kaufleute dieser Stadt beherrschten seit 1473 den Handel mit den schwedischen Nordprovinzen. Heute hat Levanger eine Reihe mittlerer Industriebetriebe. In *Geite gård* (1 km östlich) wurde eine Nekropole aus der Eisenzeit mit 37 Hügelgräbern gefunden. In *Okkenhaug* gibt es Felszeichnungen und Hügelgräber.

In *Graven*, 85 km, führt rechts die Straße 72 durch das Verdal an die schwedische Grenze (57 km) und ins Jämtland.

Verdalsøra (4000 Einw.), 88 km, liegt inmitten einer fruchtbaren Landschaft. Nur vier Kilometer im Osten (auf der Straße 758 zu erreichen) ist in *Stiklestad* eine der großen historischen Stätten Norwegens: Hier fand König Olav im Jahre 1030 den Tod. Bereits kurze Zeit später sah die wundergläubige Volksseele in einigen Ereignissen den Beweis für die Heiligkeit des Königs. 1130 baute man an der Stelle, an der er gestorben war, eine Kirche. Der Heilige wurde in allen nordischen Ländern verehrt, sogar in Rußland und in Byzanz wurden ihm Kirchen und Kapellen geweiht, und die älteste Darstellung des heiligen Olav befindet sich auf einem Wandteppich in der Geburtskirche von Betlehem. In Stiklestad steht eine katholische Kapelle, in der alljährlich am 29. Juli eine Gedenkmesse gelesen wird. Ende Juli wird hier ein Mysterienspiel über das Leben des Heiligen aufgeführt. In der Nähe der Kirche steht ein kleines Heimatmuseum.

Von Verdalsøra aus kann man auf den Straßen 757 und 759 auf dem Ostufer des Leksdalsvatn nach Steinkjer (s. unten) fahren (37 km); die Fahrt geht durch eine schöne Landschaft mit Wäldern und Seen.

Die Europastraße 6 folgt nun der Küste. Nach der hübschen kleinen Kirche von *Salberg* (17. Jh.) erreicht man die Kreuzung von *Røra* (⛴), 100 km. Von hier aus führt die Straße 755 nach Vanvikan gegenüber von Trondheim.

Auf unserer Route kommt man nach *Mære*, 110 km, wo links eine kleine Straße zur Kirche des Ortes führt. Die im 12. Jahrhundert an der Stelle einer heidnischen Kultstätte errichtete Kirche steht in einer sehr schönen Landschaft am Ufer des Borgenfjords. Das Chorgestühl, das Kruzifix und die merkwürdigen Köpfe von Fabeltieren stammen aus der Bauzeit, die übrige Innenausstattung aus dem 17. Jahrhundert. Ausgrabungen fördern hier viele Funde aus der Wikingerzeit zutage.

In *Vist*, 113 km, biegt links die Straße 761 nach *Straumen* (⛴; 17 km) auf die Halbinsel Inderøy ab. Dann erreicht man

Steinkjer (21 000 Einw.), 120 km, das an beiden Ufern des gleichnamigen Flusses liegt. Es wird bereits in den Chroniken des Isländers Snorri Sturlusson erwähnt. Daß es bis zur Gründung von Nidaros (Trondheim) eine wichtige Rolle als Marktflecken gespielt hat, zeigen die vielen Felszeichnungen in der Umgebung. Später verlor es an Bedeutung, bis gegen Ende des 19. Jahrhunderts der etwa 700 Einwohner zählende Ort von der Industrialisierung erfaßt wurde. Heute sind hier vor allem holzverarbeitende Betriebe ansässig.

Die im Zweiten Weltkrieg fast völlig zerstörte Stadt bietet heute das Bild einer Provinzstadt mit moderner Architektur. Sehenswert ist die 1965 nach den Plänen des Architekten Platou erbaute **Kirche* mit seinem großen **Bronzekruzifix* von Sivert Donali. Die Wandmalereien und die Fenster stammen von Jacob Weidemann, der 1921 in Steinkjer geboren wurde und als hervorragender zeitgenössischer Maler gilt.

Auf dem *Flathaugen* steht das *Heimatmuseum*, dessen ältestes Gebäude 1790 errichtet wurde.

Die Umgebung von Steinkjer ist reich an Felszeichnungen. Sehenswert sind in *Bardal* (11 km westlich) Zeichnungen aus der Steinzeit (Elche, Rentiere, Menschen) und aus der Bronzezeit (Schiffe mit Besatzung, Pferde, Sonnendarstellungen). In Tingvoll und Helge fand man Hügelgräber, Grabsteine und schiffsförmige Gräber.

In Steinkjer zweigt rechts die Straße 762 ab, die dem Fluß Ogna folgt und nach Gaulstad führt. Die Straße 763 geht ebenfalls nach rechts ab, sie ist nicht vollständig asphaltiert und stößt am Nordende des Snåsavatn wieder auf die E 6. Diese Straße verläuft am Ostufer des Sees parallel zur Nordland-Eisenbahn, und zwischen den Bahnhöfen Valøy und Vikran ist die berühmteste Felszeichnung Norwegens zu sehen (300 m rechts von der Straße, Hinweisschild „Bøla helleristninger"): Das **Rentier von Bøla, das etwa 4000 Jahre vor Christus entstanden ist.

In *Asp,* 127 km, kann man einen

Umweg über Namsos nach Mosjøen

machen. Dieser Umweg über die Straße 17 verläuft zum größten Teil in der Nähe der Küste. Man braucht hier einen Tag länger als auf der Hauptroute, weil man vier Fährverbindungen zu schaffen hat. Dafür entschädigt die Fahrt durch die Region Namdal mit ihren grünen, von schnee- und eisbedeckten Gipfeln überragten Fjorden.

Man geht in *Asp* links auf die Straße 17 über, die hinter *Veldemelen,* 15 km, um den *Beistadsundet* und dann weiter zu *Fossli,* 34 km, verläuft. Nach *Sjøåsen* folgt sie dem Ostufer des *Lygnen,* erreicht *Bangsund* und nach der langen *Namsen brua* (Brücke von Namsos) die Stadt

Namsos (7000, im Gemeindegebiet 12000 Einw.), 67 km. Sie liegt an der Mündung des Flusses Namsen in das Nordmeer. Die Bewohner leben von Fischfang und -bearbeitung, Holzindustrie und Holzexport, außerdem gibt es hier Textilwerke.

Der Stadtkern wurde während des Krieges völlig zerstört. Zu seinen Sehenswürdigkeiten gehört heute vor allem die einschiffige *Kirche* mit Glockenturm aus dem Jahre 1960. Das *Namdalsmuseum* besitzt Sammlungen zur Seefahrt, zum Fischfang, zu Wohnkultur, Landwirtschaft und anderem.

Von Namsos aus kann man Ausflüge in das schöne Namdal, auf die Inseln und in die Fjorde machen. Einen besonders schönen Blick auf Stadt und Umgebung hat man vom *Spillumfjell* vor der Namsen brua (rechts von der Straße 17) aus.

Man verläßt Namsos auf der Straße 17 nach Osten und folgt dem Lauf des Namsen. In *Ranemsletta,* 82 km, steht eine Kirche auf einem Marmorsockel (Altarwand von 1678). Einen besonderen Ruf unter Fischern hat *Skogmo* (⚓), 87 km, wo 1959 ein Angler aus Kopenhagen einen 31 Kilogramm schweren Lachs fing.

Von *Høylandet* (⚓), 113 km, aus führt eine Straße nach Gartland (15 km) an der E 6. In *Flåt* erreicht man das äußerste Ende des *Øyevatn* und fährt am Ostufer des Sees entlang. In *Kongsmo,* 145 km, wurde früher Pyrit (Eisenkies) auf Schiffe verladen. Das Erz wurde in den Minen von Skorova (45 km im Osten, in der Nähe des Skorovatn bei der schwedischen Grenze) gefördert und mit einer Zahnradbahn nach Kongsmo gebracht.

Man folgt dem südwestlichen Ufer des *Indre Folda,* an seinem Ende liegt *Foldereid,* 165 km. Einen Kilometer weiter kommt man zur Kreuzung *Nordlandskorsen,* von wo aus die Straße 770 über mehrere Inseln nach Garstad (83 km) weiterführt.

Nordwestlich von *Årsandøy,* 175 km, überquert die Straße einen der zahlreichen Arme des Bindalsfjords. Über *Kjella,* 186 km, wo die Straße 771 nach Gutvik (22 km) abbiegt, kommt man nach *Kveinsjøen,* 196 km, und nach *Holm,* 207 km, wo man die Fähre über den Bindalsfjord nach *Vendesund* nimmt. Durch eine großartige Küstenlandschaft folgt man weiter der Straße 17. In *Berg,* 230 km, steht ein Denkmal für Paul Knutsen, der 1914 an den Expeditionen von Otto Sverdrup und Roald Amundsen teilnahm und 1919 in Sibirien starb.

Brønnøysund, 254 km, ist ein lebhafter Hafen, in dessen Nähe man viele vorgeschichtliche Funde und unterirdische Grotten entdeckt hat. Von *Horn,* 265 km, aus setzt man mit der Fähre (20 Minuten) nach *Anndalsvågen* über, dann fährt man nahe an der Küste entlang nach *Forvik,* 282 km, wo man wiederum eine Fähre (1 Stunde) benutzt und das Dorf *Tjøtta* erreicht; hier wurde um 920 der Skalde Øyvind Skadespiller geboren und zahlreiche prähistorische Zeugnisse berichten von der frühen Besiedlung. Am Ortsausgang kommt man an einem Friedhof vorbei, auf dem während des Zweiten Weltkriegs 8000 in der Gefangenschaft verstorbene Sowjetsoldaten begraben wurden.

In *Alstahaug,* 301 km, steht eine Steinkirche aus dem Jahr 1152, die im Laufe der Zeit erweitert wurde; die heutige Sakristei war einst der Chor, und das Schiff der ursprünglichen Kirche wiederum ist heute der Chor. Südöstlich der Kirche sieht man die Hügelgräber von Königen. Alstahaugi war die Pfarrei des Dichters Petter Dass (1647 bis 1707), der das harte Leben der hier ansässigen Bevölkerung in seiner Verserzählung „Nordlands Trompet" beschrieb.

Sandnessjøen (4600 Einw.), 321 km, ist ein typisch nordnorwegisches Handelsstädtchen.

Dann fährt man auf einem schmalen Landstreifen weiter. Die Straße führt hierauf nach rechts, am *Leifjord* entlang nach

Mosjøen, 390 km (s. S. 225).

Auf der Europastraße 6 erreicht unsere Route bei *Sem,* 130 km, den *Snåsavatn* und führt am Westufer des Sees entlang weiter bis zum Herrenhaus *Five,* 137 km, das seit über 200 Jahren im Besitz der Familie Five ist.

In *Vegset,* 175 km, mündet rechts die Straße 763 aus Steinkjer (s. S. 222) ein. Der nächste Ort, *Heia,* 189 km, ist Ausgangspunkt für Bergtouren.

Von *Formofoss* (⚠), 194 km, aus kann man auf der Straße 74 zur schwedischen Grenze gelangen; bis zum Grenzort Gäddede sind es 103 Kilometer, von der Grenze bis Stockholm 840 Kilometer.

Grong, 202 km, ist Ausgangspunkt für einen Besuch des Nationalparks *Gressåmoen* und bietet die Möglichkeit, nach Osten auf der Straße 760 nach Skogmo (93 km) zu fahren, wo man auf die Straße 17 stößt.

Hinter Grong folgen die E 6 und die Eisenbahnlinie dem Lauf des *Namsen,* der sehr fischreich ist. In der Nähe von *Gartland,* 210 km, liegt die Kirche von Gløshaug aus dem Jahr 1689, die aus dem Material einer alten Stabkirche errichtet wurde. Früher wurde in dieser Kirche die sogenannte Finnmesse zelebriert, zu der die Geistlichkeit aus Nidaros (Trondheim) alle Samen aus den umliegenden Tälern und Bergen versammelte. Bei dieser Gelegenheit kassierten die ebenfalls anwesenden königlichen Beamten die von den Lappen zu entrichtenden Steuern. Die Kirche ist jetzt unbenutzt.

Am *Fiskum-Wasserfall,* 214 km, ist der Namsen – wie der Name sagt – besonders fischreich, vor allem an Lachsen. Ehe man zur *Grøndal-Brücke,* 239 km, kommt, sieht man auf dem linken Flußufer den Bahnhof *Lassemoen* der Nordlandlinie. Rechts geht die Straße 764 ab zum Tunnsjøen (25 km) und nach Gjersvik (56 km) am Limingen-See; von Gjersvik kann man nach Sanstad fahren und zur E 6 zurückkehren.

Nördlich von *Brekkvasselv* (⌂), 260 km, liegt *Namsskogan* (⚠), 275 km, in der Umgebung bekannt wegen der guten Lachsfanggelegenheiten. Rechts geht eine Straße nach Røyrvik ab. Jetzt verlaufen Straße, Eisenbahngleise und der Fluß nebeneinander, man erreicht die letzte Ortschaft der Provinz Trøndelag, *Smalåsen,* 295 km, und dann die Provinz Nordland.

Der Ort *Majavatn* (⚠), 306 km, am *Store Majavatn* (Großen Majasee), ist ein Treffpunkt der Bergsamen. Am anderen Seeufer ist eine Siedlung seßhaft gewordener Samen, die Rentiere züchten. An der Straße steht eine Samenkirche. Diese Gegend war im Zweiten Weltkrieg ein Schlupfwinkel für Partisanen und deshalb immer wieder Schauplatz blutiger Vergeltungsmaßnahmen der deutschen Besatzer. Die Straße verläuft nun am Ufer einiger Seen entlang und erreicht die Brücke von *Båfjellmo,* 353 km, in deren Nähe der Bahnhof von *Trofors* (⚠) liegt. Rechts biegt hier die Straße 73 nach *Hattfjelldal* (34 km; ⚠) – hier befindet sich ein Kulturzentrum der Samen – und zur schwedischen Grenze (68 km) ab (nach Sundsvall 594 km, nach Stockholm 1115 km). Nördlich von *Fellingfors,* 355 km, kommt man nach *Laksfors,* 368 km; hier kann man von der neuen E 6 auf die alte Straße abzweigen und so nach wenigen hundert Metern zum großen *Laksfoss,* einem imposanten 16 m hohen Wasserfall mit einer langen Lachstreppe, gelangen. Man folgt dann der alten E 6 noch etwa 1,5 km weiter bis auf die neue Hauptstraße. – Knapp 30 km weiter kommt man nach

Mosjøen (10 000 Einw.), 392 km. Diese freundlich wirkende und von Bergen umgebene Stadt liegt an der Mündung der Flüsse *Vefsna* und *Skjerva* in den *Vefsnfjord.* Die Wohnviertel haben schnurgerade Straßen und restaurierte, farbenfrohe Holzhäuschen. Im Norden sind Industrieanlagen, darunter ein Aluminiumwerk.

In der *Sjøgate* findet man noch alte Wohnhäuser. Am Stadtausgang ist das kleine Freilichtmuseum *Vefsn Museum* (regionale Wohnkultur). Nahebei die 1734 erbaute, achteckige *Kirche von Dolstad.* An den Laibungen der Türen ist ein Teil der ursprünglichen Dekoration erhalten geblieben. Die Einrichtung und zwei Bilder stammen vom Beginn des 18. Jahrhunderts.

Von Mosjøen aus kann man auf Lachs- und Lachsforellenfang gehen und Ausflüge in die Fjorde unternehmen.

Route 21: Mosjøen – Mo i Rana – Bodø (341 km)

Diese Route ist der vierte Abschnitt des Wegs zum Nordkap. Die Landschaft wird hier noch nordischer und steiniger, man sieht immer mehr Felsen, Eis, Berge und Gletscher. Die Fahrt beginnt in *Mosjøen* (s. S. 225) und führt – an einer Feriensiedlung, 20 km nördlich der Stadt, vorbei – über *Hatten,* 26 km, nach *Korgen* (⚠), 54 km. Einen Kilometer südlich der Kirche steht ein Denkmal zur Erinnerung an die im Lager Korgen gestorbenen jugoslawischen Kriegsgefangenen. Die Straße ist von Gedenktafeln und Mahnmalen gesäumt, die daran erinnern, daß die Nordkapstraße teilweise von russischen und jugoslawischen Gefangenen gebaut wurde, die unter den Deutschen zwischen 1941 und 1945 in den von hier bis Kirkenes reichenden Lagern hausen mußten.

Die Straße führt an einigen Kraftwerken vorüber, und in *Bjerka* (⚠), 59 km, kommt man wieder in die Fjordlandschaft. *Finneidfjord,* 69 km, war Schauplatz heftiger Kämpfe bei der Landung deutscher Truppen am 9. und 10. April 1940. Nach links biegt die Straße 808 auf eine Halbinsel ab, auf der Hemnesberget (15 km) liegt. Man fährt nun dicht am *Ranafjord* entlang. In der Ferne sieht man den Svartisen-Gletscher, der die ganze Landschaft beherrscht.

Dann kommt man nach

Mo i Rana (6500, im Gemeindegebiet 25000 Einw.), 92 km. Wenn man mit der Bahn kommt und den blumengeschmückten Bahnhof sieht, dann die hellen Holzhäuser und die birkengesäumten Straßen, vergißt man, daß diese Stadt einer der wichtigsten Industriestandorte Norwegens ist.

Einst war es der Ort, an dem die Bewohner der norwegischen Küsten mit den schwedischen Waldleuten Handel trieben. 1860 erwarb L. A. Meyer das gesamte Gebiet der Gemeinde Mo und alle darauf ruhenden Rechte.

Bald konzentrierten sich hier alle Handelsverbindungen zwischen der Küste, dem Nordland und weiten Gebieten Nordschwedens. Zu Beginn des Jahrhunderts entdeckte man die Erzvorkommen von Dunderland, und nach dem Zweiten Weltkrieg wurden Aluminium-, Zink- und Bleiwerke gegründet und vor allem das Eisenwerk „Norsk Jernverk" mit einem der größten Roheisenschmelzöfen der Erde und einer 600 Meter langen Walzstraße.

Die Einwohnerzahl Mos stieg von 1300 im Jahre 1930 auf weit über 20000 heute, also um nahezu 2000 Prozent.

Mo liegt in einer schönen Landschaft und bietet viele Ausflugsmöglichkeiten, dazu kommen die lachsreichen Gewässer. So hat die Stadt auch touristische Bedeutung erlangt.

Das *Rana museum* ist ein sehenswertes Heimatmuseum. Ein großer Teil seiner Bestände wurde

von Hans A. Meyer zusammen-
getragen, darunter auch eine
Lappenabteilung. Andere Teile
des Museums zeigen die indu-
strielle Entwicklung der Stadt
und die Techniken von Erzabbau
und Erzverarbeitung.

Neun Kilometer von der Stadtmitte entfernt findet man das
Freiluftmuseum Steinneset mit
den für diese Gegend einst
typischen Häusern.

Ausflüge:

Nach *Nesna* (⚓; 69 km) und
Sandnessjøen (99 km) auf der
Europastraße 12 und der Straße
17 ins Fjordland.

Zu den *Grotten von Grønli* und
zum *Svartisen-Gletscher* (s. nach-
folgende Beschreibung auf dieser Seite oben rechts).

Man verläßt Mo i Rana auf dem
Nordlandsveien und kommt wieder auf die Europastraße 6, die
durch eine schöne Landschaft
dem Lauf des Flusses *Rana*
folgt. In *Selfors,* 94 km, steht das
moderne Krankenhaus der Region Rana; von hier aus zweigt
die Europastraße 12 nach Nesna
ab.

Unweit des *Flughafens* von Mo
(10 km) kann man auf einer
kleinen Straße nach links über
Langvassgrenda und Bjørnnes
fahren, von wo aus man zu den
Kalksteingrotten von Grønli und
an die Randzone des Svartisen-
Massivs (1599 m) kommt.

In den *Grotten von Grønli* (Führungen; empfehlenswert ist festes Schuhwerk) sieht man ein
Labyrinth von Gängen und un-
terirdischen Seen.

Über den See *Svartisvatn* fährt
im Abstand von 20 Minuten ein

Boot zum anderen Ufer, von da
aus kann man in einstündiger
Wanderung (3 km) eine Glet-
scherzunge des *Svartisen-Glet-
schers* erreichen.

**Die nächste Siedlung an der
Hauptroute E 6 ist**

Storforshei (15 Einw., ⚓),
118 km, eine Bergwerkssiedlung.
Das hier geförderte Erz enthält
rund 33 Prozent Eisen. Weiter
nördlich ist die Landschaft sehr
eindrucksvoll. Fichten- und Birkenwälder werden von Sträu-
chern und Gebüsch verdrängt,
Bäume werden immer seltener
und vor allem kleiner.

Am Eingang des Duderland-
Tals liegt *Nevernes*, 121 km.
Dann kommt man an den Bahnhöfen von *Ortfjell, Dunderland,
Storvollen, Hjartåsen* vorüber
und fährt an den Flüssen *Ranel-
va* und *Lønselva* entlang.

Bei Kilometer 175 vom Beginn
unserer Route erreicht man den

**Polarkreis, markiert von einer
Steinsäule mit einer Kugel. Im
nahe gelegenen Café werden
Urkunden ausgestellt, die das
Überschreiten des Polarkreises
bescheinigen. Mehrere Denkmäler erinnern hier daran, daß
viele jugoslawische und russische
Kriegsgefangene beim Bau der
Nordlandstraße ihr Leben lassen
mußten.

Nördlich von *Stødi*, 177 km,
führt die Straße durch das lange
und öde *Lønsdal*, das tief in das
Gebirge Saltfjellet einschneidet.
Die Landschaft ist ziemlich ur-
weltlich, sie ist Naturschutzgebiet.

Über *Sørelva*, 195 km, kommt
man nach *Lønsdal*, 200 km, das
in einer Gegend mit fischreichen

Seen und Flüssen liegt. In *Hestbrinken*, 207 km, kann man auf der Straße 77 einen Abstecher nach Osten ins Junkerdal machen, das wegen seiner Flora bekannt ist. Hier wächst die Segge Carex scirpoides, die man in Norwegen nur hier und sonst in Grönland, Kanada und Nordostasien findet. Die Straße geht bis zur schwedischen Grenze weiter.

In *Storjord* (⌂), 210 km, ist eine Forstakademie. Über *Bleiknesmo*, 218 km, und *Røkland* (⌂, ☖) kommt man in den Industrieort *Rognan*, 243 km.

Drei Kilometer weiter liegt rechts von der Europastraße 6 ein großer Friedhof, auf dem 1657 jugoslawische und 2732 deutsche Soldaten ihre letzte Ruhestätte gefunden haben. Von den zwangsverschleppten Jugoslawen sind nur etwa tausend in ihre Heimat zurückgekehrt, fast zwei Drittel kamen in Nordnorwegen ums Leben.

Man folgt dem Ostufer des *Saltdalsfjords* durch eine sehr schöne Landschaft: Auf einer Strecke von mehreren Kilometern fährt man hoch über dem Fjord dahin. In *Straumnakken*, 269 km, kommt man an seltsamen Moränengebilden vorbei.

Von *Finneid*, 270 km, dem Exporthafen für das in Sulitjelma gewonnene Kupfererz, kann man einen

Abstecher nach Sulitjelma (36 km)

machen. Man fährt auf der Straße 830 nach Osten, bis man die von hohen Bergen umgebene Bergwerksstadt (⌂) erreicht. Von den 1200 Einwohnern ar-

beiten heute nur noch wenige in den Erzgruben, die direkt beim Ort liegen. Das Grubenmuseum, das einen Besuch lohnt, erinnert an die Zeit, als Sulitjelma Zentrum der norwegischen Erzgewinnung war.

Weiter im Osten erhebt sich das nach Schweden hineinreichende *Sulitjelma-Massiv*. Geübte und gut ausgerüstete Bergwanderer können von hier aus ins Kebnekaise-Massiv und von dort nach Abisko oder Kiruna in Schweden marschieren. Man braucht für diese Wanderung etwa vier Tage.

*

Die Europastraße 6 gelangt nun nach

Fauske (6500 Einw.), 276 km. In diesem Industrie- und Handelsort endet die Nordland-Eisenbahn, von hier aus fahren die Nordland-Busse weiter nach Norden. Fauske besitzt Marmorbrüche, deren Stein weithin bekannt ist. Marmor aus Fauske wurde auch beim Bau des Gebäudes der Vereinten Nationen in New York verwendet.

In Fauske verläßt man die E 6, folgt dem nach Bodø führenden Bodøveien und gelangt auf die Straße 80, die fast ununterbrochen am Ufer des *Skjerstadfjords* und darauf am *Saltfjord* entlang verläuft. Man kommt nach *Valnesfjord*, 296 km, und nach *Vågan*.

Kurz vor der Landungsbrücke in Vågan ist (350 m bergauf) eine 4000 Jahre alte **Felszeichnung, die Darstellung eines Elchs, zu sehen. In *Tverrlandet*, 322 km, zweigt links die Straße 17 nach Saltstraumen (14 km) ab, das in einer typischen Nordland-Landschaft liegt (s. S. 230).

16 Kilometer weiter geht links eine Straße zur Kirche von Bodin (s. S. 230) ab. Dann kommt man nach einer Fahrt von 341 Kilometern nach

*BODØ

Der Hauptort (35 000 Einw.) der Provinz Nordland ist eine sehr lebendige und moderne Stadt. Hier gibt es eine Reihe von höheren Schulen sowie Fachschulen, und der Hafen ist in ständiger Expansion begriffen. Die Stadt ist von Bergen umgeben, und die Lage an einer von Fjorden zerklüfteten Küste verleiht ihr viel landschaftlichen Reiz.

Geschichte

Das Fischerdorf Bodø erhielt 1816 Stadtrecht. Es stand lange Zeit in einem scharfen Konkurrenzkampf mit Bergen, das den Handel in Nordland beherrschte. Bodø war jedoch im Vorteil, denn es hatte bereits die Verbindungen mit den Fischerdörfern und Ortschaften entlang der Nordland- und Finnmarkküste sowie mit den schwedischen Provinzen Jämtland und Norbotten angeknüpft. Die Entwicklung der Stadt ging allerdings ziemlich langsam vonstatten: Noch 1855 standen hier nicht mehr als 255 Häuser. Ein Zeitgenosse stellte fest, daß Bodø nur auf dem Papier eine Stadt sei, und wenn man sich im Stadtkern befinde, merke man das garnicht.

Als der Heringsfang begann, kam auch die Zeit des Aufschwungs für Bodø. Die Ent-

deckung der Heringsbänke der Lofoten und der Vesterålen führte dazu, daß die Stadt ihr goldenes Zeitalter erlebte: Es entstanden Konserven- und Tranfabriken, Reedereien, Exportfirmen. Am 20. Mai 1940 wurden bei einem deutschen Bombenangriff zwei Drittel der Stadt zerstört, obwohl man Bodø zur offenen Stadt erklärt hatte. Der Wiederaufbau ist inzwischen abgeschlossen, und die Stadt wächst weiter.

Sehenswürdigkeiten

Die von den Bomben zerstörte *Kirche* in der Innenstadt wurde 1956 durch eine neue ersetzt. Es ist ein großer, dreischiffiger Bau mit einem Glockenturm, unter dessen Bogen eine Gedenktafel für die Opfer des Krieges angebracht wurde. Die Inschrift endet mit den Worten ,,Niemand ist genannt, niemand wird vergessen‘‘.
Das

Nordlands Fylkesmuseum wurde 1888 gegründet, als ein Fischereiinspektor seine Sammlungen der Stadt vermachte. Vor dem Museum steht ein großes, 1890 gebautes Lofoten-Fischerboot.

Fischfangabteilung: Hier wird die Entwicklung des Fischfangs von der vorgeschichtlichen Zeit bis heute gezeigt. Man sieht Harpunen aus der Steinzeit, Gallionsfiguren, Schiffsmodelle und anderes Gerät. Ausführlich dargestellt sind der Herings- und Kabeljaufang bei den Lofoten.

Naturgeschichtliche Abteilung: Ausgrabungsfunde aus der Steinzeit, der Knossnakultur (7000 bis 4000 v. Chr.), der Nøstvetkultur (4000–25000 v. Chr.),

Reproduktionen von Felszeichnungen aus der Umgebung (die Motive zeigen, daß sie von einem jagenden, aber nicht fischfangtreibenden Volk geschaffen wurden).

Wikingerabteilung: Hier ist der Schatz von Rønvik zu sehen, der 1919 gefunden wurde. Er enthält angelsächsische und arabische Münzen.

Historische Abteilung: Neben Darstellungen der Geschichte der Stadt Bodø wird hier auch eine Sammlung mit Erinnerungsstücken an den Venezianer Pietro Querini gezeigt. Querini machte 1431 bis 1432 eine Reise von Kreta nach Flandern, wurde aber vom Kurs abgetrieben und strandete auf einer Insel in der Nähe von Røst, wo er und seine Gefährten drei Monate zubrachten.

Münzenabteilung: Rubel und Kopeken aus der Zeit Katharina II., von Pelzhändlern aus Archangelsk mitgebracht, außerdem Münzen, die in den Kirchen von Herøy, Dønnes, Bodin und Steigen gefunden wurden.

Folkloreabteilung: Innenausstattung von Fischerhäusern, Haus eines Photographen, Trachten, Webwaren, Haushaltsgeräte und Holzschnitzereien.

Zum Fylkesmuseum gehört auch das *Freilichtmuseum von Bodøsjøen* am Saltenfjord (4 km) mit Fischerhäusern, Läden und Booten. In *Kjerringøy*, das einst eine wichtige Handelsstation war, ist das Museum *Det Gamle Han-*

delssted mit 15 alten Wohnhäusern (39 km auf der Küstenstraße 81) beachtenswert.

Umgebung

Kirche von Bodin. Sie wurde zu Beginn des 13. Jahrhunderts erbaut, 1641 restauriert und 1784 um das südliche Seitenschiff erweitert. Die schlichte Kirche besitzt eine schöne barocke Altarwand, der Altar stammt aus dem 14. Jahrhundert, die Kanzel aus der Renaissancezeit. Sie enthält außerdem einige holzgeschnitzte Statuen aus dem 14. Jahrhundert (St. Christophorus mit dem Jesuskind, hl. Anna und die hl. Jungfrau).

Saltstraumen. Man fährt auf der Straße 80 zwanzig Kilometer bis zur Abweigung der Straße 17, dann 13 Kilometer in Richtung Straumen. In der Nähe der Kirche teilt sich die Straße: Rechts gelangt man an den Strand, wo eine Gedenktafel an die Besuche des Schwedenkönigs Oscar II. und des ersten norwegischen Königs seit 1814, Haakon VII., erinnert.

Links kommt man nach *Kjellen*. Hier läßt sich ein einzigartiges Naturphänomen beobachten: Der innere Teil des Saltfjords steht nur durch drei sehr enge Sunde mit dem Meer in Verbindung, und alle sechs Stunden, bei Flut und bei Ebbe werden riesige Wassermengen durch die Sunde hindurchgepreßt.

Von Bodø aus werden Ausflugfahrten zu Schiff zu den Lofoten-Inseln gemacht (Dauer zwei Tage).

Route 22: Bodø – Narvik (301 km)

Die Strecke zwischen Bodø und Narvik ist für den Autofahrer von Jahr zu Jahr leichter zu befahren: Immer mehr Fähren werden durch Brücken ersetzt, der Verkehr fließt also zügiger, lange Wartezeiten an den Anlegestellen fallen weg.

Von *Bodø* (s. S. 229) aus fährt man, wie auf Seite 228 in umgekehrter Richtung beschrieben, 63 Kilometer weit auf der Straße 80 bis nach *Fauske*.

Auf der Europastraße 6 erreicht man *Trengselbru,* 91 km, am Nordfjord, wo rechts der Straße der *Rago-Nationalpark* liegt.

In *Sommarset*, 111 km, am Leirfjord, wo früher im Zuge der Europastraße E 6 eine Fjordfähre nach Bonnåsjöen am Nordufer hinüberführte, beginnt heute ein tunnelreicher Streckenabschnitt um das Fjordende herum, der bei Sildhopen am Mørviksfjord die alte Route wieder erreicht. Sie übersteigt einen Gebirgskamm in einer öden Landschaft und fällt dann rasch nach

Kråkmo, 146 km, ab. In dem Dorf, über dem sich der Berg Kråkmotind erhebt, schrieb Knut Hamsun (s. rechts) seinen Roman „Die Stadt Segelfoss" und begann sein großes Werk „Segen der Erde".

Am Rand des Sandnesvatn liegt *Fjelltun,* 154 km, in einer fischreichen Gegend. In *Tømmernes,* 164 km, führt eine Straße zur Brücke über den Fluß Sagelva. Auf dem anderen Ufer kommt man auf einem Weg (35 Minuten) zu einer Gruppe von Felszeichnungen (*hellerinstninger*), die fast alle Rentiere darstellen. Die Straße 835, die von hier Richtung Nordmeer führt, ist ein halbtägiger Ausflug in die norwegische Geschichte. Auf der Insel *Steigen* findet man **Sigarshaugen,* die größte Grabstätte der Provinz Nordland, und das etwa 15 eisenzeitliche Grabhügel umfassende Feld von *Hagbartsholmen*. Reste zahlreicher Wikingerwohnsitze erzählen von einer regen Aktivität in früheren Zeiten.

Auf der Hauptroute geht es weiter nach *Innhavet,* 170 km. Von dort hat man einen sehr schönen Ausblick auf die unzähligen Inseln. Zwischen Innhavet und Ulsvåg führt rechts die Straße 827 nach Dragi i Tysfjord (4 km; mit Fähre nach Kjøpsvik). In

Ulsvåg, 197 km, zweigt links die Straße 81 ab; sie führt über die Inseln nach Skutvik in der Inselgruppe Hamarøy. An der Straße liegt 17 km von Ulsvåg der Hof von Knut Hamsun.

Knut Hamsun (1859–1952) hieß eigentlich Knut Pedersen. Er war knapp vier Jahre alt, als sein Vater das heimatliche Gudbrandsdal verließ, um seinen Lebensunterhalt im rauhen Norden zu verdienen. Als der Dichter später den Namen Hamsun annahm, wollte er damit die Verbundenheit mit den Hamarøy-Inseln bezeugen, wo er seine Kindheit verbrachte. Hamsun hat nie den Glanz des Nordlichts, die langen Winternächte und die endlosen Sommertage vergessen, das von Wind und Wellen gepeitschte

Haus und den ewigen Schnee. Vor diesem Hintergrund sind viele der Werke Hamsuns entstanden.

Vom Fährhafen *Bognes,* 218 km, aus hat man eine günstige Verbindung zu den Lofoten: Man fährt in etwas über einer Stunde hinüber nach Lødingen. Um auf unserer Route in den Norden weiterzufahren, benutzt man hinter Bognes die 25-Minuten-Fähre nach *Skarberget* am anderen Ufer des Tysfjords. Von hier aus folgt man der von den Bergen *Valletind* (832 m) und *Breiskartind* (885 m) beherrschten Straße nach Norden.

Nach einer Fahrt von 233 Kilometern ab Bodø erreicht man den *Ædfjord.* Hier ersetzen drei Brücken die Fähren, die früher hier verkehrten. Jenseits des Fjords geht rechts eine Straße nach Forså ab, an der Straße ist eine 2500 Jahre alte Felszeichnung mit der Darstellung eines großen Fisches zu sehen.

Ballangen (1000 Einw.; ⚐), 258 km, liegt an einer Bucht des *Ofotfjords* und besitzt ein kleines Heimatmuseum.

Zehn Kilometer weiter kommt man nach *Råna,* 268 km, am Zusammenfluß von *Storvatn* und *Ofotfjord.* Hier führt eine Straße nach rechts nach Rånvassbotn am Fuß des Frostisen-Gletschers. Man fährt über die Skjomen-Brücke, die hinüber nach Grindjord, 284 km, führt. Hier geht rechts eine Straße ab, die am Ostufer des Skjomen liegt, einem sehr engen, landschaftlich sehr schönen Arm des Ofotfjords. Die Straße endet in Sørskjomen in der Nähe des Frostisen. Von hier aus führen Fußwege zur schwedischen Grenze (Riksgränsen).

Auf der Europastraße 6 kommt man nun nach *Ankenes,* 300 km, einen Industrievorort von Narvik. Man kann von hier aus Hafen und Stadt Narvik sehen, der Blick umfaßt auch das Meer und die Berge. Über die *Beisfjord-Brücke* erreicht man nach einer Fahrt von 301 Kilometern

NARVIK

Die Stadt (15000, im Gemeindegebiet 20000 Einw.) ist der Exporthafen für das Eisenerz aus den schwedischen Minen von Gällivare und Kiruna. Sie war einst nur ein kleiner Fischerhafen am Eingang des Rombakkfjords, bis sich 1883 ihr Leben grundlegend änderte: Eine englisch-schwedische Gesellschaft erwarb das Recht für den Bau der Ofotbanen, der Eisenbahnlinie von den schwedischen Erzgruben zum Nordmeer. Man nannte den Hafen „Victoria Harbour". Die Bahn wurde 1902 eröffnet, und heute exportiert Narvik mehr als alle norwegischen Häfen zusammen.

Narvik wird durch die lange *Kongensgate* geteilt: Im Osten liegt *Oscarsborg* mit seinen Industrieanlagen und dem Bahnhof, im Westen *Frydenlund* mit dem Hafen, dem Erzhafen *Malmkaien* und den Wohnvierteln. Am Südende der Kongensgate steht die *Schwedische Seemannskirche (Svensk sjømannskirken)* aus dem Jahre 1957.

Malmkaien ist der größte Eisenerzexporthafen der Welt. Das Erz wird automatisch ent- und verladen. Am *Marktplatz (Torg)* ist ein *Kriegsmuseum (Krigsmuseum),* das Sammlungen zur Geschichte Norwegens im Zweiten Weltkrieg enthält. Im *Brenn-holtet-Park* am Sjøveien sieht man einige Felszeichnungen, darunter die Darstellung eines Elchs. Über den *Rombaksveien*, der Verlängerung der Kongensgate nach Norden, gelangt man zu der 1957 erbauten *Fredskapell* (Friedenskapelle) und zu den Friedhöfen, weiter zum drei Kilometer entfernten *Ornes*.

Von Narvik aus kann man Ausflüge zu den Lofoten (s. unten), zu den umliegenden Inseln und Fjorden sowie mit Bahn und Auto nach Riksgränsen, zum Nationalpark von Abisko und bis Kiruna in Schweden machen, In der Nähe liegt auch das *Fagernesfjell*, von dem aus man einen weiten Rundblick hat (Seilbahn).

Route 23: Lofoten und Vesterålen

Entlang des Küstenabschnitts zwischen Bodø und Tromsø erhebt sich inmitten eines Gewirrs kleiner Inseln die dunkle Front der Lofoten und der Vesterålen: eine hundert Kilometer lange Mauer steil abfallender und zerklüfteter Felsen, die direkt aus dem Meer aufzutauchen scheint. Hinter dieser Felsenmauer liegen Seen, Fjorde, Weideland mit Schafen und die bunten Häuschen der Inselbewohner. In den kleinen Häfen beherrschen Schiffsmasten und zum Trocknen aufgehängte Stockfische das Bild.

Die Lofoten exportierten bereits zur Zeit von König Alfred, also im elften Jahrhundert, Kabeljau nach England. Noch heute geht man zwischen Januar und Ende März rund um die Uhr — sonntags jedoch nie — dem Fischfang nach. Der Kabeljaufang ist die wirtschaftliche Grundlage der Lofotenbewohner.

Außer mit dem Flugzeug sind die beiden Inselgruppen mit den Schiffen der ,,Hurtigrute'' von Bergen aus zu erreichen (s. S. 26). Die Überquerung der Vesterålen und der Lofoten mit

dem Auto ist durch die Einstellung mehrerer Fährverbindungen, die durch Brücken ersetzt wurden, wesentlich erleichtert worden. Wenn man größere Fährstrecken vermeiden will, fährt man am besten auf der Europastraße 10. Der Ausgangspunkt ist Bjervik nördlich von Narvik an der Europastraße 6. Die Straße verläuft entlang des Ofotfjords und des Tjeldsunds, überquert die große Insel Hinnøya und gelangt hinüber auf die Vesterålen, eine Welt aus Eruptivgestein und zerklüfteten Landstrichen. Die Fahrt geht an den Pfahlhäusern der Fischerdörfer und den Gestellen, auf denen der Stockfisch trocknet, vorüber.

Von *Bjerkvik* (s. S. 237) aus kommt man nach dem Industrieort *Bogen* (⌂, ⌂), 29 km, und vorüber am Flughafen *Evenes*, der Narvik und Harstad gleichermaßen bedient. Bei der Kreuzung von *Breistrand,* 52 km, zweigt links die Straße 824 nach Ramsund (12 km) ab. Über *Evenskjær* (⌂, ⌂), 60 km, gelangt man zur 1005 Meter langen Brücke über den Tjeldsund,

Tjeldsundbru, 68 km, die 1967 dem Verkehr übergeben wurde.

Abstecher nach Harstad

Von der Tjeldsundbru fährt man 26 Kilometer auf der Straße 83, um zur bedeutendsten Stadt dieser Inselwelt zu kommen, nach

Harstad (22 000 Einw., davon 4000 im Stadtkern). Das Anwachsen der Bevölkerung in den letzten Jahrzehnten hatte seinen Grund im Heringsfang und den davon abhängigen Industrien. Heute ist der Hafen auch die Hauptbasis für die Ölsuche nördlich des 62. Breitengrades. Harstad erhebt sich terrassenförmig zwischen Meer und Gebirge. Gegenüber, auf der anderen Seite des *Vågsfjords*, liegt die Insel *Senja* mit ihrer 1959 von Jan Hovig erbauten sehenswerten Kirche.

Die schöne Lage Harstads, das den Ländern des Nordens eigene Licht (Mitternachtssonne vom 23. Mai bis 22. Juli) und das allgegenwärtige Meer haben seit der Jahrhundertwende viele Künstler angelockt. Die alljährlich im Juni stattfindenden Theaterfestspiele und das Internationale Fischerei-Festival tragen zur Belebung der Stadt bei.

Drei Kilometer nördlich liegt die 1250 im gotischen Stil erbaute Kirche von *Trondenes*, die am weitesten im Norden gelegene mittelalterliche Kirche der Welt. Sie hat drei Altäre und drei Altarwände aus dem ausgehenden Mittelalter, die Orgel stammt aus dem 18. Jahrhundert. Die Friedhofsmauer enthält Reste eines Befestigungsturms. Im nahegelegenen Laugen-See soll der erste Christ

Nordnorwegens getauft worden sein.

*

Auf der Europastraße 10 gelangt man über *Sandtorg*, 78 km, nach *Kongsvik*, 88 km, und nach *Kåringen*, 116 km. Von hier aus führt links die Straße 85 nach Lødingen (4 km; ⚓; kreuzförmige Holzkirche von 1756), von wo eine Fähre nach Bognes an der E 6 (s. S. 232) verkehrt.

Gullesfjordbotn, 134 km, liegt am Ende des Gullesfjords und zu Füßen der schneebedeckten Gipfel des Vestbotntind, des Løbergdalstind und des Nonstind. In *Langvassbukt*, 148 km, zweigt rechts die Straße 850 nach Harstad ab.

Sigerfjord, 158 km, ist ein kleiner Industrieort, in dessen Kirche man eine schöne Holzfigur des heiligen Olav aus dem 15. Jahrhundert sehen kann. Der Ort *Strand*, 168 km, am Rand des Sortlandssund ist jetzt durch eine Brücke mit

Sortland, dem wichtigsten Ort der Vesterålen, verbunden. Von den Höhen *Ramnflauget* und *Jennestad* aus kann man vom 26. Mai bis 19. Juli die Mitternachtssonne sehen. Von Sortland aus führt die Straße 820 über den nördlichen Teil der Insel zu den am weitesten westlich gelegenen Fischerdörfern am Nordmeer, nach Straume (60 km) und Straumsnes. Auf der Europastraße 10 kommt man nach *Kleiva*, 175 km, und *Sandnes*, 195 km, wo man die Hadsel-Brücke (1020 m) nach

Stokmarknes, (3000 Einw.) überquert. Es liegt auf der großen Vesterålen-Insel *Hadseløya*. Der

Industrieort ist Sitz der Schiff-fahrtsgesellschaft Vesterålens Dampskipsselskap. Seit über einem Jahrhundert findet hier jedes Jahr ein großer Markt statt. Der Verkehrsverein organisiert Fischfangausflüge. Seit 1963 werden in der Gegend von Stokmarknes archäologische Ausgrabungen gemacht.

Ebenfalls auf Hadseløya liegt der nächste Ort, *Melbu,* 211 km. Der alte Marktflecken hat etwas Industrie und vor allem das kleine, aber sehr interesssante Heimatmuseum Vesterålen Museum mit einer beachtlichen Sammlung von Trachten aus dem 18. Jahrhundert. Eine Fahrstraße führt von hier zum Gipfel des Sorheia mit einem schönen Panoramablick über die Inseln und Fjorde. Alljährlich im Sommer finden in Melbu Festspiele klassischer Musik und norwegischer Folklore statt, an denen auch die Besucher aktiv teilnehmen können.

Mit der Fähre gelangt man nun zum ersten Lofotendorf, *Fiskebøl.* Die E 10 trägt nun den Namen Lofotenveien (Lofotenstraße). Sie führt zwischen den aus dem Meer aufragenden Felsen dahin und verbindet die Siedlungen und Dörfer der Inseln miteinander. Sie ist breit und bietet keine Schwierigkeiten.

Die Hauptstadt der Lofoten ist

Svolvær (4100 Einw.), 243 km, auf *Austvågøy.* Die Siedlung bestand schon im Mittelalter. Heute ist es der wichtigste Fischereihafen der Lofoten und Sitz einiger Fischereiunternehmen und Reedereien. Während

der Fangzeit wächst die Bevölkerung der Stadt von 4000 auf 13 000 bis 14 000 Menschen an. Die Mitternachtssonne ist hier vom 26. Mai bis 19. Juli sichtbar. Das Künstlerhaus „Nordnorwegens Kunstnersentrum" wurde von schwedischen und norwegischen Künstlervereinen, deren Mitglieder von der grandiosen Landschaft und den malerischen Ecken der Stadt fasziniert waren, gegründet. Über der Stadt erhebt sich der Berg *Svolværgeita,* d. h. „Svolvær-Geiß"; der 569 Meter hoch steil aus dem Wasser emporragt, mit seinen beiden Felshörnern. Svolvær hat durch die Hurtigrute Schiffsverbindungen u. a. mit Bodø, Tromsø und Trondheim, eine Fähre verkehrt nach Skutvik an der Straße 81.

Eine der großen touristischen Attraktionen der Gegend um Svolvær ist ein Ausflug in den engen und von steilen Felswänden überragten Trollfjord. In dieser Landschaft spielt der Roman „Die Lofotfischer" von Johan Bojer (1872—1959), in dem die „Schlacht am Trollfjord", der Kampf der kleinen Fischer gegen die großen Dampfschiffbesitzer, geschildert wird.

Wenn man auf der Europastraße 10 weiterfährt, kommt man nach *Vågan,* 252 km, wo eine der größten Holzkirchen Nordnorwegens steht. In der Nähe der Kirche ist der „Trollstein" mit einem altnordischen Kreuz zu sehen, der vor dem Bau der Kirche als Kultstätte diente.

Kabelvåg (⚠), 253 km, liegt in einer sehr reizvollen Umgebung und ist nicht nur ein wichtiger Fischereihafen, sondern auch ein schöner Urlaubsort. Hier wurde schon in der Wikingerzeit Markt abgehalten, und hier traten die Abgeordneten des Hålogaland zusammen. Am schönsten ist es in Kabelvåg, wenn der Lofotenfischzug seinen Höhepunkt erreicht hat: Tausende von Fischerbooten in allen Größen und Farben wiegen sich vor den schneebedeckten Gipfeln, und nachts erinnern die Positionslichter der Schiffe an eine Prozession mit bunten Kerzen.

In Kabelvåg gibt es ein *Lofoten-Aquarium*, in dem man das Leben unter Wasser studieren kann. Daneben steht das *Lofotmuseum*, in dem die Geschichte des Lofotenfischfangs dargestellt ist; es enthält unter anderem eine über 170 Jahre alte Lofoten-Pfahlhütte (rorbu). Auch die „Lofoten-Kathedrale" ist hier erwähnenswert.

Zehn Kilometer weiter hat man in *Rørvik*, 263 km, einen herrlichen Blick auf die Inselwelt. Auf der Straße 816 gelangt man über zwei Brücken nach Henniingsvær, das inmitten einer Gruppe kleiner Inseln liegt. Von *Lyngvær*, 270 km, aus geht es über zwei Brücken nach *Smorten*. Von hier führen die Straßen 10 und 815 an beiden Seiten der Insel entlang nach Stamsund.

Hinter Smorten führt die Europastraße 10 zunächst um den nördlichen und dann um den westlichen Teil der Insel *Vestvågøy* herum durch Siedlungen von Fischern und Schafzüchtern. Der nächste größere Ort ist *Leknes* (1600 Einw.; 🏨, ⛺), 310 km, wo es Banken, Pensionen und ein kleines Heimatmuseum gibt, außerdem liegt hier ein Inselflugplatz. Im 3 km ent-

fernten *Buksnes* befindet sich eine Kirche in seltener Holz-Fachwerkkonstruktion.

Von *Lilleeidet*, 314 km, wo archäologische Ausgrabungen gemacht wurden, kommt man durch einen Tunnel nach *Napp*. Der Ort liegt auf der Insel *Flakstadøy*. Die Fahrt verläuft nun über ein Gewirr von kleineren Inseln, vorbei an steilen Felswänden. Man kommt nach

Ramberg (⛺), 334 km, wo man die Mitternachtssonne angeblich am besten beobachten kann, und nach *Skjelfjord*, 340 km, dann über die *Kåkernbrücke*, 344 km, auf die Insel *Moskenesøy*. Man folgt nun der Ostküste dieser Insel bis *Hamnøy* am Kirkefjord, einem der ältesten Lofotendörfer, wo man noch die dicht aneinander gereihten Pfahlbauten findet.

Über die seit 1980 existierende Brücke gelangt man nach *Reine*, dem größten Fischerort der Insel Moskenesøy. Der Ort wurde 1941 von den Deutschen in Brand gesteckt, nachdem englische und norwegische Truppen hier gelandet waren. Reine erhielt beim Wiederaufbau zahlreiche moderne Bauten.

Über *Sørvågen* (🏨, ⛺), 359 km, wo sich eine Rundfunkstation befindet, kommt man in das kleine Dorf *Å*, 363 km, wo die Lofotenstraße aufhört. Von den Gipfeln der umliegenden Berge kann man den berühmten „Moskenesstraum" sehen, den Stau von Ebbe und Flut zwischen Lofotodden am äußersten Ende der Inseln und der Insel Moskenes. Das Phänomen wurde von Edgar Allan Poe und Jules Verne beschrieben.

Route 24: *Narvik – *Tromsø – Alta (596 km)

Diese Route geht durch die Provinz Troms, die mittlere der drei Nordlandprovinzen. Hier treten die schon weiter südlich wahrnehmbaren Kontraste am deutlichsten zutage: Unzählige im Meer verstreute Inseln und Klippen, schroffe, steil in die Fjorde abfallende Berge, breite Täler und reißende Flüsse, einsame, sturmgepeitschte Hochplateaus, auf denen man aber auch heiße Sommertage erleben kann. Während des kurzen Herbstes, im September, zeigt sich ganz Nordnorwegen in einer in allen Rottönen flammenden Blätterpracht.

Lappland ist nicht monoton, wie der Mitteleuropäer meint. Es ist eine Welt für sich: Melancholische Moorlandschaften, ewiger Schnee, zerbrechliche, silbrig schimmernde Birken, schäumende Flüsse, reißende Stromschnellen. Die Farben sind hinreißend, die Dämmerung unbeschreiblich schön, und während des Tages spiegelt der Himmel alle Pastelltöne wider.

Auf der Fahrt nach Norden verläßt man *Narvik*, das auf Seite 232 beschrieben ist, auf dem Rombaksveien, fährt auf der E 6 weiter und überquert hinter dem Kriegerdenkmal den *Rombaksfjord*, einen Nebenarm des Ofotfjords, auf der großen *Rombaksbrua*. Nach 27 Kilometern kommt man am Campingplatz *Storsletta* vorbei.

Bjerkvik (1800 Einw.), 35 km, ist ein Industrieort. Hier fanden im April 1940 heftige Kämpfe zwischen englischer Marineinfanterie, Fremdenlegionären und zahlenmäßig überlegenen deutschen Gebirgstruppen statt. Die Kirche wurde 1955 wieder aufgebaut. Von Bjerkvik aus geht links die Europastraße 10 zu den Vesterålen und den Lofoten ab (s. Route 23, S. 233).

40 Kilometer hinter Narvik betritt man die Provinz Troms. In *Storvossen*, 52 km, zweigt links eine Straße nach Gratangsbotn (3 km) ab, wo in einem kleinen, aber interessanten Museum die Eilivsøn-Thraning-Sammlungen mit alten Fischerbooten, Netzen und anderen Fanggeräten zu sehen sind.

In *Fossbakken*, 66 km, führt links die Straße 84 zum Ort *Finnsnes* (⌂), 103 km, der gegenüber der Insel Senja liegt. (Ein Besuch von Finnsnes auf den Straßen 84 und 86 bedeutet einen Umweg von ca. 70 Kilometern.) Zehn Kilometer weiter auf der E 6 geht rechts eine Straße nach *Bones* (12 km) ab, von wo aus man auf Gebirgspfaden zur schwedischen Grenze und weiter in die Gegend des großen Torneträsk-Sees und in das Gebiet von Vassijaure und Abisko gelangen kann.

In *Brandvoll*, 88 km, zweigt links die Straße 851 ab, die durch das Salangsdal nach Sjøvegan (19 km) führt. Hier liegt das *Bardu Bygdetun*, das auch ein Kriegsmuseum mit Waffen von der

Wikingerzeit bis heute einschließt.

Bardu-Setermoen (4000 Einw.), 97 km. Hier siedelten sich gegen Ende des 18. Jahrhunderts Familien aus dem Østerdal und aus dem Gudbrandsdal an. Heute, fast zwei Jahrhunderte später, ist die Aussprache der Bewohner von Bardu noch immer vom Dialekt der Heimat ihrer Vorfahren gefärbt. Die Kirche von Bardu (1829) ist eine Kopie der achteckigen Kirche von Tynset (s. S. 192). In Steilia (3 km von Setermoen) gibt es einen Touristen- und Skilift.

Von Setermoen führt eine Nebenstraße über Strømsmo nach Südosten. Sie endet nach dem Passieren von mehreren Wasserkraftwerken in *Innset* am westlichen Ende des sich bis zur schwedischen Grenze erstreckenden *Altevatn*, des mit 91 km² größten Sees von Nordnorwegen.

Die Europastraße 6 durchquert nun ein Tal, über dem sich im Nordosten der *Istind* (1490 m), im Südosten der *Gråhøgda* (996 m), im Nordwesten der Vesle (Kleine) Ala (1106 m) und im Nordosten der Store (Große) Ala (1238 m) erheben. In *Elverum*, 116 km, zweigt rechts die Straße 87 ab, die durch das Gebirge verläuft und in Øvergård wieder auf die E 6 gelangt.

Andselv-Bardufoss, Teil der Gemeinde Målselv (8100 Einw.; ⚐), hat einen Flugplatz, der im letzten Krieg von Gefangenen erbaut wurde. Sehenswert sind in der Umgebung der *Målselv-Wasserfall* (23 m) mit einer der größten Lachstreppen des Landes und das kleine Heimatmuseum *Bygdetunet Fossmostua*. Der Ort

ist Ausgangspunkt zum Besuch des *Øvre Dividal Nationalparks*, von dessen 750 km² etwa 100 km² Naturschutzpark sind.

Von Andselv-Bardufoss aus geht links die Straße 86 nach Finnsnes (43 km), das durch eine Brücke über den Gisundet mit der Insel Senja verbunden ist.

Bei *Buktamo*, 135 km, geht links die Straße 855 nach Finnfjordbotn ab. Die Europastraße 6 überquert auf der *Målselvbrücke* das Ende des Målselvfjords und gelangt nach *Olsborg*, 137 km, wo links die Straße 854 nach Målsnes (26 km) am schönen Malangenfjord abbiegt.

Die E 6 geht den See *Takvatn* entlang und erreicht *Heia*, 159 km, das von den glitzernden Gipfeln des Fiskelaustind und des Blåtind überragt wird. *Storsteinnes*, 176 km, ist ein kleiner Industrie- und Fremdenverkehrsort am Ende des Balsfjords, an dessen Ufer die E 6 nach Osten weiterläuft. Auf dem Westufer führt die Straße 859 bis zur Kirche von Balsfjord (10 km), in deren Nähe Felszeichnungen zu sehen sind.

Am Fuß verschneiter Berge liegt *Nordkjosbotn*, 193 km, wo die Straße 6 als Europastraße lange Zeit endete. Die Straße geht nun aber als E 6 entlang dem Stortfjord weiter nach Skibotn und Olderdalen (60 km). Unsere Route geht links auf die Europastraße 8 über, die aus Kaaresuando/Kaaresuvanto an der schwedisch-finnischen Grenze kommt. Nachdem sie den finnischen See Kilpisjärvi passiert

Der wichtigste Fischereihafen der Lofoten ist Svolvær. Von hier laufen in der Hauptfangzeit oft dreitausend Boote zum Kabeljaufang aus.

In Nordnorwegen und den angrenzenden Gebieten Schwedens, Finnlands und der Sowjetunion leben die Samen von ihren Rentierherden.

Entlang des Polarkreises findet man in einigen Abständen Steinsäulen,
die daran erinnern, daß man hier die Zone des gemäßigten Klimas verläßt.

hat, führt sie in Norwegen über Skibotn (⚠), Storfjord, Øvergård und Nordkjosbotn nach Tromsø. Die Strecke von Nordkjosbotn bis Tromsø ist von großer landschaftlicher Schönheit: Es geht den Balsfjord entlang, über dem sich die steil ins Wasser abfallenden Berge anderthalbtausend Meter hoch erheben. Zuerst kommt man zum *Laksvatn*, 215 km, an dessen Ende sich die Gipfel des Lyngenfjells auftürmen. Man fährt am Sarastein, einer alten Opferstätte der Samen, vorüber. In *Fagernes*, 241 km, geht rechts die Straße 91 nach Lyngseidet ab (s. S. 242).

Tromsdalen (5000 Einw.; ⌂, ⚠), 266 km, ist ein kleiner Industrieort. Seine *Kirche* ist unter dem Namen „Schneedom" bekannt. Das außergewöhnliche Bauwerk entstand 1965, es wurde von Jan Inge Hovig entworfen. Seine bildhauerische Schönheit harmonisiert ausgezeichnet mit der Umgebung. Die Kirche hat keine Dächer im üblichen herkömmlichen Sinn, sondern ist von elf dreieckigen Glasflächen unterschiedlicher Höhe bedeckt, die Meer, Eis, Polarnacht, Mitternachtssonne und das Leben der Menschen in dieser Eiswelt symbolisieren.

Auf den Gipfel des *Storsteinen* (420 m) geht eine Seilbahn hinauf. Man hat von hier aus eine sehr schöne Aussicht auf die Inseln, die Fjorde und das Meer. Im Sommer ist in Tromsdalen ein Lager der Samen.

Über eine der größten Brücken Norwegens (1000 m), die den *Tromsøysund* überspannt, kommt man nach 266 Kilometern Fahrt ab Narvik nach

*TROMSØ

Die Stadt (50000 Einw., im Stadtkern 30000) am Fuß des Tromsdaltind ist mit 2500 Quadratkilometern eine der flächengrößten Gemeinden Norwegens. Sie liegt auf 69 Grad 40 Minuten nördlicher Breite, also ein wenig südlicher als Barrow in Alaska und Scoresbysund auf Grönland (Mitternachtssonne vom 19. Mai bis 26. Juli).

Wegen ihrer geographischen Lage war die Stadt schon seit langer Zeit der wirtschaftliche Mittelpunkt dieses Gebietes. Hier wurde bereits 1250 eine kleine Kirche erbaut. Nachdem Bergen und Trondheim ihre Handelsprivilegien in Nordnorwegen verloren hatten, wurde Tromsø Stadt und 1803 Bischofssitz. Bereits zu Beginn des 19. Jahrhunderts wurde der Hafen von Schiffen aus der ganzen nördlichen Hemisphäre angelaufen. Der Fischfang im Eismeer entwickelte sich ständig, was die Einrichtung zahlreicher Betriebe zur Folge hatte.

Die 1972 gegründete Universität ist in erster Linie auf medizinische Forschung ausgerichtet. Außerdem wird physikalische und meteorologische Forschung betrieben. Tromsø war über ein Jahrhundert lang Ausgangsbasis für die Erforschung des Nordpolargebiets. Der aus Tromsø stammende Elling Carlsen war der erste Seemann, der Spitzbergen umfuhr (1863). Das *Amundsen-Denkmal* erinnert an den Polarforscher Roald Amundsen, der am 18. Juni 1928 von hier mit dem Flugzeug aufbrach, um der Besatzung des Luftschiffs „Italia", das unter

Umberto Nobile auf Spitzbergen gestrandet war, zu Hilfe zu kommen. Es war Amundsens letzter Aufbruch in die Arktis — er kehrte von diesem Flug nicht mehr zurück.

Sehenswert ist die am Strandveien gelegene *Landskirke* (oder *Tromsøya kirke*), eine Kreuzkirche mit einer mittelalterlichen *Madonna und einer barocken Altarwand aus dem 17. Jahrhundert. Das *Tromsømuseum* gehört zur Universität. Es enthält Sammlungen zur Geologie und Zoologie der Arktis. Die Archäologische Abteilung besitzt Funde aus der Umgebung und aus Spitzbergen, außerdem gibt es eine Abteilung für lappländische Volkskunde. Die *Meeresbiologische Station* mit Aquarium gehört ebenfalls zur Universität.

Das Stadtmuseum *(Bymuseum)* in Skansen enthält heimatgeschichtliche Sammlungen, das Polarmuseum, ebenfalls in Skansen, Fotos und Gegenstände von Polarexpeditionen (Nansen, Amundsen) und ersten Überwinterungen auf Spitzbergen. In der Sjøgate und in der Skippergate stehen mehrere alte Häuser.

Um von Tromsø zur Weiterfahrt nach Alta auf die E 6 zu kommen, fährt man entweder zurück nach Nordkjosbotn oder wählt den abkürzenden, aber zwei Fährpassagen notwendig machenden Weg von *Fagernes* auf der Straße 91 nach *Breivikeidet*. Eine Fähre überquert dort den Ullsfjord nach *Svensby,* von wo es auf der Straße 91 weitergeht nach *Lyngseidet,* dem Ausgangspunkt der zweiten Fähre, die nach Olderdalen an der E 6 verkehrt.

Von *Lyngseidet* (⚑), einem Treffpunkt norwegischer, schwedischer und finnischer Samen, gelangt man so wieder auf die Nordkaproute. Die Kirche des Ortes wurde 1731 in Karnes, etwas weiter südlich, als Kreuzkirche erbaut. 1740 brachte man sie hierher, baute sie aber erst 1782 wieder auf, allerdings etwas vergrößert. Während des Zweiten Weltkriegs diente sie als Pferdestall. In der Umgebung von Lyngseidet wird eine besonders kleine Pferderasse gezüchtet.

Olderdalen (⚑) liegt am Zusammenfluß der drei Fjorde Storfjord, Kåfjord und Lyngen. Die Gegend ist reich an Lachsen, die Bewohner vermieten Boote für den Fischfang.

Die Hauptstraße E 6 folgt weiter dem Ostufer des *Lyngenfjords,* der zu den schönsten Fjorden Norwegens gehört. Besonders schön ist die Landschaft kurz

Blick auf die Tromsø-Brücke

hinter Olderdalen, bei Kåfjorden, und bei *Djupvik,* 357 km.

In *Langslett,* 372 km, führt links die Straße 866 nach Skjervøy (29 km; Fähre zwischen Hamneidet und Flåten), von wo aus Ausflüge nach Fugløya (Vogelinsel) veranstaltet werden.

Man kommt nach *Nordreisa-Storslett* (⌂), 388 km, einem kleinen Industrieort, wo rechts die Straße 865 zum Reisadal und nach Bilto (43 km) abbiegt. Die 6 führt an kleinen Seen vorbei, überquert Sunde, windet sich um kleine Buchten und Vorgebirge und gelangt immer weiter nach Norden. *Sandbukt*, 414 km, liegt am Ende der Oksfjordbucht des Reisafjords.

Nachdem man die Halbinsel *Kvænang* überquert hat, kommt man an einem Lager der Kautokeino-Samen vorüber und nach *Kvænangsfjellet* (Gasthof). Man ist jetzt mitten im Gebiet der Samen.

Karvik, 411 km, ist ein kleiner, lebhafter Hafen, der Kabeljau und Merlan, eine Schellfischart, nach Holland exportiert. Von dort führt die Europastraße auf einer Brücke über den Kvænangen nach *Sekkemo* (⌂). Durch zahlreiche kleine Siedlungen geht es weiter nach *Langfjordbotn*, 514 km. Hier zweigt nach links die Straße 882 ab, die zunächst dem Langfjord, dann dem Øksfjord folgt und nach 38 Kilometern das am Ende einer Halbinsel gelegene Øksfjord erreicht. Die Gegend wird von einem der fünf großen Gletscher Norwegens, dem Øksfjordjøkulen, beherrscht.

Man folgt nun dem stellenweise sehr schmalen Südufer des Langfjords. Am äußersten Ende eines in den Altafjord ragenden Vorgebirges erreicht man *Toften*, 546 km. Der Blick auf Inseln und Halbinseln, das Wasser

ringsum, in dem sich Gletscher spiegeln, gehören zu den unvergeßlichen Eindrücken.

Daß das Vorgebirge schon von Wikingern besiedelt war, zeigten 1966 durchgeführte Ausgrabungen. Man fährt nun am Altafjord entlang und kommt über *Talvik*, 560 km, nach *Kåfjord*, 578 km, nicht zu verwechseln mit dem gleichnamigen Ort an dem in den Lyngenfjord mündenden Kåfjord (s. S. 242). Der Ort lebte einst von Kupferminen (heute aufgelassen), die eine englische Gesellschaft ausbeutete. Ein englischer Ingenieur erbaute die Kirche, die an eine Landkirche in England erinnert.

Bei der Kreuzung von *Bossekop*, 594 km, zweigt die Straße 93 nach Kautokeino (s. S. 244) ab. Geradeaus kommt man nach

Alta (9000 Einw.), 596 km. Die Bevölkerung hat sich seit 1930 fast vervierfacht. Der Grund dafür ist der Abbau von Schiefer, der in über 20 Länder verkauft wird. Nach Alta kommen seit Jahrhunderten die Samen, um bei den traditionellen Jahrmärkten im Herbst Häute und Rentierfleisch zu verkaufen und sich mit Bedarfsartikeln aller Art einzudecken.

Im Ort, der mit seinen Wohnbauten, Kaufhäusern und breiten Straßen wie ein Städtchen im amerikanischen Mittelwesten wirkt, steht eine große *Schieferskulptur, die sieben Tonnen wiegt und vom finnischen Bildhauer Raimo Utriainen geschaffen wurde.

Etwa 3 km vor Alta (südlich) liegen links der Straße (Hinweisschild) die

**Felsbilder von Hjemmeluft.
Sie sind vom Parkplatz an der
E 6 auf einem vorgeschriebenen
Weg zu erreichen und mit Positionsnummern von 1 bis 9 gekennzeichnet. Insgesamt sind
seit 1973 um den inneren Altafjord herum zwischen 2500 und
3000 Ritzbilder entdeckt worden, von denen das Hjemmeluft-Feld das bedeutendste ist.
Seine Ritzungen sind vor etwa
6000 Jahren entstanden, liegen
heute 8,5 bis 26,5 Meter über
dem Meeresspiegel und sind zur
besseren Erkennbarkeit mit rotbrauner Farbe ausgemalt.

Abstecher nach Kautokeino

Der Abstecher zum Mittelpunkt
des von samischen Nomaden besiedelten Gebiets ist 130 Kilometer lang und geht über die
Straße 93, den „Samevei".
Von *Alta* fährt man über *Skillemo* (8 km), wo links eine Straße
zur Jugendherberge und zur
Gargia-Hütte abzweigt (sie erreicht bei Suolovuobme wieder
die Straße 93), nach *Masi* (⚠),
einem Ausgangsort für Ausflüge. Die 1965 eingeweihte Kapelle ist architektonisch interessant,
sie steht an der Stelle der alten,
1721 erbauten Kirche.

In *Stornes* (101 km) kreuzt man
die Straße aus Karasjok (s. S.
247) und Tana Bru (s. S. 248),
die über Utsjoki an der finnischen Grenze verläuft. Man
folgt nun dem Fluß Kautokeinoelva und erreicht über *Mieron-Mieronjavve* (113 km)

Kautokeino (2800 Einw.), 130
km, ein „tettsted", eine jener
nordnorwegischen Gemeinden,
deren Einwohnerzahl zur Stadterhebung nicht ausreicht, die
aber dennoch städtische Funktionen wahrzunehmen haben.
Hier gibt es Schulen für die Kinder der Samen und ein *Samisches Institut*. Kautokeino lebt in
Wirtschaft, Handwerk und Kultur teilweise von den Nomaden,
die im Sommer ihren Rentierherden am Ufer des Altafjords
folgen. Zu Ostern findet ein
großer Jahrmarkt statt, an dem
alle Samen dieser Gegend teilnehmen.

Hinter Kautokeino führt die
Straße 93 bis zur finnischen
Grenze weiter. Bis Enontekiö
sind es von dort noch 37 Kilometer, bis Karesuando/Kaaresuvanto 100 Kilometer, nach Helsinki 1170 Kilometer und nach
Stockholm 1470 Kilometer.

Route 25: Alta – *Hammerfest – ***Nordkap – Ladselv – Kirkenes (528 km)

Das letzte Stück der Hauptstraße 6 führt in den hohen Norden Norwegens. Die Strecke ist
außer bei heftigen Schneefällen
das ganze Jahr über befahrbar.

Man verläßt *Alta* (s. S. 243) und
überquert am Ortsausgang den

Fluß Alta, der als einer der
fischreichsten der Welt gilt, und
kommt nach *Rafsbotn,* 18 km,
an einer Bucht des Altafjords.

In *Leirbotnvatn*, 29 km, geht eine Straße links ab, die dem Ufer
des Altafjords folgend nach Ladogoppi weiterführt.

Wenn man geradeaus weiterfährt, kommt man ins Sennaland, das reich ist an Bergspitzen und Schluchten. Links liegt das Samenlager *Biggas,* 32 km, das nächste folgt fünf Kilometer weiter. Dann fährt man an einer Kapelle, 65 km, vorüber, die 1962 für die im Sommer entlang der Hauptstraße 6 zeltenden Samen errichtet wurde.

Abstecher nach Hammerfest (57 km)

Man fährt von *Skaidi* aus auf der Straße 94, die durch eine sehr eindrucksvolle Landschaft führt. Die Straße schlängelt sich zwischen kleinen Birken entlang des Repparfjords. Am Ufer liegen verstreut die Sommerhäuser der Einwohner von Hammerfest.

Nach zehn Kilometern erreicht man den kleinen Industrieort *Repparfjord,* nach 22 Kilometern sieht man am Straßenrand einen freistehenden Felsblock, der Felszeichnungen aus der Zeit um 500 v. Chr. mit Darstellungen eines Schiffs und dreier Elche trägt.

Von *Kvalsund* (26 km), einem kleinen Fischerei- und früheren Fährhafen, aus überquert man auf der 1978 gebauten Brücke (gebührenfrei) den Sund. Kurz hinter *Rypefjord,* 55 km, liegt ein kleines Vorgebirge, von dem aus man eine sehr schöne Aussicht auf Hammerfest, auf das Meer und die Inseln hat. Es ist auch gut dazu geeignet, die Mitternachtssonne zu beobachten.

Nach einer Fahrt von 57 Kilometern von Skaidi erreicht man

*Hammerfest** (7200 Einw.). Es liegt auf 70 Grad 39 Minuten und 48 Sekunden nördlicher

Kirche in Hammerfest

Breite und ist seit der Erhebung zur Stadt im Jahre 1789 die nördlichste Stadt der Welt. Hammerfest war die erste europäische Stadt mit einem öffentlichen Stromversorgungsnetz.

1944 wurde es von deutschen Truppen weitgehend zerstört, ist aber inzwischen wieder vollständig aufgebaut worden.

Die Wirtschaft der Stadt ist auf den Fischfang gegründet. Es gibt hier Reedereien und vor allem Anlagen zur Herstellung von Tiefkühlfisch (Findus). Außerdem ist die Stadt Sitz der ,,Royal and Ancient Society of Polar Bears". Sie besitzt ein kleines Museum, in dem das Fell des größten bisher erlegten Eisbären aufbewahrt wird: es mißt 2,98 Meter.

Die *Kirche* ist wegen ihrer einfachen Linien und ihrer dreieckigen Form unter Architekten beispielhaft geworden. Den Chor schließt ein riesiges buntes Fenster ab.

Auf der Halbinsel *Fuglenes* steht die Granitsäule Meridianstøtten mit einer bronzenen Erdkugel. Sie erinnert an die Vermessungsarbeiten, die von 1817 bis 1852 von Norwegen, Schweden und Rußland durchgeführt wurden, um die Länge eines Erdmeridians und damit die Größe der Erdkugel zu bestimmen.

Die Mitternachtssonne ist hier von Mitte Mai bis Ende Juli sichtbar. Von Hammerfest aus werden Schiffsfahrten zum Nordkap (s. rechts) veranstaltet.

Alljährlich im Juni werden ein Nordkap-Festival und ein Nordkap-Marsch durchgeführt.

Von Skaidi aus verläuft die Straße landeinwärts und erreicht nach 23 Kilometern das in einer kleinen Bucht des Porsangenfjords gelegene *Olderfjord.* Von hier zweigt die Europastraße 69 ab, auf der man eine

Fahrt zum ***Nordkap (110 km) unternehmen kann. Die Straße ist bis Kåfjord gut, Steigungen und Kurven sind häufig, der Skarbergtunnel hat eine Länge von 2,8 Kilometern.

In *Kåfjord* (73 km) nimmt man die Fähre nach *Honningsvåg* (45 Minuten), das auf der großen Insel Magerøy liegt.

Weil die Wartezeiten auf der Nordkapfähre wegen des großen Besucherstroms` zum Teil sehr lang ist, kann man das Auto auch in Kåfjord stehenlassen und mit einem Bus zum Nordkap fahren.

Honningsvåg (3500 Einw.) ist der größte Fischereihafen der Westfinnmark mit einem *Nordkap-Museum,* dessen Sammlungen vor allem dem Fischfang und der Kultur des Küstenraumes gewidmet sind.

Kurz hinter Honningsvåg überquert man den 71. Breitengrad. Nach einer Fahrt von 34 Kilometern auf der Insel Magerøy (Wintersperre) erreicht man schließlich das

***Nordkap. Die Straße endet auf einem steil aus dem Eismeer ragenden Schieferfelsen von 307 Metern Höhe. Er erhielt seinen Namen im Jahre 1553 von dem englischen Seefahrer Richard Chancellor.

Das Nordkap liegt auf einer Breite von 71 Grad, 10 Minuten und 21 Sekunden.

Es soll jedoch nicht verschwiegen werden, daß eigentlich das vom Nordkap aus im Westen sichtbare, aber auf dem Landweg nicht erreichbare Kap *Knivskjellodden* (71 Grad, 11 Minuten und 48 Sekunden) der nördlichste Punkt Skandinaviens und damit Nordeuropas ist.

In der Nordkaphalle sind ein Postamt und ein Café. Die Mitternachtssonne ist hier vom 14. Mai bis zum 30. Juli zu sehen.

*

Hinter Olderfjord folgt die Straße E 6 dem Westufer des Porsangen nach Süden. Hier liegen die Schutzhütten *Yttre Billefjord* und *Indre Billefjord* (⚠).

Später erreicht man den Campingplatz in der Nähe der Brük-

Das Nordkap

ke über den Stabburselv. Im Westen liegt das Naturschutzgebiet Stabbursdal.

Lakselv (Pens., ⚠), 174 km, ist ein kleiner, lebhafter Handelsort und Straßenknotenpunkt mit Fluglandeplatz. In der Umgebung wird viel Lachsfang betrieben, es gibt hier sehr viele Lachsforellen.

Man verläßt Lakselv nun auf der E 6 nach Südosten. Diese Straße ist während des ganzen Jahres über befahrbar. Sie folgt dem Lauf des Guotko, dessen samischer Name soviel wie „Fluß zwischen zwei Seen" bedeutet. Nach einer Fahrt von 29 Kilometern kommt man zur Brücke *Luostejok*, die in der Nähe eines großen Kraftwerks liegt und nach weiteren 35 Kilometern nach

Karasjok (2700 Einw.). Der Name des Ortes bedeutet „gekrümmter Fluß". Hier gibt es Schulen und Internate für die Lappenkinder aus Norwegen, Schweden und Finnland. Die *Samische Bibliothek* besitzt eine große Sammlung von Werken über Ethnologie, Kultur, Geschichte und Sprache des lappländischen Volkes. Die zu Beginn des 19. Jahrhunderts erbaute Kirche ist eines der wenigen Gebäude, die den Krieg überstanden haben. In Karasjok gibt es ein *Samisches Museum* mit Freilichtabteilung über die Finnmarklappen.

Von Karasjok aus kann man auf der Straße 92 über den finnischen Fremdenverkehrsort Utsjoki am Ostufer der Tana nach Tana Bru (s. S. 248) fahren (163 km).

Jenseits des Grenzflusses Anarjokka liegt 21 Kilometer von Karasjok der finnische Ort Karigasniemi. Von hier bis Ivalo sind es 140, nach Rovaniemi 430, nach Helsinki 1280 und nach Stockholm 1740 Kilometer.

Die E 6 verläuft von Karasjok entlang des Grenzflusses über die kleinen Orte Valjok und Utsjoki nordwärts. Wir aber wählen die alte Hauptstraßenroute über Ilfjord.

*

Von *Lakselv* geht die Straße 98 am Ostufer des Porsangerfjords weiter nach *Børselv,* 216 km. In dieser Gegend lebten noch im 18. Jahrhundert ausschließlich Lappen. Heute ist die Siedlung der Schulort für die Kinder der Fjordbewohner, Norweger, Finnen und Lappen.

230 Kilometer von Alta fährt man an einer 1962 von der finnischen Mission erbauten Kirche vorbei. Dann kommt man nach *Kunes*, 263 km, das am Ufer des Laksefjords und am Ende der Halbinsel Sværholt liegt. Bei *Ifjord*, 297 km, verläßt man den Fjord. Diese Gegend ist sehr

reich an Lachs- und Forellenbeständen. In der Nähe ihres Sommerlagers erbauten im Jahre 1968 die Samen von Karasjok eine Kapelle.

Über *Suorccejok,* 330 km, kommt man nach *Vestertana,* 334 km, am Ende des gleichnamigen kleinen Fjords. Die Straße 98 folgt weiterhin der stark gegliederten Küste und gelangt in *Rustefjelbma* (⚓), 362 km, an den Fluß Tana. Hier steht die 1964 erbaute Kirche von Tana. Der Flußname (finnisch Teno) bedeutet „großer Fluß", tatsächlich ist die Tana mit einer Länge von 360 Kilometern der drittgrößte Fluß Norwegens. Man folgt seinem Westufer bis *Tana Bru* (⚓), 385 km, wo man wieder auf die aus Karasjok kommende Straße E 6 stößt.

Abstecher nach Berlevåg (136 km)

Nach Berlevåg (Hotel, Pension) im Norden der Halbinsel Varanger fährt man von Tana Bru auf der Straße 890 (Wintersperre) durch stimmungsvolle Tundralandschaft. In *Gednje* (75 km) zweigt rechts die Straße 891 nach *Båtsfjord* ab, einem Fischereihafen mit 2900 Einwohnern und modernen Anlagen der fischverarbeitenden Industrie. Von Båtsfjord aus führt eine andere Straßenverbindung 31 Kilometer weit an den *Syltefjord,* wo man den Vogelfelsen sehen kann (Hinweisschild „Syltefjordstauran").

*

Die E 6 überquert die *Tanabrücke,* biegt nach rechts und dann in *Skipagurra* (Gasth., ⚓), 389 km, nach Osten ab. Sie erreicht *Varangerbotn,* 403 km, das am Ende (botn) des Varangerfjords liegt.

Abstecher nach Vardø (125 km)

Auf die östlichste Halbinsel Norwegens, die Varangerhalvøya, fährt man von *Varangerbotn* (⚓) auf der Straße 98 am Nordufer des Varangerfjords entlang, der hier in das Nördliche Eismeer übergeht. Man kommt durch einige nach dem Krieg wiederaufgebaute Ortschaften und erreicht nach 49 Kilometern

Vadsø (5000 Einw.). Die Bewohner der kleinen Stadt leben mehr vom Handel als vom Fischfang. Im kleinen *Städtischen Museum* (Tuomainengården) gibt es eine Sammlung über die Einwanderung von Finnen in die Finnmark; in dieser Gegend kann man finnisches und norwegisches Brauchtum gleichermaßen antreffen. Die Kirche des Ortes wurde 1958 erbaut. Bei Vadsø steht der 1926 und 1928 von Amundsen und Nobile benutzte Luftschiffsmast.

Die Straße 98 führt durch ein Gebiet, das reich an vor- und frühgeschichtlichen Zeugnissen ist. Man fand hier Überreste der Komsa-Kultur aus der Zeit um 8000 Jahre v. Chr. sowie einen Friedhof mit 200 Gräbern aus der Wikingerzeit.

In *Svartnes* (122 km) legte bis 1982 (jetzt 3 km langer Straßentunnel) die Fähre über den Bussesundet zur Insel Vardøya ab, auf der

Vardø (3500 Einw.) liegt. Der Ort ist nicht nur der östlichste

Punkt Norwegens, er liegt weiter im Osten als Istanbul. Vardø hat einen Fischerhafen und etwas Industrie. Es wurde nach den Zerstörungen des Krieges wieder vollständig aufgebaut und ist heute eine durch den Eismeertunnel (1983) mit dem Festland verbundene typische „Finnmark-Stadt".

Die *Festung Vardøhus (nach der Tunneldurchfahrt links halten) wurde zum erstenmal gegen Ende des 13. Jahrhunderts errichtet und gegen Ende des 18. Jahrhunderts in Form eines achteckigen Sterns neu angelegt. Sie befindet sich in sehr gutem Zustand, denn sie ist niemals das

Festung Vardøhus

Ziel von Angriffen irgendwelcher Feinde gewesen. In einer der Bastionen ist ein riesiger Balken zu sehen, in den mehrere Könige ihre Namen geritzt haben. Das in den Festungswällen eingerichtete Museum enthält Sammlungen zur Lokal- und Militärgeschichte. Die Kirche in der Inselstadt Vardø wurde 1958 erbaut. Da der alte Hafen zu klein geworden ist, wird auf dem Festland ein neuer gebaut. Vom

alten Hafen aus begann 1893 Fridtjof Nansen auf seinem Schiff „Fram" die berühmte Driftfahrt durch das Nordpolarmeer.

*

Die Hauptstraße 6 folgt hinter *Varangerbotn* dem Südufer des Varangerfjords. Man erreicht *Brandsletta*, 462 km, einen kleinen Handelsort und Fischerhafen. Hier wurde der Bildhauer und Holzstecher John Savio (1902–1938) geboren.

Neiden (Gasth., ⚠), 484 km, liegt in einem von Skolt-Samen besiedelten Gebiet. Dieser Stamm ist griechisch-katholisch, und deshalb ist hier die einzige griechisch-katholische Kirche Norwegens. Sie ist sehr klein und wurde vom heiligen Tryphon, der im 16. Jahrhundert die Lappenmission betrieb, errichtet und dem heiligen Georg geweiht.

Vom Flughafen *Kirkenes-Høybuktmoen,* 515 km, aus flogen während des Zweiten Weltkriegs deutsche Flugzeuge ihre Angriffe auf den sowjetischen Hafen Murmansk. Man kommt an einem Friedhof für gefallene Sowjetsoldaten und an einem Kriegerdenkmal vorbei.

An der Kreuzung von *Hesseng,* 522 km, biegt rechts die Straße 885 nach Nyrud (99 km) ab. Unweit davon ist das Dreiländereck, wo Norwegen, Finnland und die Sowjetunion aneinander grenzen. Die Straße, die im allgemeinen in keinem guten Zustand ist, führt nach etwa vier Kilometern zum *Bjørnevatn* (⚠; s. auch S. 250). Unsere Route geht nach links weiter und gelangt nach

Kirkenes (5000 Einw.), 528 km. Die Stadt an der Grenze nach Rußland verdankt ihre Existenz den elf Kilometer südlich gelegenen Eisenerzbergwerken am Bjørnevatn (Bärensee).

Während des Krieges wurde die Stadt völlig zerstört. Man baute sie im rechtwinkligen, den nordischen Städten eigenen Stil wieder auf.

Die Straßen sind breit und großzügig angelegt, die Geschäfte beleuchtet, alles das trägt dazu bei, die Dunkelheit der langen Wintermonate vergessen zu machen: Am 1. Januar ist es hier nur von 9.20 bis 12.47 Uhr hell.

Die Industrieanlagen waren nach dem Krieg wie die Stadt zerstört, und es dauerte einige Jahre, bis sie wieder in Betrieb genommen werden konnten. Heute besitzt der norwegische Staat eine Aktienmehrheit von 51 Prozent. Das Eisenerz wird in Kirkenes verhüttet. In den Bergwerken arbeiten mehr als tausend Bergleute, die mit ihren Familien am Bjørnevatn wohnen.

Nach Grense Jakobselv (58 km)

Die Fahrt zum östlichsten Festlandpunkt Norwegens erfolgt von Kirkenes aus auf den Straßen 885 und 886. Nach fünf Kilometern kommt man nach *Bjørkheim,* von wo die Straße 885 weiter südwärts nach *Nyrud* (105 km) verläuft. Dieser Ort liegt am äußersten Ende eines Landzipfels zwischen Finnland und Rußland am Øvre Pasvik Nasjonalpark.

Man wechselt hier auf die Straße 886 über, die den äußersten Osten Norwegens durchquert.

Links liegen Inseln und Fjorde, rechts die hügelige Tundra, deren Farben erst im Herbst erwachsen. Nach einer Fahrt von 58 Kilometern erreicht man

Grense Jakobselv (⚑). Hier steht eine 1859 von Oscar II., König von Schweden und Norwegen, errichtete Kapelle. Die Grenze nach Rußland ist geschlossen.

Route 26: Küstenlinie **Bergen – ***Nordkap – Kirkenes („Hurtigrute") und Kreuzfahrten

Man kann einen Teil Norwegens auch anders als mit dem Auto entdecken, nämlich indem man eine von den Reisebüros angebotene Kreuzfahrt bucht oder an Bord eines der Schiffe der Küstenlinie „Hurtigrute" geht. Leider reichen die Schiffe während der Sommermonate für die zahlreichen an einer solchen Fahrt interessierten ausländischen Touristen bei weitem nicht aus.
Die meisten Passagiere sind Norweger, die wohl auch wegen ihrer Herkunft aus einem Seefahrerland diese Art der Beförderung bevorzugen.

Für die Insel- und Küstenbewohner zwischen Bergen und Kirkenes war das Schiff lange Zeit die einzige Verbindung zur Außenwelt. Seine Ankunft war ein besonderes Ereignis. Es brachte die letzten Neuigkeiten von den Nachbarninseln, Zeitungen aus der Stadt und manchmal auch einen Ausländer mit.

Zwar haben sich die Zeiten geändert, doch haben Telefon, Radio, Fernsehen, Autos und die stetig anwachsende Zahl mehr oder weniger großer Jachten die Isolation nicht aufgehoben, aber doch gemildert. Die Zeit, in der die Küstenbewohner den ankommenden „Küstenexpreß" feierten, ist vorbei, doch auch heute noch winkt man ihm von den Anlegestellen der kleinen Fjordhäfen nach.

Man darf auch nicht vergessen, daß man erst die Hälfte der Strecke hinter sich gebracht hat, wenn man den Polarkreis überschreitet. Dann gelangt man in das Gebiet der Mitternachtssonne, wo der Tag während einiger Wochen 24 Stunden lang dauert, und wo im Winter während einiger Monate die Nacht herrscht.

Die Strecke von Bergen nach Kirkenes ist auf See genauso lang wie die gesamte Westküste Alaskas bis zur Beringstraße.

Während der langen nordnorwegischen Polarnächte ist der Küstenexpreß oft das einzige Verkehrsmittel, denn Flugzeuge und Busse sind sehr viel wetterabhängiger als Schiffe. Der Küstenexpreß dient in erster Linie der Beförderung von Lasten, die Kabinen – vor allem der neueren Schiffe – bieten jedoch einen gewissen Komfort. Außerdem nimmt er Bauern, Fischer und ihre Familien, Schüler und Lehrer von einem Hafen zum anderen mit. Dabei transportiert er Lebensmittel, Möbel, Werkzeugmaschinen, Kisten mit Kabeljau, Heringen und Krabben. Wer also das Glück hat, einen Platz auf einem dieser Schiffe zu ergattern, kann einen sehr guten Einblick in das Leben der Küstenbewohner gewinnen.

Eine Kreuzfahrt auf einem der ab Deutschland oder Norwegen startenden Luxusdampfer sieht natürlich anders aus. Selbstverständlich wird man hier norwegisch essen — und zwar ausgezeichnet; man wird an den Haltestationen keine Sehenswürdigkeit verpassen, und die Landschaft wird ein unauslöschliches Bild hinterlassen. Doch es wird immer etwas fehlen, nämlich der durch nichts zu ersetzende Eindruck, den eine Küstenfahrt mit Seeleuten, Holzfällern und Urlauberfamilien, die man in ihrer „natürlichen Umgebung" beobachten kann, hinterläßt.

Die Fahrt von Bergen nach Kirkenes auf der „Hurtigrute" dauert sechs Tage. Während dieser Zeit bahnt sich das Schiff den Weg durch verschlungene Fjorde, Inseln und Inselchen, vorbei an Vorgebirgen und Buchten, von den idyllischen Fjorden im Westen zu den unfruchtbaren Küsten des Nordwestens, den Lofoten, den schneebedeckten Gipfeln des Ofotfjords, zu den verlassenen Hochebenen des Nordkaps und in die Tundralandschaft von Finnmark.

Fahrtroute

Im folgenden beschreiben wir die Route, die von den meisten Schiffen zwischen Bergen, dem Nordkap und Kirkenes befahren wird. Allerdings laufen nicht alle Schiffe dieselben Häfen an und fahren nicht in alle großen und bedeutenden Fjorde hinein. Weitere Angaben über die Küstenlinie der Hurtigrute – Bergen – Kirkenes findet man auf Seite 26. Genauere Auskünfte erteilen die Reisebüros.

Nachdem das Schiff *Bergen* (s. S. 113) verlassen und den Bug nach Norden gerichtet hat, bahnt es sich den Weg durch eine Gruppe kahler Inseln, auf denen jedoch einige Fischerhäuser und Ferienhäuser der Bevölkerung von Bergen stehen. Linker Hand liegen die Inseln Store Sotra, Toftøy, Blomøy, Alvøy, Seløy. Einige Schiffe fahren hinter Bergen in den zwischen Askøy und Holsnøy gelegenen Herdlafjord.

Man durchquert das „Sognemeer" (Sognesjøen) am Eingang des *Sognefjords*, der sich tief in das Landesinnere erstreckt (s. S. 201).

Hinter dem Sognesjøen gelangt das Schiff in eine schmale Fahrrinne, den Ytre Steinsundet, der die grauen zerklüfteten Inseln Ytre Sula und Rånøy voneinander trennt. Während des Krieges war diese Inselgruppe Schauplatz heftiger Kämpfe zwischen deutschen und norwegischen Schiffen.

Hinter dem Leuchtturm von Geita fährt man an der Insel Alden vorüber, deren steil aufra-

gender Fels Norskehesten vom Volksmund teils als Pferd, als Löwe oder auch Bock bezeichnet wird und der den Seeleuten seit jeher als Richtungsweiser gilt. In dieser Gegend sind die Inseln mit Fichten und Stechpalmen, die eine Höhe von 15 bis 16 Meter erreichen sollen, bewachsen. Man erreicht *Florø*, das seit der Gemeindereform den Namen Flora angenommen und 10000 Einwohner hat. In dieser Handels- und Fremdenverkehrsstadt endet die Straße 5 (s. S. 218), die den fruchtbaren, grünenden Teil von Sogn og Fjordane durchquert.

Man gelangt in den von bewaldeten und kahlen Inseln gesäumten Frøysjøen und fährt am Fuß des Hornelen, der plötzlich aus dem Wasser aufzusteigen scheint, vorüber. Diese wilde und verlassene Gegend ist sehr eindrucksvoll. Die Sagas erzählen vom Hexensabbat in der Johannisnacht, und auf der anderen Seite des Fjords, in Vingen, legen 2000 Felszeichnungen Zeugnis ab von der Geschichte früher Völker.

Dann erreicht das Schiff *Måløy* (s. S. 204). Bei der Weiterfahrt verläßt es die Stadt durch den Ulvesundet. Kurz hinter dem Leuchtturm von Skongenes erblickt man rechts die kleine Insel Selje.

Die Sage berichtet, die Insel Selje sei der Zufluchtsort der schönen irischen Prinzessin Sunniva gewesen. Sie war aus dem Lager des heidnischen Führers, dem sie versprochen war, geflohen, hatte das Nordmeer unter tausend Gefahren überquert und in einer Höhle auf der Insel Selje Zuflucht gesucht. Später ließ Olav I. Tryggvasson zu Ehren der Prinzessin, die ihren Glauben nicht verraten wollte, eine Kirche errichten. Er ernannte sie sogar zur Schutzheiligen Westnorwegens. Im 11. Jahrhundert gründeten Benediktinermönche hier ein Kloster, von dem jedoch nur einige wenige Ruinen übriggeblieben sind.

Der Küstenexpreß geht nun auf die hohe See hinaus, um die Halbinsel Stadland, eine der unwirtlichsten Gegenden der Westküste, zu umfahren. Kurze Zeit später gelangt er in die Gewässer von Møre og Romsdal. Links steht der Leuchtturm von Svinøy.

Das Schiff kreuzt durch ein Gewirr von Inseln und Inselchen, von denen die Insel Rundøy die südlichste Vogelinsel Norwegens ist: Hier brüten Papageitaucher und viele andere Seevögel. Hinter Torvik ist der nächste Hafen *Ålesund* (s. S. 208).

Die Gegend ist für ihren Heringsreichtum bekannt. Im Februar kann man beobachten, wie Hunderte von Fischerbooten die Netze einholen. Die Inseln liegen hier dicht beieinander. Hier und dort sieht man zwar einige Birkenwälder, doch der größte Teil dieser sturmgepeitschten Inseln besteht aus nacktem Granit.

Zwischen Godøy und Valderøy liegt die kleine Insel Giske, die jahrhundertelang einer der reichsten Familien Norwegens gehörte: Sie besaß 213 Höfe in Sunnmøre, Romsdal und Nord-Norge.

Das Schiff nimmt jetzt Ostkurs, durchquert den Eingang des Romsdalsfjords und gelangt dann in den Moldefjord, dessen geschützte Lage die Vegetation der Ufer und Inseln besonders gut gedeihen läßt.

Molde (s. S. 210) wird von 87 schneebedeckten Gipfeln eingerahmt.

Das Schiff nimmt dann Kurs auf den Julsund und fährt danach wieder auf die nahe See hinaus, um die große Halbinsel Hustadvika zu umschiffen. Diese Passage ist recht schwierig, denn der Riff- und Inselgürtel ist drei Kilometer breit. Das nie verstummende Geräusch der Brandung wird hier oft von Nebelhörnern zerrissen. Zwei große Leuchttürme helfen den Seefahrern, diese Strecke zu überwinden, ehe man *Kristiansund* (s. S. 212) erreicht.

Hinter Kristiansund werden die Inseln größer, aber auch weniger zahlreich: Links liegt Smøla; rechts Tustna, wo die Felsen 900 Meter tief steil ins Meer abfallen, Grisvagøy, Skarsøy, Rogøy, Magerøy; dann wieder links die große Insel Hitra, die sehr flach, sumpfig und praktisch unbewohnt ist.

Das Schiff gelangt in den Trondheimsleia und dann in den breiten Trondheimsfjord. Links erkennt man das große Herrenhaus Reinskloster (das Haus Lindegård aus den Romanen von Johan Bojer) in der Nähe von Rissa. Dann fährt man in *Trondheim* (s. S. 122) ein.

Von Trondheim fährt das Schiff zunächst durch den Trondheimfjord zurück, gelangt dann in

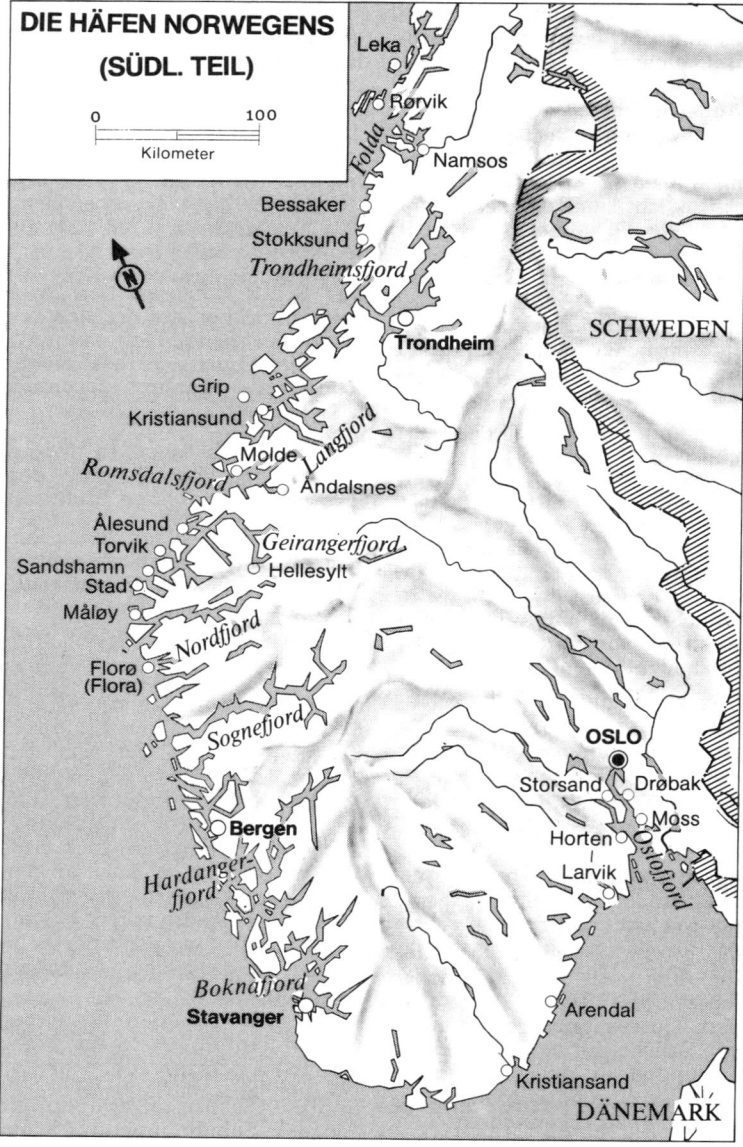

DIE HÄFEN NORWEGENS
(SÜDL. TEIL)

0   100
Kilometer

Leka
Rørvik
Folda
Namsos
Bessaker
Stokksund
Trondheimsfjord
SCHWEDEN
Trondheim
Grip
Kristiansund
Langfjord
Molde
Romsdalsfjord
Åndalsnes
Ålesund
Torvik
Geirangerfjord
Sandshamn
Stad   Hellesylt
Måløy
Nordfjord
Florø
(Flora)
Sognefjord
OSLO
Storsand   Drøbak
Moss
Horten
Bergen   Larvik   *Oslofjord*
Hardanger-
fjord
Boknafjord
Stavanger
Arendal
Kristiansand
DÄNEMARK

den Kråvåfjord und umschifft das südliche Ende einer Halbinsel, die hier in einem flachen, fruchtbaren und bevölkerten Landstrich endet, dem Ørlandet. Dann erreicht man wieder das offene Meer; wenn man den engen Næroysund passiert, fährt man dicht am Gjoeslingan-Leuchtturm vorüber. Die nächste Station ist *Rørvik*, Hafen mit 2000 Einwohnern. Der Volksmund hat die Fahrrinne von Rørvik mit Riesen, Zauberern und Trollen, deren Namen in der gesamten Umgebung anzutreffen sind, bevölkert.

Kurz hinter Leka gelangen die Schiffe in die Gewässer der Provinz Nordland. Bei klarem Wetter kann man den Torghatten ausmachen, ehe man nach *Brønnøysund* (s. S. 224) kommt. Den Passagieren bleibt genug Zeit, das von einer Laune der Natur in den Fels gehauene Profil, das Roald Amundsen ähnlich sehen soll, anzuschauen.

Wieder gelangt man ins offene Meer. Links liegt die Insel Vega, deren südlicher Teil felsig und steinig ist. Der fruchtbarere Teil liegt im Norden, und hier wohnen auch die 2000 Einwohner dieser Insel.

Das Schiff schlängelt sich zwischen Inseln und Inselchen hindurch, vorbei an Tjøtta, wo sich ein großer Friedhof befindet, auf dem von den Deutschen deportierte Russen begraben sind. Tjøtta ist neuerdings durch eine Brücke mit der Insel Alsten verbunden, an deren äußerstem Ende die Kirche von *Alstahaug* (s. S. 224) zu erkennen ist.

Die Fahrt führt nun durch den Alstfjord und vom Schiff aus erkennt man die „Syv Søstre" (sieben Schwestern), sieben durch fünf Gletscher voneinander getrennte Gipfel: Botnkrona (1066 m), Grytfoten (1008 m), Skjæringen (1038 m), Tvillingene (die Zwillinge; 979 und 962 m), Hvastind (1008 m), Stortind (902 m). Dann erreicht man *Sandnessjøen* (s. S. 224) an der Nordspitze der Insel Alsten.

Das Schiff fährt an der Insel Dønna vorüber, auf der sich der sagenumwobene „Dønmannen", der die Umrisse eines eingeschlafenen Mannes erkennen läßt, erhebt.

Einige Schiffe legen in Nesna (s. S. 227), am Eingang des Ranafjords, an dessen Ende *Mo i Rana* liegt, an.

Wieder gelangt man ins offene Meer. In der Ferne sieht man die Insel Lovund, deren Felsen von unzähligen Papageitauchern bevölkert werden. Zu dieser Insel werden Fischfangausflüge organisiert. Man überquert den Polarkreis, der über die Insel Hestmannøy, auf der sich der Hestmannen (Kavalier) erhebt, verläuft. Nun befindet man sich im Land der Mitternachtssonne. Die Fahrt führt an mehreren Inseln vorbei, u. a. auch an der Insel Rødøy (die rote Insel) mit dem Berg Rødøyløven („Rotinsel-Löwe"), wo auf einer Felswand steinzeitliche Skifahrer abgebildet sind.

Rechts kommt der gewaltige Gletscher Svartisen ins Bild, der mit seinen 1599 Metern die Snøtind (Schneespitze) überragt. Einzelne Schiffe laufen auch die kleine Insel Grønøy kurz vor Ørnes an.

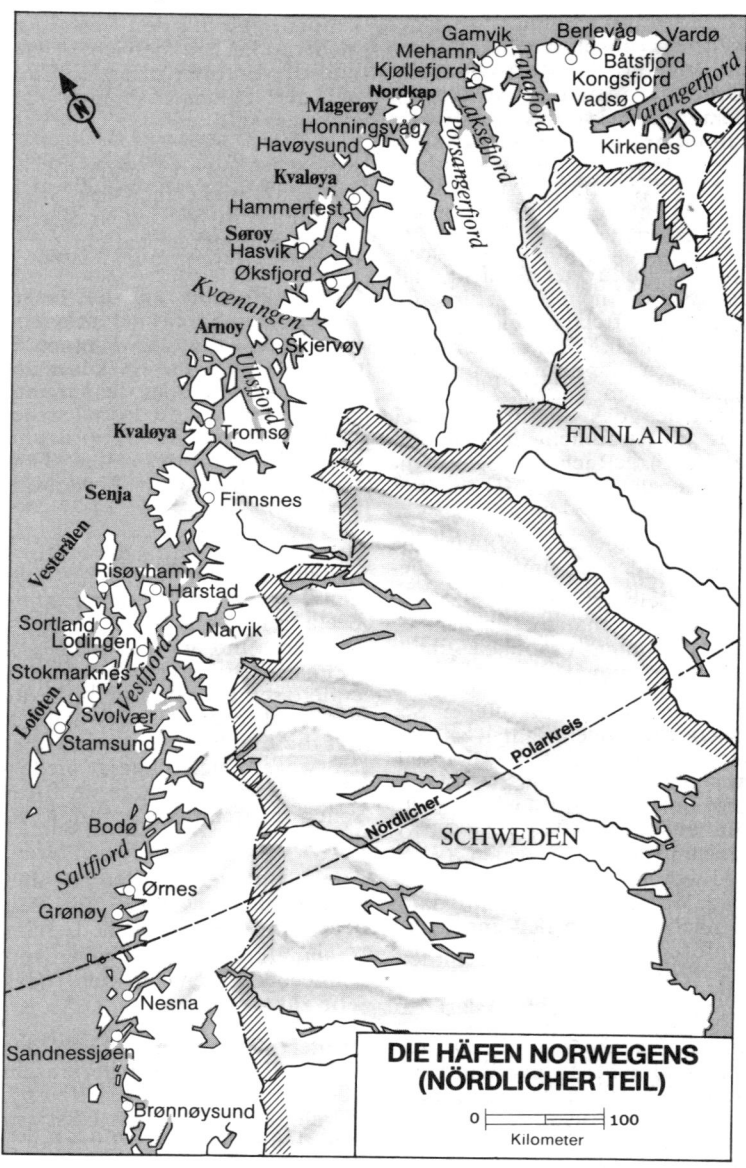

DIE HÄFEN NORWEGENS
(NÖRDLICHER TEIL)

0 |——————| 100
Kilometer

Nachdem es sehr dicht an einer weiteren Insel vorbeigefahren ist, legt das Schiff in *Ørnes* an. Ørnes ist über eine Straße mit dem Industrie- und Bergbauort Glomfjord verbunden.

Man umfährt das Kap Kunna, das seit jeher eine der schwierigsten Stellen dieser Küste ist. In der Höhe der kleinen Vogelinselgruppe Fugløyvær erblickt man rechts auf einem Vorgebirge die schöne mittelalterliche Kirche von Gildeskål. Dann umfährt man das Sandhornet und gelangt in den *Saltfjord*, wo den Besucher das Naturphänomen des Saltstraumen erwartet (s. S. 230). Rechts liegen die schneebedeckten Gipfel der Børvasstindene.

Hinter *Bodø* (s. S. 229) wird die Insel Landegode umfahren: dieses Wort ist eine Zauberformel, derer sich früher in Not geratene Seeleute bedienten. Das Schiff nimmt nun Nord-Nordwest-Kurs und durchquert den großen Vestfjord. Auf offener See liegen die Vogelinseln Røst und Værøy. Das Schiff bewegt sich auf die lange gezackte Mauer der Lofoten zu. Man entdeckt die fremdartige Welt der Lofoten und der Vesterålen (s. S. 233), wenn man in *Stamsund* und *Svolvær* (s. S. 235) und dann – nachdem man den engen, die Lofoten von den Vesterålen trennenden Rafsund, in den der noch engere und wildere Trollfjord mündet, überquert hat – in *Stokmarknes* und *Sortland* an Land geht. In der Fahrrinne von Risøyrenna hat man einen herrlichen Ausblick auf die links gelegene Insel Langøy und rechts auf die Insel Hinnøy. Bereits vom Schiff aus läßt sich erkennen, daß auf den Vesterålen mehr Ackerbau betrieben wird und die Lofoten in erster Linie auf den Hochseefischfang spezialisiert sind.

Der Küstenexpreß läuft *Narvik* (s. S. 232) nicht an. Diese Stadt ist jedoch in fast jedem Kreuzfahrtprogramm enthalten.

Hinter *Harstad* auf der Insel Hinnøy (s. S. 234) durchquert man den breiten Vågsfjord, dann, entlang der Ostküste der großen Insel Senja, die für ihre Schneehühner und Forellen bekannt ist, den Tranøyfjord und den Solbergfjord. Hier liegt auch, inmitten von Birkenwäldern, *Finnsnes* (s. S. 237).

Aus dieser Gegend – die Historiker sind sich hierüber aber nicht ganz einig – soll der berühmte Seefahrer des 9. Jahrhunderts, Händler und gelegentliche Diplomat Ottar stammen. Er beendete seine Laufbahn am Hofe des englischen Königs Alfred, der die Erzählungen Ottars über Norwegen eigenhändig niederschrieb. Sie sind heute im Britischen Museum in London zu sehen.

Die Schiffe durchqueren den Malangen, gelangen in den Rystraum und erreichen dann *Tromsø* (s. S. 241), umgeben von schneebedeckten Bergen, das Tor zur Arktis.

Hinter Tromsø passiert das Schiff die Ostküsten der Inseln Kvaløy, Ringvassøy, Reinøy, durchquert erst den Ullsfjord und dann den wilden Lyngfjord. Diese Fjordkreuzung ist eine der schönsten Stellen dieser Fahrt.

Die Schiffe laufen auch *Skjervøy* an. Hierher brachte Kapitän Otto Sverdrup 1896 die „Fram". Skjervøy liegt am Eingang des Kvænangen, gegenüber der Insel Arnøy.

Am gegenüberliegenden Ufer des Kvænangen erhebt sich der Langfjordøkul (*jøkul* heißt Gletscher) und weiter hinten der Øksfjordøkul. Hinter Skjervøy gelangen die Schiffe in das Loppa-Meer, umfahren eine fjordzerklüftete Halbinsel und legen in *Øksfjord* an.

Øksfjord liegt im Zentrum eines Heringsfanggebietes. Eine Gefrierfabrik liefert die Arbeitsplätze für die Bewohner dieser Gegend.

Hinter Øksfjord fahren die Schiffe zwischen den Inseln Sördöya (mit dem Hafen Hasvik) auf der Seeseite sowie Stjernöya und Seiland landseitig hindurch. Der Söröysund bringt sie zunächst nach *Alta* und weiter in nordöstlicher Richtung zum nächsten größeren Hafen nach *Hammerfest* (s. S. 245).

Nachdem es Hammerfest verlassen hat, fährt das Schiff um die Halbinsel Kvaløya, gelangt in den Rolvsøysund, läßt die zerklüftete Insel Rolfsøy links liegen und steuert Hjelmsøy an. Nun geht es die graue und unfruchtbare Finnmark-Küste entlang. Auf den Hochplateaus, die sich über dem Meer erheben, lassen die Samen im Sommer ihre Herden weiden. Im September, während der „ruska", wenn die Vegetation für die Dauer von zwei Wochen in ein strahlendes, prächtiges Rot getaucht ist, ziehen sie wieder in die Gegend von Kautokeino zurück.

An der Nordspitze von Hjelmsøy liegt der Hjelmsøystauren, ein hoher Felsen, auf dem Hunderttausende von Vögeln nisten. Links, im offenen Meer und nordnordwestlich der Insel Ingøy, liegt der große Leuchtturm Fruholmen, der den Schiffen den Weg in die Arktis weist.

Täglich läuft der Küstenexpreß *Havøysund* (⛟, ⚓) an der Nordwestspitze der Halbinsel Porsanger an.

Man fährt um die kleine Insel Måsøy herum. Die im ausgehenden 18. Jahrhundert erbaute Kirche hat, bevor sie an ihren heutigen Standort gelangte, dreimal den Platz gewechselt.

Die Schiffe der Hurtigrute fahren nicht vor dem Nordkap vorbei, sondern durch den Magerøysund, der die Halbinsel Porsanger von der Insel Magerøy trennt, nach *Honningsvåg* (s. S. 246).

Kreuzfahrtschiffe fahren von Westen nach Norden um die Insel Magerøy herum und laufen *Skarsvåg* (⚓) an.

Von Honningsvåg oder von Skarsvåg werden die Passagiere mit dem Bus durch die arktische Insellandschaft zum *Nordkap* (s. S. 246) gefahren.

Anschließend fahren die Schiffe durch den Porsangerfjord und um das Kap Sværholtklubb, das am äußersten Ende von Sværholt steil ins Meer abfällt. Hier haben Tausende von Eiderenten ihren Nistplatz. Die Schiffe fahren nun direkt mit Ostkurs und erreichen die *Nordkinn-Halbinsel* in *Køllefjord*.

Bei der Weiterreise um diese Halbinsel herum werden abwechselnd entweder *Mehamn*, ein junger, aber aufstrebender Fischerort, oder *Gamvik* an dem wild zerklüfteten Uferrand von Nordkinn angelaufen.

Honningsvåg

Vor der Öffnung des *Tanafjordes* vorbei steuert die Route jetzt *Berlevåg* (s. 248) an. Im Gegensatz zu einer weit verbreiteten Meinung ist die Landschaft hier sehr abwechslungsreich. Im Landesinneren liegen die Weidegründe der Rentiere, die moos- und flechtenbewachsene Tundra, doch an der Küste ragen hohe und steile Felsen ins Meer.

Für Jagdfreunde und Sportfischer ist die Halbinsel Varanger mit ihren Seen, Flüssen und Wildbeständen ein wahres Paradies.

Die Schiffe, die bis Kirkenes fahren, laufen auch *Båtsfjord* (s. S. 248), einen der bedeutendsten Fischereihäfen der Finnmark, an. Dann umfahren sie den größten Vogelfelsen Norwegens, den Syltefjordstauran, und durchqueren den Syltefjord.

Nun kommt man zur Inselstadt *Vardø* (s. S. 248). Die Schiffe folgen weiter der Küste der Halbinsel Varanger.

Vadsø (s. S. 248), das nicht von allen Kursen der Hurtigrute angelaufen wird, ist bekannt für seinen Loddefang. Der Lodde ist ein kleiner, lachsähnlicher Fisch, der in riesigen Schwärmen aus dem Eismeer kommt. An diesem Fischfang, der auf den Lofotenfischfang folgt, nehmen Fischer aus ganz Norwegen teil. Schließlich endet die Fahrt in *Kirkenes* (s. S. 250).

SVALBARD/SPITZBERGEN

Die zu Norwegen gehörende Inselgruppe Svalbard (Spitzbergen ist nur der Name der größten Insel) liegt im Nördlichen Eismeer zwischen Grönland und Norwegen, und zwar zwischen 74 Grad und 81 Grad nördlicher Breite.

Die insgesamt 61 300 Quadratkilometer Fläche teilen sich wie folgt auf: Spitsbergen (so die norwegische Schreibweise) 39 093, Nordaustland 14 530, Edgeøya 5030, Barentsøya 1330, Prins Karls forland 629, Kong Karls land 332, Bjørnøya 178, Kvitøya 265 und Hopen 60 Quadratkilometer. Die norwegische Gemeinde hat etwa 1200 Mitglieder und die russische Gemeinde etwa 2100 Mitglieder.

Die Norweger entdeckten Spitzbergen bereits 1194. Dann wurde es 1596 von dem Holländer Willem Barents wiederentdeckt. Bis zum 19. Jahrhundert war Spitzbergen vornehmlich von Jägern und Walfängern besiedelt. Heute sieht man hier in erster Linie Leute, die Kohle abbauen, und zwar Norweger in Longyearbyen und Svea sowie Russen in Barentsburg, Pyraminden und Grummantbyen. Bei der Suche nach Erdöl ist man hier noch auf keine verwertbaren Vorkommen gestoßen.

Die 355 km vor der norwegischen Küste gelegenen Inseln wurden 1773 von Phillips und 1820 von Scoresby erforscht. Insbesondere der westliche Teil wurde 1897 von Sir Martin Conway erkundet.

Da Norwegen, Schweden, Rußland und Dänemark Anspruch auf diese Inselgruppe erhoben, wurde 1910 in Oslo eine internationale Konferenz einberufen, die jedoch zu keinem Ergebnis gelangte. Ende des Ersten Weltkrieges wurde Spitzbergen durch den Pariser Vertrag 1920 von den Großmächten Norwegen zuerkannt.

Dieser Vertrag machte Spitzbergen zwar zu einer norwegischen Besitzung, erklärte es aber gleichzeitig zu einem neutralen Territorium und verlieh den Signatarmächten das Recht, seine Bodenschätze auszubeuten. Zu den Signatarmächten gehörten zunächst Norwegen, die USA, Großbritannien, Dänemark, Schweden, Italien, Frankreich, Japan und Holland. Die UdSSR kam erst 1935 hinzu und mit ihr 30 weitere Staaten. Doch von dem Abbaurecht machten außer Norwegen nur Schweden und die Sowjetunion Gebrauch.

ANREISE UND SEHENS-WÜRDIGKEITEN

Über mögliche Schiffsverbindungen von den Häfen Trondheim, Tromsø (Hauptanreisehafen), Hammerfest oder Honningsvåg muß man sich rechtzeitig erkundigen. Von Honningsvåg führt die Route an der 220 km südlich gelegenen Bäreninsel (Bjørnøya), mit Wetterstation und Vogelkolonie, vorbei. Es werden üblicherweise vier Häfen auf den Inseln von Spitzbergen angelaufen, darunter die Hauptorte *Longyearbyen* und *Ny Ålesund*. Die „Hurtigrute" läuft seit 1982 diese Inseln nicht mehr an. – Der Ort

Ny Ålesund liegt auf Spitsbergen. Es war früher ein Hafen- und Bergwerksdorf mit nördlichstem Hotel, Bar und Postamt der Welt (Sondermarken), bis die Mine nach etlichen Explosionen Anfang der 60er Jahre geschlossen wurde. Von Ny Ålesund starteten die Luftschiffe „Norge" (Amundsen-Expedition 1926) und „Italia" (Nobile-Expedition 1928). In dem Ort steht ein Amundsen-Denkmal.

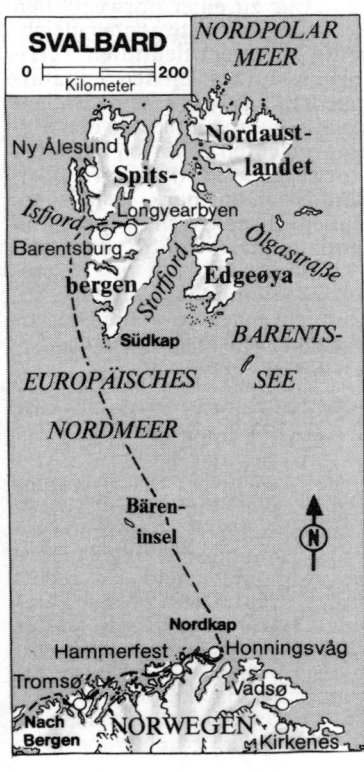

Von *Virgohamna* traten 1897 der schwedische Polarforscher Andrée und seine beiden Gefährten eine Ballonfahrt an, von der sie nie wiederkehren sollten. Als der Walfang noch nicht reglementiert war, lebten einige hundert Holländer in Virgohamna.

Longyearbyen ist ein Dorf mit 1500 Einwohnern am Ostende des Isfjords. Der Name stammt von dem Amerikaner John Longyear, dessen Gesellschaft in der Zeit zwischen 1904 und 1916 die Minen ausbeutete. Das Dorf lebt im übrigen immer noch von dem heute durch die Store Norske Spitsbergen Kulkompani A/S betriebenen Bergwerk. Hier befindet sich der Sender von Radio Svalbard. Es gibt ein *Svalbard-Museum* und ein Denkmal für die Gefallenen des Zweiten Weltkriegs.

Der Isfjord ist der größte Fjord von Westsvalbard (Spitsbergen). Es gibt hier eine Funkstation und eine Wetterstation.

Über dem *Kongsfjord* erheben sich die riesigen Gletscher Kongsvege und Kongbreen. Hinter ihnen ragen die Gipfel der „Tre Kroner" („Drei Kronen") auf.

Der 1975 auf Spitsbergen erbaute Flughafen von Longyearbyen wird durch SAS ab Tromsø ganzjährig bis zu dreimal täglich bedient (Flugzeit gut 1½ Std.; Juni–August jeden Mittwoch nonstop auch ab Oslo). Im Flughafenhotel gibt es einige Übernachtungsmöglichkeiten. Außerdem gibt es beim Flughafen sowie in Ny Ålesund (hier ohne sanitäre Einrichtungen) je einen Campingplatz.

SPEZIELLE PRAKTISCHE HINWEISE

In diesem Kapitel werden Hinweise auf alle in den Stadt- bzw. Routen- und Inselbeschreibungen genannten Orte gegeben, die für den Touristen entweder ihrer Sehenswürdigkeiten wegen oder aber als Ferienorte von Bedeutung sind.

Auf den Ortsnamen folgen der Name der Provinz, die Postleitzahl und die Höhenangabe (außer bei Küstenorten).

Das Zeichen 🚂 bedeutet, daß der Ort an einer Eisenbahnlinie liegt.

Das Zeichen 🚢 weist darauf hin, daß der Ort mit einer Schiffslinie zu erreichen ist.

Besitzt der Ort einen Flugplatz, so folgen das Zeichen ✈ und der Name des Flughafens bzw. der Name des nahegelegenen Ortes mit dem Flugplatz sowie die Entfernungsangabe dorthin.

In der Rubrik „Information" (*Inf.*) wird die offizielle Touristeninformationsstelle genannt.

Bei den Angaben über die Unterkunftsmöglichkeiten werden folgende Zeichen verwendet:

🏨 Sehr gute Hotels

🏨 Gute Hotels

🏠 Einfache Hotels, Gasthöfe und Pensionen

△ Jugendherbergen

⚠ Campingplätze

ÅL / Buskerud (N-3570) 437 m / 🚂.

🏨 „Actif Hotel", Votndalen.

🏨 „Hallingdal Hotell"; „Sundre Hotell".

🏠 „Kaslegård Fjellgård". – „Liatoppen Fjellstove" (11 km; nur Sommer- und Wintersaison).

4 ⚠.

In *Bergsjø* (30 km):

🏨 „Bergsjøstølen Fjellstue" (nur Sommer- und Wintersaison).

ÅLESUND / Møre og Romsdal (N-6000)

🚢 Hurtigrute / ✈ auf der Insel Virga (10 km nördlich).

Inf.: Rathaus.

🏨 „Rica Parken", Storgate 16; „Rica Skansen Hotel", Kongensgate 27; „Scandinavie Hotel", Løvenvoldgate 8; „Baronen Hotel", Vigasentret.

🏨 „Havly", R. Rønnebergsgate 4.

🏠 „Aarsæthergården", Hellegate 6.

2 ⚠.

ÅMOT/Buskerud (N-3340)

Inf.: Modumstua.

⌂ „Kongsfoss Pensjonat".

ÅNDALSNES/Møre og Romsdal (N-6300)

🚢 (Endstation der Raumabahn).

Inf.: Åndalsnes og Romsdal Reiselivslag.

🏨 „Grand Hotell Bellevue".

🏨 „Romsdal Gjestegård".

⌂ „Rauma Pensjonat". – „Gjerset Pensjonat", Isfjorden.

3 ⚠.

ÅRDALSTANGEN / Sogn og Fjordane (N-5875)

🚢.

🏨 „Klingenberg Fjord Hotel". – ⚠.

ALTA/Finnmark (N-9500)

🚢 über Øksfjord (Hurtigrute) / ✈.

Inf.: Reisetrafikklag, Elvebakken.

🏨 „SAS Alta Hotel"; „Alta Fjordhotel"; „Alta Motell".

🏨 „Alta Sommerhotell"; „Frokosthotellet".

⌂ „Øytun Folkehøyskole" (Mitte Mai bis Mitte August).

⚠.

ALVDAL/Hedmark (N-2560)

🏨 „Taverna Motell".

🏨 „Tronsvangen Seter". – ⚠. – 3 ⚠.

ARENDAL/Aust Agder (N-4800)

🚢.

Inf.: Torvgaten 6.

🏨 „Tyholmen Hotel"; „Arendal Motorhotell"; „Central Hotel".

🏨 „Müllerhotel Phønix".

⌂ „Breidablikk Vertshus", Tromøya. – ⚠.

ASKIM/Østfold (N-1800)

🏨 „Granheim Hotell", Vammaveien 6.

ATNA/Hedmark (N-2490)

🏨 „Skerdnigen Høyfjellssenter"; „Rondetunet Turistgård".

⌂ „Rondetunet Turistgård".

⚠ in Atna und Koppang.

AURLAND/Sogn og Fjordane (N-5745)

🚢.

🏨 „Ryggjatun Hotell".

🏨 „Aurland Fjordstue".

⌂ „Aabelheim Pensjonat"; „Wangen Motell". – „Østerbø Turisthytte"; „Østerbø-Fjellstue" (Motel).

⚠.

BÅTSFJORD/Finnmark (N-9990)

✈ / 🚢 Hurtigrute.

🏨 „Båtsfjord Royal Hotel".

BALESTRAND/Sogn og Fjordane (N-5850)

🛥.

Inf.: Am Fähranleger.

🏨 „Kvikne's Hotel", Balholm.

🏠 „Kringsjå Hotell"; „Dragsvik Fjordhotell".

🏚 „Balestrand Pensjonat"; „Midtnes Pensjonat"; „Bøyum Pensjonat" (alle Juni bis September). – △. – △.

BARDU/Troms (N-9250)

Inf.: Salangsdalen und Setermoen.

✈ in Andselv-Bardufoss (27 km).

🏨 „Bardu Motor Hotell", Setermoen; „Bardufoss Hotel", Andselv.

△ in Bardufoss.

BEITOSTØLEN/Oppland (N-2953)

🏨 „Beito Høyfjellshotell"; „Beitostølen Høyfjellshotell".

🏠 „Bitihorn Fjellstue"; „Bygdin Høyfjellshotell"; „Bergo Hotell".

🏚 „Feriehyttene" (alle nur im Sommer).

△.

△ Valdresflya.

In *Beito* (N-2952; 2 km):

🏚 „Øyang Feriesenter". – △.

BERGEN/Hordaland (N-5000)

🛥/🛥/✈ Flesland (20 km südwestlich).

Inf.: Turistkontor, Slottsgate 1; Info-Kiosk Torgalmenningen.

🏨 „SAS-Royal", Bryggen; „Norge", Ole Bulls Pl. 4; „Bryggen Orion", Bradbenken 3; „Grand Hotel Terminus", Kong Oscarsgate 71; „Neptun", Walkendorffsgate 8; „Admiral", C. Sundtsgate 9; „Rosenkrantz", Rosenkrantzgate 7; „Toms", C. Sundtsgate 52. – „Scandic Hotel", Kokstad; „Suitell Edward Grieg", Sandsli.

🏠 „Fantoft Sommerhotel", Fantoft; „Strand", Strandkaien 2; „Hordaheimen", C. Sundtsgate 18; „Bergen Hotel", Håkonsgate 2; „Viktoria", Kong Oscarsgate 29; „Skogen", Håkonsgate 27; „Augustin", C. Sundtsgate 24; „Hotel Park Pension", Harald Hårfagresgate 35; „Bergen Gjestehus", Vestre Torvgate 20. – „Bergen Airport", Kokstad; „Hotellet på Ågotnes", Ågotnes.

🏚 „Steens Frokosthotel", Parkveien 22; „Fagerheim Pensjonat", Kalvedalsveien 49; „Myklebust Pensjonat", Rosenbergsgate 19.

△ in Bergen und Haukeland.

△ „Montana".

In *Nesttun* (N-5050; 10 km):

🏚 „Gjøstein Pensjonat".

△ in Helldal.

BERKÅK/Sør-Trøndelag (N-7391)

2 △.

BESSHEIM/Oppland (N-2689)

🏚 „Bessheim Fjellstue" (nur im Sommer).

△ in Tessand und Vågamo.

BJERKVIK/Nordland
(N-8530)

ᕕᕗ „Trollhøgda Sports-og Turistsenter"; „Bjerkvik Hotell".
⚠.

BJORLI/Oppland (N-2669)

ᕕᕗ „Bjorli Hotel".
⚠.

BODØ/Nordland (N-8000)

⛴ (Endpunkt der Nordlandbahn) ⛴/✈.

Inf.: Storgate 28.

ᕕᕗ „SAS Royal Hotel", Storgate 2; „Diplomat Hotel", Sjøgaten 23; „Central Hotel", Prof. Schyttesgate 7; „Grand Hotell", Storgate 3; „Bodø Hotell", Prof. Schyttesgate 5.

ᕕᕗ „Norrøna Hotell", Storgate 4.

⌂ „Opsahl Hospits", Prinsensgate 131; „Centrum Pensjonat", Storgate 39; „Midnattsol Hospits", Storgate 65 B; „Gunda Johnsens Pensjonat", Prinsensgate 80; „Kristensen Pensioniat", Rensåsgate 45. – ⚠. – △.

BØVERDAL/Oppland
(N-2687)

ᕕᕗ „Elveseter Hotel" (nur im Sommer). – „Jotunheimen Fjellstue", Nordberg.

⌂ „Leirvassbu Fjellstue"; Krossbu Turiststasjon" (beide nur im Sommer).

3 ⚠. – △.

BREKKE/Sogn og Fjordane
(N-5950)

⛴.

ᕕᕗ „Brekkestranda Fjord Hotell". – ⚠.

BREVIK/Telemark (N-3950)

ᕕᕗ „Korvetten Motor Hotell".

BROMMA/Buskerud (N-3536)

⚠.

BRØNNØYSUND/Nordland
(N-8900).

⛴ Hurtigrute / ✈.

ᕕᕗ „Torghatten"; „Galeasen Hotel".

ᕕᕗ „Corner Motell".
⚠.

BRUMUNDDAL/Hedmark
(N-2380)

134 m / ⛴.

ᕕᕗ „Hedemarken". – ⚠.

BRYNE/Rogaland (N-4340)

ᕕᕗ „Rica Jæren Hotel".

ᕕᕗ „Bryne Kro og Motell".

BYGLANDSFJORD/Aust
Agder (N-4680)

207 m / ⛷ Sessellift.

ᕕᕗ „Revsnes Turisthotel".

⚠ im Bygland und Byglandsfjord.

BYKLE/Aust Agder (N-4694)

546 m.

⚠ Byklestøylane.

DALEN/Telemark (N-3880)

🚢 Telemark-Kanal.

🏨 „Bandak Hotel".

🏠 „Borså Kro og Motell".

⚠. – ⚠.

DOKKA/Oppland (N-2870)

149 m.

🏨 „Spåtind Høyfjellshotel", Nord-Torpa.

🏨 „Centrum Kro og Hotel". – „Synnseter Fjellstue", Nord-Torpa.

🏠 „Hugulia Fjellstue".

⚠.

DOMBÅS/Oppland (N-2660)

660 m / 🚗.

🏨 „Dombås Hotell"; „Dovrefjell Hotel".

🏨 „Dombås Sportell".

🏠 „Trolltun Motell".

9 ⚠. – ⚠.

In *Dovre* (N-2662; 13 km südlich):

🏠 „Toftemo Turiststasjon".

3 ⚠.

DRAMMEN/Buskerud (N-3000)

🚗 / ✈ in Oslo-Fornebu (32 km nordöstlich).

Inf.: Bragernes Torg 7 (Rathaus).

🏨 „Müllerhotel Drammen", Strømsøtorg 7; „Rica Park Hotel Drammen", Gamle Kirkeplass 3; „Tollboden Home Hotel", Tollbugate 43.

DRØBAK/Buskerud (N-1440)

🚢.

🏨 „Reenskaug Hotel". – „Skiphelle Kurs-og Feriested", Skiphelle.

EDLAND siehe Haukelifjell.

EGERSUND/Rogaland (N-4370)

🚗.

Inf.: Jernbaneveien.

🏨 „Eiger Hotell"; „Eiger Motell".

EIDFJORD/Hordaland (N-5783).

🏨 „Vøringsfoss Hotell".

🏠 „Ingrids Apartment"; „Dyranut Turisthytte", Hardangervidda. – Mehrere weitere 🏠 in der Umgebung.

4 ⚠ in Øvre Eidfjord und Vøringfoss.

ELVERUM/Hedmark (N-2401)

🚗.

🏨 „Central Hotel".

🏨 „Elgstua".

⛲ „Glommen Pensjonat".

⛰ Elverum und Hernes
(14 km).

ESPEDAL/Oppland (N-2628/
Svatsum 2627)

⛶ „Dalseter Høyfjellshotell",
Svatsum.

ETNE/Hordaland (N-5590)

⛶ „Etne Hotell". – ⛰.

EVJE/Aust Agder (N-4660)
185 m.

⛶ „Grenaderen Motel"; „Dø-
len Hotel". – 3 ⛰.

FAGERNES/Oppland
(N-2900)
360 m.

Inf.: Torget (Rathaus).

⛶ „Fagernes Hotell", Jernbaneveien.

⛶ „Fagerlund Hotel".

⛲ „Nythun Høyfjellstue". – 4 ⛰.

In *Aurdal* (12 km):

⛶ „Danebu Feriesenter".

In der übrigen Umgebung:

⛶ „Sanderstølen Høyfjellshotell", Fjellbu (25 km).

⛶ „Valdres Høyfjellshotel", Et-
nedal (17 km); „Gomobu Fjellstue", Røn (22 km); „Hovda
Fjellstue", Fjellbu (20 km).

⛲ „Leira Pensjonat", „Fagerborg Pensjonat", beide in Leira;
„Ellingseter Sport- und Turistsenter", Bagn (25 km); „Stran-

defjord Hytte- og Fritidssenter",
Leira.

⛰ in Bagn, Fjellbu (2), Leira
und Tisleidalen.

FARSUND/Vest Agder
(N-4550)

Inf.: Torvet.

⛶ „Farsund Fjord Hotel".

⛲ „Farsund Pensjonat".

⛰.

FAUSKE/Nordland (N-8200)

⛴.

Inf.: Kiosk (Salten Reiselivslag)
an der E 6.

⛶ „Fauske Hotell", Storgate
82.

⛶ „Gjestehuset Hotell", Malm-
veien 2. – „Kobbelv Vertshus",
Sørfjord. – 2 ⛰. – ⛰.

FEMUNDSENDEN/Hedmark
(N-2445)

⛴.

⛶ „Femund Park".

2 ⛰.

FEVIK/Aust Agder (N-4870)

⛶ „Strand Hotel".

2 ⛰.

FLÅM/Sogn og Fjordane
(N-5743)

⛴ / ⛵.

⛶ „Fretheim Hotel".

⛶ „Heimly Lodge".

⛰.

FLEKKEFJORD/Vest Agder (N-4400)

Inf.: Brogate 50.

⌂ „Maritim", Sundegate; „Grand Hotell", Anders Beergate 9.

◔ „Bondeheimen", Elvegate 9.

FLORØ [FLORA]/Sogn og Fjordane (N-6900)

🚢 Hurtigrute/✈.

⌂ „Victoria Hotell". – ⚠.

FOLLDAL/Hedmark (N-2580)

⚠ in Dalholen.

FØRDE/Sogn og Fjordane (N-6800)

✈.

⌂ „Sunnfjord Hotel".

⌂ „Nye Førde Hotell". – „Stjernen Kro og Motel", Dale i Sunnfjord.

◔ „Lia Turistheim"; „Silkbrei Ungdomssenter".

FREDERIKSTAD/Østfold (N-1600)

🚗.

⌂ „City Hotell"; „Victoria Hotell".

◔ „Fredrikstad Motell". – ⚠.

GEILO/Buskerud (N-3580)

795 m/🚗.

⌂ „Vestlia Høyfjellshotel"; „Dr. Holms Hotel"; „Highland Hotel"; „Bardøla Høyfjellshotel"; „Ustedalen Høyfjellshotel"; „Geilo Hotel".

⌂ „Geilo Apartment"; „Haugen Hotel"; „Alpin Hotel". – „Dagali Hotel", Dagali; „Lia Fjellstue og Motel", Skurdalen.

◔ „Kikut Fjellstue"; „Geilo Høyfjellspensjonat"; „Ro Hotel-Ro Kro". – „Solli Hotel og Turistsenter".

⚠ in Geilo, Skurdalen. – ⚠.

GEIRANGER/Møre og Romsdal (N-6216)

🚢.

⌂ „Union Turisthotell"; „Geiranger Hotel"; „Meroks Fjordhotel".

⌂ „Grande Fjord Hotel" (nur im Sommer).

◔ „Grande Fjordhytter und Motel" (nur im Sommer). – ⚠.

GJØVIK/Oppland (N-2800)

🚗 (Endstation der Gjøvik-Bahn von Oslo)/🚢 (Skibladner von Lillehammer).

Inf.: Kauffeldtgården.

⌂ „Rica Hotel Gjøvik"; „Gjøvik Hotell".

⚠. – ⚠ (ganzjährig).

GOL/Buskerud (N-3550)

207 m/🚗.

⌂ „Eidsgaard Turisthotell og Motel"; „Hallingen Turistsenter" (15 km); „Storefjell Høyfjellshotell" (20 km); „Pers Hotel"; „Oset Høyfjellshotel" (22 km).

⌂ Campingcenter „Gol Apartment Hotel"; „Kamben Hotel"; „Saga Apartment".

⚠.

GRAN/Oppland (N-2750)

🏠 „Sanner Turisthotell"; „Hadeland Turisthotell".

⌂ „Granavolden Gjæstgiveri", Granavolden.

GRANVIN/Hordaland (N-5736)

⚠ Espelandsdalen, Granvin und Seim.

GRATANGSBOTN/Troms (N-9470)

250 m.

⌂ „Øse Sportell".

GRIMSTAD/Aust Agder (N-4890)

🏠 „Hotel Antikvaren"; „Helmershus Hotel".

🏠 „Skagerak Feriehus".

⚠ in Grimstad (4), Grefstad (1) und Moy (1).

GRINDAHEIM/Oppland (N-2975)

🏠 „Moesvang Turisthotell".

⚠.

GRONG/Nord-Trøndelag (N-7870)

51 m/🛥.

🏠 „Grong Hotell", Bjørgan.

🏠 „Grong Gård og Gjestgiveri".

⚠ in Grong.

GROTLI/Oppland (N-2695)

870 m.

🏠 „Grotli Høyfjellshotel".

HALDEN/Østfold (N-1750)

🛥.

Inf.: Kongens Brygge.

🏠 „Park Hotell".

🏠 „Grand Hotel". – „Grødahls Kro og Motell", Berg.

⌂ „Frederikshald Motel".

⚠.

HAMAR/Hedmark (N-2300)

127 m/🛥/🛥 Mjøsa-See.

Inf.: St. Olavsgate 61.

🏠 „Inter Nor Hotel Victoria" (nur im Sommer); „Astoria Hotel". – „Rica Olrud Hotell", Stavsberg.

🏠 „Furnes Pensjonat"; „Bellevue Bed & Breakfast".

⌂ „Seiersted Pensjonat". – ⚠. – ⚠.

HAMMERFEST/Finnmark (N-9600)

🛥 Hurtigrute/✈.

Inf.: Turistforeningen, Sjøgata.

🏠 „Rica Hotel"; „Hammerfest Hotel".

🏠 „Håja Hotel".

⌂ „Hammerfest Motell". – 2 ⚠.

HANKØ/Østfold (N-1620)

🏨 „Hankø Fjordhotel".

HARPEFOSS/Oppland (N-2645)

🏨 „Golå Høifjellshotell"; „Wadahl Høgfjellshotell".

⌂ „Heggerud Gård".

HARSTAD/Troms (N-9400)

🚢 Hurtigrute/✈ in Evenes (39 km südöstlich).

Inf.: Am Schiffsanlegeplatz.

🏨   „Viking   Nordic   Hotel"; „Grand Nordic Hotel".

⌂ „Trondarnes Sommerhotel"; Høiland Hospits"; „Sentrum Hospits".

⌂ in Kanebogen und Kræfjord.

⌂.

HAUGESUND/Rogaland (N-5500)

✈/🚢 Katamaran Stavanger-Bergen.

Inf.: Smedesundet 90.

🏨 „Maritim Hotel"; „Park"; „Saga";   „Neptun   Hotel"; „Amanda Home Hotel".

⌂   „IMI-Hotellet";   „Hendersons Airport Hotel", Nygård/Avaldsnes.

⌂. – ⌂.

HAUKELIFJELL/Telemark (N-3895)

🏨   „Haukelifjell   Høgfjellshotell".

⌂ „Botn Skystasjon", Vågslid.

⌂.

HELLESYLT/Møre og Romsdal (N-6218)

🚢.

⌂ „Grand Hotel".

2 ⌂. – ⌂.

HEMSEDAL/Buskerud (N-3560)

609 m.

Inf.: Hemsedal Turisttrafikklag.

🏨 „Skogstad Hotel".

⌂   „Hemsedal   Alpin   Apartments"; „Hemsedal Hotel".

⌂ „Mølla Sportell"; „Club Hemsedal", Ulsåk; „Breistølen Fjellstue", Hemsedalsfjellet.

⌂. – ⌂.

HERMANNSVERK / Sogn og Fjordane (N-5840)

🏨 „Sognefjord Turisthotel".

HJERKINN/Oppland (N-2661)

1000 m/🚆.

⌂.

HØNEFOSS/Buskerud (N-3500)

🚆.

Inf.: Storgate 4.

🏨 „Grand Hotel", Stabellsgate 8; „Haakonshus Hotell", Hønengate 87. – „Bergland Hotell", Sokna.

⌂ „Klækken Hotel".

⌂. – ⌂.

HØYANGER/Sogn og Fjordane (N-5900)

♨ „Eides Hotell", Storgate 21.

HONNINGSVÅG/Finnmark (N-9750)

🚢 Hurtigrute/✈.

♨ „Nordkapp Hotell", Storgate 4.

♨ „Honningsvåg Brygge", Vågen 1; „Rogers Inn", Nordkappveien 79.

△. – △.

HORNINDAL/Sogn og Fjordane (N-6790)

♨ „Raftevolds Hotel".

△.

HORTEN/Vestfold (N-3190)

🚢.

♨ „Ocean Hotel"; „Grand Hotel".

△.

HUNDORP/Oppland (N-2647)

3 △.

HUSNES/Hordaland (N-5460)

♨ „Husnes Hotell".

INNHAVET/Nordland (N-8260)

♨ „Hamarøy Hotell". – △.

INNVIK/Sogn og Fjordane (N-6875)

♨ „Misjonsheimen". – △.

JUNKERDAL/Nordland (N-8255)

△. – △ in Graddis.

KABELVÅG/Nordland (N-8310)

△.

KARASJOK/Finnmark (N-9730)

135 m.

♨ „SAS-Karasjok Turisthotell".

♨ „Karakroa".

△. – △.

KAUPANGER /Sogn og Fjordane (N-5880)

🚢.

△.

KAUTOKEINO/Finnmark (N-9520)

318 m.

♨ „Kautokeino Turisthotell".

△.

KINSARVIK/Hordaland (N-5780)

🚢.

♨ „Kinsarvik Fjord Hotel".

3 △.

KIRENÆR/Hedmark (N-2260)

♨ „Skalien Gjestgiveri".

⌂ „Soløy Turistsenter".

△.

KIRKENES/Finnmark
(N-9900)

🚢 Hurtigrute / ✈.

🏨 „Rica Arctic Hotell"; „Rica Hotel Kirkenes".

🏠 „Hesseng Sommerhotell"; „Regnbuen Pensjonat".

KONGSBERG/Buskerud
(N-3600)

🚢.

Inf.: Schwabesgate 1.

🏨 „Grand Hotel", Kr. Augustsgate 2; „Gyldenløve Hotel", Herm. Fossgate 1.

4 🏕. – 🏕 (ganzjährig).

KONGSVINGER/Hedmark
(N-2200)

🚢.

🏨 „Vinger Hotell"; „Grand Hotell".

🏕.

KOPERVIK/Rogaland
(N-4250)

🏕 in Sandve.

KRAGERØ/Telemark
(N-3770)

🏨 „Victoria Hotel".

🏠 „Villa Bergland".

🏕.

KRISTIANSAND/Vest Agder
(N-4600)

🚢 / 🚢 / ✈ in Kjevik (15 km nordöstlich).

Inf.: H. Wergelandsgate 17/ Vestre Strandgate 23.

🏨 „Caledonien", V. Strandgate 7; „Christian Quart Hotell", Markensgate 39; „Ernst Park Hotel", Rådhusgate 2; „Skagerak", Vestre Torv; „Savoy", Kristian 4's Gate 1.

🏨 „Norge", Dronningensgate 5; „Rica Fregatten", Dronningensgate 66; „Bondeheimen", Kirkegate 15. – „Vennesla Motel", Vennesla.

3 🏕 in Dvergsnestangen, Hamresanden.

🏕 Badminton Senteret.

KRISTIANSUND / Møre og Romsdal (N-6500)

🚢 Hurtigrute / ✈ Kvernberget.

Inf.: Kapt. Bödtkers Gate 19.

🏨 „Grand Hotel"; „Rica Hotel Kristiansund"; „Baron Hotel La Mer".

🏨 „Baron Hotel Kristiansund".

🏠 „Vertshuset".

🏕. – 🏕.

KVAM /Oppland (N-2650)
253 m.

🏨 „Rondablikk Høyfjellshotell" (13 km von Bahn- und Busstation). – 🏕.

KVÆNANGSFJELLET/
Troms (N-9093)

🏨 „Kvænangsfjell Gildetun", Sørstraumen.
🏕 in Sørstraumen.

KVINESDAL/Vest Agder
(N-4480)

🏨 „Utsikten Turisthotel"; „Rafoss Turisthotel"; „Utsikten Motell".

LÆRDAL/Sogn og Fjordane (N-5890)

🏨 „Lærdal Turisthotel"; „Lindstrøm Hotell" (nur im Sommer).

🏨 „Offerdal Hotel".

⚠ Plätze in Lærdal (1) und Steinklepp (3).

⚠ in Lærdal.

LAKSELV/Finnmark (N-9700)

✈.

🏨 „Porsangerfjord Hotell"; „Lakselv Hotell".

3 ⚠. – ⚠.

LARVIK/Vestfold (N-3250)

🚢 / 🚢.

Inf.: Storgate 20.

🏨 „Grand Hotel".

🏨 „Holms Motel" (10 km).

🏠 „Seierstad Gjestegård".

LAVIK/Sogn og Fjordane (N-5935)

🚢.

🏨 „Alværa Misjonssenter og Pensjonat"; „Lavik Fjordpensjonat".

⚠.

LEIKANGER/Sogn og Fjordane (N-5842)

🚢.

🏨 „Leikanger Fjord Hotell".

⚠ mit Hütten und Motel.

LESJAVERK/Oppland (N-2667)

⚠ in Lesja, Lesjaverk und Lesjakog.

LEVANGER/Nord-Trøndelag (N-7600)

🚢.

🏨 „Backlund Hotell".

🏠 „Levanger Vertshus"; „IMI-Sommerhotel".

⚠. – ⚠.

LILLEHAMMER/Oppland (N-2600)

180 m / 🚢 / 🚢.

Inf.: Jernbanetorget / Kirkegate 74.

🏨 „Lillehammer Hotel"; „Rica Victoria Hotell"; „Oppland Turisthotell". – „Bjørns Kro og Motell", Vingnes.

🏨 „Langseth Hotel"; „Dølaheimen Hotel".

🏠 „Smestad Sommerhotel"; „Breiseth Hotel"; „Ersgård".

⚠. – ⚠.

In *Hunder* (14–23 km):

🏠 „Hunderfossen Hytte- og Feriesenter". – ⚠.

In *Nordseter* (14 km):

🏨 „Nordseter Høyfjellshotel".

In *Sjusjøen* (23 km):

🏨 „Sjusjøen Panorama Hotel".

🏨 „Sjusjøen Høyfjellshotell"; „Rustad Hotell og Fjellstue"; „Sjusjøen Fjellstue".

🏠 „Fjellheimen Høyfjellsenter".

In *Hornsjø* (27 km):

🏨 „Hornsjø Høyfjellshotel“.

In *Øyer* (5−7 km):

🏨 „Øyer Gjerstegård“.

4 ⛺.

LILLESAND / Aust Agder (N-4790)

🏨 „Norge Hotel“, Strandgate 3.

⚓ „Høvåg Gjestehus“, Vestre Vallesverd. − ⛺.

LILLESTRØM / Akershus (N-2000)

🏨 „Fagerborg Hotell“.

LOEN / Sogn og Fjordane (N-6878)

🏨 „Hotel Alexandra“.

🏨 „Richards Hotel“.

⚓ „Loen Gjestehus“; „Loen Pensjonat“ (nur im Sommer).

⛺ „Sande Camping“ (auch ⚓) und drei weitere Plätze.

LOFTHUS / Hordaland (N-5774)

🚢.

🏨 „Ullensvang Hotell“. − ⛺.

LOM / Oppland (N-2686)
380 m.

🏨 „Fossheim Turisthotel“. − „Spiterstulen“, Visdalen.

⚓ „Nordal Turistsenter“; „Fossberg Turiststasjon“; „Lom Motell“; „Røisheim Hotell“.
Auch Unterkunft in Bøverdalen.

7 ⛺.

LØNSDAL / Nordland (N-8240)

500 m.

🏨 „Polarsirkelen Høyfjellshotell“.

LUSTER / Sogn og Fjordane (N-5830)

⛺.

MÅLØY / Sogn og Fjordane (N-6700)

🚢 Hurtigrute.

🏨 „Kaptein Linge Hotel“.

⚓ „Vestro Fiske- og Sjøsportsenter“.

MÅLSELV / Troms (N-9230)

⛺ in Bakkehaug und Målselvfossen.

MAJAVATN / Nordland (N-8683)

350 m. − ⛺.

MANDAL / Vest Agder (N-4500)

Inf.: Bruggegate 4.

🏨 „Solborg Turisthotell“.

🏨 „Mandalitten Hotell“.

⛺. − ⛺.

MARIFJØRA / Sogn og Fjordane (N-5823)

🏨 „Tørvis Fjord Hotel“.

MEHAMN / Finnmark (N-9970)

✈ / 🚢 Hurtigrute.

🏨 „Mehamn Nye Hotell“.

MELBU/Nordland (N-8490)

⌖.

⌂ „Melbu Hotel".

⌂ „Melbu Turistheim".

MERÅKER/Nord-Trøndelag
(N-7530)

⌂ „Teveltunet Fjellstue".

⚠.

MOI/Rogaland (N-4460)

⌂ „Nye Lundevang Motell".

⌂ „Bondeheimen". – ⚠.

MO I RANA/Nordland
(N-8600)

⌖ / ✈.

Inf.: Am Bahnhof (Jernbane-
plass).

⌂ „Meyergården", O. T. Olsensgate 24; „Holmen Hotell",
Th. v. Westensgate 2.

⌂ „Bechs Motor Hotel", Ham-
merveien 10.

⌂ „Rana Gjestgiveri", Hans
Wølnersgate 10.

⚠. – ⚠.

MOLDE/Møre og Romsdal
(N-6400)

⌖ Hurtigrute / ✈ 5 km östlich.

Inf.: Gotfr. Lieplass 1.

⌂ „Alexandra Hotell"; „Nobel
Hotell"; „Molde Hotell".

⌂ „Knausen Hotell og Motell";
„Romsdal Hotell".

⌂ „Ri Mo Hostel" (nur im Sommer); „Skaret Turistsenter".

⚠. – ⚠.

MORGEDAL/Telemark
(N-3848)

⌂ „Morgedal Turisthotel".

MOSJØEN/Nordland (N-8650)

⌖ / ✈.

⌂ „Fru Haugans Hotell";
„Lyngengården Hotell".

⌂ „Stenhaug Vertshus".

⌂ „Sandvik Gjestegård og Fol-
kehøgskole" (nur im Sommer).

⚠.

MOSS/Østfold (N-1500)

⌖ / ⌖.

Inf.: Chrystiesgate 3.

⌂ „Hotel Refsnes Gods", God-
set 5; „Moss Hotell", Dronningensgate 21; „Mitt Hotel",
Rådhusgate 3.

⌂ „Ferjekroa Motell", Strandgate 7.

⚠. – ⚠.

NAMSOS/Nord-Trøndelag
(N-7800)

✈.

⌂ „Namsen Motor Hotel",
Spillum.

⌂ „Central Hotel", Kirkegate 7.

⌂ „Ottesen Pensjonat", Over-
hallsveien 62.

⚠.

NARVIK/Nordland (N-8500)

⌖ Ofotbahn / ✈.

Inf.: Kongensgate 66.

⌂ „Grand Hotel Royal", Kongensgate 64; „Narvik Hotel",
Kongensgate 36.

⌂ „Nordstjernen", Kongens-gate 26; „Malm Hotel", Fryden-lundsgate 28.

⚠.

△ „Nordkalotten".

NESBYEN/Buskerud (N-3540)

167 m / 🚢.

⌂⌂ „Østenfor Turisthotell".

⌂ „Svenkerud Hotel"; „Thoen Hotel". – „Fagerhøy Fjellstue" und „Ranten Motel", beide My-kingstølen (22 km); „Norsente-ret Hallingdal", Bromma.

⌂ „Smedsgården"; „Sutøya Hytter".

⚠ in Nesbyen (6) und in Brom-ma (1).

NESNA/Nordland (N-8700)

🚢.

⚠. – △.

NORDFJORDEID / Sogn og Fjordane (N-6770)

🚢.

⌂⌂ „Nordfjord Turisthotell".

⌂ „Harpefossen Fjellstove".

2 ⚠.

NORDKJOSBOTN/Troms (N-9040)

⌂ „Vollan Gjestestue".

⚠.

NOREFJELL/Buskerud (N-3518)

⌂⌂ „Sole Hotell", Noresund.

⌂ „Fjellhvil Hotell". – „Krøde-ren", Krøderen.

⚠ in Noresund.

NORHEIMSUND/Horda-land (N-5600)

🚢 Personenverkehr nach Odda über Bergen.

⌂⌂ „Norheimsund Fjord Ho-tel".

⌂ „Sandven Hotel".

⌂ „Solbakken".

⚠.

NOTODDEN/Telemark (N-3670)

🚢.

Inf.: Storgate 39.

⌂⌂ „Telemark Hotel". – „Bol-kesjø Hotel", Bolkesjø.

3 ⚠.

△.

ODDA/Hordaland (N-5750)

🚢 Personenverkehr nach Nor-heimsund über Bergen.

Inf.: Røldalsveien 14.

⌂⌂ „Hardanger Hotel".

⌂ „Sørfjordheimen Hotel"; „Hordatun Hotell".

⚠ in Odda (2) und Røldal (4).

△.

OLDEN/Sogn og Fjordane (N-6870)

⌂⌂ „Olden Fjordhotell"; „Yris Hotel".

⌂ „Olden Krotell".

⌂ „Briksdalsbre Fjellstove".

⚠ in Olden (5), Oldedalen (1).

OLDERDALEN/Troms (N-9070)

🚢.

OPPDAL/Sør-Trøndelag
(N-7340)

545 m / ⚓.

Inf.: Torvet.

🏨 „Nor Alpin Hotel"; „Oppdal Hotell".

🏨 „Fagerhaug Inn Motell"; „Hovdin Hotell".

⌂ „IMI-Stølen" (3 km); „Kongsvold Fjeldstue" (nur im Sommer).

⚠. – ⚠.

OPPHEIM/Hordaland
(N-5714)

🏨 „Oppheim Turisthotell".

⚠.

ORKANGER/Sør-Trøndelag
(N-7300)

🏨 „Bårdshaug Herregård".

OS /Hordaland (N-5200)

🏨 „Solstrand Fjord Hotel".

OS I ØSTERDALEN/Hedmark (N-2550)

⌂ „Narbuvoll Fjellstue".

⚠.

OSLO

⚓ / 🚢 / ✈ in Fornebu (8 km südwestlich).

Inf.: Rådhusgatan 23 und Rådhuset.

🏨 „Scandinavia", Holbergsgate 30; „SAS Park Royal", Fornebuparken; „Royal Christiana", Biskop Gunnerusgate 3; „Grand Hotel", Karl Johansgate 31; „Europa", St. Olavsgate 31; „Scandic Crown", Parkveien 68; „Holmenkollen Park Hotel", Kongeveien 26, „Continental", Stortingsgate 24; „Helsfyr", Strømsveien 108; „Munch", Munchsgate 5; „Bristol", Kristian 4's Gate 7; „Stefanhotellet", Rosenkrantzgate 1; „Müllerhotel Triangel", Holbergs Plass 1; „Linne", Stadsråd Mathiesensvei 12; „Nobel", Karl Johansgate 33; „Håkon Jarl", Nordre Akershuskaia; „Norum" Bygdøy Allé 53; „Gabelshus", Gabelsgate 16; „West", Skovveien 15; „Ritz", Fr. Stangsgate 3; „Håkon Jarl Hotel", Nordre Akershuskai; „Ambassadeur", Camilla Collets Vei 15; „White House", Pr. Harbitzgate 18.

🏨 „Gyldenløve", Bogstadveien 20; „Anker", Storgate 55; „Soria Maria", Voksenkollveien 60; „Vika Atrium", Munkedamsveien 45; „Bondeheimen", Rosenkrantzgate 8; „IMI-Hotel", Staffeldtsgate 4; „Savoy", Universitetsgate 11; „Fønix", Dronningensgate 19; „Rica Carlton", Parkveien 78; „Ansgar", Møllergate 26; „Norrøna", Grensen 19; „Saga", Eilert Sundtgate 39; „Smestad", Sørkedalsveien 93.

⌂ „Palm Tours- og Konferenssenter", Sognsveien 218; „Det Nye City", Skippergate 19; „Majorstuen", Bogstadveien 64; „Standard", Pilestredet 27; „Bogstad Turistsenter", Ankerveien 117; „Sta. Katharinahjemmet", Majorstuveien 21B; „Hedit Hotel-Pensjon", Fritznersgate 21; „Bella Vista", Arrundveien 11 B.

Umgebung:

ᨡᨡ „Rica Hotel Oslofjord" Sandvika, Sandviksveien 184; „Scandic Hotel Oslo", Høvik, Ramstadsletta 14−16; „Olavsgaard", Skjetten, Hvamstubben 11; „Holmen Fjord Hotel", Nesbru, Slemmestadsveien 64; „Bellevue", Nesbru, Fekjan 3; „Kasjotten", Skjetten, Skettenvei 44.

ᨡᨡ „Gardermoen Airport Hotel", Jessheim; „Scandic Hotel Asker", Asker, Askerveien 61; „Müllerhotel Mastemyr", Kolbotn, Lienga 1; „Leangkollen Hotell", Asker, Bleikeråsveien 215; „Vettre Hotel", Vettre, Konglungveien 201; „Hotel Voksenåsen", Ullveien 4; „Vestby Hotel", Vestby, Høgdaveien; „Bed and Breakfast", Haslum, Kirkeveien 68.

ᨣ „Holtekilen Sommerhotel", Stabekk, Micheletsvei 55; „Gardermoen Terminal", Gardermoen.

⚠ Bogstad, Ekeberg und Stubljan.

2 ⚠ (eine ganzjährig, außer Weihnachten + Silvester).

OTTA/Oppland (N-2670)

288 m / 🚗.

Inf.: Nygata 4.

ᨡᨡ „Müllerhotel Otta".

ᨡ „Grand Gjestegård".

7 ⚠ (zum Teil mit Hütten).

Umgebung:

ᨡᨡ „Rondane Høyfjellshotell" (13 km); „Rapham Høyfjellshotell" (9 km).

ᨡᨡ „Høvringen Høgfjellshotell" (23 km); „Smuksjøseter", Høvringen (28 km).

ᨣ „Høvringen Fjellstue"; „Øigardseter Fjellstue", Høvringen (25 km); „Haukliseter Fjellstue", Høvringen (27 km).

ØYSTESE/Hordaland (N-5610)

ᨡᨡ „Hardangerfjord Hotell".

PORSGRUNN/Telemark (N-3900)

🚗.

Inf.: Østre Brygge.

ᨡᨡ „Vic Hotell".

RAMBERG/Nordland (N-8380)

⚠.

RAULAND/Telemark (N-3864)

ᨡᨡ „Rauland Høgfjellshotel".

ᨡ „Rauland Apartments"; „Austbø Hotel Rauland".

⚠.

RENA/Hedmark (N-2450)

🚗.

ᨡᨡ „Trudvang Hotell".

ᨡ „Østerdalen Turistsenter".

2 ⚠.

RINGEBU/Oppland (N-2630)

197 m / 🚗.

ᨡᨡ „Ringebu Hotel". – „Venabu Fjellshotell" (18 km).

4 ⚠.

RISØR/Aust Agder (N-4950)

⌂⌂⌂ „Risør Hotel“.

RJUKAN/Telemark (N-3660)
303 m.

⌂⌂⌂ „Gaustablikk Høyfjellshotell“ (10 km).

⌂⌂ „Skinnarbu Høyfjellshotel“.

△.

△.

RØLDAL/Hordaland
(N-5760 / Horda 5762)

390 m.

△ in Roldal und Horda.

RØROS/Sør-Trøndelag
(N-7461)

🚆 / ✈.

Inf.: Bergmannsplassen.

⌂⌂⌂ „Røros Hotel“; „Bergstadens Turisthotel“.

⌂⌂ „Vauldalen Turiststasjon“, Brekkebygd (35 km).

⌂ „Fjellheimen Turiststasjon“; „Ertzscheidergården“.

△.

△.

RØRVIK/Nord-Trøndelag
(N-7900)

✈/⛴ Hurtigrute.

⌂⌂⌂ „Rørvik Gjestegård“.

△ in Rørvik und Kolvereid.

ROGNAN/Nordland (N-8250)

⌂⌂⌂ „Rognan Hotell“.

⌂ „Fredheim Folkehøygskole“ (nur Juni – Aug.).

△.

ROSENDAL/Hordaland
(N-5470)

⌂⌂⌂ „Rosendal Fjordhotell“.

RYGGE/Østfold (N-1580)

⌂⌂ „Rygge Hotell“.

SAND/Rogaland (N-4230)

⛴.

⌂⌂„ Sand Fjordhotel“.

△.

△.

SANDANE/Sogn og Fjordane
(N-6860)

✈/⛴.

⌂⌂ „Gloppen Hotell“.

△.

SANDEFJORD/Vestfold
(N-3200)

🚆 / ⛴ / ✈.

Inf.: Torvet.

⌂⌂⌂ „Park Hotel“; „Kong Carl Hotel“.

⌂⌂ „Granderød Hotell“; „Atlantic Hotel“. – „Sandefjord Motorhotell“, Fokserød.

△.

SANDNES/Rogaland
(N-4300)

🚆.

⌂⌂⌂ „Residence Hotel“; „Sandnes Motorhotel“. – „Kronen Gaard Hotel“, Vatne.

⌂⌂ „Holiday Motell“; „Sverre Hotel“.

△ in Sandeid.

SANDNESSJØEN/Nordland (N-8800)

✈ / ⛴ Hurtigrute.

„Rica Hotel Sandnessjøen“; „Haarek Hotel“.

SARPSBORG/Østfold (N-1700)

🚆.

Inf.: Fylkeshuset.

„Saga Hotel“; „St. Olav Hotell“; „Grand Hotel“.

„Victoria Hotel“.

△.

SAUDA/Rogaland (N-4200)

„Kløver Hotel“; „Grand Hotel. – „Sauda Fjord Hotel“, Saudasjøen.

⛺ in Saudasjøen.

SELBU/Sør-Trøndelag (N-7580)

„Selbu Hotell“; „Selbusjøen Hotel og Gjestegård“.

SELJESTAD/Hordaland (N-5766)

618 m.

„Solfonn Høyfjellshotell“.

2 ⛺.

SIGDAL/Buskerud (N-3350)

⛺ in Prestfoss.

SJOA/Oppland (N-2653)

⛺. – △.

SJØVEGAN/Troms (N-9350)

„Sjøvegan Hotel“.

⛺.

SKAIDI/Finnmark (N-9626)

90 m.

„Skaidi Arctic Hotel“.

⛺ in Kvalsund.

△ Repparfjord Ungdomssenter, Kvalsund (ganzjährig).

SKÅNEVIK/Hordaland (N-5593)

⛴.

„Skånevik Fjordhotell“.

2 ⛺.

SKIBOTN/Troms (N-9048)

„Vertshuset Skibotn“.

SKIEN/Telemark (N-3700)

🚆 Vestfoldbahn / ✈ / ⛴ Telemark-Kanal.

Inf.: Rådhusgate 2.

„Rica Ibsen Hotell“.

„Hotel Høyer“; „Herkules Hotel“.

„Norrøna Gjesteheim“.

⛺.

SKIPAGURRA/Finnmark (N-9845)

⛺ in Skipagurra, Storfossen und Tana Bru.

SKJÅK/Oppland (N-2692)

„Pollfoss Hotell“, Billingdalen.

⚠ in Skjåk, Bismo und Nord-berg.

⚠ in Bismo.

SKJERVØY/Troms (N-9180)

⛴ Hurtigrute.

🏨 „Skjervøy Sentrum Hotel".

SKJOLDEN/Sogn og Fjordane (N-5833)

🏨 „Skjolden Hotell". – 3 ⚠. – ⚠.

SMØLA/Møre og Romsdal (N-6580/ Innsmøla 6570)

⚠ in Innsmøla.

SNÅSA/Nord-Trøndelag (N-7760)

🏨 „Snåsa Hotel".

⚠. – ⚠.

SOGNDAL/Sogn og Fjordane (N-5800)

✈.

Inf.: Parkvejen 2.

🏨 „Sogndal Hotell".

🏨 „Hofslund Fjordhotell".

☖ „Vesterland Feriepark"; „Loftesnes Pensjonat".

⚠. – ⚠.

SOLVORN/Sogn og Fjordane (N-5815)

🏨 „Walaker Gjestgivergarden" (nur im Sommer).

SORTLAND/Nordland (N-8400)

⛴ Hurtigrute.

🏨 „Sortland Nordic Hotel".

⚠ (mit Motel).

STALHEIM/Hordaland (N-5715)

375 m.

🏨 „Stalheim Hotell" (nur im Sommer).

STAMSUND/Nordland (N-8340)

⛴ Hurtigrute.

🏨 „Lofoten Hotel".

⚠ in Storfjordvik.

⚠.

STAVANGER/Rogaland (N-4000)

🚢 Endstation der Sørlandbahn / ⛴ / ✈ in Sola (11 km südwestlich).

Inf.: Turistpaviljongen, Jernbaneveien 1, und Øvre Holmegate 24.

🏨 „Atlantic"; „KNA-Hotellet"; „SAS-Royal"; „Victoria"; „Grand"; „Alstor"; „Commandør".

🏨 „Skagen Brygge"; „Fjelltun Gjestehem" (nur im Sommer); „Mosvangen Turistsenter"; „Havly"; „City Gjestehuset".

☖ „Bergelands Gjestgiveri"; „Rogalandsheimen"; „Skogstuen Hospits".

Umgebung:

🏨 „Scandic Hotel", Madla;

„Stavanger Airport Hotel", Sola; „Viste Strand Hotel", Randaberg.

🏨 „Stavanger Sommerhotell". „Sola Strand Hotel", Sola.

⚠ Mosvangen (ganzjährig).

⚠ Mosvangen.

STAVERN/Vestfold (N-3290)

🏨 „Wassilioff Hotel".

⚠ in Anviksstranda, Donavall, Kjærstranda, Lydhusstranda, Stolpestad und Solplassen.

STEINKJER/Nord-Trøndelag (N-7700)

🚢.

Inf.: Torvet.

🏨 „Grand Hotel"; „Tingvold Park Hotell".

🏠 „Kaffistova".

⚠.

STJØRDAI/Nord-Trøndelag (N-7500)

🚢.

🏨 „Rica Hell Hotel".

🏨 „Müllerhotel Stjørdal"; „Stjørdal Hotel".

🏠 „Hembre Gårdog Motel", Hegra.

⚠ in Stjørdal (2) und Hegra (1).

STOKMARKNES/Nordland (N-8450)

🚢 Hurtigrute / ✈.

🏨 „Vesterålen Hotell".

⚠.

STORD/Hordaland (N-5400)

🏨 „Stord Hotell".

🏨 „Grand Hotel", Leirvik; „Stord Fjordhotel", Fitjar.

⚠ in Stord und Leirvik.

⚠ Litlabø.

STØREN/Sør Trøndelag (N-7090)

66 m / 🚢.

🏨 „Støren Hotell".

🏠 „Øya Landbruksskole", Kvål; „Gyllheimen Pensjonat", Hovin.

⚠.

STRYN/Sogn og Fjordane (N-6880)

🚢 Autofähre Bergen–Nordfjord.

🏨 „Fagre Stryn Hotel".

🏨 „Hjelle Hotel", Hjelledalen (nur im Sommer).

🏠 „Karistova", Karistova.

⚠ in Stryn, Oppstryn und Hjelledalen. – ⚠.

SUNDVOLDEN/Buskerud (N-3505)

65 m.

🏨 „Sundvolden Hotel", Krokkleiva.

SUNNDALSØRA / Møre og Romsdal (N-6600)

🏨 „Müllerhotel Sunndalen".

2 ⚠. – ⚠.

SURNADAL/Møre og Romsdal (N-6650)

🏨 „Surnadal Hotell".

⚠ in Surnadal und Øvre Surnadal.

SVOLVÆR/Nordland
(N-8300)

🚢 Hurtigrute / ✈.

🏨 „Norton Lofoten Hotel";
„Havly Hotel"; „Svolvær Hotel
Lofoten".

🏨 „Norton Havna Vertshus".

🏠 „Knutmarka Feriesenter".

⚠ in Svolvær und Kabelvåg.

⚠.

TØNSBERG/Vestfold
(N-3100)

🚗.

Inf.: Storgate 55.

🏨 „Klubben Hotel"; „Grand
Hotel"; „Maritim Hotell".

🏨 „Borge Hotell", Husøysund
(7 km).

⚠ in Tolvsrød.

⚠.

TRENGEREID/Hordaland
(N-5237)

🏠 „Gullbotn Turistheim".

TRETTEN/Oppland (N-2635)

191 m.

🏨 „Gausdal Høifjellshotell",
Skei (16 km); „Skeikampen Høifjellshotell", Svingvoll (17 km).

🏠 „Bådstø Gjestgiveri" – „Op-

tun Gård & Pensjonat" (6 km).

⚠ in Tretten und Svingvoll.

TROFORS/Nordland
(N-8680)

⚠ „Elvetun".

TROMSØ /Troms (N-9000)

🚢 Hurtigrute / ✈ / 🚠 Storstei-
nen-Gondelbahn (420 m).

Inf.: Kirkegate 2.

🏨 „SAS Royal Hotel"; „Scandic Hotel Tromsø"; „Grand
Nordic Hotel"; „With Hotel".

🏨 „Saga Hotell"; „Polar Hotel"; „Tromsø Hotel"; „Skansen
Hotell". – „Tromsdal Gjestgiveri", Tromsdalen.

🏠 „Havblikk Kafe og Pens-
jonat".

⚠. – ⚠ in Tromsdalen.

TRONDHEIM/Sør-Trøndelag
(N-7000)

🚗 Endstation Dovrebahn und
Rørosbahn von Oslo, Beginn
Nordlandbahn nach Bodø.

🚢 Hurtigrute / ✈ in Værnes
(34 km östlich).

Inf.: Torget, Kongensgate 7 und
St. Olavsgate 2.

🏨 „Royal Garden", Kjøp-
mannsgate 73; „Britannia",
Dronningensgate 5; „Grand Hotel Olav", Kjøpmannsgate 48;
„Gildevangen Hotel", Søndre-
gate 22 B; „Prinsen", Kongensgate 30; „Residence", Munkegate 26/Torvet; „Ambassadeur",
Elvegate 18; „Larssen", Ths.
Angellsgate 10 b.

284　Turtagrø/Vadsø

ᨆ „Scandic Hohl", Brøsetveien 186; „Trondheim", Kongensgate 15; „Augustin", Kongensgate 26; „Müllerhotel Astoria", Nordregate 24; „Sentrum Nye", Lilletorget; „Norrøna Misjonshotell", Ths. Angellsgate 20; „Neptun", Ths. Angellsgate 12. – „Vikhammer Motorhotel", Vikhammer.

⌂ „Singsaker Sommerhotel", Rogersgate 1.

⚠.

⚠ Weidemannsvei 41.

TURTAGRØ / Sogn og Fjordane (N-5835)

992 m.

ᨆ „Turtagrø Hotell" (N-5834 Fortun).

TVEDESTRAND / Aust Agder (N-4900)

Inf.: Fritz-Shmithsgate 1.

ᨆᨆ „Fram Hotel", Brygga.

⚠.

TYNSET / Hedmark (N-2500)

🚌.

Inf.: „Østerdalene Reisetrafikk".

ᨆ „Hotell Tynset". – „Savalen Fjellstue", Fåset.

⚠ (mit Motel).

TYSSEDAL / Hordaland (N-5770)

ᨆ „Tyssedal Hotel".

ULVIK / Hordaland (N-5730)

ᨆᨆ „Brakanes Hotel"; „Ulvik Hotel"; „Strandhotel".

UTNE / Hordaland (N-5797)

🚢.

ᨆ „Utne Hotell".

UTVIK / Sogn og Fjordane (N-6873)

ᨆ in Innvik.

UVDAL / Buskerud (N-3632)

ᨆ „Vasstulan 1100". – „Torsetlia Fjellstue", Dagalifjell.

⌂ „Imingfjell Turistheim" (nur im Sommer). – „Solheimstulen Høyfjellseter"; „Brøstrud Pensjonat".

⚠ in Uvdal und Rødberg.

⚠.

VÅGÅMO / Oppland (N-2680)

ᨆ „Våga Hotell".

⌂ „Smedsmo Camping og Fritid"; „Maurseth Turistsenter". – „Vågå Gjestgiveri", Vågå; „Lemonsjø Fjellstue", Valdresflyvegen.

⚠ in Vågåmo und Tessanden.

VADSØ / Finnmark (N-9800)

🚢 Hurtigrute / ✈.

ᨆᨆ „SAS Vadsø Hotell".

ᨆ „Lailas Gjestehus".

⚠.

VALLDAL / Møre og Romsdal (N-6210)

⌂ „Muri Kro og Motell".

⌂ „Fjellro Pensjonat".

⚠.

⚠.

VARDØ/Finnmark (N-9950)

🚢 Hurtigrute / ✈.

⌂ „Norton Hotel Barents".

⌂ „Gjestegården".

VERDAL/Nord-Trøndelag (N-7650)

⌂ „Saga Park Hotell"; „Verdal Hotel".

⌂ „Sveet Gjestgiveri".

⚠.

VIK I SOGN/Sogn og Fjordane (N-5860)

⌂ „Hopstock Hotell og Motell".

⚠ in Vik und Vangsnes. – ⚠ in Vangsnes.

VIKEDAL/Rogaland (N-4210)

⚠.

VIKERSUND/Buskerud (N-3370)

⌂ „Tyrifjord Turisthotell", Sundveien.

⚠ Natvedt.

VINJE YTRE/Telemark (N-3890)

265 m.

⌂ „Vinje Turisthotell".

⚠ in Vinje, Vinje Ytre und Grungedal.

⚠ „Grungebru", Vinjesvingen.

VINSTRA/Oppland (N-2640)

241 m / 🚗.

Inf.: N. Nedregate 12.

⌂ „Fefor Høifjellshotell" (13 km).

⌂ „Sødorp Gjestgivergård".

⌂ „Sulseter Fjellstugu".

Weitere Unterkünfte im Raum *Harpefoss* (17 km), siehe dort.

⚠ in Vinstra (2) und Harpefoss (2).

VOSS/Hordaland (N-5700)

57 m / 🚗.

Inf.: Tinghuset.

⌂ „Jarl Hotel"; „Vossewangen Hotell"; „Fleischers Hotel"; „Park Hotel".

⌂ „Bavallslia Appartment"; „Rondo Sportell"; „Frispo Apartments".

⌂ „Voss Turistheim" (nur im Sommer); „Bavalstova" (nur im Sommer); „Nøring Pensjonat"; „Vang Pensjonat"; „Kringsjå Pensjonat".

⚠ in Voss und Vossestrand. – ⚠.

Anhang:
Kleines norwegisches Vokabular

Eine ausführlichere Hilfe findet
der Reisende im Polyglott-
Sprachführer „Norwegisch".

Zahlen und Geld

1	en
2	to
3	tre
4	fire
5	fem
6	seks
7	syv
8	åtte
9	ni
10	ti
11	elleve
12	tolv
13	tretten
14	fjorten
15	femten
16	seksten
17	sytten
18	atten
19	nitten
20	tjue
25	tjuefem
30	tretti
40	førti
42	førtito
50	femti
60	seksti
70	sytti
75	syttifem
80	åtti
90	nitti
100	hundre
150	hundreogfemti
200	to hundre
1000	tusen
2000	to tusen
1 000 000	en million

erster	første
zweiter	andre
dritter	tredje
vierter	fjerde
fünfter	femte
sechster	sjette
siebter	sjuende
achter	åttende
neunter	niende
zehnter	tiende
tausendster	tusende

Wechsel-geld	vekslepenger
Geldstück	mynt, pengestykke
Gold	gull
Silber	sølv
Banknote	pengeseddel

Zeit und Wetter

Montag	mandag
Dienstag	tirsdag
Mittwoch	onsdag
Donnerstag	torsdag
Freitag	fredag
Samstag	lørdag
Sonntag	søndag

Januar	januar
Februar	februar
März	mars
April	april
Mai	mai
Juni	juni
Juli	juli
August	august
September	september
Oktober	oktober
November	november
Dezember	desember

Jahreszeit	årstid
Frühling	vår
Sommer	sommer
Herbst	høst
Winter	vinter
Woche	uke
Werktag	hverdag, ukedag
Feiertag	helligdag

Witterung	temperatur	Zoll	toll
kalt	kaldt	Zollbüro	tollkontor
frisch	friskt, kjölig	Wechselbüro	vekslekontor
warm	varmt	Paß	pass
schönes Wetter	pent vær		
		Schiff	båt
schlechtes Wetter	dårlig vær	Fähre	ferje
		Schiffsdeck	dekk
		Kabine	lugar
Zeit, Stunde	time	Hafen	havn
eine Stunde	en time	Eisenbahn	jernbane
eine Minute	et minutt	Bahnhof	stasjon
Mittag	middag	Fahrkarte	billett
Mitternacht	midnatt	Hin- und zurück	tur og retur

Redewendungen

		Gepäck	bagasje
		Koffer	håndkoffert
Guten Tag	god dag	Gepäckträger	bærer
Guten Abend	god kveld	Gepäckaufbewahrung	oppbevaringen
Auf Wiedersehen	adjø, farvel, på gjensyn	Zug	tog
		Schnellzug	hurtigtog
heute	i dag	Schlafwagen	sovevogn
gestern	i går	Speisewagen	spisevogn
Morgen, Vormittag	morgen, formiddag	Raucherabteil	røykekupé
Nachmittag	ettermiddag	Bahnsteig	perrong
Abend	aften, kveld	Zugfahrplan	togtabell
morgen	i morgen	Ankunft	ankomst
Achtung	Pass på! Forsiktig! Pass opp! Se opp!	Abfahrt	avreise
		Eingang	inngang
ja	ja	Ausgang	utgang
nein	nei	Wartesaal	venteværelse
Entschuldigung	unnskyld		

In der Stadt, Einkauf

bitte	vær så snill	Stadt	by
danke	takk	Vorstadt	forstad
Sprechen Sie deutsch?	Snakker De tysk?	Viertel	strøk
Was wünschen Sie?	Hva vil De ha?	Umgebung	omegn
		Straße	gate
Ich verstehe nicht	Jeg forstår ikke	Platz	plass
		Avenue	aveny
Ich weiß nicht	Jeg vet ikke	Brücke	bru
		Haus	hus
		Kirche	kirke

Auf Reisen

		Botschaft, Gesandtschaft	ambassade
Flugzeug	fly	Postamt	postkontor
Flughafen	flyplass	Briefmarke	frimerke

Brief	brev	Gebirge	fjell
Auto	bil	Tal	dal
Straßenbahn	trikk		
Taxi	drosje		

Im Hotel

Geschäft	forretning	Hotel	hotell
kaufen	kjøpe	Gasthaus	herberge
verkaufen	selge	Portier	portner
wieviel?	hvor meget?		(vaktmester)
teuer	dyrt	Page	tjener
billig	billig	Zimmermäd-	stuepike
bezahlen	betale	chen	
Preis	pris	Aufzug	heis
Rechnung	regning, faktura	Treppe	trapp
Qualität	kvalitet	Schlüssel	nøkkel
Quittung	kvittering	Zimmer	rom

		Bett	seng
		Matratze	madrass
		Laken	laken

Unterwegs

Ist das die Stra- ße nach X?	Er dette den rette vei til X?	Kopfkissen Bettdecke	hodepute ullteppe, dyne
Wohin führt diese Straße?	Hvor går denne vei?	Stuhl Tisch	stol bord
Ist das weit von hier?	Er det langt herfra?	Wasser Waschraum	vann vaskerom
Wieviele Kilo- meter entfernt?	Hvor mange kilometer?	Heizung Bad	oppvarming bad
Kann man hier entlang fahren?	Kan man kjøre her?	Badezimmer Handtuch	bad håndkle
		Salon	salong, stue
Tankstelle	bensinstasjon		
Muß ich rechts oder links abbiegen?	skal jeg svinge til høyre eller til venstre?	Speiseraum Rauchzimmer Rechnung	spisestue røykerom regning
		Bitte wecken Sie mich.	Vil De vekke meg?
langsam	langsomt	Ist die Bedienung eingeschlossen?	Er drikkepen- ger inkludert?
schnell	fort		
weiter	litt lenger		
Gefälle	nedover	## Im Restaurant	
Steigung	oppover		
Kurve	sving	Restaurant	restaurant
Aufpassen!	vær forsiktig	Frühstück	frokost
Hügel	høyde	Lunch	lunsj
Dorf	landsby	Mittagessen	middag
Wald	skog	Abendessen	kveldsmat
See	innsjø, vann, vatn	Menu	meny
		Festpreis	fast pris

Glas	glass	Brot	brød
Teller	tallerken	Weißbrot	fransbrød loff
Gabel	gaffel	wenig	lite
Löffel	skje	mehr, noch	mer
Messer	kniv	ein wenig	
Karaffe	karaffel	weniger	mindre
Flasche	flaske	nicht genug	ikke nok
eine halbe Flasche	halvflaske		

Das Auto

Bier	øl	Garage	garasje
helles Bier	pilsner	Gashebel	gasspedal
dunkles Bier	bayer, eksport	Stoßdämpfer	støtdemper
Wein	vin	Achse	aksel
Wasser	vann	Pleuelstange	råde
		Zündkerze	tennplugg
Fleisch	kjøtt	Haube	panser
Rindfleisch	oksekjøtt	Vergaser	forgasser
Rinderbraten	oksestek	Wagenheber	jekk
Kalbfleisch	kalvekjøtt	Reifen	bil-gummi
Kalbsbraten	kalvestek	Pumpe	pumpe
Hammelfleisch	fårekjøtt	Kühler	radiator
Hammelkotelett	fårekotelett	Benzintank	bensintank
Hammel- schlegel	fårelår	Ventil	ventil
Schweine- fleisch	svinekjøtt	Kurbelwelle	veivaksel
		Motor	motor
Schweine- braten	svinestek	Lichtanlage	lys
		Bremsen	bremse
Huhn	kylling	Kupplung	clutch
Ente	and	Benzinzufuhr	bensintilførsel
		Öldruck	oljetrykk
Vorspeise	smørgås, forret	Kühler auffüllen	fylle radiatoren
Ei	egg	Ölstand prüfen	se om jeg trenger olje
Fisch	fisk		
Salm, Lachs	laks	dieses Rad wechseln	skifte hjul
Forelle	ørret		
Kabeljau	torsk	Zündkerzen reinigen	pusse tennpluggene
Hecht	gjedde		
Bückling	røykesild	Reifendruck prüfen	prøve lufttrykket
Krabbe	reke		
Languste	sjøkreps	Bremsen einstellen	regulere bremsene
Hummer	hummer		
Gemüse	grønnsaker	Batterie aufladen	lade batteriet
Salat	salat		
Obst	frukt	diese Reifen- panne reparieren	reparere punkteringen
Kuchen	kake		
Kaffee	kaffe		
Schokolade	sjokolade	Wagen waschen	vaske bilen
Tee	te		

REGISTER

Sind hinter dem Namen eines Ortes oder einer Sehenswürdigkeit mehrere Seitenzahlen genannt, so weist die fettgedruckte Zahl auf die Seite hin, auf der die ausführliche Beschreibung des Ortes oder der Sehenswürdigkeit beginnt.

Die Sonderbuchstaben sind wie folgt eingeordnet: Å, å, wie Aa, aa; Ø, ø wie Ö, ö.

296　Register

Sieben gute Gründe sprechen für Polyglott

1. Die Erfahrung von über 30 Jahren

Polyglott-Reiseführer sind seit dem Beginn des modernen Tourismus dabei. Sie orientieren sich an den Bedürfnissen in der Touristik.

2. Das umfassendste Programm

Polyglott hat das mit Abstand umfangreichste Reiseführer-Programm deutscher Sprache. Zur Zeit können Sie unter rund 300 Titeln wählen.

3. Das praktische System

Jeder, der einmal mit einem Polyglott-Reiseführer auf Reisen war, kennt den Aufbau und das ausgereifte, unverwechselbare System, nach dem jeder einzelne Polyglott-Reiseführer erarbeitet worden ist: allgemeine, einführende Kapitel zu Land und Leuten, Geschichte, Kunst und Kultur, Speisen und Getränken, Praktischen Hinweisen, sowie Städtebeschreibungen und Routenkapitel. Dazu Übersichtskarten, Stadtpläne, Routenkarten, Grundrisse.

4. Der günstige Preis

Einen wichtigen Faktor für den millionenfachen Erfolg der Polyglott-Reiseführer sollte man nicht unterschätzen: den günstigen Preis. So kosten die Polyglott-Reiseführer mit 64 Seiten ab 7,80 DM. Polyglott-Sprachführer kosten ab 4,80 DM.

5. Die kompetente Information vor Ort

Auf Polyglott-Reiseführer kann man sich verlassen: leicht verständliche, exakte Beschreibungen mit vielen Abbildungen, übersichtlich gegliedert, mit Hinweisen auf besondere Sehenswürdigkeiten und mit speziell ausgearbeiteten Karten.

6. Die besondere Handlichkeit

Polyglott-Reiseführer sind durch ihr Taschenbuchformat und ihren klaren Aufbau besonders handlich und deshalb ideal für unterwegs. Der ausgefeilte Routenaufbau erschließt einerseits ein völlig unbekanntes Gebiet, andererseits hat man anhand des umfassenden Register- und Verweissystems die Möglichkeit, seine Kenntnisse über bereits bekannte Punkte zu vertiefen.

7. Die vorbildliche Aktualität

Jeder Polyglott-Reiseführer wird durchschnittlich alle ein bis eineinhalb Jahre überarbeitet. Die eingespielte Polyglott-Redaktion und ca. 70 freie Mitarbeiter weltweit sorgen für gleichbleibende Qualität und ständige Aktualität.

Polyglott-Reiseführer Deutschland

Aachen/Dreiländereck · Allgäu/Bayerisch Schwaben · Bamberg/Bayreuth/Oberfranken · Bayerische Alpen · Bayerischer Wald/Donauebene · Berlin · Bodensee/Oberschwaben · Brandenburg – 12 Routen rund um Berlin · Chiemgau/Berchtesgadener Land · Deutsche Weinstraße · Dominikanische Republik · Düsseldorf · Eifel · Franken · Frankfurt/Rhein-Main-Gebiet · Hamburg · Harz/Hannover/Lüneburger Heide · Heidelberg/Nördliches Baden-Württemberg · Hessen · Hunsrück · Köln/Bonn · Leipzig, Dresden, Erfurt, Weimar · Mosel · München · Münster/Münsterland · Niederrhein/Ruhrgebiet · Nordrhein-Westfalen · Nordschwarzwald · Nordseeküste und Inseln · Nürnberg/Mittelfranken/Altmühltal · Oberbayern* · Oberbayern Ost · OberbayernWest · Ostdeutschland · Ostseeküste/Mecklenburg · Pfalz/Saarland · Regensburg/Oberpfalz · Rhein · Romantische Straße · Sachsen · Sauerland · Schleswig-Holsteinische Ostseeküste · Schwarzwald · Spessart/Rhön · Stuttgart/Schwäbische Alb · Südschwarzwald · Thüringen · Weserbergland · Würzburg/Unterfranken · Travel Guide Berlin · Travel Guide Munich

Polyglott-Reiseführer Europa

Belgien* · Brüssel · **Bulgarien · Dänemark*** · Bornholm · Dänische Inseln · Jütland · Kopenhagen · **England*** · London* · Mittelengland/Wales · Nordengland/Lake District · Schottland · Südengland · **Estland/Lettland/Litauen · Finnland · Frankreich*** · Auvergne-Limousin · Bretagne · Burgund · Côte d'Azur · Elsaß und Lothringen · Französische Alpen · Französische Atlantikküste · Französische Pyrenäen · Ile de France · Korsika · Languedoc-Roussillon · Nordfrankreich · Normandie · Paris* · Provence · Straßburg/Vogesen · Südfrankreich* · Tal der Loire · **Griechenland*** · Ägäische Inseln · Athen · Attika · Griechische Inseln · Korfu/Ionische Inseln · Kreta · Kykladen · Mittelgriechenland · Nordgriechenland · Peloponnes · Rhodos · (GUS) · Krim/Nördl. Schwarzmeerküste · St. Petersburg · Moskau/St. Petersburg* · Moskau und Umgebung · **Irland · Island · Italien*** · Apulien/Kalabrien · Elba · Florenz · Gardasee · Italienische Adriaküste · Italienische Riviera · Lago Maggiore/Comer See · Mailand · Mittelitalien* · Neapel/Capri/Ischia · Oberitalien* · Oberitalien östlicher Teil · Oberitalien westlicher Teil · Rom* · Sardinien · Sizilien · Süditalien* · Südtirol/Dolomiten* · Toskana · Venedig · **ehem. Jugoslawien*** · Istrien/Slowenien · Jugoslawische Küste · Nord- und Mitteldalmatien · Süddalmatien/Montenegro · **Malta · Niederlande** · Amsterdam · Holland* · **Nordland-Schiffsreisen · Norwegen* · Östliches Mittelmeer/Schwarzes Meer · Österreich*** · Burgenland · Kärnten · Niederösterreich · Oberösterreich · Salzburg · Steiermark · Tirol · Vorarlberg · Wachau · Wien* · **Ostsee-Schiffsreisen · Polen · Portugal*** · Lissabon · Madeira/Azoren · Algarve · **Rumänien · Schweden*** · Südschweden · **Schweiz*** · Bern/Berner Oberland · Graubünden · Nordschweiz/Zentralschweiz/Berner Oberland · Ostschweiz/Graubünden · Tessin · Westschweiz/Wallis · Zürich · **Skandinavien* · Spanien*** · Andalusien · Balearen · Barcelona · Costa Blanca · Costa Brava · Costa del Sol · Gran Canaria · Ibiza · Kanarische Inseln · Lanzarote · Madrid/Zentralspanien · Mallorca* · Menorca · Nordspanische Atlantikküste · Teneriffa · **Tschechoslowakei** · Prag · **Ungarn*** · Budapest · Plattensee (Balaton) · **Westliches Mittelmeer/Östlicher Atlantik**

ührer-Programm

Polyglott-Reiseführer Außereuropa

Afrika: Ägypten* · Kairo · **Algerien** · **Kenia/Nordtansania** · **Marokko*** · **Ostafrika*** · **Seychellen/Madagaskar/Mauritius** · **Sahara*** · **Tunesien*** · **Westafrika**

Amerika: Nordamerika · **Kanada*** · British Columbia/Alberta · Kanada östlicher Teil · Kanada westlicher Teil · **USA*** · Boston/Neuengland-Staaten · Florida · Große Seen und Chicago · Hawaii · Kalifornien · New Orleans/Mississippi · New York · Rocky Mountains · USA – der Südwesten · Texas · USA östlicher Teil · USA westlicher Teil · Washington und die Ostküste der USA · **Karibische Inseln*** · **Dominikanische Republik** · **Mexiko*** · Mexiko City · **Südamerika** · **Argentinien/Uruguay/Paraguay** · **Brasilien** · Rio de Janeiro/Sao Paulo · Kolumbien/Venezuela · **Peru/Bolivien/Ecuador**

Asien: Nahost: **Israel*** · Jerusalem · Jordanien · **Saudi-Arabien/Emirate/Jemen** · **Syrien/Jordanien/Irak** · **Türkei*** · Istanbul · Türkische Mittelmeerküste · Türkische Südküste · Türkische Westküste · **Zypern** · Fernost: **Ceylon** (Sri Lanka) mit Malediven · **China** · Peking (Beijing) · **Hongkong/Macau** · **Indien*** · **Indonesien** · Bali · **Japan*** · **Tokio** · **Malaysia** · **Nepal** · **Philippinen** · **Singapur** · **Südkorea** · **Taiwan** · **Thailand** · Bangkok

Australien und Ozeanien: Australien · **Neuseeland** · **Pazifische Inseln** · **Südsee-Inseln**

Polyglott-Land & Leute

Ägypten · Brasilien · Indien · Indonesien · Italien · Kenia · Marokko · Mexiko · Spanien · Thailand · Türkei

Polyglott-Video

Amsterdam · Berlin · Florenz · Kairo · Lissabon · London · Madrid · New York · Paris · Prag · Rom · San Francisco · St. Petersburg · Venedig · Wien

Polyglott-Last Minute-Sprach-Set

Englisch · Französisch · Griechisch · Italienisch · Portugiesisch · Spanisch · Tschechisch · Türkisch · Polyglott-Sprachführer in Text und Ton (Data Disc)

Polyglott-Sonderbände

Polyglott-Drei-Sterne-Sehenswürdigkeiten Europas · Polyglott-Städteführer Deutschland · Polyglott Städteführer Europa · Polyglott-Welt-Reiseführer · Polyglott-Welt-Reiseführer (Data Disc) · Polyglott-Straßenatlas USA

Beachten Sie bitte auch die **Polyglott-Sprachführer** für 38 Sprachen (von Afrikaans bis Ungarisch), die **Polyglott-Wörterbücher**, die **Polyglott-Menü-Sprachführer** und die **Polyglott-Auto-Sprachführer**.

Die mit einem * gekennzeichneten Titel erhalten Sie auch bzw. als „Der Große Polyglott".

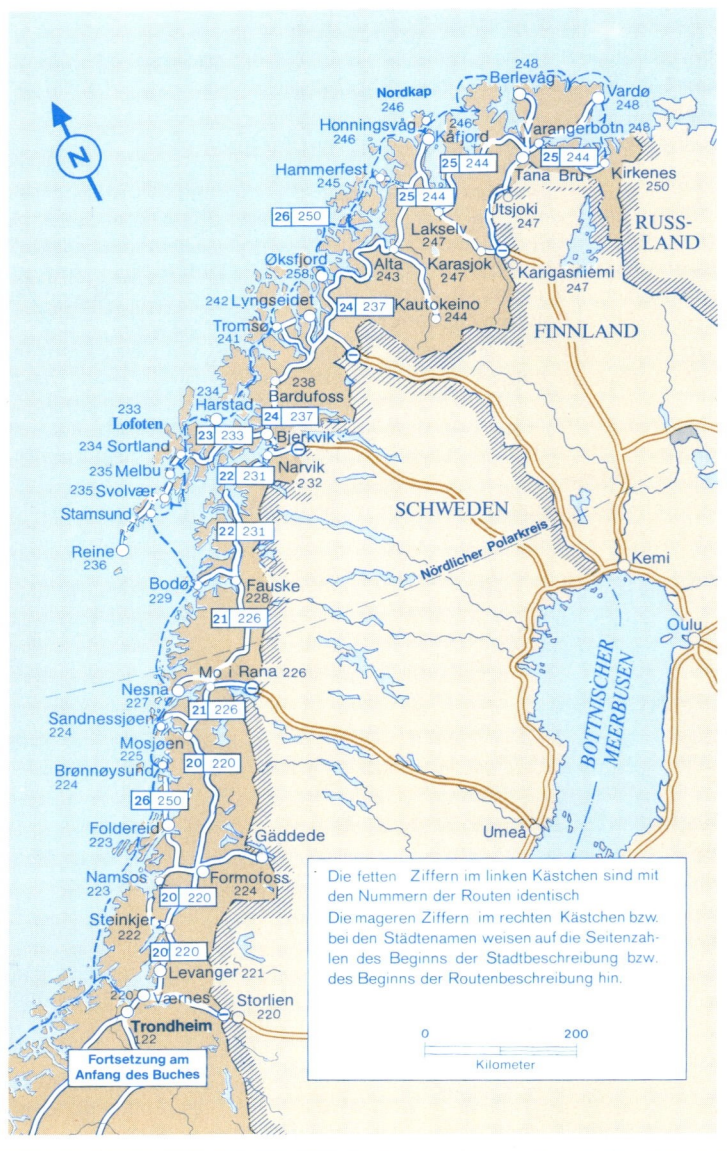

Nordkap
246

Berlevåg
248

Vardø
248

Honningsvåg
246

Kåfjord

Varangerbotn 248

25 244

25 244

Kirkenes
250

Hammerfest
245

Tana Bru

25 244

Utsjoki
247

RUSS-
LAND

26 250

Lakselv
247

Øksfjord
258

Alta
243

Karasjok
247

Karigasniemi
247

242 Lyngseidet

24 237

Kautokeino
244

FINNLAND

Tromsø
241

238
Bardufoss

234
Harstad

233

Lofoten

24 237

23 233

Bjerkvik

234 Sortland

22 231

Narvik
232

235 Melbu

235 Svolvær

SCHWEDEN

Stamsund

Reine
236

22 231

Nördlicher Polarkreis

Kemi

Bodø
229

Fauske
228

21 226

Oulu

Mo i Rana 226

Nesna
227

21 226

Sandnessjøen
224

BOTTNISCHER MEERBUSEN

Mosjøen
225

20 220

Brønnøysund
224

26 250

Folldereid
223

Gäddede

Umeå

Namsos
223

Formofoss
224

20 220

Steinkjer
222

20 220

Levanger 221

220 Værnes

Storlien
220

Trondheim

Fortsetzung am
Anfang des Buches

Die fetten Ziffern im linken Kästchen sind mit
den Nummern der Routen identisch
Die mageren Ziffern im rechten Kästchen bzw.
bei den Städtenamen weisen auf die Seitenzahlen des Beginns der Stadtbeschreibung bzw.
des Beginns der Routenbeschreibung hin.

0   200
Kilometer